伊藤塾 試験対策問題集

ITO JUKU
SHIKENTAISAKU
MONDAISHU

短答 4

伊藤 真[監修] 伊藤塾[著]

商法

弘文堂

はしがき

1 はじめに

　本書は，これから短答式試験を受けようと考えている初学者の方，また，短答式試験の成績がなかなか伸びない方のために，過去の伊藤塾の模試で出題された問題中，正答率の高い良問を厳選し，さらに，近年の試験問題の傾向に合わせて新たに問題も追加した伊藤塾のオリジナル問題集である。司法試験，司法試験予備試験，法科大学院入学試験，公務員試験，司法書士試験，学年末試験など短答式試験の対策を必要とするすべての試験に役立つように作成した。いわば，「伊藤真試験対策講座」の実践篇である。短答式試験の勉強方法についてはいろいろあるが，ここでは本書を使う初学者に，特に気をつけてもらいたいことを述べておく。

【1】基本知識を正確に確実に身につける

　短答式試験においては，正確で確実な知識を身につけることが何よりも大切である。解法のテクニックを追いかけても限界がある。不正確な100の知識よりも正確な10の知識のほうが強い，ということをしっかりと認識してほしい。

　このような観点から，いたずらに細かい知識の習得に走ることは，試験対策としてよいこととはいえない。そこで，基本を大切に，知識のメリハリづけを大切にして，勉強の範囲を広げすぎないように注意してほしい。重要なのは，条文・趣旨・要件・効果・過去問・重要判例である。そして，短答式試験の合格者が間違えないような基本的知識は，絶対に落とさないようにしなければならないということである。

【2】本書を反復する

　【1】で述べたことと関連するが，まず，本書の問題を反復して解いて完璧にマスターするように努めてほしい。本書は，過去の伊藤塾の模試で出題された問題等のなかから，正答率が高く，最低限おさえておきたい問題を厳選しているので，掲載している問題は，短答式試験の合格者が間違えないような基本的知識を問うものが多いといえる。

　また，掲載した問題数が少ないと思えて「これで足りるだろうか」と不安を感じる方もいるだろう。しかし，短答式試験では大多数の受験生が正解する基本的な問題を確実に正解すれば合格することができる。そうすると，正答率の高い良問について確実に正解すればよいので，本書の問題を反復して解いて完璧にマスターすることに努めれば十分といえる。

　さらに，本試験では，毎年数問は新たな形式や過去問では出題されていない分野からの出題もある。そこで，今後出題可能性のある重要な分野についても，過去の伊藤塾の模試で出題された問題等のなかから正答率の高い良問を厳選して収録した。

　したがって，本書を完璧にマスターすれば合格に必要な最低限の実力はつくと考えてよい。

【3】本試験の問題形式に慣れる工夫をする

　本試験の問題のなかには複雑な形式の問題もあるので，解き方に慣れる工夫をすることが必要で

ある。自分が苦手とするパターンの問題は，体で解き方を覚えるまで何度も繰り返し訓練すべきである。苦手な出題形式の克服は徹底的にやる必要がある。1日そのパターンの問題ばかりを解いてもいいだろう。そうすると，「同じような問題は同じような発想で解けるんだ」とだんだんとわかるようになってくる。

そして，このようにして気づいたコツや発想は，自分なりにメモをして残しておくとよい。本書でも，「短答式問題解法の奥義」を3・4で記載したので，それを参考に，自分なりの解法のテクニックをつくってみてほしい。それを模擬試験や本試験の前に見て，苦手意識をなるべくなくしてしまおう。

【4】本番を意識して解答のリズムをつくる訓練をする

たとえば司法試験では，民事系科目（2時間30分），公法系科目（1時間30分），刑事系科目（1時間30分）という時間制限がある。実際に，この時間内に解くことは，最初のうちは大変に厳しいと感じるのが普通である。最初から，時間内に合格点を取ろうと思う必要はない。まず，最初の段階では，解答のリズムを意識することが大切である。特に最初から全問正解しようとすると，難しい問題でひっかかってしまい，結果的に点数は伸び悩んでしまう。難しいと思う問題は後回しにして飛ばしてしまい，最後までいき時間が余ったときに戻るようにしよう。

本書ではごく一部ではあるが正答率の高いものの難しい問題も収録している。本書を解くときは，その問題が自分にとって解ける問題か，解けない問題か，言い換えれば，解くべき問題か，飛ばすべき問題かを判断する訓練もするように心掛けてほしい。

「自分はまだ実力が足りないから短答式試験に合格することは無理なんじゃないか」と不安を感じることもあると思う。しかし，大切なことは基本をおさえることである。短答式試験に強い人というのは，どんなに難しい問題でも絶対に解ける人ではなく，多くの人が正解する基本的な問題を絶対に落とさない人なのである。どんなに難しい問題が出題されても，基本ができていれば正解にたどり着けるので大丈夫である。

2 本書の特色

【1】問題について

(1) **伊藤塾オリジナル問題を使用**

伊藤塾では，これまで毎年，司法試験短答答練，司法試験全国公開模試，予備試験短答答練・予備試験全国公開短答模試など多くの答練を実施してきた。本書は，そこで出題した問題のなかから学習に適切なものを精選し，最近の傾向に合わせた問題形式に改めて登載した。

(2) **論点ランクの表示**

法律の学習において，メリハリづけはきわめて重要である。各自の学習レベルに応じてマスターしてほしい問題が異なるので，以下の目安に従って学習してほしい。

　　　　必ずおさえるべき問題　　ＡＡランク：論文式試験で出題可能性が高く，短答式試験でも，十分に出題が予想されるもの。法律の学習開始後，最初に取り組むべき問題であり，初学者，上級者を問わず，確実に解けるようにしておかなければならない。

　　　　　　　　　本書のうち約15％を占める。
　基本的な問題　Ａランク：論文式試験ではＡＡランクほど出題可能性が高くはないが，短答式試験では十分に出題が予想されるもの。法律の学習を始めて１年目であっても学習効果があがる問題であり，上級者は，基本であることを意識して解けるようにしておかないといけない問題である。本書のうち約60％を占める。
　一歩進んだ問題　Ｂランク：論文式試験では出題可能性が低いが，短答式試験で出題が予想されるもの。いわゆる短答プロパーといわれる部分であるが，短答式試験直前期にはおさえておく必要がある。本書のうち約25％を占める。

(3) 正誤チェック欄の設置

　この欄は，その問題を何回勉強したか，正解であったか不正解であったかを，自分で記録するためのものである。自分の不得意な分野や形式などをチェックするのに役立ててほしい。

(4) 類題

　司法試験，司法試験予備試験，旧司法試験の短答式試験において過去に出題された問題で，当該問題と類似しているものを，出題年-出題番号で示した（新司法試験プレテストの問題は「プレ」，司法試験予備試験の問題は「予」，旧司法試験の問題は「旧」と表記し，それ以外は司法試験を示している）。

　正解できなかった問題分野について，類題を集中的に解くなどすることで，苦手意識をなくしてもらいたい。なお，類題には，知識だけでなく出題形式などをふまえて本書と類似する問題を掲載している。そのため，重要であっても類題のない問題も掲載している。したがって，類題のない問題であっても，怠ることなく勉強してもらいたい。

【２】解答について

　学習の初期の段階ではもちろんのことであるが，正解を見るだけではなく，どうして自分が誤ったのか理解することが必要であり，次に似たような問題が出題されたときに正解を導きだせるようにしておかなければならない。

　なお，商法では，紙面の都合上，解説において，「取締役会設置会社以外の株式会社」や「公開会社でない株式会社」などの会社法上の用語を，「非取締役会設置会社」や「非公開会社」などのように省略して表記している。

(1) アドバイス

　本書では，問題を解くうえでのヒント，関連する重要な知識，復習の際の指針などを，アドバイスというかたちで明確に示した。正解できなかった問題については，必ず参考にしてほしい。

(2) ✪印

　本書では，特に重要な知識として絶対に覚えておかなければならないものについて，記述単位で✪印を付けた。初学者のみならず中級者以上であっても，基本をおろそかにしないように，✪印の付いているものは確実に身につけてほしい。

(3) 難易度

　　▰▰▱：短答式試験の合格経験者の80％以上が正解する易しいもので，確実に正解すべき問題。
　　▰▰▱：短答式試験の合格経験者の60〜80％未満が正解する，合否を分けうる問題。

ページ構成

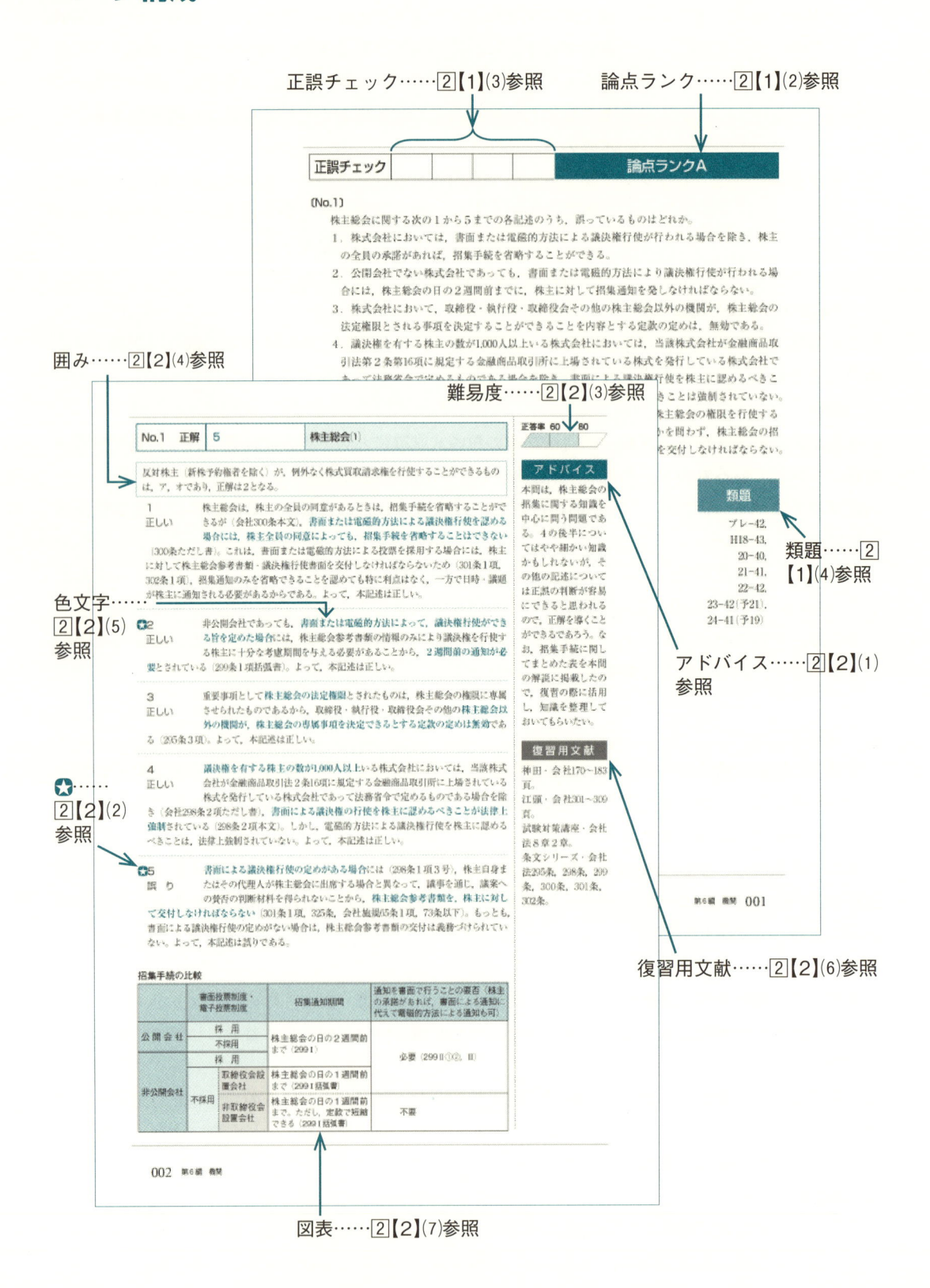

正誤チェック……2【1】(3)参照
論点ランク……2【1】(2)参照

正誤チェック					論点ランクA

〔No.1〕
株主総会に関する次の1から5までの各記述のうち、誤っているものはどれか。
1. 株式会社においては、書面または電磁的方法による議決権行使が行われる場合を除き、株主の全員の承諾があれば、招集手続を省略することができる。
2. 公開会社でない株式会社であっても、書面または電磁的方法により議決権行使が行われる場合には、株主総会の日の2週間前までに、株主に対して招集通知を発しなければならない。
3. 株式会社において、取締役・執行役・取締役会その他の株主総会以外の機関が、株主総会の法定権限とされる事項を決定することができることを内容とする定款の定めは、無効である。
4. 議決権を有する株主の数が1,000人以上いる株式会社においては、当該株式会社が金融商品取引法第2条第16項に規定する金融商品取引所に上場されている株式を発行している株式会社であって法務省令で定めるものである場合を除き、書面による議決権行使を株主に認めるべきことは強制されていない。
（以下、右上に続く）

囲み……2【2】(4)参照

No.1	正解	5	株主総会(1)

反対株主（新株予約権者を除く）が、例外なく株式買取請求権を行使することができるものは、ア、オであり、正解は2となる。

1 正しい
株主総会は、株主の全員の同意があるときは、招集手続を省略することができるが（会社300条本文）、書面または電磁的方法による議決権行使を認める場合には、株主全員の同意によっても、招集手続を省略することはできない（300条ただし書）。これは、書面または電磁的方法による投票を採用する場合には、株主に対して株主総会参考書類・議決権行使書面を交付しなければならないため（301条1項、302条1項）、招集通知の省略を認めることも特に利点がなく、一方で日時・議題が株主に通知される必要があるからである。よって、本記述は正しい。

色文字……2【2】(5)参照

★2 正しい
非公開会社であっても、書面または電磁的方法によって、議決権行使ができる旨を定めた場合には、株主総会参考書類の情報のみにより議決権を行使する株主に十分な考慮期間を与える必要があるから、2週間前の通知が必要とされている（299条1項括弧書）。よって、本記述は正しい。

3 正しい
重要事項として株主総会の法定権限とされたものは、株主総会の権限に専属させられたものであるから、取締役・執行役・取締役会その他の株主総会以外の機関が、株主総会の専属事項を決定できるとする定款の定めは無効である（295条3項）。よって、本記述は正しい。

★……2【2】(2)参照

4 正しい
議決権を有する株主の数が1,000人以上いる株式会社においては、当該株式会社が金融商品取引法2条16項に規定する金融商品取引所に上場されている株式を発行している株式会社であって法務省令で定めるものである場合を除き（会社298条2項ただし書）、書面による議決権の行使を株主に認めることが法律上強制されている（298条4項本文）。しかし、電磁的方法による議決権行使を認めるべきことは、法律上強制されていない。よって、本記述は正しい。

★5 誤り
書面による議決権行使の定めがある場合には（298条1項3号）、株主自身またはその代理人が株主総会に出席する場合と異なって、議事を通じ、議案への賛否の判断材料を得られないことから、株主総会参考書類を、株主に対して交付しなければならない（301条1項、325条、会社施規65条1項、73条以下）。もっとも、書面による議決権行使の定めがない場合は、株主総会参考書類の交付は義務づけられていない。よって、本記述は誤りである。

招集手続の比較

		書面投票制度・電磁的投票制度	招集通知期間	通知を書面で行うことの要否（株主の承諾があれば、書面による通知に代えて電磁的方法による通知も可）
公開会社		採用	株主総会の日の2週間前まで（299Ⅰ）	必要（299Ⅱ①、Ⅲ）
		不採用		
非公開会社	取締役会設置会社	採用	株主総会の日の1週間前まで（299Ⅰ括弧書）	
	非取締役会設置会社	不採用	株主総会の日の1週間前まで。ただし、定款で短縮できる（299Ⅰ括弧書）	不要

難易度……2【2】(3)参照

正答率 60 80

アドバイス
本問は、株主総会の招集に関する知識を中心に問う問題である。4の後半についてはやや細かい知識かもしれないが、その他の記述については正誤の判断が容易にできると思われるので、正解を導くことができるであろう。なお、招集手続に関してまとめた表を本問の解説に掲載したので、復習の際に活用し、知識を整理しておいてもらいたい。

アドバイス……2【2】(1)参照

類題
プレ-42,
H18-43,
20-40,
21-41,
22-42,
23-42（予21）,
24-41（予19）

類題……2【1】(4)参照

復習用文献
神田・会社170～183頁。
江頭・会社301～309頁。
試験対策講座・会社法8章2章。
条文シリーズ・会社法295条、298条、299条、300条、301条、302条。

復習用文献……2【2】(6)参照

図表……2【2】(7)参照

vi　はしがき

　　　　　：短答式試験の合格経験者の60％未満しか正解していない比較的難しい問題。

⑷　1行目の囲み

　解答の結論を示すもの。

⑸　色文字部分

　解答のポイントとなる部分，または重要な部分を色文字にした。解けなかった場合，色文字部分に着目できたか確認してほしい。

⑹　復習用文献

　各記述毎にある文献とは別に，問題が正解できなかった場合，または論点毎の知識が曖昧だった場合に，各文献のどの部分を復習すればよいかがわかるように記載した。

　また，拙著「伊藤真試験対策講座」，「伊藤真の判例シリーズ」，「伊藤真の条文シリーズ」（いずれも弘文堂）を利用して学習しておられる方の便宜を図り、これらの該当箇所を示した。なお，判例シリーズの表題判例ではなく関連判例を記載する場合，「判例シリーズ○事件【関連】」という表記をすることにより，表題判例と関連判例を区別している。

⑺　図表

　短答式試験の勉強においては，知識を図や表にして整理することによって理解や記憶がしやすくなる。そこで，復習する際に役立つように，解説の最後に図や表を加えた。この図表を活用することにより，膨大な量の知識をうまく整理し，理解や記憶を効率よく行ってもらいたい。

【3】一問一答問題について

　各編の終わりに一問一答形式の問題を掲載した。基本的に，本体の問題に重要知識を凝縮してあるが，更に補っておきたい知識について，一問一答問題として加えた。本体問題とあわせて反復して解くことで，穴をなくしてもらいたい。

【4】まとめ図・表

　各編の終わりに，まとめの図や表を掲載した。これは，本編問題と直接は関連しないものの，短答式試験において必要な知識を整理するうえで有益と考えられる図や表をまとめたものである。本編問題の解説に掲載した図表とあわせて活用することによって効率アップが図れるだろう。

3　短答式問題解法の奥義──総論

【1】ケアレスミスをしない

　ついつい，焦って問題文をよく読まずに各記述を検討してしまうなどにより，ケアレスミスを起こしてしまうことがある。簡単なことのようだが，「問題文を正確に読む」ということが解くための出発点である。「誤っているもの」「正しいもの」「矛盾しないもの」「批判とならないもの」などを読み間違えると逆の方向に答えをだしてしまいがちである。もし，正確に読むことができないようなら，解き終わった後に問題文が何を聞いていたのかを確認する癖をつけよう。

【2】個数問題と組合せ問題・単純正誤問題

　個数問題や単純正誤問題では，すべての記述について正誤の判断をする必要がある。

他方で，組合せ問題では，すべての記述の正誤がわからなくても，確実にわかる記述を切ることで，各記述の比較や組合せによって正解を絞り込むことができる場合がある。すべての記述がわからないからといって諦めるべきではない。

【3】長文問題

見た瞬間に読むのが嫌になるのが長文の問題である。しかし，条文に抵触するかどうか，判例に適合するかどうか，通説・基本原理に合致するかどうかなど分析的にあてはめていく思考で検討すれば意外と速く各記述の正誤を判断することができる。食わず嫌いになりがちではあるが，簡単に捨て問と割り切るのは禁物である。一度は目を通して捨て問にするかを判断するようにしてほしい。

【4】見解読解型問題

見解よりも各記述のほうにヒントは多いので，各記述を正確に読むことを優先させる。1つの文章（判例などの長い文章）に対しては，いろいろな評価をできる余地があり，内容を絞りきれないことがある。逆に各記述には，このような観点で読んでほしいという出題者の意図が読みとれるので，これをヒントに各記述を切ることができることがある。

それでもわからない場合は，見解の文章をナンバリングするなどして細分化し，各記述との対応を見ていく，という分析的な方法でアプローチしてみる。

それでもわからない場合は思い切って飛ばすことも肝要である。

【5】危機管理

短答式試験では，今まで見たこともない問題が出題されることがある。あるいは複雑な作業問題や長文問題が連続して問われる場合がある。このような問題が出題されると時間がかかりパニックに陥りがちである。危機的状況に対する管理も解法のテクニックのひとつといってよいだろう。

知らない問題が出題されたら，まず，利益状況を的確に把握し（特に民法）常識的に妥当と思われる結論を選ぶことも有益である。本来法律は常識的に不当な結論を用意していないものであるし，そのような部分がかりにあったとしてもそこを問う問題が出題されている可能性は低いからである。

試験時間は①問題文を正確に読むこと，②要求されている作業を正確にこなすこと，に割りふられているものと考えよう。知らない問題にあたったときに時間を費やしがちな人は，思い切って知識問題を後回しにし，時間がかかる作業問題などを先に解くなどの対策を講じることも有益だろう。

4 短答式問題解法の奥義──商法

【1】基本的知識の確立

商法に関しては，民法と同様に，条文を中心とした多くの正確な知識を有することが，そのまま得点につながる。公法系科目や刑事系科目と異なって，商法は特殊な形式の問題が少ないからである。したがって，より多くの基本的知識を習得することが肝要である。そして，習得した基本的知識は，正確でなければならない。あやふやな知識がいくらあったとしても正解に到達するのは困難であるし，解答にあたり疑義が生じていたのでは，余計な時間を費やすことになるからである。

また，基本的知識といっても，かなり広範囲である。商法の出題範囲は，会社法，商法総則・商

行為法，手形法・小切手法と多岐にわたる。しかも，会社法だけでも979条と民法に匹敵するほどの膨大な数の条文がある。しかし，短答式試験に合格するためにはこれらの知識をすべておさえる必要はないから，いたずらに細かい知識の習得に走ることは，試験対策としてよろしくない。短答式試験に合格するために必要十分な知識が何かを見極めるうえで，条文・判例・過去問・基本書というものがよい目安となる。

　旧司法試験の短答式試験では商法は試験科目とされていなかったため，これから勉強しなければならないことが多くて大変だと感じているかもしれない。しかし，短答式試験では，いわゆる短答プロパーの知識を問う問題だけでなく，論文式試験の勉強をするうえで必要となる知識が問われる問題も出題される。論文式試験の勉強で身につけた知識を幹として，そこに短答プロパーの知識を枝葉として関連づけていくイメージをもって勉強するよう心掛けてほしい。

　商法については，会社法の勉強に時間がかかるため，商法総則・商行為法や手形法・小切手法の分野まで手がまわらない場合も多いだろう。実際に，司法試験の短答式試験の合格者からも，これらの科目を十分に勉強できなかったという話を聞く。しかし，司法試験では短答式試験の成績も最終合格に直結する以上，これらの科目をまったく勉強しないで試験を受けるのは得策ではない。商法総則・商行為法や手形法・小切手法については，会社法に比べて，基本的な条文・判例を知っていれば解くことができるような，易しい問題が多く出題される傾向にある。本書を利用して，うまく勉強時間のバランスをとり，会社法だけでなく，これらを計画的に勉強するよう心掛けてほしい。

【2】思考のプロセス

　短答式試験の商法の問題は，そのほとんどが組合せ問題や単純正誤問題の形式で知識を問うものである。

　組合せ問題を解くにあたっては，すべての記述について正誤を判断する必要はない。たとえば，アの記述が誤りで，イの記述が正しいということがわかるだけでも，選択肢が2つくらいに絞れることがある。問題はその場合に残った記述のうちどれを切るかの判断である。知識が曖昧な場合は常識的に考えて妥当な結論かどうかを基準に切ってみよう。あるいは，ほかの記述と比較して，結論・論理の整合性といった観点から切るのもひとつの手である。

　単純正誤問題では，基本的にはすべての記述の正誤を判断する必要がある。しかし，たとえば正しい記述を1つ選ぶ問題で1が正しいと容易に判断できる場合のように，すべての記述の正誤が判断できなくても正解できる問題が出題されることも多々ある。難しい記述の正誤判断に悩んで時間を費やす前に，確実に正誤判断をすることができる記述から検討していくといいだろう。また，単純正誤問題では正解を2つ選ぶ問題も出題される。このような問題では部分点が振られる可能性があるので，確実に正誤判断できる記述から検討し，部分点だけでも確実にとることができるような解き方をしてほしい。

　また，正誤の見極めの判断方法を自分なりにルール化しておくと時間の節約になる。たとえば，当該記述に関し，①条文があるのかないのか，②条文がないとして，判例があるのかないのか，③判例がないとして，通説があるのかないのか，④通説がないとすれば，基本原理・常識からどのような結論が妥当といえるか，というように判断を順序づけることが有益である。

【3】民事系科目全体のなかでの時間配分

　司法試験の短答式試験の民事系科目では，例年，2時間30分という試験時間のなかで，民法・商

法・民事訴訟法の3科目が合計で74問出題され，そのなかの19問が商法から出題されている。そして，商法では，民法や民事訴訟法と異なり，複雑な事例形式の問題が出題されることが少ないため，商法にあてる時間はできるかぎり短縮するのが理想である。短答式試験は時間との戦いであり，時間配分を誤ると実力どおりの得点をとることができずに終わってしまうこともある。時間配分に不安のある方は，日ごろから民事系科目全体での時間配分を意識した対策をしてほしい。

【4】正確性

基本的知識の習得が正解に直結するとはいえ，知識が曖昧だったり，問題文を読み間違えたりしては意味がない。知識を正確におさえ，問題文を正確に読むということをほかの科目と同様に徹底してほしい。

以上，短答式試験対策のための問題集としての本書の特色を説明してきた。伊藤塾では，短答式試験対策のための問題集として，ほかにも『伊藤真が選んだ短答式一問一答　1000』（法学書院）を刊行している。これを使って勉強すれば，短答式試験に合格するために必要な知識を一問一答形式で確認することができる。そのため，短答式試験の勉強としては『伊藤真が選んだ短答式一問一答　1000』をやれば十分であると思うかもしれない。しかし，繰り返しになるが，短答式試験は時間との戦いである。時間配分の練習は一問一答形式では行うことができない。また，短答式試験では正誤判断をすることができない難しい記述が必ず出題される。そのような難しい記述が出題されたときに，上記の思考のプロセスなどの自分なりの解き方を身につけるための問題演習も，一問一答形式の問題集では行うことができない。本書はこのような実践的な問題練習をするうえで必要不可欠である。

なお，伊藤塾では，司法試験や司法試験予備試験，法科大学院入試のための無料ストリーミング講座を公開している。また，『Web de ドリル』という，パソコンや携帯電話などでドリル方式の問題演習を行うことができるe-ラーニングシステムがあり，体験版であればだれでも問題演習を行うことができる。パソコンなどから伊藤塾ホームページ（http://www.itojuku.co.jp/index.html）にアクセスしてみてほしい。

最後に，本書の作成にあたっては，2011年に司法試験に合格し，伊藤塾において司法試験や司法試験予備試験の講師として力を発揮してくれている谷山政司さんをはじめ，司法試験短答式試験の合格している方たちを中心として伊藤塾の誇る優秀なスタッフ，そして，弘文堂の皆さんの協力を得て刊行することができた。ここに改めて感謝する。

2012年8月

伊藤　真

★ 参考文献一覧

　本書をまとめるにあたり多くの文献を参照させていただきました。そのすべてを記すことはできませんが主なものを下に掲げておきます。なお，本書はいわゆる学術書ではなく，学習用の教材ですので，その性質上，学習において必要な部分以外は引用した文献名を逐一明記することはしませんでした。ここに記して感謝申し上げる次第です。

【会社法】
神田秀樹・会社法［第14版］（弘文堂・2012）
江頭憲治郎・株式会社法［第4版］（有斐閣・2011）
相澤哲・一問一答　新・会社法［改訂版］（商事法務・2009）
相澤哲＝葉玉匡美＝郡谷大輔・論点解説　新・会社法（商事法務・2006）
江頭憲治郎＝門口正人・会社法大系第2巻／第3巻／第4巻（青林書院・2008）
酒巻俊雄＝龍田節・逐条解説会社法第1巻／第2巻（中央経済社・2008）
浜田道代・キーワードで読む会社法［第2版］（有斐閣・2006）
前田庸・会社法入門［第12版］（有斐閣・2009）
宮島司・新会社法エッセンス［第3版補正版］（弘文堂・2010）
弥永真生・リーガルマインド会社法［第12版］（有斐閣・2009）
会社法判例百選［第2版］（有斐閣・2011）
伊藤真・会社法［第2版］〔伊藤真試験対策講座〕（弘文堂・2009）
伊藤塾・商法〔伊藤真の判例シリーズ〕（弘文堂・2009）
伊藤塾・会社法［第2版］〔伊藤真の条文シリーズ〕（弘文堂・2008）

【商法総則・商行為法】
弥永真生・リーガルマインド商法総則・商行為法［第2版］（有斐閣・2006）
有斐閣Sシリーズ商法Ⅰ―総則・商行為［第4版］（有斐閣・2009）
近藤光男・商法総則・商行為法［第5版補訂版］（有斐閣・2008）
商法（総則・商行為）判例百選［第5版］（有斐閣・2008）

【手形法・小切手法】
弥永真生・リーガルマインド手形法・小切手法［第2版補訂2版］（有斐閣・2007）
Sシリーズ商法Ⅲ―手形・小切手［第4版］（有斐閣・2011）
田邊光政・最新手形法小切手法［5訂版］（中央経済社・2007）
基本法コンメンタール　手形法・小切手法［第3版］（日本評論社・1991）
手形小切手判例百選［第6版］（有斐閣・2004）

【その他】
ジュリスト（有斐閣）
ジュリスト重要判例解説（有斐閣）
道垣内弘人・担保物権法［第3版］（有斐閣・2008）
伊藤真・商法（総則・商行為）・手形法小切手法［第2版］〔伊藤真試験対策講座〕（弘文堂・2011）
伊藤真・商法・手形法小切手法〔伊藤真の条文シリーズ〕（弘文堂・2006）

伊藤塾・伊藤真が選んだ短答式一問一答　1000　商法（法学書院・2011）

目　次

第1編　会社法総説
- No. 1　株式会社・合名会社・民法上の組合の比較……001
- No. 2　会社の法人性・営利性・社団性……003
- No. 3　会社の概念(1)……005
- No. 4　会社の概念(2)……007
- No. 5　各種会社の比較……009
- No. 6　会社法総説……011
- No. 7　法人格否認の法理……013
- まとめ図・表……015

第2編　設立
- No. 8　株式会社の設立……017
- No. 9　設立段階の会社の法律関係……019
- No. 10　発起人等の責任……021
- No. 11　会社の設立およびその瑕疵……023
- 一問一答問題……026
- まとめ図・表……030

第3編　株式
- No. 12　少数株主権……033
- No. 13　株主の権利……035
- No. 14　株式の種類(1)……037
- No. 15　株式の種類(2)……039
- No. 16　株式の種類(3)……041
- No. 17　株券(1)……043
- No. 18　株券(2)……045
- No. 19　株式の譲渡等(1)……047
- No. 20　株式の譲渡等(2)……049
- No. 21　株式の譲渡・担保化……051
- No. 22　自己株式・親会社株式取得……053
- No. 23　株主名簿……055
- No. 24　株式の消却・併合……057
- No. 25　株式分割と株式無償割当て……059
- No. 26　単元株……061
- 一問一答問題……064
- まとめ図・表……070

第4編　募集株式の発行等
- No. 27　募集株式の発行(1)……079
- No. 28　募集株式の発行(2)……081
- No. 29　募集株式の発行(3)……083
- No. 30　募集株式の発行等の瑕疵(1)……085
- No. 31　募集株式の発行等の瑕疵(2)……087
- 一問一答問題……090
- まとめ図・表……092

第5編　新株予約権
- No. 32　新株予約権(1)……093
- No. 33　新株予約権(2)……095
- 一問一答問題……098

まとめ図・表……………………………………………………………… 100

第6編　機関

- No. 34　株式会社の機関設計(1)…………………………………………… 101
- No. 35　株式会社の機関設計(2)…………………………………………… 103
- No. 36　株式会社の機関設計(3)…………………………………………… 105
- No. 37　株主総会(1)………………………………………………………… 107
- No. 38　株主総会(2)………………………………………………………… 109
- No. 39　種類株主総会の権限等…………………………………………… 111
- No. 40　株主の提案権……………………………………………………… 113
- No. 41　株主総会決議の瑕疵(1)…………………………………………… 115
- No. 42　株主総会決議の瑕疵(2)…………………………………………… 117
- No. 43　株主総会決議の瑕疵(3)…………………………………………… 119
- No. 44　役員等の選任および解任(1)……………………………………… 121
- No. 45　役員等の選任および解任(2)……………………………………… 123
- No. 46　役員等の選任および解任(3)……………………………………… 125
- No. 47　取締役・取締役会(1)……………………………………………… 127
- No. 48　取締役・取締役会(2)……………………………………………… 129
- No. 49　取締役・取締役会(3)……………………………………………… 131
- No. 50　取締役・取締役会(4)……………………………………………… 133
- No. 51　取締役会…………………………………………………………… 135
- No. 52　取締役・取締役会・代表取締役………………………………… 137
- No. 53　代表取締役………………………………………………………… 139
- No. 54　利益相反取引……………………………………………………… 141
- No. 55　取締役の報酬等…………………………………………………… 143
- No. 56　会計参与…………………………………………………………… 145
- No. 57　監査役・監査役会・会計参与…………………………………… 147
- No. 58　監査役……………………………………………………………… 149
- No. 59　監査役・監査役会(1)……………………………………………… 151
- No. 60　監査役・監査役会(2)……………………………………………… 153
- No. 61　監査役・監査役会(3)……………………………………………… 155
- No. 62　会計監査人………………………………………………………… 157
- No. 63　委員会設置会社(1)………………………………………………… 159
- No. 64　委員会設置会社(2)………………………………………………… 161
- No. 65　委員会設置会社(3)………………………………………………… 163
- No. 66　役員等の対会社責任……………………………………………… 165
- No. 67　役員等の対第三者責任(1)………………………………………… 167
- No. 68　役員等の対第三者責任(2)………………………………………… 169
- No. 69　役員等の対第三者責任(3)………………………………………… 171
- No. 70　違法行為の差止請求権…………………………………………… 173
- 一問一答問題 ………………………………………………………… 176
- まとめ図・表………………………………………………………… 182

第7編　計算

- No. 71　計算………………………………………………………………… 189
- No. 72　会社債権者保護のための規律…………………………………… 191
- No. 73　計算書類等の作成・監査・承認………………………………… 193
- No. 74　計算書類等………………………………………………………… 195
- No. 75　資本金・準備金の額の減少(1)…………………………………… 197
- No. 76　資本金・準備金の額の減少(2)…………………………………… 199
- No. 77　剰余金の処分・配当(1)…………………………………………… 201
- No. 78　剰余金の処分・配当(2)…………………………………………… 203

No. 79　剰余金の配当 ··· 205
　　一問一答問題 ··· 208
　　まとめ図・表 ··· 212

第8編　定款の変更，解散・清算
No. 80　定款の変更 ··· 215
No. 81　株式会社の解散・清算(1) ··· 217
No. 82　株式会社の解散・清算(2) ··· 219
No. 83　株式会社の解散・清算(3) ··· 221
　　まとめ図・表 ··· 223

第9編　持分会社
No. 84　持分会社(1) ··· 225
No. 85　持分会社(2) ··· 227
No. 86　株式会社との異同 ··· 229
　　まとめ図・表 ··· 231

第10編　社債
No. 87　社債 ··· 233
No. 88　社債管理者 ··· 235
No. 89　社債権者集会 ··· 237
　　一問一答問題 ··· 240
　　まとめ図・表 ··· 242

第11編　組織再編
No. 90　事業譲渡 ··· 243
No. 91　合併(1) ··· 245
No. 92　合併(2) ··· 247
No. 93　会社分割 ··· 249
No. 94　株式会社の株式交換・株式移転 ·· 251
No. 95　組織再編行為 ··· 253
No. 96　略式手続・簡易手続 ··· 255
　　一問一答問題 ··· 258
　　まとめ図・表 ··· 260

第12編　会社法・総合問題
No. 97　書類閲覧の要件 ··· 263
No. 98　会社法上の訴え ··· 265
No. 99　株式買取請求権(1) ··· 267
No.100　株式買取請求権(2) ··· 269
No.101　株式買取請求権(3) ··· 271
No.102　株式会社・持分会社の比較 ·· 273
No.103　会社債権者保護 ··· 275
No.104　親子会社 ··· 277
　　まとめ図・表 ··· 279

第13編　商法総則・商行為法
No.105　商行為(1) ··· 281
No.106　商行為(2) ··· 283
No.107　商行為(3) ··· 285
No.108　商行為(4) ··· 287
No.109　商人と商行為 ··· 289

No.110	商業登記(1)	291
No.111	商業登記(2)	293
No.112	商号(1)	295
No.113	商号(2)	297
No.114	名板貸し(1)	299
No.115	名板貸し(2)	301
No.116	商業帳簿	303
No.117	商業使用人	305
No.118	支配人	307
No.119	表見支配人	309
No.120	代理商	311
No.121	商人の補助者間の比較	313
No.122	営業譲渡	315
No.123	営業譲渡・事業譲渡	317
No.124	商事留置権と民事留置権	319
No.125	商事売買と民事売買の異同	321
No.126	商事売買	323
No.127	交互計算	325
No.128	匿名組合	327
No.129	仲立営業	329
No.130	問屋営業	331
No.131	運送営業	333
No.132	場屋営業	335
No.133	寄託	337
No.134	倉庫営業	339
一問一答問題		342
まとめ図・表		346

第14編　手形法・小切手法

No.135	手形および小切手の性質	351
No.136	手形関係と原因関係	353
No.137	手形行為総論	355
No.138	約束手形の必要的記載事項	357
No.139	手形の実質的要件	359
No.140	手形行為独立の原則	361
No.141	他人による手形行為	363
No.142	手形の裏書	365
No.143	手形の善意取得	367
No.144	特殊の裏書	369
No.145	手形抗弁	371
No.146	手形所持人の請求と振出人の抗弁事由	373
No.147	手形金の支払	375
No.148	遡求の要件	377
No.149	手形法上の消滅時効	379
No.150	白地手形	381
No.151	為替手形と小切手	383
No.152	為替手形，約束手形，小切手	385
一問一答問題		388
まとめ図・表		390

判例索引　393

第1編 会社法総説

正誤チェック　　　　　　　　　　　　　　　　　　　　　　**論点ランクA**

〔No.1〕
　株式会社，合名会社および民法上の組合（以下「会社等」という）の比較に関する次の1から4までの各記述のうち，誤っているものを2個選びなさい。なお，「構成員」とは，株式会社にあっては株主を，合名会社にあっては社員を，民法上の組合にあっては組合員をそれぞれさすものとし，また，各記述について，定款または組合契約には特別の定めがないものとする。
1．「定款または組合契約の変更は，構成員の3分の2以上の同意によって可能である」という説明は，株式会社および合名会社にはあてはまるが，民法上の組合にはあてはまらない。
2．「構成員は会社等の債務について，補充責任ではなく第一次的直接責任を負う」という説明は，民法上の組合にはあてはまるが，株式会社および合名会社にはあてはまらない。
3．「構成員は，脱退または退社を理由として，出資した財産の払戻しを会社等から受けることができる」という説明は，民法上の組合および合名会社にはあてはまるが，株式会社にはあてはまらない。
4．「構成員は，労務の提供を出資の目的とすることができる」という説明は，民法上の組合にはあてはまるが，株式会社および合名会社にはあてはまらない。

類題

H19-36

| No.1 正解 | 1，4 | 株式会社・合名会社・民法上の組合の比較 |

正答率 60　80

アドバイス

本問は，民法上の組合，株式会社，持分会社の異同を問う問題である。基本的な問題であるため，確実に正解したい問題である。間違えた場合には，本問の解説に掲載した表等を用いてそれぞれの異同を整理し，知識を確実なものにしてもらいたい。

復習用文献

神田・会社8～9頁。
江頭・会社32～34頁。
試験対策講座・会社法3章，12章。
試験対策講座・債権各論2章11節。
条文シリーズ・会社法104条，127条，466条，580条，611条，637条。

1 誤り　株式会社は，原則として，「当該株主総会において議決権を行使することができる株主の議決権の過半数（3分の1以上の割合を定款で定めた場合にあっては，その割合以上）を有する株主が出席し，出席した当該株主の議決権の3分の2（これを上回る割合を定款で定めた場合にあっては，その割合）以上に当たる多数」により定款を変更することができる（会社466条，309条2項11号）。他方，合名会社は，原則として，総社員の同意によって，定款の変更をすることができる（637条）。また，民法上の組合においては，組合契約成立のためには当事者全員の意思の合致が必要とされており，このような契約は組合成立当初になされるものにかぎられないので（民667条参照），組合契約の変更には，構成員全員の同意が必要である。よって，本記述は誤りである。

2 正しい　民法上の組合において，組合債権者は，組合および各組合員のいずれにも弁済を請求することができ，まず組合財産について執行しなければならないわけではない（675条参照）。したがって，組合員の責任は補充的ではなく第一次的直接責任である。他方，株式会社においては，株主の責任は，その有する株式の引受価額を限度とする間接有限責任であり，第一次的直接責任を負うわけではない（会社104条）。また，合名会社においては，社員は，会社債権者に対して無限責任を負うが（576条2項），その責任には従属性（581条），二次性（補充性）（580条1項）が規定されており，第一次的直接責任を負うわけではない。よって，本記述は正しい。

☆3 正しい　民法上の組合において，組合員が脱退した場合，組合員としての出資義務が消滅するから，組合は脱退組合員に対してその組合員が有していた持分を払い戻さなければならない（民681条参照）。合名会社においては，原則として，「退社した社員は，その出資の種類を問わず，その持分の払戻しを受けることができる」（会社611条1項本文）。他方，株式会社においては，退社に関する制度は定められておらず，株主は株式の譲渡により，投下資本の回収を図る（127条）。よって，本記述は正しい。

4 誤り　民法上の組合において，「出資は，労務をその目的とすることができる」（民667条2項）。他方，株式会社においては，労務の提供を出資の目的とすることができないが（会社27条4号参照），合名会社においては，社員が労務を出資の目的とすることが認められている（576条1項6号参照）。よって，本記述は誤りである。

株式会社・持分会社・民法上の組合の異同

	株式会社	持分会社	民法上の組合
責任	有限責任	有限責任・無限責任*	無限責任
権利主体	株式会社	持分会社	組合員個人
出資	金銭，財産等	有限社員：金銭，財産等 無限社員：金銭，財産等，労務	金銭，財産等，労務
持分譲渡	原則：自由に譲渡できる 例外：定款で譲渡制限の定めをすることができる	他の社員（業務執行役員の場合もある）の承諾が必要	他の組合員全員の同意が必要
定款（組合契約）変更	株主総会の特別決議	総社員の一致	組合員全員の一致
持分の払戻し	なし（株式譲渡で資本回収できる）	あり	あり

＊ただし，会社財産をもって債務が完済されない場合にはじめて責任を負う。

正誤チェック　　　　　　論点ランクA

〔No.2〕
会社の法人性・営利性・社団性に関する次の1から5までの各記述のうち，誤っているものはどれか。

1．判例によれば，第三者異議の訴えにおける原告の法人格が，執行債務者に対する強制執行を回避するために濫用されている場合には，当該原告は，執行債務者と別個の法人格であることを主張して強制執行の不許を求めることは許されない。
2．会社は法人であるとされ，会社法で定められた法人格取得のための要件をみたした場合は，行政官庁の免許等を取得せずとも，設立登記によって法人格が認められる。
3．会社法上の会社は，事業によって得た利益を出資者である構成員に分配することを目的とする団体であり，その事業は対外的に行われるものでなければならないため，相互保険会社や協同組合は，会社法上の会社とはいえない。
4．株式会社・合同会社・合名会社については一人会社が認められるが，合資会社は無限責任社員と有限責任社員がそれぞれ1人以上存在しなければならないため，一人会社は認められず，社員が1人となったことは解散事由となる。
5．判例によれば，会社は定款に定められた目的の範囲内において権利能力を有し，その目的の範囲内の行為とは，定款に明示された目的自体に限局されるものではなく，その目的を遂行するうえに直接または間接に必要な行為であれば，すべてこれに包含される。

類題
なし

| No.2 正解 | 4 | 会社の法人性・営利性・社団性 |

★1 正しい
判例（最判平成17年7月15日〔判例シリーズ（民事訴訟法）68事件〕）は、「第三者異議の訴えは、債務名義の執行力が原告に及ばないことを異議事由として強制執行の排除を求めるものではなく、執行債務者に対して適法に開始された強制執行の目的物について原告が所有権その他目的物の譲渡又は引渡しを妨げる権利を有するなど強制執行による侵害を受忍すべき地位にないことを異議事由として強制執行の排除を求めるものである。そうすると、第三者異議の訴えについて、法人格否認の法理の適用を排除すべき理由はなく、原告の法人格が執行債務者に対する強制執行を回避するために濫用されている場合には、原告は、執行債務者と別個の法人格であることを主張して強制執行の不許を求めることは許されない」としている。よって、本記述は正しい。

2 正しい
会社は法人である（会社3条）。この法人とは、自然人以外で、権利・義務の帰属主体たる地位を有するものである。そして、法は、会社法で定められた法人格取得のための要件をみたした場合は、行政官庁の免許等の取得を要件とせずに、設立登記によって法人格が付与されるという準則主義を採用している。よって、本記述は正しい。

3 正しい
会社は、事業によって得た利益を出資者である構成員に分配することを目的とする団体である（営利法人）。その事業の業種は問題とはならないが、対外的に行われるものであることが必要であるため、相互保険会社や協同組合は、会社法上の会社とはいえない。よって、本記述は正しい。

4 誤り
株式会社・合同会社・合名会社については一人会社が認められる。他方、合資会社は、無限責任社員と有限責任社員がそれぞれ1人以上存在しなければならない（576条3項）ため、一人会社は認められない。もっとも、社員が無限責任社員1人となった場合は、合名会社になることに格別の不都合はないため、合名会社となる定款の変更をしたものとみなされる（639条1項）。また、社員が有限責任社員1人となった場合も、一定の措置（640条2項）を義務づければ合同会社になることに格別の不都合はないため、合同会社となる定款の変更をしたものとみなされる（639条2項）。したがって、合資会社において社員が1人となることが、当該合資会社の解散事由となるわけではない（641条4号参照）。よって、本記述は誤りである。

★5 正しい
判例（最大判昭和45年6月24日〔判例シリーズ2事件〕）は、「会社は定款に定められた目的の範囲内において権利能力を有するわけであるが、目的の範囲内の行為とは、定款に明示された目的自体に限局されるものではなく、その目的を遂行するうえに直接または間接に必要な行為であれば、すべてこれに包含される」としている。よって、本記述は正しい。

正答率 60　80

アドバイス
本問は、会社の法人性・営利性・社団性についての知識を問う問題である。いずれも基本的な知識を問うものであり、条文や判例の知識のみならず、会社の基本原理についてきちんと理解していれば正解を導くことは容易であろう。間違えた場合には、きちんと復習しておいてもらいたい。

復習用文献
神田・会社4～7頁。
江頭・会社13～32頁。
試験対策講座・会社法2章1節。
判例シリーズ2事件。
判例シリーズ・民事訴訟法68事件。

正誤チェック　　　　論点ランクA

〔No.3〕
会社の有する性質に関する次のアからオまでの各記述のうち，誤っているものを組み合わせたものは，後記1から5までのうちどれか。

ア．会社の商号は，常に1個にかぎられるわけではない。
イ．会社がその事業としてする行為およびその事業のためにする行為は，商行為とされる。
ウ．会社による政治資金の寄附は，会社の社会的役割を果たすためになされたものとは認められない場合であっても，会社の定款所定の目的の範囲内の行為であるとされる。
エ．会社の法人格がまったくの形骸にすぎない場合や，それが法律の適用を回避するために濫用される場合には，会社とその株主や他の会社を同一視することが許される場合がある。
オ．会社の住所は，当該会社の本店の所在地にあるとされる。

1．アウ　　2．アエ　　3．イエ　　4．イオ　　5．ウオ

類題
なし

| No.3 正解 | 1 | 誤っているものは、ア、ウ | 会社の概念(1) |

| ア 誤り | 商号は会社の名称であるので（会社6条1項），会社の人格が1個である以上，商号は常に1個にかぎられる。よって、本記述は誤りである。 |

| イ 正しい | 5条は，「会社……がその事業としてする行為及びその事業のためにする行為は，商行為とする」としている。よって、本記述は正しい。 |

| ウ 誤り | 判例（最大判昭和45年6月24日〔判例シリーズ2事件〕）は，「会社による政治資金の寄附は，客観的，抽象的に観察して，会社の社会的役割を果たすためになされたものと認められるかぎりにおいては，会社の定款所定の目的の範囲内の行為であるとするに妨げないのである」としている。よって、本記述は誤りである。 |

| ★エ 正しい | 判例（最判昭和44年2月27日〔判例シリーズ3事件〕）は，「法人格が全くの形骸にすぎない場合，またはそれが法律の適用を回避するために濫用されるが如き場合においては，法人格を認めることは，法人格なるものの本来の目的に照らして許すべからざるものというべきであり，法人格を否認すべきことが要請される場合を生じる」とし，会社とその株主や他の会社を同一視することができる場合があるとしている。よって、本記述は正しい。 |

| オ 正しい | 4条は，「会社の住所は，その本店の所在地にあるものとする」としている。よって、本記述は正しい。 |

正答率 60　80

アドバイス

本問は、会社に関する総論的な知識を問う問題である。いずれも非常に基本的な知識を問うものであり、即座に正誤の判断ができなければならない問題といえる。間違えた場合には猛省し、きちんと復習する必要があるだろう。

復習用文献

神田・会社4～7頁，13～15頁。
江頭・会社13～46頁。
試験対策講座・会社法2章1節，3節。
判例シリーズ2事件，3事件。
条文シリーズ・会社法4条，5条，6条。

| 正誤チェック | | | | | 論点ランクB |

〔No.4〕
会社の有する性質に関する次のアからオまでの各記述のうち,誤っているものを組み合わせたものは,後記1から5までのうちどれか。

ア.会社の行為が商行為であるかについて争う場合,立証責任はこれを争う者が負う。
イ.会社が他の会社の無限責任社員となることは,会社の固有の目的外で会社存立の財産的基盤が脅かされることおよび会社には無限責任社員としての人的信用の基礎または事業遂行のための人的要素が欠けることから,禁止される。
ウ.その発行する一部の株式の内容として,譲渡による当該株式の取得について株式会社の承認を要する旨の定款の定めを設けていない株式会社は,会社法上の公開会社に該当する。
エ.株式会社は,営利を目的とするから,構成員全員の合意のうえであっても,対外的経済活動における利潤最大化という目的に反する会社運営を行うことはできない。
オ.会社法にいう会社とは,株式会社,合同会社,合名会社,合資会社のみである。

1.アウ　　2.アエ　　3.イエ　　4.イオ　　5.ウオ

類題

なし

| No.4 正解 | 3 | 誤っているものは，イ，エ | 会社の概念(2) |

ア 正しい		判例（最判平成20年２月22日〔判例シリーズ87事件〕）は，「会社の行為は商行為と推定され，これを争う者において当該行為が当該会社の事業のためにするものでないこと，すなわち当該会社の事業と無関係であることの主張立証責任を負う」とする。よって，本記述は正しい。
イ 誤 り		改正前商法55条は，会社の固有の目的外で会社存立の財産的基盤が脅かされること，あるいは，会社には無限責任社員としての人的信用の基礎または事業遂行のための人的要素が欠けることを根拠とし，会社は他の会社の無限責任社員となることはできないとしていた。しかし，この根拠が十分とはいえないことや，同条の制限が合弁会社を合名会社形態で行うことを妨げていたことから，会社法は，会社が他の会社の無限責任社員となることの禁止を撤廃している。よって，本記述は誤りである。
ウ 正しい		２条５号は，公開会社を「その発行する全部又は一部の株式の内容として譲渡による当該株式の取得について株式会社の承認を要する旨の定款の定めを設けていない株式会社をいう」と定義している。つまり，譲渡の制限がされていない株式を一部でも発行していれば，会社法上の公開会社に該当する。よって，本記述は正しい。
エ 誤 り		株式会社は，対外的経済活動で利益を得て，その得た利益を構成員たる株主に分配するという営利目的を有している。そのことから，株式会社においては，対外的経済活動における利潤最大化といった，株主の利益最大化が会社関係者の利害調整の原則となる。もっとも，いわゆる第三セクターの株式会社のように，構成員全員が合意のうえで，事実上対外的経済活動における利潤最大化に反する会社運営を行うことは妨げられない。よって，本記述は誤りである。
オ 正しい		会社法では，会社の種類としては，株式会社，合同会社，合名会社，合資会社の４種類を定めている（２条１号）。このほかのものは会社法の定める会社ではない。よって，本記述は正しい。

正答率 60 80

アドバイス

本問は，会社の性質に関する知識を問う問題である。ア，ウ，オについては基本的な条文・判例知識を問うものであるため確実に正誤を判断できなければならない。イ，エについては明文の規定はないものの，常識的に考えれば正誤の判断をだすことは可能であると思われるし，前述のア，ウ，オについて正誤を判断できれば正解を導くことができる。したがって，本問は確実に正解しなければならない問題といえるであろう。

復習用文献

神田・会社４～10頁，13～15頁，30～31頁。江頭・会社19～24頁。試験対策講座・会社法２章１節，３節。判例シリーズ87事件。条文シリーズ・会社法２条，５条。

正誤チェック　論点ランクA

〔No.5〕
　各種会社の比較に関する次のアからオまでの各記述のうち，誤っているものを組み合わせたものは，後記1から5までのうちどれか。なお，「構成員」とは，株式会社にあっては株主を，持分会社にあっては社員をそれぞれさすものとする。

ア．株式会社および合同会社においては，間接有限責任を負う構成員のみが存在し，構成員となろうとする者は，会社の成立前でも，一定の出資の履行の期日または期間内に，出資にかかる金銭の全額の払込みまたは金銭以外の財産の全部の給付義務を負う。

イ．合資会社は，無限責任を負う構成員と有限責任を負う構成員からなるが，業務を執行し，会社を代表する権限を有するのは無限責任を負う構成員にかぎられる。

ウ．合名会社の構成員および合資会社の無限責任を負う構成員の責任は，直接無限連帯責任であるが，この責任は，民法上の組合の組合員の場合とは異なり，補充的責任である。

エ．合資会社において，有限責任を負う構成員の退社により無限責任を負う構成員のみとなった場合は合名会社に，無限責任を負う構成員の退社により有限責任を負う構成員のみとなった場合は合同会社に，組織変更をしたものとみなされる。

オ．設立手続に瑕疵がある場合，株式会社の構成員が提起することができるのは設立無効の訴えのみであるが，持分会社の構成員は，設立無効の訴えのほか，設立取消しの訴えを提起することもできる。

1．アウ　　2．アオ　　3．イウ　　4．イエ　　5．エオ

類題
H19-36,
21-46

No.5 正解 4　誤っているものは，イ，エ　各種会社の比較

正答率 60　80

★ア 正しい　株式会社において株主となろうとする者は，会社の成立前でも，一定の出資の履行の期日または期間内に，全額の払込みまたは給付義務を負う（会社34条1項本文，63条1項）。また，合同会社の社員となろうとする者も，会社の成立前でも，一定の期日または期間内に，全額の払込みまたは給付義務を負う（578条本文）。構成員全員が間接有限責任を負うにとどまる株式会社，合同会社においては，債権者にとって債権回収の引当てとなる責任財産は会社財産だけになるからである（104条，576条4項，580条2項）。よって，本記述は正しい。＊弥永・会社259頁，433頁。

イ 誤り　合資会社は，無限責任社員と有限責任社員とから構成される（576条3項）。したがって，前段は正しい。また，持分会社の社員は，定款に別段の定めがある場合を除き，会社の業務を執行するとされ（590条1項），ほかに持分会社を代表する社員その他持分会社を代表する者を定めた場合を除き，会社を代表する権限を有する（599条1項）。したがって，「無限責任を負う構成員にかぎられる」とする後段は誤りである。よって，本記述は誤りである。＊神田・会社287頁，290頁。

★ウ 正しい　合名会社の社員および合資会社の無限責任社員は，直接無限連帯責任を負うが，この責任は，会社の財産をもって債務を完済することができない場合または会社財産に対する強制執行が功を奏しない場合にのみ生じる補充的（二次的）責任である（580条1項）。これに対し，民法上の組合の組合員は，組合の債務につき直接無限責任を負い，この責任には補充性は認められない。よって，本記述は正しい。＊弥永・会社419頁。

エ 誤り　合資会社において，有限責任社員の退社により無限責任社員のみとなった場合は合名会社になる旨の定款変更を，無限責任社員の退社により有限責任社員のみとなった場合は合同会社になる旨の定款変更をしたものとみなされる（639条1項，2項）。そして，組織変更は，株式会社と持分会社の間での組織の変更をいう（2条26号）。したがって，組織変更をしたものとみなされるのではない。よって，本記述は誤りである。＊弥永・会社439〜440頁。

オ 正しい　設立手続に瑕疵がある場合，株式会社においては，設立無効の訴えのみが認められ（828条1項1号，2項1号），また，その無効原因は客観的無効原因に限定される。他方，持分会社においては，設立無効の訴え（828条1項1号，2項1号）のほか，設立取消しの訴えも認められ（832条），両訴えにおいては，主観的無効原因（設立に参加した個々の社員の設立行為の瑕疵）も主張することができる。これは，株式会社においては通常株主の個性があまり重視されないのに対し，持分会社においては人的信頼関係が重視されるためである。よって，本記述は正しい。＊弥永・会社268〜269頁。

アドバイス

本問は，各種会社の比較を問う問題である。いずれも条文知識を問うものであり，確実に正解したい問題といえる。エに関してのみなじみのない知識が問われているといえるが，その他の記述は各種会社の基本的な性質等から正誤の判断を導くことができるであろう。なお，各種会社の異同を比較した表を第9編まとめ図・表 01 に掲載しておいたので，これを活用し，知識を整理しておいてもらいたい。

復習用文献

神田・会社7〜11頁。
江頭・会社32〜34頁。
試験対策講座・会社法3章，12章。
条文シリーズ・会社法580条，599条，639条，832条。

| 正誤チェック | | | | | 論点ランクA |

〔No.6〕
　会社に関する次のアからオまでの各記述のうち，誤っているものを組み合わせたものは，後記1から5までのうちどれか。

　ア．会社の成立後に支店を設けた場合，当該支店の所在地において登記をしなければならないが，この場合，原則として，商号，本店の所在場所および支店（その所在地を管轄する登記所の管轄区域内にあるものにかぎる）の所在場所を登記すれば足りる。
　イ．株式会社は，その商号中に必ず株式会社という文字を用いなければならない。
　ウ．株主の権利は，講学上，自益権と共益権に分類され，株主総会における議決権は自益権，剰余金の配当を受ける権利および残余財産の分配を受ける権利は共益権に該当する。
　エ．公開会社でない株式会社は，取締役が株主でなければならない旨を定款で定めることができない。
　オ．会社の事業に関するある種類または特定の事項の委任を受けた使用人は，当該事項に関するいっさいの裁判外の行為をする権限を有するが，裁判上の行為をする権限は有しない。

1．アイ　　2．アウ　　3．イオ　　4．ウエ　　5．エオ

類題
なし

| No.6 正解 | 4 | 誤っているものは，ウ，エ | 会社法総説 |

正答率 60　80

| ア 正しい | 改正前商法においては，支店でも本店の登記事項とほぼ同様の登記事項が規定されていたが，会社法930条2項は，支店の所在地における登記事項を，支店の所在地を管轄する登記所の管轄区域内に新たに支店を設けたときを除き，①商号，②本店の所在場所，③支店（その所在地を管轄する登記所の管轄区域内にあるものにかぎる）の所在場所としており，登記事項を大幅に削減している。よって，本記述は正しい。|

| イ 正しい | 6条2項は，「会社は，株式会社，合名会社，合資会社又は合同会社の種類に従い，それぞれその商号中に株式会社，合名会社，合資会社又は合同会社という文字を用いなければならない」としている。よって，本記述は正しい。|

| ★ウ 誤 り | 自益権とは，株主が会社から直接に経済的利益を受けることを目的とする権利であり，剰余金の配当を受ける権利（105条1項1号），残余財産の分配を受ける権利（105条1項2号），株式買取請求権（116条等）などが該当する。他方，共益権とは，株主が会社経営に参与しあるいは取締役等の行為を監督是正することを目的とする権利であり，株主総会における議決権（105条1項3号），取締役の違法行為の差止請求権（360条），株主総会決議の取消訴権（831条）などが該当する。したがって，本記述は説明が逆になっている。よって，本記述は誤りである。|

| ★エ 誤 り | 331条2項は，「株式会社は，取締役が株主でなければならない旨を定款で定めることができない。ただし，公開会社でない株式会社においては，この限りでない」としている。よって，本記述は誤りである。|

| オ 正しい | 14条1項は，「事業に関するある種類又は特定の事項の委任を受けた使用人は，当該事項に関する一切の裁判外の行為をする権限を有する」としている。よって，本記述は正しい。|

アドバイス

本問は，会社について幅広く知識を問う問題である。いずれも基本的な条文知識を問うものであり，確実に正解しなければならない問題といえる。アの登記事項に関してはやや細かい知識が問われているが，その他の記述の正誤判断は容易であり，正解を導くことは簡単であろう。

復習用文献

神田・会社13～27頁，65～66頁。
江頭・会社123～126頁。
試験対策講座・会社法2章3節。
条文シリーズ・会社法 6条，14条，331条，930条。

| 正誤チェック | | | | | 論点ランクAA |

〔No.7〕
法人格否認の法理に関する次の1から4までの各記述のうち，正しいものを2個選びなさい。

1．法人格否認の法理が適用される場合であっても，個人または会社のいずれか一方に対する訴訟の判決の既判力・執行力は他方に拡張されないとの見解に対しては，取引の相手方の保護に実効性をもたないとの批判があるが，取引の相手方が，会社と個人のいずれであるかが不明の場合には，相手方は，個人と会社の双方に訴えを提起し，双方に勝訴して債務名義を得ることによって，取引の安全を図ることができる。
2．株式会社は準則主義によって設立され，かつ，社員が1人である会社の成立，存続も許されることは，法人格否認の法理を適用することの根拠とはならない。
3．法人格否認の法理の根拠が，社会的目的に反する法人制度の使用を許さないこと，取引の相手方の保護にあることを強調すれば，みずから法人格を濫用し，または法人格との混同を生じさせている者が法人格を否認することはできない，との見解を基礎づけることができる。
4．判例によれば，第三者異議の訴えの原告の法人格が執行債務者に対する強制執行を逃れるために濫用されている場合，第三者異議の訴えの性格を，外観に基づき適法に開始された強制執行を原告が受忍すべき地位にないことを理由として執行の排除を求めるものと解すると，第三者異議の訴えの被告たる債権者は，法人格否認の法理を抗弁として提出することができない。

| 類題 |

な　し

| No.7 正解 | 1, 3 | 法人格否認の法理 |

正答率 60　80

★1 正しい

判例（最判昭和53年9月14日〔判例シリーズ（民事訴訟法）66事件〕）は，法人格否認の法理が適用される場合であっても，手続の明確，安定を重んずる訴訟手続および強制執行手続においては，その手続の性格上，ある法人に対する判決の既判力および執行力の範囲を他の法人にまで拡張することは許されないとしているが，この点につき取引相手の保護の実効性を欠くと批判される。しかし，たとえば，手続の相手方たる取引主体が，会社と個人のいずれであるかが不明の場合には，相手方は，個人と会社の双方に共同して，または各別に訴えを提起し，法人格否認の法理の要件を立証し，双方に勝訴して債務名義を得ることによって，取引の安全を図ることができる。よって本記述は正しい。

2 誤り

判例（最判昭和44年2月27日〔判例シリーズ3事件〕）は，法人格否認の法理を適用する根拠のひとつとして，「株式会社は準則主義によって容易に設立され得，かつ，いわゆる一人会社すら可能であるため，株式会社形態がいわば単なる藁人形に過ぎず，会社即個人であり，個人即会社であって，その実質が全く個人企業と認められるが如き場合を生じるのであって，このような場合，これと取引する相手方としては，その取引がはたして会社としてなされたか，または個人としてなされたか判然しないことすら多く，相手方の保護を必要とする」としている。よって，本記述は誤りである。

3 正しい

法人格否認の法理の根拠が，法人制度の社会的目的に反する使用を許さないことにあり，更に取引の相手方の保護をも強調すれば，みずから法人格を濫用し，または法人格との混同を生じさせている者は，法人格を否認することができないと解されている。よって，本記述は正しい。

★4 誤り

判例（最判平成17年7月15日〔判例シリーズ（民事訴訟法）68事件〕）は，「第三者異議の訴えは，債務名義の執行力が原告に及ばないことを異議事由として強制執行の排除を求めるものではなく，執行債務者に対して適法に開始された強制執行の目的物について原告が所有権その他目的物の譲渡又は引渡しを妨げる権利を有するなど強制執行による侵害を受忍すべき地位にないことを異議事由として強制執行の排除を求めるものである。そうすると，第三者異議の訴えについて，法人格否認の法理の適用を排除すべき理由はなく，原告の法人格が執行債務者に対する強制執行を回避するために濫用されている場合には，原告は，執行債務者と別個の法人格であることを主張して強制執行の不許を求めることは許されない」としている。したがって，第三者異議の訴えの性格を，外観に基づき適法に開始された強制執行を原告が受忍すべき地位にないことを理由として執行の排除を求めるものと解しても，第三者異議の訴えの被告たる債権者は，法人格否認の法理を抗弁として提出することができる。よって，本記述は誤りである。

アドバイス

本問は，法人格否認の法理に関する知識を問う問題である。いずれも法人格否認の法理に関する基本的な知識があれば，正解を導くことができると思われる。論文式試験で問われる可能性もあるため，基本書等で要件の確認をしておいてもらいたい。

復習用文献

神田・会社4～5頁。
江頭・会社39～46頁。
試験対策講座・会社法2章1節①【3】。
判例シリーズ3事件。
判例シリーズ・民事訴訟法66事件，68事件。

第1編　まとめ図・表

株式会社・持分会社の差異

01 構成員の責任等

	株式会社	持分会社
責任	有限責任のみ	有限責任・無限責任
権利の内容	原則：株式数に比例 例外：種類株式，非公開会社における属人的定め	原則：出資の価額に比例 例外：定款で自由に定めることが可
持分の譲渡	原則：事由に譲渡できる 例外：定款で譲渡制限の定めをすることができる	他の社員の承諾
退社制度	なし	あり

02 会社の運営に関する事項

	株式会社	持分会社
定款変更の要件	株主総会決議（特別決議） （ただし，定款で決議要件を加重することは可）	総社員の一致 （ただし，定款で業務執行社員への一任も含めて自由に定められる）
意思決定	株主総会の決議事項とされているものについて，定款で取締役等の決定で足りるとすることは原則として不可	定款に別段の定めがないかぎり入退社・解散時は総社員の一致
競業行為の承認	株主総会決議（普通決議）・取締役会決議	原則：他の社員の全員一致 例外：定款の定めによる
利益相反取引等	株主総会決議（普通決議）・取締役会決議	原則：他の社員の過半数の一致 例外：定款で自由に定めることが可
対会社責任の免除	原則として総株主の同意	任務懈怠責任は免除自由

03 公開会社と非公開会社の比較

		公開会社	非公開会社
株式	発行可能株式総数	発行済株式総数の4倍を超えることは不可（113Ⅲ本文）	制限なし（113Ⅲただし書）
	議決権制限株式の数	発行済株式総数の2分の1以下（115）	制限なし
	取締役等選任種類株式	発行不可（108Ⅰ柱書ただし書，⑨）	発行可
	株主ごとに異なる扱い	不可（109Ⅰ）	可（109Ⅱ）
	相続人等からの自己株式取得の際の特則	なし（162①）	あり（162柱書）
	通常の株式募集の決定	取締役会決議（199Ⅱ，201Ⅰ）	株主総会決議（199Ⅱ）
	株券の発行時期	株式発行後遅滞なく（215Ⅲ）	請求時まで不発行可（215Ⅳ）
	新株発行無効の訴えの提訴期間	6か月（828Ⅰ②）	1年（828Ⅰ②括弧書）
機関	株主総会 / 株主総会招集通知の期限	原則：2週間（299Ⅰ）	原則：1週間（299Ⅰ括弧書）
	株主総会 / 株主提案権等（297，303，305，306）	6か月以上保有が必要 cf.株主総会における議案提出（304）は，保有期間制限なし	株式保有期間制限なし
	機関設計 / 取締役会設置義務	義務あり（327Ⅰ①）	義務なし
	機関設計 / 大会社*の監査役会・会計監査人の設置義務	義務あり（328Ⅰ）	会計監査人の設置義務のみ，あり（328Ⅱ）
	機関設計 / 会計監査のみの監査役（389Ⅰ）	設置不可	設置可（監査役会設置会社・会計監査役設置会社を除く）
	任期 / 取締役（332）・会計参与（334Ⅰ）	2年（短縮のみ可）	10年まで伸長可*
	任期 / 監査役（336）	4年（短縮不可）	10年まで伸長可
	取締役・執行役の行為の差止め	6か月以上保有が必要（360Ⅰ，422Ⅰ）	株式保有期間制限なし（360Ⅱ，422Ⅱ）
訴訟	代表訴訟提起等	6か月以上保有が必要（847Ⅰ，854Ⅰ）	株式保有期間制限なし（847Ⅱ，854Ⅱ）

* 委員会設置会社を除く。

第2編　設立

正誤チェック　　　　　　　　　　　　　　論点ランクAA

〔No.8〕
株式会社の設立に関する次のアからオまでの各記述のうち，判例の趣旨に照らし誤っているものを組み合わせたものは，後記1から5までのうちどれか。

ア．発起人の権限は，成立後の会社がなすべき事業に属する行為には及ばないが，会社の設立自体に必要な行為のほか，開業準備行為にも及ぶ。

イ．発起人が，当初から真実の株式の払込みとして会社資金を確保する意図がないのに，払込取扱機関以外の者から借り入れた金銭を株式の払込みにあて，会社の成立後ただちにそれを引き出して借入金の返済にあてるという，いわゆる見せ金による払込みは，無効である。

ウ．定款に記載のない財産引受けは，成立後の会社が当該財産引受けを追認することにより，有効となる余地がある。

エ．財産の譲受会社側だけでなく，譲渡人も，定款に記載のない財産引受けの無効を主張することができる。

オ．他人名義で設立時募集株式の引受けの申込みがなされた場合，名義借用者が当該株式の引受人となる。

1．アイ　　2．アウ　　3．イオ　　4．ウエ　　5．エオ

	類題
	プレ-51,
	H18-39,
	19-38,
	20-37,
	21-37,
	22-37,
	23-38(予17),
	24-37(予16)

| No.8 正解 | 2 | 誤っているものは、ア、ウ | 株式会社の設立 |

正答率 60 80

アドバイス

本問は、株式会社の設立に関する知識を問う問題である。いずれも基本的な判例知識を問うものであるため、確実に正解したい問題である。間違えた場合は、判例集等で確認し、しっかりと復習してもらいたい。

復習用文献

神田・会社40～61頁。
江頭・会社70～73頁、80～81頁。
試験対策講座・会社法4章2節、3節。
判例シリーズ5事件、9事件。

ア 誤り　判例（最判昭和33年10月24日〔判例シリーズ5事件〕）は、株式会社の発起人が、いまだ設立登記をしないうちに、当該会社の代表取締役として、第三者との間に、会社設立に関する行為に属しない契約を締結した場合、その効果は設立後の会社に当然帰属すべきいわれはなく、発起人は、相手方たる第三者に対し、民法117条の類推適用により責任を負うとしている。また、判例（最判昭和38年12月24日）は、資本充実の要請から、財産引受けをいわゆる変態設立事項のひとつとして厳重な制限を課している法の趣旨からすれば、会社設立自体に必要な行為のほかは、発起人は開業準備行為をなしえず、原始定款に記載され、そのほか厳重な法定要件をみたした財産引受けのみが例外的に許されるとしている。よって、本記述は誤りである。

★イ 正しい　判例（最判昭和38年12月6日）は、いわゆる見せ金による払込みについて、「当初から真実の株式の払込として会社資金を確保するの意図なく、一時的の借入金を以て単に払込の外形を整え、株式会社成立の手続後直ちに右払込金を払い戻してこれを借入先に返済する場合の如きは、右会社の営業資金はなんら確保されたことにはならないのであって、かかる払込は、単に外見上株式払込の形式こそ備えているが、実質的には到底払込があったものとは解し得ず、払込としての効力を有しない」としている。よって、本記述は正しい。

ウ 誤り　判例（最判昭和28年12月3日）は、定款に記載のない財産引受けに対する株主総会の承認決議の効力について、「単に会社側だけで無効な財産引受契約を承認する特別決議をしても、所論のごとくこれによって瑕疵が治癒され無効な財産引受契約が有効となるものとは認めることができない」としている。よって、本記述は誤りである。

エ 正しい　判例（前掲最判昭和28年12月3日）は、定款に記載のない財産引受けの無効の主張について、「この無効の主張は、無効の当然の結果として当該財産引受契約の何れの当事者も主張ができるものである」として、会社側だけでなく譲渡人による無効の主張を認めている。よって、本記述は正しい。

オ 正しい　判例（最判昭和42年11月17日〔判例シリーズ9事件〕）は、新株発行の事例で、「他人の承諾を得てその名義を用い株式を引受けた場合においては、名義人すなわち名義貸与者ではなく、実質上の引受人すなわち名義借用者がその株主となる」としている。同判決は、設立時募集株式の引受けの申込みがなされた場合にも妥当すると解されている。よって、本記述は正しい。

| 正誤チェック | | | | | 論点ランクAA |

〔No.9〕
会社の設立段階における法律関係に関する次の1から5までの各記述のうち，誤っているものはどれか。

1．判例によれば，募集設立における払込取扱機関は，創立総会終了後において，会社成立前に発起人または設立時取締役に払込金を返還しても，その後成立した会社に対し，当該払込金の返還をもって対抗することができない。

2．設立に関与した者が発起人に該当するか否かは，その者が発起人として定款に署名し，または記名押印したかどうかによって判断される。

3．判例によれば，発起人が設立手続未了で設立の登記をしていない株式会社の代表取締役として開業準備行為にあたる契約を締結した場合で，発起人が行った当該開業準備行為の効果が成立後の会社に及ばないときには，発起人に対して無権代理人と同様の責任を問うことができる。

4．判例によれば，発起人が行った払込みがいわゆる見せ金にあたる場合，その効力は無効となるが，見せ金にあたるかどうかは，会社設立後に借入金を返済するまでの期間の長短，払戻金が会社資金として運用された事実の有無，借入金の返済が会社の資金関係に及ぼす影響の有無等を考慮して決せられる。

5．募集設立の場合において，発起人は，現物出資財産等の価額が定款記載の価額に著しく不足していても，職務を行うについて注意を怠らなかったことを証明すれば，不足額填補責任を免れることができる。

| 類題 |

プレ-51,
H18-39,
19-38,
20-37,
21-37,
22-37,
23-38(予17)

No.9 正解 5　設立段階の会社の法律関係

正答率 60　80

1 正しい　判例（最判昭和37年3月2日）は，「商法189条〔会社法64条〕の規定より考え，且つ会社成立前に払込金を使用できる旨の特別な規定のないことに徴すれば，株金払込取扱銀行等は，その証明した払込金額を，会社成立の時まで保管してこれを会社に引渡すべきものであって，従って，会社成立前において発起人又は取締役に払込金を返還しても，その後成立した会社に対し払込金返還をもって対抗できない」としている。よって，本記述は正しい。＊江頭・会社95頁。

★2 正しい　発起人とは，定款に発起人として署名または記名押印した者をいう（会社26条1項参照）。これは，発起人の範囲を客観的・形式的に定めて設立段階での法律関係の明確化を図る必要があること，また，募集設立に際して，定款に署名しないのに発起人のような外観作出に加功した者については，擬似発起人として責任を問いうる（103条2項）ので不都合はないことに基づく。よって，本記述は正しい。＊弥永・会社240～241頁。

3 正しい　判例（最判昭和33年10月24日〔判例シリーズ5事件〕）は，「民法117条は，……もっぱら，代理人であると信じてこれと契約した相手方を保護する趣旨に出たものであるから，これと類似の関係にある本件契約〔開業準備行為〕についても，同条の類推適用により，前記会社の代表者として契約した上告人〔発起人〕がその責に任ずべき」としている。よって，本記述は正しい。＊江頭・会社72～73頁。

★4 正しい　判例（最判昭和38年12月6日）は，いわゆる見せ金は「単に外見上株式払込の形式こそ備えているが，実質的には到底払込があったものとは解し得ず，払込としての効力を有しない」としたうえで，見せ金を認定するにあたり，「会社成立後前記借入金を返済するまでの期間の長短，右払戻金が会社資金として運用された事実の有無，或は右借入金の返済が会社の資金関係に及ぼす影響の有無等」を考慮している。よって，本記述は正しい。＊弥永・会社263～264頁。

5 誤り　発起設立の場合，発起人（現物出資者〔会社28条1号〕または財産引受けの譲渡人〔28条2号〕を除く）は，現物出資財産等の価額が定款記載の価額に著しく不足していたときでも，職務を行うについて注意を怠らなかったことを証明したときは，不足額填補責任を免れることができる（52条2項2号）。しかし，募集設立の場合，発起人は，上記事実を証明したとしても，不足額填補責任を免れることはできない（103条1項）。これは，募集設立の場合，発起人のほかに設立時募集株式を引き受けて設立時株主となった者もいるので，これらの引受人を保護するため，発起人の責任を厳重にしたものである。よって，本記述は誤りである。＊江頭・会社107～108頁。前田・会社81頁。

アドバイス

本問は，会社設立段階における法律関係に関する知識を問う問題である。いずれも基本的な条文・判例知識を問うものであり，確実に正解しなければならない問題といえる。設立に関しては，募集設立と発起設立の異同や，発起人の責任等を解説に記載した表を用いるなどして，整理しておいてもらいたい。

復習用文献

神田・会社55～61頁。
江頭・会社70～73頁，80～81頁。
試験対策講座・会社法4章2節，3節，4節。
判例シリーズ5事件。
条文シリーズ・会社法52条，64条，103条。

現物出資・財産引受けの不足額支払義務の免責・免除事由

		発起設立	募集設立	免除の有無
発起人・設立時取締役	現物出資者・財産譲渡人	なし（52Ⅱ括弧書〔無過失責任〕）	同左（103Ⅰ，52Ⅱ）	総株主の同意で免除可（55）
	上記以外の者	・検査役の調査を受けたとき（52Ⅱ①） ・その職務を行うについて注意を怠らなかったことを証明したとき（52Ⅱ②）	検査役の調査を受けたとき（103Ⅰ，52Ⅱ①）	
弁護士等の証明者（33Ⅹ③）		証明をするについて注意を怠らなかったことを証明したとき（52Ⅲただし書）	同左	総株主の同意による免除不可

| 正誤チェック | | | | | 論点ランクA |

〔No.10〕
　発起人等の責任に関する次のアからオまでの各記述のうち，正しいものを組み合わせたものは，後記1から5までのうちどれか。
　ア．設立時における発起人等の会社に対する責任につき，会社法のもとでは，改正前商法下における発起人および設立時取締役の引受担保責任および払込担保責任の規定は削除されているが，給付未履行財産の価額填補責任については規定がある。
　イ．発起人が預合いを行った場合，会社法上罰則が科される。
　ウ．現物出資または財産引受けに掲げる事項が相当であることにつき，弁護士等が証明等をした場合，当該証明者の不足額支払義務は過失責任であるが，会社の側に，過失の立証責任がある。
　エ．擬似発起人の責任は，募集設立の場合にのみ規定がある。
　オ．発起人に設立に関する職務を行うについて悪意または過失があるときは，その発起人は，株主，会社債権者等の第三者に対して連帯して損害賠償責任を負う。

　1．アイ　　2．アウ　　3．イエ　　4．ウオ　　5．エオ

| 類題 |

プレ-51,
H18-39,
20-37,
21-37,
22-37

| No.10 正解 | 3 | 正しいものは，イ，エ | 発起人等の責任 |

正答率 60 80

★ア 誤り
改正前商法のもとでは，発起人および設立時取締役につき，引受担保責任および払込担保責任および給付未履行財産の価額填補責任に関する規定が設けられ（改正前商法192条1項，2項），それらの責任は資本充実責任として無過失責任と解されていた。これに対し，会社法のもとでは，株式の数と資本金の額とに関連性はなく，出資額がみたされていれば全株式の引受けがなくてもよいため，設立に際して出資の引受け，払込みまたは給付のない株式は設立前にすべて失権するとし（会社36条3項，63条3項），会社成立後にその填補責任を問題とする場面はなくなった。よって，本記述は誤りである。

イ 正しい
発起人が，「株式の発行に係る払込みを仮装するため預合いを行ったときは，5年以下の懲役若しくは500万円以下の罰金に処し，又はこれを併科する」（965条）。よって，本記述は正しい。

ウ 誤り
現物出資財産等の証明・鑑定評価をした者も，不足額支払義務を負う（52条3項本文）。ただし，その証明等をした者が証明をするについて注意を怠らなかったことを証明した場合，この義務を負わないものとされている（52条3項ただし書）。したがって，会社の側に立証責任があるわけではない。よって，本記述は誤りである。

エ 正しい
募集設立において，募集の広告その他当該募集に関する書面または電磁的記録に自己の氏名（名称），および会社の設立を賛助する旨を記載・記録することを承諾した者（擬似発起人）は，発起人と同一の義務を負う（103条2項）。第三者からみて発起人らしい行為をした者でも，定款に発起人として署名していなければ発起人にはならない。そこで，発起人以外の者も株式を引き受ける募集設立の場合につき，株式引受人その他の第三者の信頼を保護するため，擬似発起人にも義務を負わせることにしたものである。よって，本記述は正しい。

★オ 誤り
発起人に，設立の際にその職務を行うにつき「悪意又は重大な過失」があるときは，その発起人は，株主，会社債権者等の第三者に対して連帯して損害賠償責任を負う（53条2項，54条）。したがって，過失があってもそれが軽過失のときは，損害賠償責任を負わない。よって，本記述は誤りである。

アドバイス

本問は，発起人等の責任を問う問題である。いずれも基本的な条文知識を問うものであり，確実に正解しなければならない問題といえよう。間違えた場合には，条文をしっかりと読んで復習してもらいたい。なお，本書No.9の解説に，発起人等の責任についてまとめた表を掲載してあるので，復習の際に用いて知識を整理するとよいであろう。

復習用文献

神田・会社60～61頁。
江頭・会社106～111頁。
試験対策講座・会社法4章4節②。
条文シリーズ・会社法52条，53条，103条，965条。

正誤チェック　　　　　　　　論点ランクA

〔No.11〕
会社の設立およびその瑕疵に関する次の1から5までの各記述のうち，正しいものはどれか。

1．判例によれば，株主募集広告費は，設立費用ではない。
2．株式会社が成立しなかったときは，発起人は，連帯して，株式会社の設立に関してした行為についてその責任を負うが，発起人がその職務を行うについて注意を怠らなかったことを証明したときは，その責任を免れる。
3．株式会社の設立の無効は，訴えをもってのみ主張することができ，かつ無効判決の効力は遡及しない。
4．設立無効の訴えで原告が敗訴した場合，対世効により，他の者が再び設立無効の訴えを提起することはできない。
5．株式会社が不成立となった場合には，株式会社の設立に関して支出した費用は，募集株式の引受人と発起人の負担となる。

類題

H19-38,
20-37

| No.11 正解 | 3 | 会社の設立およびその瑕疵 | 正答率 60 80 |

| 1 誤り | 判例（大判昭和2年7月4日〔判例シリーズ7事件〕）は、株主募集広告費用は、会社の費用の負担に帰すべき設立費用に属するとしている。よって、本記述は誤りである。 |

| 2 誤り | 株式会社が成立しなかったときは、発起人は、連帯して、株式会社の設立に関してした行為についてその責任を負う（会社56条前段）。この責任は、任務懈怠の有無を問わない無過失責任である。よって、本記述は誤りである。 |

| ★3 正しい | 株式会社が設立登記により成立しても、設立が法の要件をみたさず、会社の設立手続に瑕疵がある場合がある。しかし、この場合に、民法の一般原則により会社の設立を無効とすると、多数の利害関係人の法律関係が混乱し、取引の安全を害する。そこで、会社法は、設立無効の訴えをもってのみ主張することができるとし（828条1項1号）、無効の効力は遡及しないものとする（839条、834条1号）。よって、本記述は正しい。 |

| 4 誤り | 設立無効の訴えで原告が勝訴し、設立を無効とする判決が確定すると、その判決は第三者に対しても効力を及ぼす（対世効、838条）。しかし、838条は、「会社の組織に関する訴えに係る請求を認容する確定判決は、第三者に対してもその効力を有する」としているのみであって、原告が敗訴した場合は、判決の効力は、一般原則により当事者間にしか及ばないため（民訴115条1項1号）、提訴期間前であれば、他の者が再び設立無効の訴えを提起しうることになる。よって、本記述は誤りである。 |

| 5 誤り | 株式会社が不成立となった場合、定款の認証手数料等、株式会社の設立に関して支出した費用は、全額が発起人の負担となり（会社56条後段）、設立時募集株式の引受人に負担を課すことはできない。よって、本記述は誤りである。
なお、発起人が、会社不成立の原因を生じさせた者に対し債務不履行、不法行為等に基づき損害賠償請求をなすことまでは妨げられない。 |

アドバイス

本問は、会社の設立およびその瑕疵に関する知識を問う問題である。いずれも基本的な知識を問うものであり、確実に正解しなければならない問題といえよう。間違えた場合には、基本書等で改めて知識を確認しておいてもらいたい。

復習用文献

神田・会社57～61頁。
江頭・会社111～115頁。
試験対策講座・会社法4章4節。
判例シリーズ7事件。
条文シリーズ・会社法56条、828条、838条、839条。

第2編　設立　★一問一答問題

01 株式会社が公開会社である場合，設立時において，授権株式数（発行可能株式総数）の少なくとも4分の1は株式を発行しなければならない。

02 発起設立において，発起人は，株式会社の成立前は，心裡留保および通謀虚偽表示を理由として設立時発行株式の引受けの無効を主張することができる。

03 変態設立事項である設立費用の具体例としては，設立事務所の賃料，株券の印刷費，定款の認証の手数料等があり，これらは，定款に記載がなければ成立後の会社の負担とはならない。

04 設立時発行株式の払込みにおいて，出資の履行をしていないため履行をしなければならない旨の通知を受けた発起人が期日までに履行をしないときは，当該発起人は，設立時発行株式の株主となる権利を失う。

05 発起人は，株式会社成立後は，強迫を理由として設立時発行株式の引受けの取消しをすることができない。

06 設立時発行株式についての現物出資者は発起人にかぎられる。

07 法人は発起人となることができるが，未成年者は発起人となることができない。

08 発起設立の場合に，設立時監査役を解任するには，発起人の議決権の3分の2以上にあたる多数をもって決定しなければならない。

09 株式会社の成立時における現物出資財産等の価額が当該現物出資財産等について定款に記載された価額に著しく不足する場合であっても，当該現物出資について検査役の調査を経たときは，現物出資をした発起人は，当該株式会社に対して当該不足額を支払う義務を負わない。

10 「各発起人は，株式会社の設立に際し，設立時発行株式を1株以上引き受けなければならない」という説明は，発起設立，募集設立のいずれにもあてはまる。

第2編　設立　★一問一答問題解答

01 ○　設立しようとする株式会社が公開会社である場合、設立時において、授権株式数（発行可能株式総数）の少なくとも4分の1は株式を発行しなければならない（会社37条3項本文）。＊神田・会社128頁。江頭・会社68頁。

02 ×　民法93条ただし書および94条1項の規定は、設立時発行株式の引受けにかかる意思表示については、適用されない（会社51条1項）。したがって、心裡留保および通謀虚偽表示を理由とする場合には、株式の引受けは、株式会社の成立前後に関係なく無効となることはない。＊神田・会社49頁。

03 ×　株式会社を設立する場合には、株式会社の負担する設立に関する費用は、26条1項の定款に記載し、または記録しなければ、その効力を生じない（28条4号）。もっとも、定款の認証の手数料その他株式会社に損害を与えるおそれがないものとして法務省令に定められているものは、定款への記載は不要である（28条4号括弧書）。そして、設立費用の具体例としては、設立事務所の賃料、設立事務員の給与、株券の印刷費、定款認証の手数料等があげられるが、このうち定款の認証の手数料については、定款に記載がなくても当然に成立後の会社の負担となる。＊江頭・会社74頁。

04 ○　発起人のうち出資の履行をしていない者がある場合には、発起人は、当該出資の履行をしていない発起人に対して、期日を定め、その期日までに当該出資の履行をしなければならない旨を通知しなければならない（36条1項）。そして、この通知を受けた発起人は、期日までに出資の履行をしないときは、当該出資の履行をすることにより設立時発行株式の株主となる権利を失う（36条3項）。＊神田・会社50頁。

05 ○　発起人は、株式会社成立後は、錯誤を理由として設立時発行株式の引受けの無効を主張し、または詐欺もしくは強迫を理由として設立時発行株式の引受けの取消しをすることはできない（51条2項）。＊神田・会社49頁。

06 ○　34条1項が、発起人は引受後遅滞なく、「その引き受けた設立時発行株式につき、……その出資に係る金銭以外の財産の全部を給付しなければならない」と規定し、他方で、63条1項が、「設立時募集株式の引受人は……それぞれの設立時募集株式の払込金額の全額の払込みを行わなければならない」と規定しており、両規定を対照すると、株式引受人については、現物出資を予定していないと解される。したがって、設立時発行株式についての現物出資者は発起人にかぎられることになる。

07 ×　発起人とは、会社の設立の企画者として定款または電磁的記録に署名または記名押印した者をいう（会社26条1項、2項参照）が、自然人・法人のいずれであってもよい。また、資格に制限はないので、未成年者その他の制限行為能力者も発起人になることができる。

08 ○　発起設立の場合における設立時役員等の解任は、原則として、発起人の議決権の過半数をもって決定する（43条1項）。もっとも、設立時監査役を解任する場合においては、発起人の議決権の3分の2以上にあたる多数が必要である（43条1項括弧書）。＊江頭・会社85頁。

09 ×　株式会社の成立の時における現物出資財産等の価額が当該現物出資財産について定款に記載された価額に著しく不足するときは、発起人および設立時取締役は、当該株式会社に対し、連帯して、当該不足額を支払う義務を負う（52条1項）。この場合、発起人および設立時取締役は、現物出資財産等について検査役の調査を経たときは、原則として当該不足額を支払う義務を負わないが（52条2項1号）、現物出資をした発起人については、無過失責任とされる（52条2項柱書括弧書）。＊逐条解説①375～376頁。

10 ○　発起設立、募集設立を問わず、各発起人は、株式会社の設立に際し、設立時発行株式を1株以上引き受けなければならない（25条2項）。

11 「株式会社は，その本店の所在地において設立の登記をすることによって成立する」という説明は，発起設立にあてはまるが，募集設立にはあてはまらない。

12 発起人が出資の履行をすることにより設立時発行株式の株主となる権利は，譲渡することができない。

13 発起人の設立時発行株式の引受けの申込みをしようとする者に対する通知または催告は，発起人が当該通知または催告を発信した時に到達したものとみなされる。

11 ×　株式会社は，本店の所在地における設立の登記によって会社が成立する（49条）。設立の登記は，法人としての株式会社を成立させる効力があり（創設的効力），これは発起設立および募集設立のいずれにおいても妥当する。

12 ×　発起人が出資の履行をすることにより設立時発行株式の株主となる権利の譲渡は，成立後の株式会社に対抗することはできない（35条）。もっとも，35条は，「対抗することができない」と規定するのみであり，設立時発行株式の株主となる権利の譲渡は，債権契約として，譲渡当事者間では有効である。＊逐条解説①320頁。江頭・会社79頁。

13 ×　発起人の設立時発行株式の引受けの申込みをしようとする者に対する通知または催告は，その通知または催告が通常到達すべきであった時に，到達したものとみなされる（59条7項）。＊江頭・会社92頁。

第2編　まとめ図・表

01 設立の手続

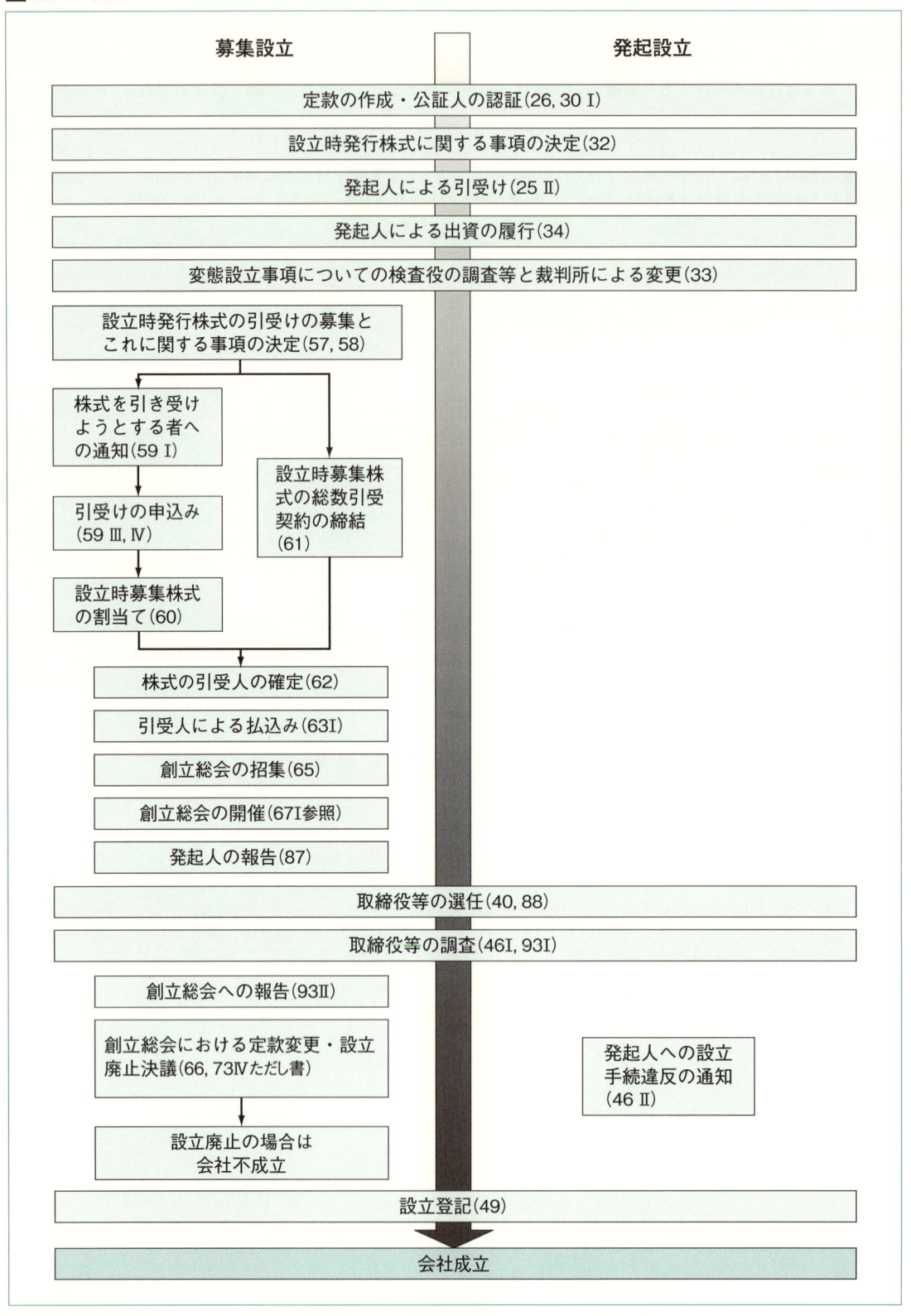

募集設立		発起設立
	定款の作成・公証人の認証 (26, 30Ⅰ)	
	設立時発行株式に関する事項の決定 (32)	
	発起人による引受け (25Ⅱ)	
	発起人による出資の履行 (34)	
	変態設立事項についての検査役の調査等と裁判所による変更 (33)	

募集設立のみの手続

- 設立時発行株式の引受けの募集とこれに関する事項の決定 (57, 58)
  - 株式を引き受けようとする者への通知 (59Ⅰ)
    - 引受けの申込み (59Ⅲ, Ⅳ)
    - 設立時募集株式の割当て (60)
  - 設立時募集株式の総数引受契約の締結 (61)
- 株式の引受人の確定 (62)
- 引受人による払込み (63Ⅰ)
- 創立総会の招集 (65)
- 創立総会の開催 (67Ⅰ参照)
- 発起人の報告 (87)

共通

- 取締役等の選任 (40, 88)
- 取締役等の調査 (46Ⅰ, 93Ⅰ)

募集設立

- 創立総会への報告 (93Ⅱ)
- 創立総会における定款変更・設立廃止決議 (66, 73Ⅳただし書)
  - 設立廃止の場合は会社不成立

発起設立

- 発起人への設立手続違反の通知 (46Ⅱ)

共通

- 設立登記 (49)
- **会社成立**

02 定款と登記の記載事項

		定款の記載事項か	登記事項かどうか
必要的記載事項	目的	○（27①）	○（911Ⅲ①）
	商号	○（27②）	○（911Ⅲ②）
	本店の所在地	○（27③）	○（911Ⅲ③） ＊支店の所在地の登記も必要
	設立に際して出資される財産の価額またはその最低額	○（27④）	×
	発起人の氏名または名称および住所	○（27⑤）	
	発行可能株式総数	○（37） ＊設立時までに定めればよい	○（911Ⅲ⑥）
変態設立事項	現物出資	○（28①）	×
	財産引受け	○（28②）	
	発起人の報酬・特別の利益	○（28③）	
	設立費用	○（28④）	
計算	資本金の額	×	○（911Ⅲ⑤）
	中間配当をすることができる旨	○（454Ⅴ）	×
	剰余金の配当等を取締役会が決定する旨	○（459Ⅰ）	
公告方法	公告方法	○（939Ⅰ）	○（911Ⅲ㉘）
	やむをえない事由によって電子公告による公告をすることができない場合の公告方法	○（939Ⅲ後段）	○（911Ⅲ㉙）

第3編　株式

正誤チェック　　　　　　　　　　　　　　　論点ランクB

〔No.12〕
　少数株主権に関する次のアからオまでのうち，公開会社において，当該請求権の行使または訴えの提起にあたって，定款に別段の定めのないかぎり，総株主（株主総会において決議をすることができる事項の全部につき議決権を行使することができない株主を除く）の議決権の100分の3以上の議決権を有する株主または発行済株式（自己株式を除く）の100分の3以上の数の株式を有する株主であることを求める要件が規定されており，かつ，株主が一定の保有期間を経る必要があるとの要件が規定されていないものを組み合わせたものは，後記1から5までのうちどれか。

　ア．株主名簿の閲覧謄写請求権
　イ．株主総会の招集請求権
　ウ．業務執行に関する検査役の選任申立権
　エ．会計帳簿の閲覧謄写請求権
　オ．役員の解任の訴え

1．アイ　　2．アオ　　3．イエ　　4．ウエ　　5．ウオ

類題

なし

| No.12 正解 | 4 | 少数株主権 |

正答率 60 80

総株主（当該決議事項につき，議決権を行使することができない株主を除く）の議決権の100分の3以上の議決権を有する株主または発行済株式（自己株式を除く）の100分の3以上の数の株式を有する株主であることを求める要件（以下「議決権等要件」という）が規定されており，かつ，株主が一定の保有期間を経る必要があるとの要件（以下「保有期間要件」という）が規定されていないものは，ウ，エであり，正解は4となる。

| ア 議決権等要件があり，かつ，保有期間要件がないものにはあたらない | 株式会社は，株主名簿をその本店に備え置かなければならず（会社125条1項），株主は，株式会社の営業時間内は，いつでも，請求の理由を明らかにして，当該株主名簿の閲覧謄写請求をすることができる（125条2項）。よって，議決権等要件の規定があり，かつ，保有期間要件の規定がないものにはあたらない。＊浜田・キーワード会社120頁。 |

| イ 議決権等要件があり，かつ，保有期間要件がないものにはあたらない | 297条1項は，**総株主の議決権の100分の3以上の議決権を6か月前から引き続き有する株主**に，株主総会の招集請求権を認めている。よって，議決権等要件の規定があり，かつ，保有期間要件の規定がないものにはあたらない。＊浜田・キーワード会社28頁。 |

| ウ 議決権等要件があり，かつ，保有期間要件がないものにあたる | 358条1項は，保有期間要件を設けることなく，**総株主**（株主総会において決議をすることができる事項の全部につき議決権を行使することができない株主を除く）**の議決権の100分の3以上の議決権**を有する株主，または**発行済株式**（自己株式を除く）**の100分の3以上の数の株式**を有する株主に，358条1項柱書の要件をみたした場合に，業務執行に関する検査役の選任の申立権を認めている。よって，議決権等要件の規定があり，かつ，保有期間要件の規定がないものにあたる。＊浜田・キーワード会社70頁。 |

| エ 議決権等要件があり，かつ，保有期間要件がないものにあたる | 433条1項は，保有期間要件を設けることなく，**総株主**（株主総会において決議をすることができる事項の全部につき議決権を行使することができない株主を除く）**の議決権の100分の3以上の議決権**を有する株主，または**発行済株式の100分の3以上の数の株式**を有する株主に，会計帳簿の閲覧謄写請求権を認めている。よって，議決権等要件の規定があり，かつ，保有期間要件の規定がないものにあたる。＊浜田・キーワード会社166～167頁。 |

| オ 議決権等要件があり，かつ，保有期間要件がないものにはあたらない | 854条1項は，**総株主**（役員を解任する旨の議案について議決権を行使することができない株主，および当該請求にかかる役員である株主を除く）**の議決権の100分の3以上の議決権を6か月前から引き続き有する株主**（854条1項1号）と，**発行済株式**（自己株式および当該請求にかかる役員である株主の有する株式を除く）**の100分の3以上の数の株式を6か月前から引き続き有する株主**（854条1項2号）に，訴えによる役員の解任請求権を認めている。よって，議決権等要件の規定があり，かつ，保有期間要件の規定がないものにはあたらない。 |

アドバイス

本問は，少数株主権に関する知識を問う問題である。いずれも条文知識を問うものであるが，単純に要件のみを丸暗記するのは大変である。そこで，第3編まとめ図・表 **01** を用いて知識を整理する際，当該株主権がどのような請求をするものなのか，その権利行使に濫用のおそれがあるのかなど，なぜ行使要件が単独株主権に比べて加重されているのかを考えながら勉強すると知識が定着しやすいであろう。また，そのような思考で普段から勉強することで，かりに条文を失念してしまったとしても，正解を導くことができるはずである。

復習用文献

神田・会社66～67頁。
江頭・会社124～125頁。
試験対策講座・会社法5章1節**2**。
条文シリーズ・会社法2編2章総説**2**。

正誤チェック　　　　　　　　　　論点ランクA

〔No.13〕
株主の権利に関する次のアからオまでの各記述のうち，正しいものを組み合わせたものは，後記1から5までのうちどれか。

ア．自己株式には，剰余金の配当を受ける権利，残余財産の分配を受ける権利，議決権，のいずれも与えられておらず，株式会社自身に対して株式・新株予約権の無償割当てをすることもできない。

イ．株式が2人以上の者の共有に属するときは，共有者は，当該株式についての権利を共有者全員で行使することはできないが，権利の行使をする際には，権利の行使をする者1人が共有者間で定まっていればよく，原則としてその者の氏名または名称を株式会社に対して通知することまでは要しない。

ウ．共益権とは，株主が株式会社の経営に参与することを目的とする権利であり，単独株主権と少数株主権とに分類することができるが，前者には代表訴訟提起権，解散請求権が含まれ，後者には取締役会設置会社における株主提案権，累積投票による取締役選任の請求権が含まれる。

エ．自益権とは，株主が株式会社から経済的利益を受けることを目的とする権利であるから，剰余金の配当を受ける権利および残余財産の分配を受ける権利のみがこれに該当する。

オ．委員会設置会社の株主は，取締役が当該会社の目的の範囲外の行為その他法令もしくは定款に違反する行為をし，またはこれらの行為をするおそれがあると認めるときであっても取締役会の招集を請求することができない。

1．アイ　　2．アオ　　3．イウ　　4．ウエ　　5．エオ

類題

H21-38

No.13 正解 2 正しいものは, ア, オ　　株主の権利

正答率　60　80

★ア 正しい
会社法は, 株式会社は, <u>当該株式会社を除く株主</u>に対し, 剰余金の配当をすることができるとし (453条), 株主に対する残余財産の割当てに関する事項について, <u>当該清算株式会社を除く株主</u>の有する株式の数に応じて残余財産を割り当てるとし (504条3項), 更に<u>自己株式</u>については, <u>議決権を有しない</u>としている (308条2項)。また, 株式の無償割当てにかかる株主に割り当てる株式の数について, <u>当該株式会社以外の株主</u>の有する株式の数に応じて株式を割り当てるとし (186条2項), 新株予約権の無償割当てにおいても<u>当該株式会社以外の株主</u>の有する株式の数に応じて割り当てるとしている (278条2項)。よって, 本記述は正しい。＊江頭・会社257～258頁。

イ 誤り
株式が2以上の者の共有に属するときは, 共有者は, 当該株式についての権利を行使する者1人を定め, <u>株式会社に対し, その者の氏名または名称を通知しなければ, 当該株式についての権利を行使することができない</u> (106条本文)。したがって, 権利の行使をする際には, 原則として, その者の氏名または名称を株式会社に対して通知することを要する。よって, 本記述は誤りである。＊江頭・会社117～118頁。

ウ 誤り
共益権は, 株主が会社の経営に参与することを目的とする権利であり, 単独株主権と少数株主権に分類することができる。したがって, 前段は正しい。そして, <u>単独株主権としては, 代表訴訟提起権 (847条) や累積投票による取締役選任の請求権 (342条1項) があり, 少数株主権としては, 解散請求権 (833条1項) や取締役会設置会社における議題提案権 (303条2項) がある</u>。そのため, 解散請求権は単独株主権ではなく, 累積投票による取締役選任の請求権は少数株主権ではない。したがって, 後段は誤りである。よって, 本記述は誤りである。＊前田・会社84～85頁。

エ 誤り
自益権は, 株主が会社から直接に経済的利益を受ける権利であり, 剰余金の配当を受ける権利および残余財産の分配を受ける権利 (105条1項1号, 2号) がその中心であるが, ほかにも, <u>反対株主の株式買取請求権 (116条等), 単元未満株式買取請求権 (192条), 新株予約権の割当てを受ける権利 (241条)</u> などがある。よって, 本記述は誤りである。＊江頭・会社124頁。

オ 正しい
<u>監査役設置会社および委員会設置会社以外の取締役会設置会社の株主は</u>, 取締役が取締役会設置会社の目的の範囲外の行為その他法令もしくは定款に違反する行為をし, またはこれらの行為をするおそれがあると認めるときは, 取締役会の招集を請求することができる (367条1項)。したがって, 委員会設置会社の株主は, 取締役会の招集を請求することはできない。よって, 本記述は正しい。＊江頭・会社390頁。前田・会社457頁。

アドバイス

本問は, 株主の権利に関連する基本的な条文知識を問う問題である。いずれも基本的な条文であるから, 忘れていたものがあれば, これを機に再度確認をしておいてほしい。また, ある共益権が単独株主権と少数株主権のどちらにあたるか, 少数株主権である場合には要件はどうなっているかという点は, まとめて確認しておいてほしい。

復習用文献

神田・会社65～68頁。
江頭・会社123～126頁。
試験対策講座・会社法5章1節①・②, 8章2節③・④。
条文シリーズ・会社法105条, 106条, 367条。

正誤チェック　　　　　　　　　　　　　　　論点ランクA

〔No.14〕
　株式の種類に関する次のアからオまでの各記述のうち，誤っているものを組み合わせたものは，後記1から5までのうちどれか。
　ア．株式会社は，剰余金の配当および残余財産の分配を受ける権利について内容の異なる種類の株式を発行することができ，その場合，これら双方の権利の全部を与えないことができる。
　イ．公開会社は，株主総会において決議すべき事項のうち，当該決議のほか，当該種類の株式の種類株主を構成員とする種類株主総会の決議があることを必要とする種類株式を発行することができる。
　ウ．株式を対価とする取得請求権付株式の株主が，取得請求権を行使した場合，その請求の日に，旧株式は会社の自己株式となり，また，請求をした株主は，対価である他の株式の株主となる。
　エ．種類株式発行会社において，ある種類の株式の内容として譲渡制限または全部取得条項の定めを定款に設けるときには，種類株主総会において議決権を行使することができる種類株主が存しないときを除き，当該種類株主総会の特殊決議が必要である。
　オ．取得条項付株式を取得するにあたり，株式会社が対価として交付する財産の内容に制限はない。

1．アイ　　2．アエ　　3．イオ　　4．ウエ　　5．ウオ

類題

プレ-55,
H21-39,
23-39（予18）

No.14 正解	2	誤っているものは，ア，エ	株式の種類(1)

正答率 60　80

アドバイス

本問は，種類株式に関係する条文知識を横断的に問う問題である。いずれも条文をしっかりおさえておけば正誤の判断は容易なものである。取得請求権付種類株式などは会社法166条以下もあわせておさえておく必要があるので注意してほしい。

復習用文献

神田・会社71～85頁。
江頭・会社135～160頁。
試験対策講座・会社法5章2節。
条文シリーズ・会社法105条，107条，108条，111条，167条，324条。

★ア　誤り　株式会社は，定款の定めにより（会社108条2項），剰余金の配当および残余財産の分配を受ける権利につき，内容の異なる種類の株式を発行することができる（108条1項1号，2号）。しかし，その場合でも，剰余金の配当および残余財産の分配を受ける権利の全部を与えない旨の定款の定めは，その効力を有しない（105条2項）。それら双方をまったく与えないとすることは，会社の営利性に反することから，そのような定款の効力は否定される。よって，本記述は誤りである。＊前田・会社84頁，96～99頁。

★イ　正しい　株式会社は，株主総会において決議すべき事項のうち，当該決議のほか，当該種類の株式の種類株主を構成員とする種類株主総会の決議があることを必要とする種類株式（拒否権付種類株式）を発行することができる（108条1項8号）。このような拒否権付種類株式は，公開会社，非公開会社を問わず発行することができる（108条1項柱書ただし書参照）。よって，本記述は正しい。＊会社法大系②84頁。

ウ　正しい　株式を対価とする取得請求権付株式の株主が取得請求権を行使した場合，株式会社は，その請求の日に，当該取得請求権付株式を取得する（167条1項）。また，請求をした株主は，その請求の日に，対価である株式の株主となる（167条2項4号）。よって，本記述は正しい。＊前田・会社102～103頁。

エ　誤り　種類株式発行会社において，定款に別段の定めがある場合を除き，ある種類の株式の内容として譲渡制限の定めを定款に設けるときには，種類株主総会の特殊決議が必要である（108条1項4号，111条2項本文，324条3項1号括弧書）。一方，全部取得条項の定めを定款に設けるときには，種類株主総会の特別決議で足りる（108条1項7号，111条2項本文，324条2項1号括弧書）。したがって，全部取得条項の定めを定款に設けるときに，種類株主総会の特殊決議が必要であるわけではない。よって，本記述は誤りである。＊神田・会社77頁。江頭・会社145頁，150頁。

オ　正しい　会社は，一定の事由が生じたことを条件として会社がその株式を取得することができる定めをした株式を発行することができる（107条1項3号，108条1項6号）。この場合，会社が当該株式を取得するのと引換えに株主に交付する財産の内容等に特に制限はない（107条2項3号ト，108条2項6号イ参照）。よって，本記述は正しい。＊江頭・会社150～151頁。

株式の内容と種類

特別な内容の株式（107）	譲渡制限株式（1号） 株主から会社への取得請求権（取得請求権付株式〔2号〕） 会社による強制取得（取得条項付株式〔3号〕）
種類株式（108）	剰余金の配当（1号），残余財産の分配（2号）， 議決権制限（種類）株式（3号），譲渡制限種類株式（4号）， 取得請求権付種類株式（5号），取得条項付種類株式（6号）， 全部取得条項付種類株式（7号），拒否権付種類株式（8号）， 選解任種類株式（9号）

正誤チェック　　　　　　　　　　　　　　　　　　論点ランクA

〔No.15〕
　株式の種類に関する次のアからオまでの各記述のうち，正しいものを組み合わせたものは，後記1から5までのうちどれか。
　ア．取得請求権付株式にかかる株券が発行されている株式会社の株主が，会社に対して株式の取得を請求する場合，当該取得請求権付株式にかかる株券を株式会社に提出する必要はない。
　イ．株式会社は，議決権を行使することができる事項につき，異なる種類の株式を発行することができるが，いっさいの事項につき議決権がないとする完全無議決権株式を定めることは，株主の共益権を著しく害するので許されない。
　ウ．取得条項付株式を発行している取締役会設置会社が，取得条項付株式の一部を取得する場合，定款に別段の定めがないかぎり，その取得する株式の決定は株主総会でなされなければならない。
　エ．公開会社においては，議決権制限株式の数が，発行済株式総数の2分の1を超えた場合には，ただちに，議決権制限株式の数を発行済株式総数の2分の1以下にするための必要な措置をとらなければならない。
　オ．委員会設置会社以外の会社であって，かつ，公開会社でない株式会社では，その種類の株式の種類株主を構成員とする種類株主総会において，取締役または監査役を選任することができるという内容の種類株式を発行することができるが，その内容には会計参与は含まれていない。

1．アイ　　2．アエ　　3．イオ　　4．ウエ　　5．エオ

類題

プレ-55,
H21-39,
23-39(予18)

No.15 正解 5 　正しいものは，エ，オ　　株式の種類(2)

ア 誤 り	取得請求権付株式にかかる株券が発行されている株式会社の株主が，会社に対して株式の取得を請求する場合，<u>当該取得請求権付株式にかかる株券を株式会社に提出しなければならない</u>（会社166条3項本文）。よって，本記述は誤りである。
イ 誤 り	株式会社は，株主総会において議決権を行使することができる事項につき，異なる定めをした内容の異なる株式を発行することができ（108条1項3号，2項3号），<u>いっさいの事項につき議決権がないとする株式を発行することも可能</u>である。これは，経済的利益にのみ関心のある株主のニーズに応え，また，会社に対し，従来の支配関係に変動を加えずにエクイティ・ファイナンスを行うことを認めるためである。よって，本記述は誤りである。
ウ 誤 り	取得条項付株式を発行している取締役会設置会社が，取得条項付株式の一部を取得する場合，その取得する株式の決定は，定款に別段の定めがあるときを除いて，<u>取締役会の決議</u>によってなされなければならない（169条2項）。よって，本記述は誤りである。
★エ 正しい	115条は，「種類株式発行会社が<u>公開会社</u>である場合において，株主総会において議決権を行使することができる事項について制限のある種類の株式（以下この条において『<u>議決権制限株式</u>』という。）の数が発行済株式の総数の<u>2分の1を超えるに至ったときは，株式会社は，直ちに，議決権制限株式の数を発行済株式の総数の2分の1以下にするための必要な措置をとらなければならない</u>」としている。公開会社では，経営者等が議決権制限株式制度を利用することで，少額の出資で株式会社を支配することに対して歯止めをかける必要があるからである。よって，本記述は正しい。
オ 正しい	<u>委員会設置会社ではない非公開会社は，その種類の株式の種類株主を構成員とする種類株主総会において，取締役または監査役を選任する旨の種類株式を発行することができるが</u>（108条1項9号，2項9号），会計参与の選任については，必要性が乏しいことから，種類株主総会単位での選任の制度は存在しない。よって，本記述は正しい。

正答率　60　80

アドバイス

本問は，種類株式についての知識を問う問題である。いずれも条文知識を問うものであり，確実に正解したい。種類株式を勉強するときには，第3編まとめ図・表05を活用するなどして，それが①どのような特質をもった株式なのか，②どのような場合に用いる実益があるのか，③発行などの手続はどうなっているのか，を意識しながら知識をおさえるようにしてほしい。

復習用文献

神田・会社71〜85頁。
江頭・会社141〜160頁。
試験対策講座・会社法5章2節。
条文シリーズ・会社法108条，115条，166条，168条，169条。

正誤チェック　論点ランクA

〔No.16〕
株式の種類に関する次のアからオまでの各記述のうち，誤っているものを組み合わせたものは，後記1から5までのうちどれか。

ア．現に2以上の種類の株式を発行していなければ，定款上，内容の異なる2以上の種類の株式の内容が規定されていても，種類株式発行会社とはならない。

イ．公開会社は，株主総会において議決権を行使することができる事項につき異なる定めをした株式を発行することができるが，1株につき複数議決権を付与する内容の株式を発行することはできない。

ウ．委員会設置会社であっても，公開会社でない株式会社は，その種類の株式の種類株主を構成員とする種類株主総会において，取締役を選任することができるという内容の種類株式を発行することができる。

エ．種類株式発行会社が，すでに発行されている種類株式につき，取得条項付株式とする旨の定款の定めを設けまたは当該定款の変更をするには，通常の定款変更手続に加えて，その種類株式を有する当該種類株主全員の同意を得なければならない。

オ．株式会社が，その発行する全部の株式の内容として定めることができるのは，譲渡制限株式，取得請求権付株式，取得条項付株式に関する事項にかぎられる。

1．アイ　　2．アウ　　3．イエ　　4．ウオ　　5．エオ

類題
プレ-55,
H21-39,
23-39（予18）

No.16 正解 2　誤っているものは，ア，ウ　　株式の種類(3)

正答率　60　80

★ア　誤り
種類株式発行会社とは，「剰余金の配当その他の第108条第1項各号に掲げる事項について内容の異なる2以上の種類の株式を発行する株式会社」（会社2条13号）をいう。そのため，定款上，内容の異なる2以上の種類の株式の内容が規定されている会社が種類株式発行会社であり，現に2以上の株式を発行していることは，種類株式発行会社であることの要件とはされていない。よって，本記述は誤りである。

イ　正しい
議決権に関し認められる株式の内容における差異は，議決権を行使することができるか否かというかたちのみであって，1株に複数議決権を付与することはできない。よって，本記述は正しい。＊江頭・会社141～142頁。

ウ　誤り
108条1項柱書ただし書は，「委員会設置会社及び公開会社は，第9号に掲げる事項についての定めがある種類の株式を発行することができない」としている。したがって，委員会設置会社および公開会社は，「当該種類の株式の種類株主を構成員とする種類株主総会において取締役又は監査役を選任すること」（108条1項9号）を内容とする種類株式を発行することができない。よって，本記述は誤りである。

エ　正しい
種類株式発行会社が，すでに発行されている種類株式につき，取得条項付株式とする旨の定款の定めを設けまたは当該定款の変更をするには，通常の定款変更手続（466条，309条2項11号）に加えて，当該種類株主全員の同意を得なければならない（111条1項，108条1項6号）。よって，本記述は正しい。

★オ　正しい
107条1項は，株式会社は，発行する全部の株式の内容として，譲渡制限株式，取得請求権付株式，取得条項付株式を定めることができるとして，全部の株式の内容についての特別の定めを限定している。よって，本記述は正しい。

アドバイス

本問は，株式の内容についての特別な定めをする場合や，異なる種類の株式に関する条文の正確な知識を問う問題である。いずれの記述も条文をおさえていれば容易に解けるものである。特に，アとオは基本的な事項であるから，間違えた場合には，再度条文や基本書などにあたってほしい。また，エに関してはまとめた図を解説に掲載しているため，復習の際に活用してもらいたい。

復習用文献

神田・会社71～85頁。
江頭・会社132～160頁。
試験対策講座・会社法5章2節。
条文シリーズ・会社法107条，108条，111条。

種類株式についての定款の定めを設ける定款変更のための手続の特則（111）

株式の内容	必要となる手続
取得条項付種類株式について定款の定めを設ける場合	当該種類の株式を有する株主全員の同意（111Ⅰ） ＊取得条項付種類株式についての定款の定めを廃止する場合には上記同意は不要（111Ⅰ括弧書） ＊以上の手続に加えて，通常の定款変更手続（466，309Ⅱ⑪）が必要
譲渡制限種類株式または全部取得条項付種類株式について定款の定めを設ける場合	・譲渡制限種類株式について定款の定めを設ける場合 　種類株主総会の特殊決議（111Ⅱ柱書，324Ⅲ①） ・全部取得条項付種類株式について定款の定めを設ける場合 　種類株主総会の特別決議（111Ⅱ柱書，324Ⅱ①） ＊上記決議が必要となる種類株主総会→111条2項1号，2号，3号のすべての種類株主総会（111Ⅱ柱書）。 ＊111条2項1号，2号，3号での当該種類株主総会において議決権を行使することができる種類株主が存しない場合には当該種類株主総会の決議は不要（111Ⅱ柱書ただし書）。 ＊以上の手続に加えて，通常の定款変更手続（466，309Ⅱ⑪）が必要

正誤チェック　　　　　　　　　　　　　　論点ランクB

〔No.17〕
株券に関する次の１から５までの各記述のうち，誤っているものはどれか。

1．株式にかかる株券を発行しない場合には，その旨を定款に定めなければならない。
2．判例によれば，会社が株券の所定の形式を具備した文書を株主に交付したときに，当該文書に株券としての効力が発生する。
3．株券には，株券発行会社の商号，当該株券にかかる株式の数，譲渡による当該株券にかかる株式の取得について株式会社の承認を要することを定めたときはその旨，および，種類株式の株券にかかる株式の種類・内容を記載しなければならないが，株主の氏名や株券発行年月日を記載する必要はない。
4．株主は，株券の不所持を申し出た場合であっても，株券の発行を受けたうえでなければ，株券発行会社以外の者に対する株式の譲渡はできない。
5．株券発行会社は，株式の全部について株券を発行していない場合を除き，その株式（種類株式発行会社にあっては，全部の種類の株式）にかかる株券を発行する旨の定款の定めを廃止する定款変更をしようとするときには，定款変更の効力が生ずる日の２週間前までに，当該定款変更につき公告し，かつ，株主および登録株式質権者に通知する必要がある。

類題
H18-40,
20-38

No.17 正解 1　株券(1)

正答率 60　80

★1 誤り　会社法214条は、「株式会社は、その株式（種類株式発行会社にあっては、全部の種類の株式）に係る株券を発行する旨を定款で定めることができる」としており、株式会社においては株券を発行しないことを原則とし、発行する場合にその旨の定款の定めを必要としている。よって、本記述は誤りである。

2 正しい　判例（最判昭和40年11月16日〔判例シリーズ34事件〕）は、株券の発行について、「会社が商法225条〔会社法216条〕所定の形式を具備した文書を株主に交付することをいい、株主に交付したとき初めて該文書が株券となるものと解すべき」とし、「たとえ会社が前記文書を作成しても、これを株主に交付しない間は、株券たる効力を有しない」としている。よって、本記述は正しい。

3 正しい　216条は、株券の必要的記載事項として、①株券発行会社の商号（216条1号）、②当該株券にかかる株式の数（216条2号）、③譲渡による当該株券にかかる株式の取得について株式会社の承認を要することを定めたときはその旨（216条3号）、ならびに、④種類株式発行会社にあっては、当該株券にかかる株式の種類およびその内容（216条4号）をあげている。これに対し、改正前商法225条のように株主の氏名や株券発行年月日を記載することは要求されていない。よって、本記述は正しい。

4 正しい　会社法128条1項本文は、「株券発行会社の株式の譲渡は、当該株式に係る株券を交付しなければ、その効力を生じない」としている。また、株券不所持制度（217条）の趣旨は、株券紛失による他者の善意取得に伴う自己の権利喪失の危険を除去することにある。したがって、株主は、株券の不所持を申し出た場合であっても、株券の発行を受けたうえでなければ、株券発行会社以外の者に対する株式の譲渡をすることはできない。よって、本記述は正しい。

5 正しい　218条1項柱書は、「株券発行会社は、その株式（種類株式発行会社にあっては、全部の種類の株式）に係る株券を発行する旨の定款の定めを廃止する定款の変更をしようとするときは、当該定款の変更の効力が生ずる日の2週間前までに、次に掲げる事項を公告し、かつ、株主及び登録株式質権者には、各別にこれを通知しなければならない」としている。また、218条3項は、「第1項の規定にかかわらず、株式の全部について株券を発行していない株券発行会社がその株式（種類株式発行会社にあっては、全部の種類の株式）に係る株券を発行する旨の定款の定めを廃止する定款の変更をしようとする場合には、同項第2号の日の2週間前までに、株主及び登録株式質権者に対し、同項第1号及び第2号に掲げる事項を通知すれば足りる」とし、218条4項は「前項の規定による通知は、公告をもってこれに代えることができる」としている。よって、本記述は正しい。

アドバイス

本問は、株券に関する条文・判例の知識を問う問題である。3や5は細かい条文知識を問うているが、1で問われている基本的な条文知識を知っていれば容易に正解を導きだせるはずである。確実に正解したい問題といえよう。

復習用文献

神田・会社86～89頁。
江頭・会社168～180頁。
試験対策講座・会社法5章3節。
判例シリーズ34事件。
条文シリーズ・会社法128条、214条、216条、218条。

正誤チェック　　　　　　論点ランクB

〔No.18〕
　株券に関する次のアからオまでの各記述のうち，誤っているものを組み合わせたものは，後記1から5までのうちどれか。

ア．種類株式発行会社の場合，特定の種類の株式についてだけ株券を発行することを定款で定めることはできない。

イ．株券の交付を受けたが，当該株券の譲渡人が真の株主から当該株券を盗取したものである場合において，このような事情につき譲受人が善意・無過失であったときは，当該譲受人は，その株券にかかる株式についての権利を取得する。

ウ．公開会社でない株券発行会社は，株主から請求がある時までは，株券を発行しないことができる。

エ．株券の記載が誤っている場合，これを善意・無重過失で信じた譲受人は，記載どおりの権利を取得する。

オ．株券喪失登録者が株券喪失登録をした株券にかかる株式の名義人である場合であっても，その株式の株主は，登録抹消日までの間，株主総会において議決権を行使することができない。

1．アウ　　2．アオ　　3．イウ　　4．イエ　　5．エオ

類題
H18-40,
20-38

No.18 正解	5	誤っているものは，エ，オ	株券(2)

正答率 60　80

ア　正しい　株式会社は，その株式にかかる株券を発行する旨を定款で定めることができるが（会社214条），その場合，種類株式発行会社にあっては，全部の種類の株式につき株券を発行する旨定めることが必要である（214条括弧書）。これは，制度の単純化のためである。よって，本記述は正しい。

★イ　正しい　株券の交付を受けた者は，悪意または重過失がないかぎり，その株券にかかる株式についての権利を善意取得する（131条2項）。善意取得の制度は，有価証券取引の安全を保護するためのものであり，株券の占有者が適法な権利者と推定されることを前提としている（131条1項）。したがって，無権利者から株券を譲り受けた者は，当該株券を善意取得することができる。よって，本記述は正しい。

ウ　正しい　215条4項は，「公開会社でない株券発行会社は，株主から請求がある時までは，……株券を発行しないことができる」と規定している。これは，株主名簿に株主が記載されていれば，会社に対し権利を行使するために株券は必要ではなく，かつ，「公開会社でない株券発行会社」の株式は，通常，譲渡・質入れが頻繁に行われるわけではないので，株主が株券の所持を必要としない例が多いためである。よって，本記述は正しい。

エ　誤り　株券が表章する権利である株式の内容は，定款および株主総会あるいは取締役会の決議によって定まるものであり，株券の記載によって定まるものではない。これを，株券の非文言証券性という。したがって，株券の記載が誤っており，これを善意・無重過失で信じて譲り受けたとしても，記載どおりの権利は発生せず，そのような権利を取得するものではない。よって，本記述は誤りである。

オ　誤り　230条3項は，「株券喪失登録者が株券喪失登録をした株券に係る株式の名義人でないときは，当該株式の株主は，登録抹消日までの間は，株主総会又は種類株主総会において議決権を行使することができない」として，株券喪失登録者が株券の名義人でない場合のみ議決権行使を制限している。これに対して，株券喪失登録者が名義人である場合には議決権行使は認められる。これは，株券喪失登録をしなければ株主名簿上の株主として議決権行使が認められるにもかかわらず，株券喪失登録の請求をしたことによって議決権が行使できなくなるのは，不当だからである。よって，本記述は誤りである。

アドバイス

本問は，株券に関する知識を問う問題である。条文に関する知識がほとんどであるが，オは細かい知識といえよう。もっとも，ほかの記述も含め，かりに条文を知らなかったとしても，そもそもの制度趣旨等を考えてみれば正解となる組合せを導くことができるであろう。普段から論文式試験も意識して制度趣旨等を考える勉強をしておくとよい。

復習用文献

神田・会社86～89頁。
江頭・会社168～180頁。
試験対策講座・会社法5章3節。
条文シリーズ・会社法131条，214条，215条，230条。

正誤チェック　　　　　　　　　　　　　　　論点ランクAA

〔No.19〕
　株式の譲渡等に関する次のアからオまでの各記述のうち，判例の趣旨に照らし誤っているものを組み合わせたものは，後記1から5までのうちどれか。
　ア．株式会社の承認のない譲渡制限株式の譲渡も当事者間では有効であるから，会社は株式の譲受人を株主として取り扱う義務がある。
　イ．取締役会設置会社であり定款に株式譲渡制限の定めがある一人会社では，株主が保有する株式を他に譲渡した場合には，定款所定の取締役会の承認がなくても，その譲渡は会社に対する関係でも有効である。
　ウ．株式会社が株券の発行を不当に遅滞し，信義則に照らしても株式譲渡の効力を否定するのが相当でない状態になったときは，株主は意思表示のみによって有効に株式を譲渡でき，会社は，株券発行前であることを理由としてその効力を否定できず，株式譲受人を株主として取り扱わなければならない。
　エ．譲渡制限株式を譲渡担保に提供しただけでは，確定的に所有権が債権者に移らないから，その段階では会社の承認は不要である。
　オ．公開会社でない株式会社における，従業員が従業員持株制度に基づいて取得した株式を，退職時に自己の取得価額と同額で取締役会の指定する者に譲渡する義務を負う旨の，従業員と会社との合意は，従業員が同制度の趣旨・内容を了解したうえで株式を取得し，配当も受けていたという事情のもとでは，有効である。

1．アウ　　2．アエ　　3．イエ　　4．イオ　　5．ウオ

類題
プレ54,
H18-41,
20-38,
24-39(予17)

No.19 正解 2 誤っているものは，ア，エ　株式の譲渡等(1)

正答率 60　80

★ア 誤り
判例（最判昭和63年3月15日〔判例シリーズ20事件【関連】〕）は，会社法107条1項1号に基づき「定款に株式の譲渡につき取締役会の承認を要する旨の譲渡制限の定めがおかれている場合に，取締役会の承認をえないでされた株式の譲渡は，譲渡の当事者間においては有効であるが，会社に対する関係では効力を生じないと解すべきであるから，……会社は，右譲渡人を株主として取り扱う義務があるものというべきであり，その反面として，譲渡人は，会社に対してはなお株主の地位を有する」としている。よって，本記述は誤りである。

★イ 正しい
判例（最判平成5年3月30日〔判例シリーズ19事件〕）は，「いわゆる一人会社の株主がその保有する株式を他に譲渡した場合には，定款所定の取締役会の承認がなくとも，その譲渡は，会社に対する関係においても有効と解する」としている。よって，本記述は正しい。

ウ 正しい
判例（最大判昭和47年11月8日〔判例シリーズ18事件〕）は，株式会社が「株券の発行を不当に遅滞し，信義則に照らしても株式譲渡の効力を否定するを相当としない状況に立ちいたった場合においては，株主は，意思表示のみによって有効に株式を譲渡でき，会社は，もはや，株券発行前であることを理由としてその効力を否定することができず，譲受人を株主として遇しなければならないものと解する」としている。よって，本記述は正しい。

エ 誤り
判例（最判昭和48年6月15日〔判例シリーズ20事件〕）は，株式を譲渡担保に提供することは，107条1項1号にいう株式の譲渡に該当するとしている。したがって，譲渡制限株式を譲渡担保に提供した段階で，会社の承認が必要である。よって，本記述は誤りである。

オ 正しい
判例（最判平成7年4月25日〔判例シリーズ21事件〕）は，非公開会社における，従業員が従業員持株制度に基づいて取得した株式を，退職時に自己の取得価額と同額で取締役会の指定する者に譲渡する義務を負う旨の，従業員と会社との合意は，従業員が同制度の趣旨・内容を了解したうえで株式を取得し，配当も受けていたという事情のもとでは，株式譲渡自由の原則に違反するものではなく，公序良俗にも反しないから有効であるとした。よって，本記述は正しい。

アドバイス

本問は，株式の譲渡等に関する基本的な判例知識を問う問題である。いずれの判例も基本的なものであり，確実に正解しなければならない問題といえよう。間違えた場合には猛省し，判例集等で復習してほしい。

復習用文献

神田・会社89～95頁。
江頭・会社210～237頁。
試験対策講座・会社法5章4節。
判例シリーズ18事件，19事件，20事件，21事件。

| 正誤チェック | | | | | 論点ランクA |

〔No.20〕
　株式の譲渡等に関する次のアからオまでの各記述のうち，正しいものを組み合わせたものは，後記1から5までのうちどれか。
　ア．公開会社でない株式会社においては，定款の変更により既存の発行可能株式総数を増加する場合，発行可能株式総数について，発行済株式総数の4倍を超えて増加することはできない。
　イ．子会社は，適法に親会社株式を取得した場合であっても，相当の時期にその株式を処分する必要がある。
　ウ．株式の発行後に定款を変更して，発行する全部の株式の内容として譲渡による当該株式の取得について当該株式会社の承認を要する旨の定款の定めを設けようとするときは，当該株式を有する株主全員の同意を得なければならない。
　エ．株券発行会社でない株式会社の場合には，株式の質入れは，その質権者の氏名または名称および住所を株主名簿に記載し，または記録しなければ，株式会社その他の第三者に対抗することができない。
　オ．株券発行会社において，定款で承認権者を代表取締役とする旨の株式譲渡制限の定めを設けたときは，株券への記載は必要であるが，その旨の登記までは必要ではない。

1．アウ　　2．アオ　　3．イウ　　4．イエ　　5．エオ

類題
プレ-54,
H18-41,
20-38,
24-39(予17)

| No.20 正解 | 4 | 正しいものは，イ，エ | 株式の譲渡等(2) |

正答率 60 80

アドバイス

本問は，株式の譲渡等に関する条文知識を問う問題である。エ，オについては馴染みのない条文かもしれないが，ア，イ，ウについては基本的な知識であり確実に正誤を判断できなければならない。そして，これらの正誤が判断できれば正解にたどり着くことができる。基本的な知識を確実に身につけることが肝要である。

復習用文献

神田・会社89～95頁。
江頭・会社210～237頁。
試験対策講座・会社法5章4節。
条文シリーズ・会社法37条，113条，135条，139条，147条，216条，309条，911条。

⭐ア 誤り
公開会社の場合，設立時には発行可能株式総数の少なくとも4分の1は株式を発行しなければならず（会社37条3項本文），また，定款の変更により既存の発行可能株式総数を増加する場合にも，発行済株式総数の4倍までしか増加することができない（113条3項本文）。もっとも，**非公開会社の場合にはこのような制約はない**（37条3項ただし書，113条3項ただし書）。よって，本記述は誤りである。

イ 正しい
子会社は，一定の場合には親会社株式を取得できる（135条2項）が，**相当の時期にその株式を処分しなければならない**（135条3項）。よって，本記述は正しい。

ウ 誤り
設立時の定款によるほか，会社成立後に定款を変更して譲渡制限の定めを設ける場合には，その定款変更のための株主総会の決議要件は厳格である（**特殊決議，309条3項1号**）が，**株主全員の同意までは不要**である。よって，本記述は誤りである。

エ 正しい
株券不発行会社の場合には，株式の質権者は，その氏名または名称と住所を株主名簿に記載し，または記録しなければ，質権を会社その他の第三者に対抗することができない（147条1項）。よって，本記述は正しい。

オ 誤り
定款で株式譲渡等の承認権者を代表取締役と定めることも認められる（139条1項ただし書）。**定款で譲渡制限の定めを設けたときは，その旨を登記し**（911条3項7号），**かつ株券発行会社では，株券に記載しなければならない**（216条3号）。よって，本記述は誤りである。

正誤チェック　　　　　　　　　　　　　　　　　　論点ランクAA

〔No.21〕
株式の譲渡・担保化に関する次のアからオまでの各記述のうち，誤っているものを組み合わせたものは，後記1から5までのうちどれか。

ア．公開会社とは，発行する全部の株式の内容として譲渡制限を設けていない株式会社をいい，一部の株式についてであっても，株式の内容として譲渡制限を設けている場合には，当該株式会社は，公開会社ではない。

イ．略式質は，株式にかかる株券を質権者に交付することにより効力を生じるものであるから，株券発行会社でない会社では認められない。

ウ．株券発行前の株式の譲渡は，当事者間に債権的な効力を発生させるが，会社との関係では譲渡の効力は生じない。

エ．譲渡制限株式の株主から当該株式の譲渡について承認を求められた場合において，会社が当該株式をみずから取得することを通知したときは，当該通知を受けた株主が改めてこれを承諾した時に，当該株式の売買契約が成立する。

オ．略式質の物上代位的効力は，剰余金の配当として交付される金銭にも及ぶ。

1．ア　エ　　2．ア　オ　　3．イ　ウ　　4．イ　エ　　5．ウ　オ

類題

プレ-54,
H18-41,
20-38,
24-39(予17)

No.21 正解 1　誤っているものは，ア，エ　　株式の譲渡・担保化

正答率　60　80

★ア 誤り
公開会社とは，「その発行する全部又は一部の株式の内容として譲渡による当該株式の取得について株式会社の承認を要する旨の定款の定めを設けていない株式会社をいう」（会社2条5号）ので，発行する一部の株式の内容として譲渡制限を設けていたとしても当該株式会社は公開会社である。よって，本記述は誤りである。

イ 正しい
略式質は，当該株式にかかる株券を質権者に交付することにより効力を生じるものなので（146条2項），株券が発行されていない場合には，略式質の方法による質権設定を行うことはできない。よって，本記述は正しい。

★ウ 正しい
株券発行会社における株式の譲渡に関しては，「株券の発行前にした譲渡は，株券発行会社に対し，その効力を生じない」とされ（128条2項），株券未発行の株式につき株主が締結した譲渡契約は，当事者間に債権的な効力を発生させるが，株式会社との関係では，譲渡の効力を生じない。よって，本記述は正しい。

エ 誤り
株式会社が譲渡承認請求者に対して行う，対象株式を買い取る旨の通知（141条1項）は形成権の行使である。したがって，この通知により対象株式の売買契約が成立する（141条4項参照）のであって，当該通知を受けた株主が改めてこれを承諾した時に売買契約が成立するのではない。よって，本記述は誤りである。
＊神田・会社93頁。江頭・会社233頁。

オ 正しい
剰余金の配当として受けるべき金銭に質権の効力が及ぶかについては，改正前商法のもとでは争いがあった。しかし，会社法は，明文の規定により，剰余金の配当として受けるべき金銭に物上代位の効力が生じることを認めた（151条8号）。そして，物上代位権を行使するには，原則として，金銭の払渡しがなされる前に差押えをすることを要するとされる（民362条2項・350条・304条1項ただし書）。よって，本記述は正しい。

アドバイス

本問は，株式の譲渡・担保化に関する条文の知識を問う問題である。株式の担保化の手段としての略式質についてはきちんとおさえていただろうか。もっとも，本問に関しては，略式質以外の記述（ア，ウ，エ）に関する基本的な条文知識があれば容易に正解を導くことができる。確実に正解したい問題といえよう。

復習用文献

神田・会社89～95頁。
江頭・会社210～237頁，229頁。
試験対策講座・会社法5章4節。
判例シリーズ19事件。
条文シリーズ・会社法128条，146条，151条。

正誤チェック　　　　　　　　　　　　　　　　　　論点ランクA

〔No.22〕
　自己株式・親会社株式に関する次のアからオまでの各記述のうち，正しいものを組み合わせたものは，後記1から5までのうちどれか。
　ア．自己株式の処分は，原則として，株式の発行と異なる募集の手続を経てなされる。
　イ．子会社による親会社株式取得は，子会社が新設分割により他の会社から当該親会社株式を承継する場合にも禁止される。
　ウ．公開会社でない株式会社が，相続や合併により株式を取得した者から自己株式を取得するにあたって，他の株主は，当該取得者がすでに議決権を行使した場合を除き，その取得の決議の際に，会社に対し，自己も売主とする旨の請求をすることはできない。
　エ．株式会社は，その保有する自己株式について剰余金の配当をすることができる。
　オ．子会社が有する親会社株式についても，募集株式の割当てを受ける権利は認められる。

1．アイ　　2．アウ　　3．イエ　　4．ウオ　　5．エオ

類題

プレ-41,
H18-42,
20-39,
24-40（予18）

No.22 正解 4 正しいものは，ウ，オ 自己株式・親会社株式取得

正答率 60 80

ア 誤り
会社が自己株式を処分するには，法が特別の処分方法を認める場合を除き，株式の発行と同じ募集の手続を経ることを要する（会社199条1項柱書）。公開会社においては，株式の発行の払込金額の公正を図るため，非公開会社においては，それとともに株主間の持株比率の維持を図るため，一定の手続規制が課されているところ，自己株式の処分がその手続規制の脱法になる危険を防止する必要があるからである。よって，本記述は誤りである。

★イ 誤り
会社法は，子会社が親会社株式を取得することを原則として禁止している（135条1項）。例外的に，子会社は，①他の会社（外国会社を含む）の事業の全部を譲り受ける場合において当該譲渡会社の有する親会社株式を譲り受ける場合，②合併後消滅する会社から親会社株式を承継する場合，③吸収分割により他の会社から親会社株式を承継する場合，④新設分割により他の会社から親会社株式を承継する場合，⑤その他法務省令で定める場合（会社施規23条）には，親会社株式の取得が認められる（会社135条2項）。よって，本記述は誤りである。

ウ 正しい
株式会社が特定の株主から自己株式を取得する場合，原則として，その株主以外の株主にも，株式の売却の機会を与えなければならない（160条2項，3項）。しかし，非公開会社において，相続や合併による株式の取得者からの合意による自己株式の取得については，当該取得者がすでに議決権を行使した場合を除き，その取得の決議の際に，他の株主は，自己を売主に加える旨の請求をすることはできない（162条）。これは，当該取得者以外の株主にまで売却の機会を与えなければならないとすると，会社が必要以上に買受け資金を拠出しなければならなくなるからである。よって，本記述は正しい。

★エ 誤り
株式会社は，その株主に対し，剰余金の配当をすることができるが，自己株式については剰余金の配当をすることはできない（453条括弧書）。これは，会社が自己株式について剰余金の配当を受けることは，いったん計上した利益を，更に受取配当による収益として計上する結果となり，不当だからである。よって，本記述は誤りである。

オ 正しい
自益権については，親子会社関係においては社団法的な障害が問題とならず，また，子会社の少数株主・会社債権者の利益を保護する必要があることから，子会社が有する親会社株式にも当然に認められる。したがって，募集株式の割当てを受ける権利は自益権であるから，子会社が有する親会社株式についても認められる。よって，本記述は正しい。
なお，子会社が有する親会社株式に募集株式の割当てを受ける権利を認めると実質的に親会社資金による払込みとなる可能性はあるが，この点については，子会社にも当該権利行使を認めたうえで取得した株式を相当の時期に処分しなければならないとすることで足りる（135条3項）。＊江頭・会社266頁。

アドバイス

本問は，自己株式および親会社株式の取得に関する知識を問う問題である。いずれも基本的な知識を問うものであり，確実に正解したい問題といえよう。間違えた場合には，条文をもう一度確認して知識を確実なものにしてもらいたい。

復習用文献

神田・会社90～91頁，95～102頁。
江頭・会社238～267頁。
試験対策講座・会社法5章5節，14章3節3【3】。
条文シリーズ・会社法135条，162条，199条，453条。

正誤チェック　　　　　　　　　　　　　　　論点ランクA

〔No.23〕
　株主名簿に関する次のアからオまでの各記述のうち，誤っているものを組み合わせたものは，後記１から５までのうちどれか。

ア．株式会社が基準日を定める場合には，基準日株主が行使する権利の内容を定めなければならないが，その権利は，基準日から３か月以内の日に行使するものにかぎられる。

イ．株式会社の株主のみならず債権者であっても，当該株式会社の営業時間内はいつでも，裁判所の許可を得ることなく，請求の理由を明らかにして株主名簿の閲覧を請求することができる。

ウ．判例によれば，株式会社は，株式を取得した譲受人が株主名簿の名義書換え未了の間，当該株式譲受人を株主として認めることは許されない。

エ．株式会社は，株主名簿に株主として記載・記録された者を株主として取り扱えば，その者が真の株主でなかった場合でも，それにつき悪意または有過失でないかぎり免責される。

オ．株券発行会社でない株式会社の発行した株式については，株主名簿の記載・記録が，当該株式会社以外の第三者との関係でも，株式の譲渡の対抗要件となる。

1．アイ　　2．アオ　　3．イエ　　4．ウエ　　5．ウオ

類題

H18-40,
21-38,
22-38

No.23 正解	4	誤っているものは，ウ，エ	株主名簿

正答率 60　80

アドバイス

本問は，株主名簿に関する知識を問う問題である。いずれも基本的な条文・判例知識を問うものであり，確実に正解したい問題といえよう。ウに関して，譲渡制限株式について取締役会の承認を得ないで譲渡がなされた場合に，会社は譲渡人を株主として取り扱う義務があるとした判例（最判昭和63年3月15日〔判例シリーズ20事件【関連】〕）も対比しながらおさえておくとよい。

復習用文献

神田・会社102～104頁。
江頭・会社167～168頁，195～207頁。
試験対策講座・会社法5章6節。
条文シリーズ・会社法124条，125条，130条。

ア 正しい　株式会社は，一定の日に株主名簿上に記載・記録された者を株主とみなし，その者に後の時点に権利を行使させる処理をすることができる。これを基準日の制度という（会社124条1項，2項）。株式会社が基準日を定める場合には，基準日株主が行使することができる権利の内容を定めなければならないが（124条2項），その権利は，基準日から3か月以内の日に行使するものにかぎられる（124条2項括弧書）。よって，本記述は正しい。

イ 正しい　株主および債権者は，株式会社の営業時間内は，いつでも，請求の理由を明らかにすることにより，株主名簿の閲覧請求をすることができる（125条2項）。この場合，裁判所の許可は要件とされない。よって，本記述は正しい。
なお，株主名簿の閲覧請求をするのに裁判所の許可が必要とされるのは，株式会社の親会社社員である（125条4項）。

★ウ 誤り　判例（最判昭和30年10月20日）は，株式を取得した譲受人が株主名簿の名義書換え未了の間，株式会社の側から当該株式譲受人を株主として認めることは許されるとしている。よって，本記述は誤りである。

エ 誤り　株式会社は，株主名簿に株主として記載・記録された者を株主として取り扱えば，その者が真の株主でなかった場合でも，それにつき悪意または重大な過失がないかぎり免責される。すなわち，名義書換え請求者が無権利者であることを容易に証明して請求を拒むことができることにつき悪意または重大な過失がある場合以外は免責される（手40条3項参照）。したがって，真の株主でないことを知らなかったことにつき会社に過失があっても，それが軽過失であれば，会社は免責されることになる。よって，本記述は誤りである。

★オ 正しい　株券不発行会社においては，「株式の譲渡は，その株式を取得した者の氏名又は名称及び住所を株主名簿に記載し，又は記録しなければ，株式会社その他の第三者に対抗することができない」とされ（会社130条1項），第三者との関係でも，株主名簿の記載・記録が対抗要件として機能している。よって，本記述は正しい。

正誤チェック　論点ランクA

〔No.24〕
株式の消却・併合に関する次のアからオまでの各記述のうち，誤っているものを組み合わせたものは，後記1から5までのうちどれか。

ア．会社法上，株式の消却の規定は，株式会社が保有する自己株式を消却する場合にのみ適用される。

イ．取締役会設置会社においては，株式の消却，株式の併合のいずれについても，取締役会決議で行うことができる。

ウ．株式の消却および株式の併合は，資本金の額の減少の手続をとらないかぎり資本金額には影響を与えず，発行済株式総数が減少するという点では共通するが，株式の消却は，株式自体の消滅という効果をもたらす点で，株式の併合とは異なる。

エ．自己株式の取得は，議決権を行使することができる株式数の減少をもたらし，支配の不公正などの影響を及ぼすので，株式会社は，自己株式を取得した場合，相当の時期に消却し，あるいは処分をしなければならない。

オ．株式の併合によって端数が生じた場合には，株式会社は，端数の合計数に相当する株式を競売する手続，市場価格のある株式を市場価格で売却する手続，市場価格のない株式を裁判所の許可を得て競売以外の方法で売却する手続をとり，得られた代金を株主に交付しなければならない。

1．アエ　　2．アオ　　3．イウ　　4．イエ　　5．ウオ

類題

なし

No.24 正解	4	誤っているものは，イ，エ	株式の消却・併合

正答率 60　80

ア　正しい　会社法においては，株式の消却に関する概念を整理し直し，自己株式を消却する場合のみを株式消却と定義した。したがって，会社法上，**株式の消却の規定は，株式会社が保有する自己株式を消却する場合にのみ適用される**（会社178条1項前段）。よって，本記述は正しい。

なお，自己株式以外の株式の消却については，いったん取得してから消却するというかたちに整理され，まず，自己株式取得の規定（155条以下）が適用され，その後，株式の消却の規定が適用される。これは，当該株式会社以外の株主が有する株式の消却は，株主から自己株式を取得するのと実質的に同じ効果を及ぼすため，自己株式以外の株式の消却を株式消却の概念に含める必要はないと考えられたからである。

★イ　誤り　取締役会設置会社においては，**株式の消却は，取締役会決議によらなければならない**（178条2項）。他方，**株式の併合は，取締役会設置会社においても，株主総会の特別決議によらなければならない**（180条2項，309条2項4号）。株式の併合を行えば，端数が生じる可能性が大きく，議決権の数に変動をきたす，あるいは株価の上昇により株式譲渡がしにくくなるなど，株主の利益に重大な影響を与えるからである。よって，本記述は誤りである。

ウ　正しい　株式の消却，株式の併合の効果は，**資本金の額の減少の手続（447条以下）をとらないかぎり資本金額は減少しない点，発行済株式が減少するという点では共通している。しかし，株式の消却は，株式自体の消滅をもたらす点で，株式の併合とは異なっている**。よって，本記述は正しい。

エ　誤り　平成13年の商法改正前には，本記述のような自己株式の保有期間の制限規定が設けられていたが，同年の改正でそれが撤廃され，会社法でも引き継がれている。したがって，**会社が保有している自己株式は任意の時期に消却，あるいは処分**（募集株式の発行の規定〔199条以下〕に従う）**することができる**。よって，本記述は誤りである。

オ　正しい　235条1項は，「**株式会社が……株式の併合をすることにより株式の数に1株に満たない端数が生じるとき**」は，端数の合計額に相当する数の株式を競売し，競売により得られた代金を株主に交付しなければならないとしている。そして，235条2項の準用する234条2項前段は，市場価格のある株式については市場価格で，市場価格のない株式については裁判所の許可を得て競売以外の方法で売却することを認めている。これらの規定は，端数が生じた株式についての株主の投下資本の回収を図るためである。よって，本記述は正しい。

株式の消却，併合

	株式の消却	株式の併合
決定機関	取締役会設置会社→取締役会（178Ⅱ） 非取締役会設置会社→株主総会普通決議	株主総会特別決議（180Ⅱ，309Ⅱ④）
対象	特定の自己株式	全株式（種類株式発行会社の場合は特定の種類株式の全部）
発行済株式総数	減少	
発行可能株式総数 資本金の額	変化なし	

アドバイス

本問は，株式の消却・併合に関する知識を問う問題である。いずれも基本的な知識を問うものであり，確実に正解したい問題である。復習に際しては，株主にいかなる影響を与えるか等を考えながら本問の解説に掲載した表を用いると知識の整理がしやすいであろう。

復習用文献

神田・会社112～115頁。
江頭・会社259～261頁，268～272頁。
試験対策講座・会社法5章7節①，②。
条文シリーズ・会社法178条，235条。

正誤チェック　論点ランクA

〔No.25〕
株式分割と株式無償割当てに関する次のアからオまでの各記述のうち，誤っているものを組み合わせたものは，後記1から5までのうちどれか。

ア．株式分割がなされると，同一種類の株式の数が増加するが，株式の無償割当てがなされると，同一または異なる種類の株式が割り当てられる。

イ．取締役会設置会社において，株式分割は，株主総会決議によってなさなければならないが，株式無償割当ては，定款に別段の定めがある場合を除き，取締役会決議によってなすことができる。

ウ．株式分割がなされる場合，当該株式会社の有する自己株式についても分割されることになるが，株式の無償割当てがなされる場合，当該株式会社の有する自己株式については，割当てはなされない。

エ．株式分割がなされると，常に，株主総会の特別決議によらずに，一定の範囲内で，発行可能株式総数を増加する旨の定款の変更をすることができる。

オ．株式分割においては，株式分割にかかる基準日を定めなければならないが，株式の無償割当てにおいては，株式の無償割当てにかかる基準日を定める必要はない。

1．アウ　　2．アエ　　3．イエ　　4．イオ　　5．ウオ

類題
H23-40（予19）

| No.25 正解 | 3 | 誤っているものは，イ，エ | 株式分割と株式無償割当て |

正答率 60　80

アドバイス

本問は，株式分割と株式の無償割当てに関する知識を問う問題である。会社法上の制度の異同に関する問題においては，横断的な理解が問われることになる。本問の解説に掲載した表等を用いて知識を整理してもらいたい。

復習用文献

神田・会社115～118頁。
江頭・会社272～278頁。
試験対策講座・会社法5章7節③，④。
条文シリーズ・会社法183条，184条，185条，186条。

ア 正しい　かつては，株式分割という名のもとで，異なる種類の株式が無償で交付されることがあった。しかし，会社法は，株式分割と株式無償割当てに整理をした。すなわち，株式分割は，既存の株式を細分化して同一種類の株式を増加させるものであり（会社183条），株式無償割当ては，株主に新たな払込みをさせないで同一または異なる種類の株式を無償で割り当てるものであるとした（185条）。よって，本記述は正しい。

★イ 誤り　取締役会設置会社において，株式無償割当ては，定款に別段の定めがある場合を除き，取締役会決議によってなすことができる（186条3項）。そして，株式分割についても，取締役会決議によってなすことができる（183条2項柱書括弧書）。これは，既存株主の利益に実質的な影響を及ぼさないからである。よって，本記述は誤りである。

★ウ 正しい　株式分割がなされた場合，当該株式会社の有する自己株式についても分割されることになる。これに対し，株式の無償割当てがなされた場合，当該株式会社の有する自己株式については，無償割当てはなされない（186条2項）。よって，本記述は正しい。

エ 誤り　株式会社は，株式分割がなされると，株主総会の特別決議によらずに，一定の範囲内で，発行可能株式総数を増加する定款の変更をすることができる（184条2項）。しかし，現に2以上の種類の株式を発行している株式会社においては，このような定款変更をするには株主総会の特別決議が必要である（184条2項括弧書，466条，309条2項11号）。これは，取締役会決議のみで株式分割がなされると，特定の種類株主の利益を害するおそれがあることになるからである。たとえば，普通株式と優先株式を発行している会社において，一律に優先株式につき株式分割がなされると，普通株式の株主の利益が害されることになる。よって，本記述は誤りである。

オ 正しい　株式分割においては，株式分割にかかる基準日を定めなければならない（183条2項1号）。これに対し，株式の無償割当てにおいては，株式の無償割当てにかかる基準日を定める必要はない（186条1項各号参照）。よって，本記述は正しい。

株式の分割・無償割当て

	株式の分割	株式の無償割当て
手続	取締役会設置会社 →取締役会決議（183Ⅱ柱書括弧書） 非取締役会設置会社 →株主総会普通決議（183Ⅱ柱書）	同左（186Ⅲ本文） ※ただし，定款で別段の定めが可能（186Ⅲただし書）
異なる種類の株式の交付	できない	できる
自己株式数	増加する	変化なし（186Ⅱ）
自己株式の交付	できない	できる
発行済株式総数	増加	増加
発行可能株式総数を増加させるための手続	株主総会特別決議（466，309Ⅱ⑪）によらなくとも増加させることができる場合がある（184Ⅱ）	株主総会特別決議（466，309Ⅱ⑪）

正誤チェック　　　　　　　　　論点ランクB

〔No.26〕
　単元株に関する次のアからオまでの各記述のうち，正しいものを組み合わせたものは，後記1から5までのうちどれか。
　ア．単元未満株主は，単元未満株式について，定款に定めがあるときにかぎり，株式会社に対しその買取りを請求することができる。
　イ．株式会社は，単元未満株主が，剰余金の配当を受ける権利を行使することができない旨を定款で定めることはできない。
　ウ．株券発行会社であっても，単元未満株式にかかる株券を発行しないことができる旨を定款で定めることができる。
　エ．単元未満株主は，単元未満株式について，議決権を行使することはできないが，株主提案権を行使することはできる。
　オ．定款の定めに基づき単元未満株主から単元未満株式売渡請求を受けた株式会社は，必ず自己株式を売り渡さなければならない。

1．アウ　　2．アオ　　3．イウ　　4．イエ　　5．エオ

類題
H19-40

| No.26 正解 | 3 | 正しいものは，イ，ウ | 単元株 |

ア 誤り　会社法は，「単元未満株主は，株式会社に対し，自己の有する単元未満株式を買い取ることを請求することができる」とし（会社192条1項），この買取請求権の行使は定款の定めによっても制限することができないとしている（189条2項4号）。よって，本記述は誤りである。

イ 正しい　単元未満株主も，その有する単元未満株式について，議決権の存在を前提とする権利を除いて，株主としての権利を有するのが原則であるが，定款で権利の全部または一部を行使することができない旨を定めることができる（189条2項柱書）。しかし，189条2項1号から6号までに定められた権利については，定款によっても制限することができず，剰余金の配当は，これに含まれる（189条2項6号，会社施規35条1項6号ニ）。よって，本記述は正しい。

ウ 正しい　会社法189条3項は，「株券発行会社は，単元未満株式に係る株券を発行しないことができる旨を定款で定めることができる」としている。株券を発行するコストを節約することを認める趣旨である。よって，本記述は正しい。

★エ 誤り　単元未満株主は，単元未満株式について株主総会において議決権を行使することができず（189条1項），議決権の存在を前提とする権利も行使できないと解されている。そして，株主提案権は，議決権の存在を前提とする権利である（303条1項括弧書，304条本文括弧書参照）。よって，本記述は誤りである。

オ 誤り　株式会社は，単元未満株主が当該株式会社に対して単元未満株式売渡請求をすることができる旨を定款で定めることができ（194条1項），単元未満株式売渡請求は，当該単元未満株主に売り渡す単元未満株式の数を明らかにしてしなければならない（194条2項）。そして，「単元未満株式売渡請求を受けた株式会社は，当該単元未満株式売渡請求を受けた時に前項の単元未満株式の数に相当する数の株式を有しない場合を除き，自己株式を当該単元未満株主に売り渡さなければならない」（194条3項）。したがって，売渡請求を受けた時に，会社が売り渡すべき単元未満株式を有しないときは，必ず自己株式を売り渡さなければならないわけではない。よって，本記述は誤りである。

アドバイス

本問は，単元株制度に関する知識を問う問題である。いずれも基本的な条文知識を問うものであり，確実に正解したい問題である。単元株制度を用いる会社の要請と，株主の権利保護とにつき，どのようにバランスがとられているかを意識しながら，本問の解説に掲載した表等を用いて知識を整理するとよいであろう。

復習用文献

神田・会社118～122頁。
江頭・会社278～286頁。
試験対策講座・会社法5章8節。
条文シリーズ・会社法189条，192条，194条。

単元未満株主の権利

定款によっても制限できない権利(189Ⅱ各号)	・全部取得条項付種類株式の取得対価の交付を受ける権利（189Ⅱ①） ・株式会社による取得条項付株式の取得と引換えに金銭等の交付を受ける権利（189Ⅱ②） ・株式無償割当てを受ける権利（189Ⅱ③） ・192条1項により単元未満株式を買い取ることを請求する権利（189Ⅱ④） ・残余財産の分配を受ける権利（189Ⅱ⑤） ・以上のほか、法務省令で定める権利（189Ⅱ⑥） 　＊法務省令で定める権利の主なものとして，株式会社が行う以下の行為により金銭等の交付を受ける権利（会社施規35Ⅰ⑥）がある。 　　・株式の併合（会社施規35Ⅰ⑥イ） 　　・株式の分割（会社施規35Ⅰ⑥ロ） 　　・新株予約権無償割当て（会社施規35Ⅰ⑥ハ） 　　・剰余金の配当（会社施規35Ⅰ⑥ニ） 　　・組織変更（会社施規35Ⅰ⑥ホ）
単元未満株主に認められない権利	単元未満株式にかかる議決権（189Ⅰ） ＊株主提案権などの議決権を前提とする権利の行使も認められない。
単元未満株主の権利で制限できるもの	189条2項各号以外の権利の全部または一部を行使することができない旨を定款で定めることができる（189Ⅱ柱書）。
株券の発行について	株券発行会社は、単元未満株式にかかる株券を発行しないことができる旨を定款で定めることができる（189Ⅲ）。

※　法令名のない条文はすべて会社法をさす。

第3編　株式　★一問一答問題

01 公開会社でない株式会社においては，剰余金の配当，残余財産の分配，株主総会における議決権につき，株主ごとに異なる取扱いを行う旨を定款で定めることができる。

02 株主平等原則は，株式会社の基本原則であり，これに反する取締役の業務執行行為は無効となるが，当該業務執行行為が株主平等原則に反することにつき，当該株式会社が善意である場合は有効となる。

03 株式会社が特定の株主に対して無償で財産上の利益を供与した場合，当該株式会社の行為は，株主の権利の行使に関し，財産上の利益を供与したものとみなされる。

04 判例によれば，株式の譲渡は，それ自体が株主の権利行使といえるから，会社が，株式を譲渡することの対価として何人かに利益を供与すれば当然に利益供与にあたる。

05 判例によれば，特定の株主による経営支配権の取得に伴い，会社の存立，発展が阻害されるおそれが生じるなど，会社の企業価値が毀損され，会社の利益ひいては株主の共同の利益が害されることになるような場合には，その防止のために，新株予約権の無償割当てに関する事項について当該株主を差別的に取り扱ったとしても，衡平の理念に反し，相当性を欠くものでないかぎり，ただちに株主平等原則の趣旨に反するとはいえない。

06 判例によれば，会社が従業員株主らを他の株主よりも先に株主総会の会場に入場させて株主席の前方に着席させる措置をとることは，原則として合理的なものとして許されるが，他の株主が，その結果として議長からの指名を受けて動議を提出することができなくなった場合には，著しく合理性を欠くものとして許されない。

07 株券発行会社の株主は，株券の所持を希望しない場合には，その旨を会社に対して申し出ることができる。

08 全部取得条項付種類株式を株式会社が取得する場合，株式会社による強制取得となることから，株主全員の同意を得る必要がある。

09 株券発行会社の自己株式の処分による株式の譲渡については，当該株式にかかる株券を交付しなければ，その効力を生じない。

第3編　株式　★一問一答問題解答

01 ○　非公開会社においては，剰余金の配当，残余財産の分配，株主総会における議決権（会社105条1項各号）につき，株主ごとに異なる取扱いを行う旨を定款で定めることができる（109条2項）。このような会社においては，株主の持株数より株主の個性に着目した権利の配分を行う必要がありうるからである。＊神田・会社72頁。江頭・会社129～130頁。

02 ×　株主平等原則（109条1項）は，株式会社の基本原則であり，これに反する業務執行行為は無効となる。したがって，前段は正しい。また，株主平等原則は強行法規であるため，当該株式会社の善意・悪意にかかわらず，これに反する行為は無効となる。したがって，後段は誤りである。＊神田・会社68～69頁。江頭・会社127頁。

03 ×　120条2項前段は，「株式会社が特定の株主に対して無償で財産上の利益の供与をしたときは，当該株式会社は，株主の権利の行使に関し，財産上の利益の供与をしたものと推定する」と規定しており，これはみなし規定ではなく，推定規定である。

04 ×　判例（最判平成18年4月10日〔判例シリーズ14事件〕）は，「株式の譲渡は株主たる地位の移転であり，それ自体は『株主ノ権利ノ行使』とはいえないから，会社が，株式を譲渡することの対価として何人かに利益を供与しても，当然には……利益供与には当たらない」としている。

05 ○　判例（最決平成19年8月7日〔判例シリーズ33事件〕）は，株式会社が敵対的買収防衛策として，非適格者は新株予約権を行使することができないこと等を内容とする新株予約権の無償割当てを行った事例において，このように述べている。＊弥永・会社30頁。

06 ×　判例（最判平成8年11月12日〔判例シリーズ39事件〕）は，会社が従業員株主らを他の株主よりも先に会場に入場させて株主席の前方に着席させる措置をとることは，合理的な理由がなく，「適切なものではなかったといわざるを得ない」としている。なお，この判例は，原告について，「希望する席に座る機会を失ったとはいえ，本件株主総会において，会場の中央部付近に着席した上，現に議長からの指名を受けて動議を提出しているのであって，具体的に株主の権利の行使を妨げられたということはでき」ないから，会社の本件株主総会に関する措置によって「法的利益が侵害されたということはできない」としている。

07 ○　株券発行会社の株主は，株券の紛失を予防するため，当該株券発行会社に対し，株券の所持を希望しない旨を申し出ることができる（217条1項）。

08 ×　全部取得条項付種類株式を株式会社が取得する場合には，株主全員の同意を得る必要はないが，株主総会の特別決議を経る必要がある（171条1項，309条2項3号）。これは，従来から行われていたいわゆる100％減資について，株主全員の同意を必要とすると多大な時間・手間を要するため，株主総会の特別決議で行うことを可能にしたものである。＊神田・会社83頁。江頭・会社153～157頁。

09 ×　株券発行会社の株式の譲渡は，当該株式にかかる株券を交付しなければ，その効力を生じない（128条1項本文）。ただし，自己株式の処分による株式の譲渡については，このかぎりでない（128条1項ただし書）。

第3編　株式　一問一答問題解答　065

10 譲渡制限株式の譲渡にかかる承認手続に関して，株式会社が対象株式の全部または一部を買い取る者を指定する場合，取締役会設置会社でない株式会社にあっては，定款に別段の定めのないかぎり，株主総会の特別決議によらなければならない。

11 取締役会設置会社であっても，市場取引等により当該株式会社の株式を取得することを取締役会の決議によって定めることができる旨を定款で定めることはできない。

12 取締役会設置会社がその子会社の有する当該取締役会設置会社の株式を取得する場合は，株式の取得に関する事項は，取締役会の決議で定めれば足りる。

13 取得請求権付株式の株主は，株式会社に対して，当該会社に分配可能額がなくとも，当該取得請求権付株式を取得することを請求することができる。

14 他の会社の事業の全部を譲り受ける場合において，譲渡会社が譲受会社の親会社の株式を有するときは，譲受会社は，当該親会社の株式を取得することができない。

15 株券発行会社において，株主名簿上の株主は，株式会社に対し，当該株主について株主名簿に記載され，もしくは記録された株主名簿記載事項を記載した書面の交付または当該株主名簿記載事項を記録した電磁的記録の提供を請求することができない。

16 株式会社は，当該株式会社に代わって，株主名簿の作成および備置きその他の株主名簿に関する事務を行う者をおく旨を定款で定め，当該事務を行うことを委託することができる。

17 判例によれば，名義書換えを失念していた株式譲受人は，株式会社が新株を株主割当てとして発行する場合に，新株引受権を取得することができない。

18 判例によれば，AがBに譲渡した株式について，名義書換えの前に株式分割がなされ，分割により増加した株式がAに交付されたが，AがそれをCに売却してしまった場合，BはAに対して不当利得としての価格返還請求権を有する。その価格算定の基準となるのは，AのCへの売却価格ではなく，BのAに対する返還請求時の市場価格である。

10 ○ 譲渡制限株式を発行している株式会社は，138条1号ハ，2号ハの請求に関する株式の譲渡にかかる承認手続について，対象株式の全部または一部を買い取る者を指定することができ（140条4項），この指定は，定款に別段の定めのないかぎり，株主総会の特別決議（取締役会設置会社にあっては，取締役会決議）によらなければならない（140条5項，309条2項1号）。＊江頭・会社231頁。

11 × 取締役会設置会社は，市場取引等により当該株式会社の株式を取得することを取締役会の決議によって定めることができる旨を定款で定めることができる（165条2項）。市場取引等による自己株式取得の場合，すべての株主が市場において株式を売却する機会が与えられているため，株主保護の要請よりも，会社の機動的な自己株式取得を実現させる趣旨である。＊神田・会社100頁。

12 ○ 取締役会設置会社がその子会社の有する当該取締役会設置会社の株式を取得する場合は，株式の取得に関する事項は，取締役会の決議で定めれば足りる（156条1項，163条前段）。これは，親会社が子会社の有する自己株式を取得することで，子会社による親会社株式保有の解消を図る趣旨である。＊神田・会社100頁。弥永・会社52頁。

13 × 取得請求権付株式の株主は，株式会社に対して，当該株主の有する取得請求権付株式を取得することを請求することができる（166条1項本文）。ただし，当該取得請求権付株式を取得するのと引換えに当該会社の他の株式以外の財産を交付する場合において，これらの財産の帳簿価額が当該請求の日における分配可能額を超えているときは，取得請求権付株式の取得を請求できない（166条1項ただし書）。

14 × 子会社は，その親会社である株式会社の株式を取得してはならない（135条1項）。もっとも，「他の会社……の事業の全部を譲り受ける場合において当該他の会社の有する親会社株式を譲り受ける場合」には，親会社である株式会社の株式を取得することができる（135条2項1号）。

15 ○ 株券不発行会社においては，株主名簿上の株主は，株式会社に対し，当該株主についての株主名簿記載事項を記載した書面の交付または電磁的記録の提供を請求することができる（122条1項）。しかし，株券発行会社の株主については，このような請求権が認められていない（122条4項）。これは，当該請求権が，株券を発行しない株式会社の株主に株券に代わる権利証明手段を与えるものだからである。＊会社法大系②131～132頁。前田・会社209～210頁。江頭・会社201頁。

16 ○ 株式会社は，当該株式会社に代わって，株主名簿の作成および備置きその他の株主名簿に関する事務を行う者（株主名簿管理人）をおく旨を定款で定め，当該事務を行うことを委託することができる（123条）。これは，株式会社の費用の節約のために認められるものであり，株主名簿管理人は，株式会社が任意に設置することができる。＊神田・会社106頁。江頭・会社196～197頁。逐条解説②198～199頁。

17 ○ 判例（最判昭和35年9月15日〔判例シリーズ17事件〕）は，「新株引受権はいわゆる株主の固有権に属するものではなく，……商法の規定に基き株主総会の決議によって発生する具体的権利に外ならずかかる具体的権利をどのような方法で株主に与えるやは……株主総会の任意に決定できるところであるから，その権利の帰属者を……一定日時において株主名簿に登録されている株主と限定することは毫も差支なく会社の処置として固より適法であり，……いわゆる株主権が移転されたからといって，前示新株引受権もこれに随伴して移転したものと解すべきではない」としている。

18 × 判例（最判平成19年3月8日〔会社法百選16事件〕）は，本記述と同様の事例において，「受益者は，法律上の原因なく利得した代替性のある物を第三者に売却処分した場合には，損失者に対し，原則として，売却代金相当額の金員の不当利得返還義務を負う」としている。

19 株券発行会社において，株主名簿の名義書換えを請求する場合，株主名簿上の株主と株式の取得者が共同して請求しなければならない。

20 株式会社の親会社社員は，その権利を行使するため必要があるときは，請求の理由を明らかにすれば，当該株式会社の株主と同様，当該株式会社の株主名簿について閲覧または謄写を請求することができる。

21 株主名簿管理人がある株式会社であっても，株主名簿をその本店に備え置かなければならない。

19 ×　株券不発行会社において株主名簿の名義書換えを請求する場合は，株主名簿上の株主と株式の取得者が共同して請求しなければならないのが原則である（133条2項，会社施規22条1項）。しかしながら，株券発行会社において株主名簿の名義書換えを請求する場合は，株式の取得者は株券を提示すれば単独で請求することができる（22条2項1号）。＊神田・会社105頁。

20 ×　株式会社の親会社社員は，権利を行使するため必要があるときは，請求の理由を明らかにして，当該株式会社の株主名簿について閲覧または謄写を請求することができるが，その際には，株主と異なり，裁判所の許可を得なければならない（会社125条4項）。

21 ×　株式会社は，株主名簿をその本店に備え置かなければならないが（125条1項），株主名簿管理人がある場合には，株主名簿管理人の営業所に備え置かなければならない（125条1項括弧書）。したがって，株主名簿管理人がある株式会社は，株主名簿をその本店に備え置かなければならないわけではない。

第3編　まとめ図・表

01 株主権の行使要件

単独株主権			
	議決権または株式数の要件	6か月以上の保有期間	具体例
i	—	×	設立無効等の訴え（828Ⅱ①等），株主名簿閲覧請求権（125Ⅱ），累積投票請求権（342Ⅰ），募集株式発行差止請求権（210）等
ii	—	○	株主代表訴訟（847以下），取締役・執行役の違法行為差止請求権（360，422）
少数株主権			
	議決権数または株式数の要件	6か月以上の保有期間	具体例
i	議決権数1/100以上 議決権数300個以上	○	議題提案権（303Ⅱ），議案の要領記載請求権（305Ⅰただし書）
ii	議決権数1/100以上	○	総会検査役選任権（306）
iii	議決権数3/100以上 発行済株式数3/100以上	×	会計帳簿閲覧請求権（433Ⅰ柱書），検査役選任請求権（358Ⅰ）
iv	議決権数3/100以上	×	役員等の責任免除に対する異議権（426Ⅴ）
v	議決権数3/100以上 発行済株式数3/100以上	○	役員の解任の訴えの提起権（854），清算人の解任請求権（479Ⅱ）
vi	議決権数3/100以上	○	総会招集権（297）
vii	議決権数1/10以上 発行済株式数1/10以上	×	解散請求権（833Ⅰ柱書）
viii	法務省令（会社施規197等）で定める以上の議決権数	×	簡易合併等への反対権（796Ⅳ）

○＝保有期間の定めあり，×＝保有期間の定めなし
※　議決権数と株式数とが両方記載されているものはいずれかをみたせば足りる。
※　発行済株式数は自己株式を除く。
※　非公開会社においては6か月の保有要件は不要である。
※　少数株主権についてはすべての会社において定款で要件の緩和や単独株主権化が可能である。
※　議題提案権および議案の要領記載請求権（少数株主権のⅰ）については非取締役会設置会社では単独株主権であり保有期間の要件も必要ない。

02 株主の権利

自益権	配当請求権（105Ⅰ①）
	残余財産分配請求権（105Ⅰ②）
	株式買取請求権 ・単元未満株式（192） ・全部取得条項，譲渡制限の定款変更（116） ・事業譲渡，合併，会社分割，株式交換，株式移転の際の反対株主（469, 785, 797, 806）
共益権	株主総会の議決権（308）
	株主総会等における質問権（314）
	株主総会等における議題，議案提案権 ・議題提出権（303, 325） ・議案提出権（304, 325） ・議案の要領の通知請求権（305Ⅰ, 325）
	差止請求権 ・募集株式の発行等の差止請求権（210, 247） ・略式合併等の差止請求権（784Ⅱ, 796Ⅱ） ・違法行為差止請求権（360Ⅰ, 422Ⅰ, 482Ⅳ）
	閲覧・謄写請求権 ・定款（31Ⅱ） ・株主総会等の議事録（318Ⅳ, 319Ⅲ, 325） ・取締役会等の議事録（371Ⅱ, 394Ⅱ, 413Ⅲ, 490Ⅴ） ・株主名簿等（125Ⅱ, 252Ⅱ） ・計算書類等（433Ⅰ, 442Ⅲ） ・合併契約等（775Ⅲ, 782Ⅲ, 791Ⅲ, 794Ⅲ等）

03 利益供与の効果

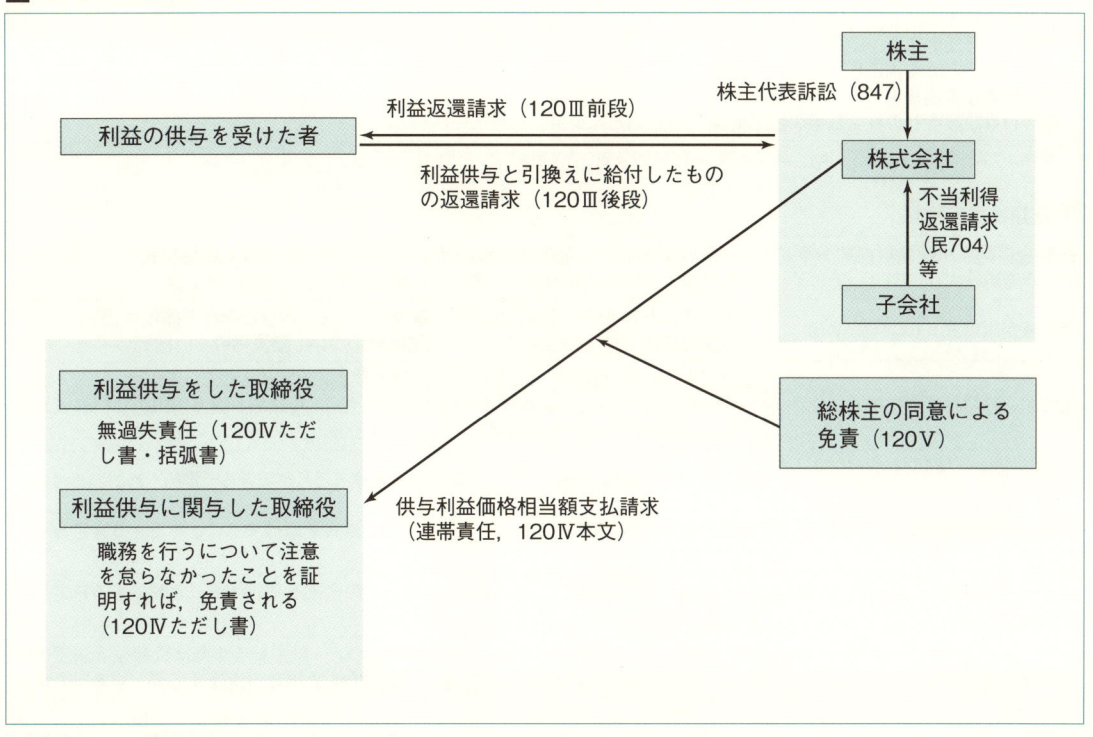

【利益の供与を受けた者】
- 利益返還請求（120Ⅲ前段）
- 利益供与と引換えに給付したものの返還請求（120Ⅲ後段）

【株主】→株主代表訴訟（847）→【株式会社】
【株式会社】→不当利得返還請求（民704）等→【子会社】

【利益供与をした取締役】
無過失責任（120Ⅳただし書・括弧書）

【利益供与に関与した取締役】
職務を行うについて注意を怠らなかったことを証明すれば，免責される（120Ⅳただし書）

供与利益価格相当額支払請求（連帯責任，120Ⅳ本文）

総株主の同意による免責（120Ⅴ）

※ 法令名のない条文はすべて会社法をさす。

04 株主平等原則と例外

株主平等原則

株主としての資格に基づく法律関係について、会社は、株主をその有する株式の内容および数に応じて平等に取り扱わなければならないという原則（109Ⅰ）
　→この原則を具体化する規定は個別に整備されている
- 議決権（308）
- 全部取得条項付種類株式の取得対価（171Ⅱ）
- 株式・新株予約権の無償割当て（186Ⅱ，278Ⅱ）
- 募集株式・新株予約権の割当てを受ける権利（202Ⅱ，241Ⅱ）
- 剰余金の配当（454Ⅲ）
- 残余財産分配（504Ⅲ）
- 合併対価（749Ⅲ，751Ⅲ，753Ⅲ）
- 株式交換・株式移転の対価（770Ⅲ，773Ⅲ）

株主平等原則の例外－1（内容に関する例外）

1. 種類株式制度（108）
　　2以上の内容の異なる種類の株式を発行することができる
2. 株主ごとに異なる取扱い（109Ⅱ）
　　非公開会社は、剰余金の配当を受ける権利、残余財産の分配を受ける権利または株主総会における議決権について、株主ごとに異なる取扱いを行う旨を定款で定めることができる

株主平等原則の例外－2（株式数に関する例外）

1. 単元株式数（188）
2. 各種少数株主権（総株主の議決権に対する割合）
- 解散の訴え提起権（833）
- 株主総会の招集請求権（297，325）
- 業務執行検査役の選任申立て（358）＊
- 会計帳簿の閲覧請求権（433）＊
- 清算人の解任申立て（479）＊
- 役員の解任の訴え（854）＊
- 総会検査役の選任申立て（306，325）
- 取締役会設置会社の株主総会の提案権等（303，305，325）

＊　総株主の議決権に対する割合のほか、発行済株式総数に対する割合の基準もある。

05 種類株式の種類

剰余金の配当・残余財産の分配に関する種類株式（108Ⅰ①，②）	剰余金の配当あるいは残余財産の分配について、内容の異なる種類株式 優先株式：他の株式に優先して剰余金の配当を受けることのできる株式
議決権制限株式（108Ⅰ③，115）	株主総会における議決権を行使できる事項について、内容の異なる種類株式 無議決権株式：株主総会のすべての決議事項について議決権のない株式
譲渡制限種類株式（108Ⅰ④，2⑰）	譲渡による株式の取得について会社の承認を要する旨定められている株式 →種類株式発行会社の発行する種類株式のうち、1種類でも譲渡制限のない株式がある場合、当該株式会社は公開会社となる（2⑤）
取得請求権付種類株式（108Ⅰ⑤，2⑱）	株主が、株式会社に対して株式の取得を請求することができる旨定められている株式
取得条項付種類株式（108Ⅰ⑥，2⑲）	株式会社が、特定の事由の発生を条件として株式を取得することができる旨定められている株式
全部取得条項付種類株式（108Ⅰ⑦，171Ⅰ柱書）	株主総会の特別決議により、株式会社が、その全部を取得することができる旨定められている株式
拒否権付種類株式（108Ⅰ⑧）	株主総会または取締役会における決議事項につき、株主総会または取締役会決議のほかに、当該種類株式の株主を構成員とする種類株主総会の決議を必要とする旨の定めのある株式
選解任種類株式（108Ⅰ⑨）	当該種類株式の種類株主を構成員とする種類株主総会において、取締役または監査役を選任する旨を定める株式 →たとえば、甲種類株式および乙種類株式の2種類の株式を発行し、それぞれの種類株主総会において取締役を1名ずつ選任するというクラスボーティングにおいて利用されている。

06 種類株式の追加・内容変更に関する決議

	権利の内容	株式の種類の追加		既存株式の全部について内容を変更（*1）	既存の一部の種類株式についてのみ内容を変更（*2）		株式買取請求権
		株主総会	種類株主総会等	株主総会	株主総会	種類株主総会等	
株式の譲渡に関する条項	譲渡制限（107Ⅰ①, 108Ⅰ④）	株主総会の特別決議（309Ⅱ⑪）	損害を及ぼすおそれがある場合には，種類株主総会の特別決議（322Ⅰ①, 324Ⅱ④）	特殊決議（309Ⅲ①, 頭数要件あり）	株主総会の特別決議（309Ⅱ⑪）	・内容を変更する種類株式の株主による種類株主総会の特殊決議（111Ⅱ, 324Ⅲ①, 頭数要件あり） ・他の種類株主について，損害を及ぼすおそれがある場合には，種類株主総会の特別決議（322Ⅰ①, 324Ⅱ④）	116条1項1号, 2号 ※当該株式を目的とする新株予約権の買取請求権もあり（118Ⅰ）
	取得条項（107Ⅰ③, 108Ⅰ⑥）			株主全員の同意（110）		・内容を変更する種類株式の種類株主全員の同意（111Ⅰ） ・他の種類株主について，損害を及ぼすおそれがある場合には，種類株主総会の特別決議（322Ⅰ①, 324Ⅱ④）	なし
	全部取得条項（108Ⅰ⑦）			―		・内容を変更する種類株式の株主による種類株主総会の特別決議（111Ⅱ, 324Ⅱ①） ・他の種類株主について，損害を及ぼすおそれがある場合には，種類株主総会の特別決議（322Ⅰ①, 324Ⅱ④）	116条1項2号 ※当該株式を目的とする新株予約権の買取請求権もあり（118Ⅰ②）
	取得請求権（107Ⅰ②, 108Ⅰ⑤）			株主総会の特別決議（309Ⅱ⑪）		損害を及ぼすおそれがある場合には，種類株主総会の特別決議（322Ⅰ①, 324Ⅱ④）	なし
その他	・剰余金の配当（108Ⅰ①） ・残余財産の分配（108Ⅰ②） ・議決権の制限（108Ⅰ③） ・拒否権（108Ⅰ⑧） ・取締役等選任権（108Ⅰ⑨）			株主総会の特別決議（309Ⅱ⑪）			なし
	単元株式数（188）	―	―	・増加は株主総会の特別決議（309Ⅱ⑪） ・減少は取締役会決議（195）	・増加は株主総会の特別決議（309Ⅱ⑪） ・減少は取締役会決議（195）		単元未満株式の買取請求（192）
	322条1項の種類株主総会を不要とすること（322Ⅱ）	―	―	―	特別決議（309Ⅱ⑪）	種類株主全員の同意（322Ⅳ）	なし

＊1　種類株式発行会社以外の株式会社
＊2　種類株式発行会社が複数の種類の株式のすべてについて同じ内容に変更する場合を含む。
※　論点解説57頁参照

07 株式の移転要件

【非株券発行会社の場合】
会社は株券を発行する必要はない（214参照）

→ **【原則】**
・意思表示によって権利は移転する
　株主名簿の名義書換えは第三者対抗要件である（130Ⅰ）

【振替株式の場合】
譲受人が自己の振替口座の保有欄に増加の記載または記録を受ければ，権利が移転する（社債株式振替140）

【株券発行会社（定款に株券を発行する旨の定めのある会社）の場合】
会社は株式を発行した日以降遅滞なく株券を発行する必要がある（215Ⅰ）

・株券を交付することで権利が移転する（128Ⅰ本文）
・会社が株券を発行する前は，株式の譲渡を会社に対抗できない（128Ⅱ）

株主名簿の名義書換えは会社に対する対抗要件となる（130Ⅱ）

【非公開会社であって，株主から株券発行の請求がないとき】
→株主から上記請求がある時までは，会社は株券を発行しないことができる（215Ⅳ）。215条1項に対する例外である

【株券不所持制度（217）が適用されている場合】
・株主は会社に対し株券の所持を希望しない旨の申出ができる（217Ⅰ）
・当該申出の際，発行済みの株券を会社に提出する必要がある（217Ⅱ）
・会社は当該申出を受けた場合，遅滞なくその旨を株主名簿に記載または記録する必要がある（217Ⅲ）
・会社は株主名簿に上記の記載または記録した後は株券を発行できない（217Ⅳ）
・申出の際に提出された株券は，株主名簿への記載・記録により無効となる（217Ⅴ）

株券の発行を受けないかぎり，権利を移転できない

※　法令名のない条文はすべて会社法をさす。

08 譲渡承認請求等の手続

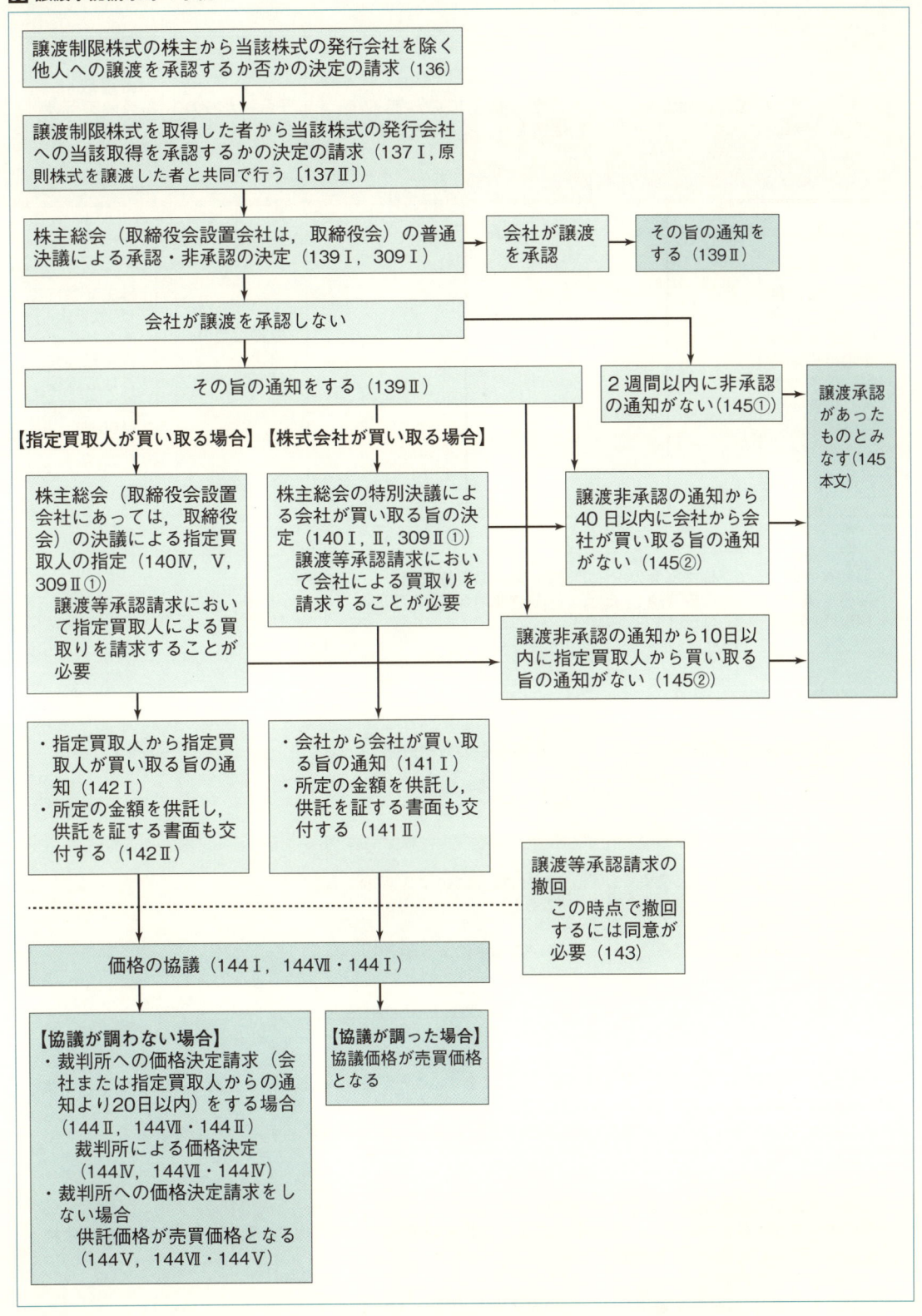

```
┌─────────────────────────────────────┐
│ 譲渡制限株式の株主から当該株式の発行会社を除く │
│ 他人への譲渡を承認するか否かの決定の請求（136） │
└─────────────────────────────────────┘
                 ↓
┌─────────────────────────────────────┐
│ 譲渡制限株式を取得した者から当該株式の発行会社  │
│ への当該取得を承認するかの決定の請求（137Ⅰ，原 │
│ 則株式を譲渡した者と共同で行う〔137Ⅱ〕）       │
└─────────────────────────────────────┘
                 ↓
┌──────────────────────────┐  ┌──────────┐  ┌──────────┐
│ 株主総会（取締役会設置会社は，取締役会）の普通 │→│ 会社が譲渡 │→│ その旨の通知 │
│ 決議による承認・非承認の決定（139Ⅰ，309Ⅰ）   │  │ を承認     │  │ をする（139Ⅱ）│
└──────────────────────────┘  └──────────┘  └──────────┘
                 ↓
┌──────────────────────┐
│ 会社が譲渡を承認しない                │
└──────────────────────┘
         ↓                                    ┌──────────────┐  ┌────────┐
┌──────────────────────┐          │ 2週間以内に非承認 │→│ 譲渡承認 │
│ その旨の通知をする（139Ⅱ）           │          │ の通知がない（145①）│  │ があった │
└──────────────────────┘          └──────────────┘  │ ものとみ │
   ↓                    ↓                                              │ なす（145 │
【指定買取人が買い取る場合】【株式会社が買い取る場合】                          │ 本文）   │
                                                                    └────────┘
┌────────────────┐ ┌────────────────┐      ┌──────────────┐
│ 株主総会（取締役会設置  │ │ 株主総会の特別決議によ  │      │ 譲渡非承認の通知から │
│ 会社にあっては，取締役  │ │ る会社が買い取る旨の決  │      │ 40日以内に会社から会 │→
│ 会）の決議による指定買  │ │ 定（140Ⅰ，Ⅱ，309Ⅱ①） │      │ 社が買い取る旨の通知 │
│ 取人の指定（140Ⅳ，Ⅴ， │ │ 譲渡等承認請求におい  │      │ がない（145②）      │
│ 309Ⅱ①）              │ │ て会社による買取りを   │      └──────────────┘
│  譲渡等承認請求におい │ │ 請求することが必要    │
│ て指定買取人による買  │ └────────────────┘      ┌──────────────┐
│ 取りを請求することが  │          │                      │ 譲渡非承認の通知から10日以 │
│ 必要                │          │                 →    │ 内に指定買取人から買い取る │→
└────────────────┘          │                      │ 旨の通知がない（145②）    │
   ↓                              ↓                      └──────────────┘
┌────────────────┐ ┌────────────────┐
│・指定買取人から指定買  │ │・会社から会社が買い取  │
│ 取人が買い取る旨の通  │ │ る旨の通知（141Ⅰ）    │
│ 知（142Ⅰ）           │ │・所定の金額を供託し，  │
│・所定の金額を供託し，  │ │ 供託を証する書面も交  │
│ 供託を証する書面も交  │ │ 付する（141Ⅱ）       │
│ 付する（142Ⅱ）       │ └────────────────┘
└────────────────┘                              ┌──────────────┐
                                                │ 譲渡等承認請求の │
         ↓                     ↓                │ 撤回             │
                                                │  この時点で撤回 │
┌──────────────────────┐          │ するには同意が   │
│ 価格の協議（144Ⅰ，144Ⅶ・144Ⅰ）     │          │ 必要（143）      │
└──────────────────────┘          └──────────────┘
    ↓                     ↓
┌────────────────┐ ┌────────────────┐
│【協議が調わない場合】  │ │【協議が調った場合】   │
│・裁判所への価格決定請求（会│ │ 協議価格が売買価格  │
│ 社または指定買取人からの通│ │ となる              │
│ 知より20日以内）をする場合 │ └────────────────┘
│ （144Ⅱ，144Ⅶ・144Ⅱ）    │
│  裁判所による価格決定 │
│ （144Ⅳ，144Ⅶ・144Ⅳ）    │
│・裁判所への価格決定請求をし│
│ ない場合              │
│  供託価格が売買価格となる│
│ （144Ⅴ，144Ⅶ・144Ⅴ）    │
└────────────────┘
```

09 株主との合意による自己株式の取得

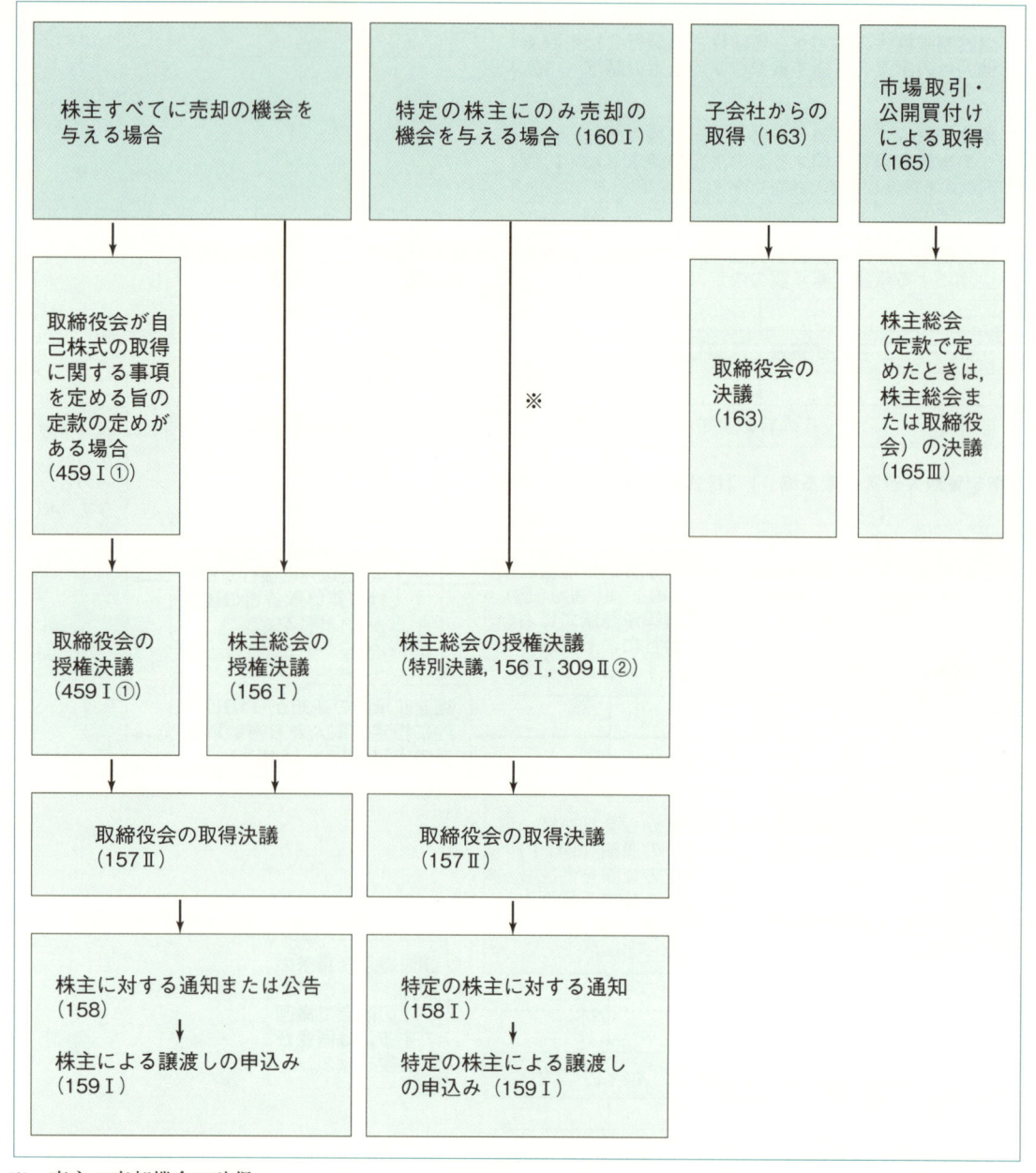

```
株主すべてに売却の機会を      特定の株主にのみ売却の      子会社からの      市場取引・
与える場合                    機会を与える場合（160Ⅰ）    取得（163）      公開買付け
                                                                        による取得
                                                                        （165）
        ↓                              ↓                    ↓              ↓
取締役会が自                                            取締役会の      株主総会
己株式の取得                                            決議            （定款で定
に関する事項                                            (163)          めたときは，
を定める旨の                            ※                               株主総会ま
定款の定めが                                                            たは取締役
ある場合                                                                会）の決議
（459Ⅰ①）                                                              （165Ⅲ）
        ↓                ↓              ↓
取締役会の        株主総会の     株主総会の授権決議
授権決議          授権決議      （特別決議、156Ⅰ，309Ⅱ②）
（459Ⅰ①）        （156Ⅰ）
        ↓              ↓              ↓
    取締役会の取得決議          取締役会の取得決議
    （157Ⅱ）                  （157Ⅱ）
        ↓                          ↓
    株主に対する通知または公告   特定の株主に対する通知
    （158）                    （158Ⅰ）
        ↓                          ↓
    株主による譲渡しの申込み    特定の株主による譲渡
    （159Ⅰ）                  しの申込み（159Ⅰ）
```

※　売主の売却機会の確保
　(A)株主総会の授権決議の前に，株主が(B)の請求をすることができることを株主全員に通知しなければならない（160Ⅱ）。
　(B)株主は，授権決議について，特定の株主に自己をも加えたものを議案とすることを請求することができる（160Ⅲ）。

【160条2項，3項の不適用】
・取得の対価が市場価格を超えない場合（161）
・特定の株主が相続人その他の一般承継人により全株式譲渡制限会社の株式を取得した者（すでに議決権を行使した場合を除く）である場合（162）
・子会社からの取得の場合（163）
・定款で160条2項，3項を適用しない旨の定めをした場合（164Ⅰ）

10 100%減資の手続

```
┌─────────────────────────────────────────────────────────────────┐
│  1  株主総会の特別決議                                           │
│                                                                 │
│    i. 種類株式設定の定款変更(466, 309Ⅱ⑪)                       │
│   ii. 既発行株式を全部取得条項付種類株式とするための定款変更    │
│  iii. 全部取得条項付種類株式を取得するための決議(171, 309Ⅱ③)  │
│                              ↓                                  │
│  2  全部取得条項付種類株式の取得のための利害関係者の手続         │
│                                                                 │
│  ┌──────────────┐  ┌──────────────┐  ┌──────────────┐          │
│  │ii.の定款変更に│  │ii.の定款変更に│  │iii.の取得対価│          │
│  │ついての反対株 │  │ついての新株予 │  │の価格決定手続│          │
│  │主の株式買取請 │  │約権者の新株予 │  │(172Ⅰ)       │          │
│  │求手続(116,117)│  │約権買取請求手 │  │              │          │
│  │               │  │続(118, 119)   │  │              │          │
│  └──────┬───────┘  └──────┬───────┘  └──────┬───────┘          │
│         ↓                 ↓                 ↓                   │
│  3  全部取得条項付種類株式の取得の効力発生                       │
└─────────────────────────────────────────────────────────────────┘
```

第4編　募集株式の発行等

正誤チェック | | | | | **論点ランクA**

〔No.27〕
　募集株式の発行に関する次のアからオまでの各記述のうち，誤っているものを組み合わせたものは，後記1から5までのうちどれか。

ア．募集株式の引受人は，募集株式と引換えにする金銭の払込みの期間が定められている場合，出資の履行をした日に，当該募集株式の株主となる。

イ．募集株式の引受人は，出資の履行をする債務と株式会社に対する債権とを相殺することができない。

ウ．取締役と通謀して著しく不公正な払込金額で募集株式を引き受けた場合，当該払込金額と当該募集株式の公正な価額との差額に相当する金額について，募集株式の引受人は支払責任を負うが，このような責任は，株主代表訴訟の対象とはならない。

エ．現物出資財産を給付した募集株式の引受人は，当該現物出資財産の価額が募集事項の決定において定められた価額に著しく不足することにつき善意でかつ過失がないときのみ，引受けの申込みの意思表示を取り消すことができる。

オ．募集株式の引受けの申込み，割当て，総株引受契約においては，株式引受人は心裡留保，虚偽表示による無効は主張できないが，錯誤無効については，一定の期間中は主張することができる。

1．アエ　　2．アオ　　3．イウ　　4．イオ　　5．ウエ

類題

H19-39

| No.27 正解 | 5 | 誤っているものは，ウ，エ | 募集株式の発行(1) |

正答率 60　80

アドバイス

本問は，募集株式の発行等に関する知識を問う問題である。いずれも基本的な条文知識を問うものであり，確実に正解しなければならない問題といえる。本問は，ア，イの正誤を判断した時点で，記述の組合せとの関係で正解が5であると即座にわかるであろう。

復習用文献

神田・会社133～143頁。

江頭・会社678～705頁。

試験対策講座・会社法6章2節，3節④。

条文シリーズ・会社法208条，209条，211条，212条，847条。

ア 正しい　募集株式と引換えにする金銭の払込みまたは現物出資の財産の給付の期間が定められている場合には，当該募集株式の引受人は，出資の履行をした日に株主となる（会社209条2号，199条1項4号）。よって，本記述は正しい。

★イ 正しい　募集株式の引受人は，出資の履行をする債務と株式会社に対する債権とを相殺することができない（208条3項）。よって，本記述は正しい。

★ウ 誤り　847条1項本文において，212条1項の責任も責任追及等の訴えの対象とされている。この責任追及等の訴えは，本来，会社の代表取締役によってなされるべきものである。しかし，引受人，とりわけ取締役・執行役と通謀して著しく不公正な払込金額で引き受けた引受人の責任の追及を取締役・執行役に期待することは困難な場合が少なくないため，株主代表訴訟の対象としたものである。よって，本記述は誤りである。

エ 誤り　現物出資財産を給付した募集株式の引受人が，当該現物出資財産の価額が募集事項の決定において定められた価額に著しく不足することにつき善意でかつ重大な過失がないときは，当該引受人は，引受けの申込みの意思表示を取り消すことができる（212条2項）。すなわち，善意無過失の場合だけでなく，軽過失がある場合にも，意思表示を取り消すことができる。よって，本記述は誤りである。

オ 正しい　募集株式の引受けの申込み，割当て，総株引受契約においては，心裡留保・通謀虚偽表示の規定は適用されない（211条1項）。したがって，前段は正しい。また，募集株式の引受人による錯誤無効の主張は，株主となった日から1年経過後または株式についての権利行使後は主張が制限されるが（211条2項），上記期間内は錯誤無効を主張することができる。したがって，後段も正しい。よって，本記述は正しい。

正誤チェック　　　　　　　　　　　　　　　　論点ランクA

〔No.28〕
募集株式の発行に関する次のアからオまでの各記述のうち，誤っているものを組み合わせたものは，後記1から5までのうちどれか。

ア．募集株式の引受人は，出資の履行をする債務と株式会社に対する債権とを相殺することができないが，株式会社の側から，これらを相殺することはできる。

イ．株式会社が，金銭以外の財産を出資の目的とする旨ならびに当該財産の内容および価額を定めたときは，募集事項の決定の後遅滞なく，裁判所に対し，検査役の選任の申立てをしなければならないが，現物出資の対象となる財産の価額の総額が500万円を超えない場合には，検査役の選任の申立ては不要である。

ウ．会社法上の公開会社において，募集株式の募集事項の決定は，取締役会決議によってなされるが，募集株式の払込金額が，募集株式を引き受ける者に特に有利な金額である場合には，株主総会の特別決議が必要となる。

エ．募集株式の引受人が，出資の履行をしないときは，取締役は，当該引受人に対して，期日を定め，その期日までに当該出資の履行をしなければならない旨を通知する必要があり，当該期日までに出資の履行がないときは，当該引受人は，出資の履行をすることにより募集株式の株主となる権利を失う。

オ．株主は，募集株式の発行にあたって，当然に割当てを受ける権利を有する。

1．アウ　　2．アオ　　3．イウ　　4．イエ　　5．エオ

類題

H19-39

No.28 正解 5　誤っているものは，エ，オ　募集株式の発行(2)

正答率 60　80

ア 正しい
　募集株式の引受人は，出資の履行をする債務と株式会社に対する債権とを相殺することができない（会社208条3項）。これに対して，株式会社の側からの相殺については，何ら規定がなく，株式会社の側から，募集株式の引受人から出資の履行を受ける債権と同人に対する株式会社の債務を相殺することはできると解されている。よって，本記述は正しい。

イ 正しい
　株式会社が，金銭以外の財産を出資の目的とする旨ならびに当該財産の内容および価額を定めたときは，募集事項の決定の後遅滞なく，現物出資財産の価額を調査させるため，裁判所に対し，検査役の選任の申立てをしなければならない（207条1項）。もっとも，現物出資財産について定められた価額の総額が500万円を超えない場合には，検査役の選任の申立ては不要である（207条9項2号）。よって，本記述は正しい。

★ウ 正しい
　公開会社において，募集株式の募集事項の決定は，取締役会決議によってなされる（199条2項，201条1項）。もっとも，募集株式の払込金額が，募集株式を引き受ける者に特に有利な金額である場合には，株主総会の特別決議が必要となる（199条2項，201条1項，309条2項5号）。よって，本記述は正しい。

エ 誤り
　募集株式の引受人は，出資の履行をしないときは，法律上当然に，当該出資の履行をすることにより募集株式の株主となる権利を失う（208条5項）。すなわち，設立時募集株式の場合（63条3項）と同様に「打切り発行」による処理がなされる。したがって，募集株式の引受人が，出資の履行をしないときは，取締役は，当該引受人に対して，期日を定め，その期日までに当該出資の履行をしなければならない旨を通知する必要はない。よって，本記述は誤りである。

オ 誤り
　株式会社は，募集株式の募集において，株主に株式の割当てを受ける権利を与えることができる（202条1項）。したがって，株主は，当然には募集株式の割当てを受ける権利を有しない。よって，本記述は誤りである。

アドバイス

本問は，募集株式の発行等に関する知識を問う問題である。いずれも基本的な条文知識を問うものであり，確実に正解したい問題である。募集株式の発行等に関する手続につき，本問の解説に掲載した表にまとめてあるので，復習の際に参照してもらいたい。

復習用文献

神田・会社133～143頁。
江頭・会社678～705頁。
試験対策講座・会社法6章2節。
条文シリーズ・会社法201条，202条，207条，208条。

募集株式発行等における公開会社と非公開会社の手続の比較

		公開会社	非公開会社
募集事項の決定	第三者割当ての場合	取締役会決議（199Ⅱ，201Ⅰ）	株主総会特別決議（199Ⅱ，309Ⅱ⑤） ただし，取締役（会）への委任可（201Ⅰ，309Ⅱ⑤）
	有利発行の場合	株主総会特別決議（199Ⅱ，201Ⅰ，309Ⅱ⑤） ただし，取締役会への委任可（200Ⅰ，309Ⅱ⑤）	
	株主割当ての場合	取締役会決議（202Ⅲ③）	株主総会特別決議（202Ⅲ④，309Ⅱ⑤） ただし，定款の定めにより，取締役の決定（取締役会設置会社にあっては取締役会決議）によって定めることができる（202Ⅲ①，②）
募集事項の通知・公告		原則，必要（201Ⅲ，Ⅳ） ただし，例外あり（201Ⅴ）	不要

正誤チェック　　論点ランクA

〔No.29〕
募集株式の発行に関する次のアからオまでの各記述のうち，正しいものを組み合わせたものは，後記1から5までのうちどれか。

ア．募集株式の数や払込金額などの募集事項は，同一の募集の機会であっても，その引受けの申込みをした者ごとに異なる内容を定めることができる。

イ．公開会社でない株式会社が第三者割当ての方法により募集株式の発行等を行う場合には，原則として，その都度，株主総会の特別決議を経なければならず，同会社が株主割当ての方法をとる場合と異なり，定款の定めによりその決定権限を，取締役・取締役会に委ねることはできない。

ウ．公開会社でない株式会社が第三者割当ての方法により譲渡制限株式の発行を行う場合，割当先の決定については，定款に別段の定めのないかぎり，取締役会設置会社であれば取締役会決議，それ以外の会社であれば，株主総会の普通決議で足りる。

エ．既存株主に株式の割当てを受ける権利を与えた場合において，株主が申込みの期日までに申込みをしないときは，当該株主は，募集株式の割当てを受ける権利を失う。

オ．現物出資財産が会社に対する金銭債権である場合には，たとえ当該債権の弁済期が到来しており，かつ，当該債権について定められた出資価額が当該金銭債権の負債の帳簿価額を超えない場合であっても，検査役の調査を要する。

1．アウ　　2．アオ　　3．イエ　　4．イオ　　5．ウエ

類題
H19-39

| No.29 正解 | 3 | 正しいものは、イ、エ | 募集株式の発行(3) |

ア 誤り	募集株式の数や払込金額などの募集事項は、**募集ごとに、均等に定めなければならない**（会社199条5項）。よって、本記述は誤りである。
イ 正しい	**非公開会社が第三者割当ての方法により募集株式の発行等を行う場合**には、そのつど、**株主総会の特別決議**（199条2項、309条2項5号）を経なければならない。そして、第三者割当ての方法による募集株式の発行は、各株主の持株比率を変動させるから、株主割当ての場合（202条3項1号、2号参照）と異なり、**定款の定めによりその決定権限を取締役・取締役会に委ねることはできない**。よって、本記述は正しい。
ウ 誤り	**非公開会社が第三者割当ての方法により譲渡制限株式の発行を行う場合**、割当先の決定については、定款に別段の定めのないかぎり、**取締役会設置会社**であれば**取締役会決議**（204条2項本文括弧書）、**それ以外の会社**であれば、**株主総会の特別決議が必要である**（204条2項本文、309条2項5号）。よって、本記述は誤りである。
★エ 正しい	202条により株主に株式の割当てを受ける権利を与えた場合において、**株主が引受け申込期日までに申込みをしないときは、当該株主は、募集株式の割当てを受ける権利を失う**（204条4項）。これを失権効という。よって、本記述は正しい。
オ 誤り	現物出資財産が会社に対する金銭債権である場合において、当該債権の**弁済期が到来しており、かつ**、当該債権について定められた出資価額（199条1項3号）が**当該金銭債権の負債の帳簿価額を超えない場合には、検査役の調査を要しない**（207条9項5号）。これは、履行期が到来していれば会社が弁済しなければならない額が確定しており、検査役に評価させることを要しないからである。よって、本記述は誤りである。

正答率 60 80

アドバイス

本問は、募集株式の発行等に関する知識を問う問題である。いずれも基本的な知識を問うものであり、確実に正解しなければならない問題といえよう。公開会社と非公開会社の手続の異同については、本書No.28の解説にまとめた表を掲載しているので、復習の際に適宜参照し、知識の整理に役立ててもらいたい。

復習用文献

神田・会社133～143頁。
江頭・会社678～705頁。
試験対策講座・会社法6章2節。
条文シリーズ・会社法199条, 204条, 207条。

正誤チェック　　論点ランクAA

〔No.30〕
募集株式の発行等の瑕疵に関する次のアからオまでの各記述のうち，誤っているものを組み合わせたものは，後記1から5までのうちどれか。

ア．募集株式の発行または自己株式の処分が，法令もしくは定款に違反し，または著しく不公正な方法により行われる場合であって，かつ，株主が不利益を受けるおそれがあるときは，株主は，株式会社に対し，当該募集株式の発行または自己株式の処分をやめることを請求することができる。

イ．自己株式の処分の無効は，無効の訴えという方法をもってのみ主張することができる。

ウ．公開会社の成立後における株式の発行についての無効の訴えは，株式の発行の効力が生じた日から1年以内に提起しなければならない。

エ．新株発行不存在確認の訴えについては，出訴期間の制限はない。

オ．新株発行無効の訴えにおける無効の確定判決の効力について，遡及効は認められるが，対世効は認められない。

1．アイ　　2．アウ　　3．イエ　　4．ウオ　　5．エオ

類題
プレ－44
予　H23－20

| No.30 正解 | 4 | 誤っているものは、ウ、オ | 募集株式の発行等の瑕疵(1) |

| 正答率 | 60 | 80 |

アドバイス

本問は，募集株式の発行等の瑕疵に関する知識を問う問題である。いずれも基本的な知識を問うものであり，確実に正解したい問題である。間違えた場合には，条文にあたって知識を確認しておいてもらいたい。

復習用文献

神田・会社143〜148頁。
江頭・会社705〜720頁。
試験対策講座・会社法6章3節。
条文シリーズ・会社法210条，828条。

★ア 正しい　会社法210条は，募集株式の発行または自己株式の処分が法令または定款に違反する場合（210条1号），または，募集株式の発行または自己株式の処分が著しく不公正な方法により行われる場合（210条2号）において，株主が不利益を受けるおそれがあるときは，株主は，株式会社に対し，募集株式の発行または自己株式の処分をやめることを請求することができるとしている。よって，本記述は正しい。

イ 正しい　自己株式の処分の無効は，法律関係の安定を図るため，訴えをもってのみ主張することができる（828条1項3号）。よって，本記述は正しい。

ウ 誤り　株式会社の成立後における株式の発行の無効の訴えについては，公開会社でない株式会社においては，株式の発行の効力が生じた日から1年以内に訴えを提起すれば足りるが，公開会社にあっては，株式の発行の効力が生じた日から6か月以内に訴えを提起しなければならない（828条1項2号）。よって，本記述は誤りである。

エ 正しい　改正前商法のもとにおいて判例上認められていた新株発行不存在確認の訴えについて，会社法は明文の規定をおいた（829条1号）。もっとも，この訴えについては会社法上出訴期間の制限は設けられていない。よって，本記述は正しい。

★オ 誤り　新株発行無効の訴え（828条1項2号）における無効の確定判決の効力としては，対世効が認められる（838条）が，遡及効は認められず将来に向かってその効力を失うのみである（839条）。よって，本記述は誤りである。

正誤チェック　　　　　　　　　　　　　　　　　論点ランクAA

〔No.31〕
　募集株式の発行等の瑕疵に関する次のアからオまでの各記述のうち，判例の趣旨に照らし誤っているものを組み合わせたものは，後記1から5までのうちどれか。

ア．会社法上の公開会社において，募集株式の払込金額が，募集株式を引き受ける者に特に有利な金額である場合，株主総会の特別決議によって，募集株式の払込金額またはその算定方法を定めなければならず，このような株主総会の特別決議を欠けば，募集株式の発行は無効となる。

イ．募集株式の発行が，著しく不公正な方法により行われた場合，募集株式の発行は無効である。

ウ．会社法上の公開会社において，募集株式の募集事項は，第三者に対する有利発行の場合を除き，原則として取締役会決議によって定めなければならないが，このような取締役会決議を欠く場合であっても，代表取締役が募集株式を発行すれば，募集株式の発行は有効である。

エ．会社法上の公開会社において，募集株式の募集事項を取締役会決議によって定めた場合には，当該募集事項を株主に対して通知・公告しなければならないが，これを怠ったとしても，当該会社が差止事由が存在しなかったことを立証すれば，募集株式の発行は有効である。

オ．株主により，募集株式の発行をやめることの請求がなされ，裁判所による募集株式の発行の差止めの仮処分がだされたにもかかわらず，募集株式の発行がなされた場合，募集株式の発行は無効である。

1．アイ　　2．アエ　　3．イオ　　4．ウエ　　5．ウオ

類題
プレ-44
予　H23-20

No.31 正解 1 誤っているものは，ア，イ　　募集株式の発行等の瑕疵(2)

正答率 60　80

★ア　誤り
公開会社において，募集株式の払込金額が，募集株式を引き受ける者に特に有利な金額である場合，株主総会の特別決議によって，募集株式の払込金額またはその算定方法を定めなければならない（会社199条2項，201条1項，309条2項5号）。もっとも，判例（最判昭和46年7月16日〔判例シリーズ26事件〕）は，「株式会社の代表取締役が新株を発行した場合には，右新株が，株主総会の特別決議を経ることなく，株主以外の者に対して特に有利な発行価額をもって発行されたものであっても，その瑕疵は，新株発行無効の原因とはならないものと解すべきである」としている。よって，本記述は誤りである。

★イ　誤り
判例（最判平成6年7月14日〔判例シリーズ30事件〕）は，「新株発行は，……会社を代表する権限のある取締役が新株を発行した以上，たとい，新株発行に関する有効な取締役会の決議がなくても，右新株の発行が有効である……この理は，新株が著しく不公正な方法により発行された場合であっても，異なるところがない」としている。よって，本記述は誤りである。

ウ　正しい
公開会社において，募集株式の募集事項は，第三者に対する有利発行の場合を除き，原則として取締役会決議によって定めなければならない（199条2項，201条1項）。そして，判例（最判昭和36年3月31日）は，「株式会社の新株発行に関し，いやしくも対外的に会社を代表する権限のある取締役が新株を発行した以上，たとえ右新株の発行について有効な取締役会の決議がなくとも，右新株の発行は有効なものと解すべきである」としている。よって，本記述は正しい。

エ　正しい
判例（最判平成9年1月28日〔判例シリーズ27事件〕）は，「新株発行に関する事項の公示を欠くことは，新株発行差止請求をしたとしても差止めの事由がないためにこれが許容されないと認められる場合でない限り，新株発行の無効原因となる」としている。したがって，当該会社が，差止事由が存在しなかったことを立証すれば，募集株式の発行は無効とはならない。よって，本記述は正しい。

オ　正しい
判例（最判平成5年12月16日〔判例シリーズ28事件〕）は，改正前商法280条ノ10（会社法210条）に基づく募集株式発行の差止請求を本案とする募集株式発行の差止めの仮処分命令があるにもかかわらず，あえて仮処分命令に違反して募集株式の発行がされた場合には，改正前商法280条ノ15（会社法828条1項2号）に規定する募集株式発行無効の訴えの無効原因となるとしている。よって，本記述は正しい。

アドバイス

本問は，募集株式の発行等の瑕疵に関する知識を問う問題である。いずれも基本的な判例知識を問うものであり，確実に正解しなければならない。論文式試験との関係でも本問で問われている判例知識は重要であるため，間違えた場合には判例集にあたるなどしてしっかりと復習しなければならない。また，募集株式発行無効原因と，差止請求（会社210条）における差止原因との関係についてもこれを機会に整理しておくとよいであろう。

復習用文献

神田・会社143～148頁。
江頭・会社705～720頁。
試験対策講座・会社法6章3節。
判例シリーズ26事件，27事件，28事件，30事件。
条文シリーズ・会社法828条。

第4編　募集株式の発行等　★一問一答問題

01　募集株式の発行をする場合，当該募集株式の払込みの取扱いをした払込取扱機関は，払込保管金証明書を交付しなければならない。

02　株式会社が，現物出資財産の価額を調査させるため，裁判所に対し，検査役の選任の申立てをした場合，裁判所は，選任を不適法として却下する場合を除き，検査役を選任しなければならない。

03　会社法には，新株発行無効の訴えに準じて認められていた新株発行不存在確認の訴えについて，明文の規定が設けられている。

04　発行可能株式総数を超える株式の発行がなされた場合，超過した一部についてのみ，当該発行が無効となる。

05　会社を代表する権限のある取締役が新株を発行した以上，新株が著しく不公正な方法により発行された場合であっても，その新株発行は有効であるが，新株を発行した会社が小規模で閉鎖的な会社であることなどの事情がある場合には，当該新株発行は無効となる。

06　募集株式の発行の差止請求は，当該募集株式の発行の効力発生前までにする必要がある。

07　判例によれば，新株発行無効の訴えにおいて，出訴期間中に主張していた無効事由に加えて，出訴期間経過後に新たな無効事由を追加主張することは許されない。

08　募集株式の引受人は，錯誤を理由として募集株式の引受けの無効を主張し，または詐欺もしくは強迫を理由として募集株式の引受けの取消しをすることはいっさいできない。

09　新株発行の無効の訴えにかかる請求を棄却する判決が確定したときは，当該確定判決は，訴訟当事者以外の第三者に対してもその効力を有する。

第4編　募集株式の発行等　★一問一答問題解答

01　×　募集設立においては、払込取扱機関は、発起人の請求により、払い込まれた金額に相当する金銭の保管に関する証明書を交付する義務を負う（会社64条1項）。もっとも、募集株式の発行においては、払込保管証明制度はなく、払込取扱機関は、払込保管証明書を交付する義務を負わない。＊論点解説212頁。江頭・会社691頁。

02　○　株式会社は、募集株式の発行について、金銭以外の財産の出資に関する事項を定めたときは、原則として、募集事項の決定の後遅滞なく、当該財産の価額を調査させるため、裁判所に対し、検査役の選任の申立てをしなければならない（207条1項）。そして、申立てがあった場合には、裁判所は、選任を不適法として却下する場合を除き、検査役を選任しなければならない（207条2項）。＊江頭・会社692頁。

03　○　新株発行不存在確認の訴えは、改正前商法のもとでは、明文の規定はなく、判例（最判平成15年3月27日）法上認められていたにすぎなかった。これを受けて、会社法では、明文の規定が設けられた（829条1号）。＊神田・会社146～147頁。

04　×　発行可能株式総数（113条）を超える株式の発行について、そのうちの一部が株式総数を超える場合、どの株式がそれを超えたものであるかを特定できないため、全部の発行が無効となる。＊弥永・会社300頁。

05　×　判例（最判平成6年7月14日〔判例シリーズ30事件〕）は、新株が著しく不公正な方法により発行された場合であっても、当該新株発行は有効であるとし、「発行された新株がその会社の取締役の地位にある者によって引き受けられ、その者が現に保有していること、あるいは新株を発行した会社が小規模で閉鎖的な会社であることなど」の事情は、「結論に影響を及ぼすものではない」としている。その理由として、「新株の発行が会社と取引関係に立つ第三者を含めて広い範囲の法律関係に影響を及ぼす可能性があることにかんがみれば、その効力を画一的に判断する必要があり、右のような事情の有無によってこれを個々の事案ごとに判断することは相当でないからである」とする。

06　○　募集株式の発行の差止め（210条）は、違法または不公正な募集株式の発行を事前に阻止する制度である。したがって、募集株式の発行の差止請求は、当該募集株式の発行の効力発生前までにする必要がある。＊江頭・会社705～712頁。弥永・会社296頁。

07　○　判例（最判平成6年7月18日）は、新株発行無効の訴えにおいて、出訴期間中に主張していた無効事由に加えて、出訴期間経過後に新たな無効事由を追加主張することは許されないとしている。

08　×　募集株式の引受人は、株主となった日から1年を経過した後またはその株式について権利を行使した後は、錯誤を理由として募集株式の引受けの無効を主張し、または詐欺もしくは強迫を理由として募集株式の引受けの取消しをすることができない（211条2項）。したがって、募集株式の引受人は、錯誤を理由として募集株式の引受けの無効を主張し、または詐欺もしくは強迫を理由として募集株式の引受けの取消しをすることがいっさいできないわけではない。

09　×　新株発行の無効の訴えは、会社の組織に関する訴えに該当する（834条2号）。そして、838条は、「会社の組織に関する訴えに係る請求を認容する確定判決は、第三者に対してもその効力を有する」とし、対世効は請求を認容する確定判決について生じるとしている。

第4編　まとめ図・表

01 募集事項の決定・割当て

			第三者割当て・通常発行	第三者割当て・有利発行	株主割当て（同一種類の株式を割り当てる場合のみ）
非公開会社	募集	原則	株主総会の特別決議（199Ⅱ，309Ⅱ⑤）		株主総会の特別決議（202Ⅲ④，309Ⅱ⑤）
		例外	募集株式数の上限と払込金額の下限を定めれば，株主総会の特別決議によって募集事項の決定を取締役（取締役会設置会社においては取締役会）に委ねることができる（200Ⅰ，309Ⅱ⑤）		定款に規定をおけば，取締役の決定（取締役会設置会社においては取締役会）に委ねることができる（202Ⅲ①，②）
	割当て	原則	株主総会の特別決議（204Ⅱ本文，309Ⅱ⑤）ただし，取締役会設置会社においては取締役会の決議（204Ⅱ本文括弧書）		―
		例外	・定款で別段の定め（204Ⅱただし書） ・総株引受契約（205）のときは，代表取締役等		―
公開会社	募集	原則	取締役会の決議（199Ⅱ，201Ⅰ）	株主総会の特別決議（199Ⅱ，201Ⅰ，309Ⅱ⑤）	取締役会の決議（202Ⅲ③）
		例外	定款の定めにより株主総会の決議によることができる（295Ⅱ）	株主総会の特別決議により募集事項の決定を取締役会に委ねることができる（200Ⅰ，309Ⅱ⑤）	定款の定めにより株主総会の決議によることができる（295Ⅱ）
	割当て	原則	代表取締役等（204Ⅰ）		―
		例外	・譲渡制限株式を割り当てるときは，取締役会の決議（204Ⅱ本文）ただし，定款で別段の定めをすることができる（204Ⅱただし書） ・総株引受契約（205）のときは，代表取締役等		―
種類株主総会の決議		原則	譲渡制限株式を募集するとき必要（199Ⅳ，324Ⅱ②）		他の種類株主に損害を及ぼすおそれがあるとき必要（322Ⅰ④）
		例外	・種類株主総会の決議を不要とする定款の定めがある場合は不要（199Ⅳ） ・取締役会へ委任する場合には，委任についてのみ種類株主総会の決議が必要（200Ⅳ，324Ⅱ②）		定款で排除可能（322Ⅱ，Ⅲ）

02 自己株式の処分等

自己株式を処分することができる場合
引受人の募集（199Ⅰ）
株式の無償割当て（185）
新株予約権の行使（280）
取得請求権付株式（108Ⅰ⑤）の取得の対価
取得条項付株式（108Ⅰ⑥）の取得の対価
取得条項付新株予約権（236Ⅰ⑦）の取得の対価
全部取得条項付種類株式（108Ⅰ⑦）の取得の対価
吸収合併の対価（749Ⅰ②）
吸収分割の対価（758Ⅰ④）
株式交換の対価（768Ⅰ②）

第5編 新株予約権

正誤チェック　　　　　　　　　　　　　　　　　　　　　論点ランクA

〔No.32〕
新株予約権に関する次のアからオまでの各記述のうち，誤っているものを組み合わせたものは，後記1から5までのうちどれか。

ア．会社法上の公開会社においては，募集新株予約権の有利発行にあたる場合を除き，募集事項を，取締役会の決議により定めることができる。

イ．新株予約権の発行について瑕疵がある場合でも，募集株式発行における無効の訴えや，不存在確認の訴えによれば足り，新株予約権についての無効の訴えや不存在確認の訴えは，会社法上，明文は存在しない。

ウ．募集新株予約権については，割当日に申込者は新株予約権者となるのであり，払込期日における払込みにより，新株予約権者となるのではない。

エ．新株予約権の発行の際，権利内容として，その譲渡による取得につき会社の承認を要するものと定めた場合，会社が譲渡につき承認しない場合には，会社に当該新株予約権の買取り・指定買取人の指定を行う義務が生じる。

オ．会社が保有する自己新株予約権の処分は，自己株式の処分と異なり，募集の手続により行う必要はない。

1．アエ　　2．アオ　　3．イウ　　4．イエ　　5．ウオ

類題

プレ-43,
H21-40,
22-39,
23-41

| No.32 | 正解 | 4 | 誤っているものは，イ，エ | 新株予約権(1) |

★ア 正しい
公開会社においては，募集株式の発行と同様に（会社199条2項，201条1項参照），有利発行にあたる場合を除き，新株予約権の募集事項を取締役会の決議により定めることができる（238条2項，240条1項）。よって，本記述は正しい。

★イ 誤り
新株予約権の発行についても，募集株式の発行等の場合と同じく，新株予約権の発行の無効の訴え（828条1項4号）や，新株予約権の発行の不存在確認の訴えが存在する（829条3号）。よって，本記述は誤りである。

ウ 正しい
払込みは，権利行使のための条件であり（246条3項），申込者は払込みにより新株予約権者となるのではなく，割当日に新株予約権者となる（245条1項）。よって，本記述は正しい。

エ 誤り
譲渡制限新株予約権（236条1項6号）については，その発行趣旨から，新株予約権者に投下資本回収の必要性は乏しく，また，株主は，新株予約権を行使し，株主となった後で株式を譲渡することができるから（127条），株式会社には，新株予約権の買取り・指定買取人の指定を行う義務は生じない。よって，本記述は誤りである。

オ 正しい
新株予約権は，株式会社に対する一種の債権にすぎず，株式ではないので，株式会社による新株予約権の取得につき，自己株式の取得のような規制（155条）は設けられていないのと同様に，その処分に関しても自己株式のような制限（199条1項）はない（238条1項参照）。よって，本記述は正しい。

アドバイス

本問は，新株予約権に関する知識を問う問題である。いずれも基本的な知識を問うものであり，確実に正解しなければならない問題といえる。株式と新株予約権の違いに着目して知識を整理しておくとよい。

復習用文献

神田・会社149〜164頁。
江頭・会社721〜744頁。
試験対策講座・会社法7章2節。
条文シリーズ・会社法240条，245条，829条。

| 正誤チェック | | | | | 論点ランクA |

〔No.33〕
　新株予約権に関する次のアからオまでの各記述のうち，誤っているものを組み合わせたものは，後記1から5までのうちどれか。
　ア．募集新株予約権にかかる払込みについては，新株予約権の行使に際しての払込みと異なり，株式会社の承諾を得れば，新株予約権者は，払込みに代えて，払込金額に相当する金銭以外の財産を給付し，または当該株式会社に対する債権をもって相殺することができる。
　イ．新株予約権付社債に付された新株予約権のみであっても，譲渡することは原則的に認められている。
　ウ．株式会社の親会社の社員が新株予約権原簿の閲覧を請求した場合において，当該親会社の社員がその権利の確保または行使に関する調査以外の目的で請求を行ったときであっても，裁判所はその者が権利を行使するため必要があると判断したときは，閲覧の許可を与えることができる。
　エ．株式会社は，自己新株予約権を行使することができない。
　オ．新株予約権証券を喪失した場合には，公示催告手続によって新株予約権証券を無効とすることができる。

1．ア　エ　　2．ア　オ　　3．イ　ウ　　4．イ　エ　　5．ウ　オ

類題

プレ-43,
H21-40,
22-39,
23-41

| No.33 正解 | 3 | 誤っているものは，イ，ウ | 新株予約権(2) |

正答率 60　80

アドバイス

本問は，新株予約権に関する知識を問う問題である。いずれも基本的な条文知識を問うものであるため，確実に正解しなければならない。株式と新株予約権の異同を意識して知識を整理するとよいであろう。なお，新株予約権付社債に関しては簡単な表を本問の解説に掲載しておいたので，復習の際に活用してもらいたい。

復習用文献

神田・会社149〜164頁。
江頭・会社721〜744頁，760〜763頁。
試験対策講座・会社法7章2節。
条文シリーズ・会社法246条，252条，254条，280条。

ア 正しい　募集新株予約権にかかる払込みについては，会社法246条2項は，「新株予約権者は，株式会社の承諾を得て，同項の規定による払込みに代えて，払込金額に相当する金銭以外の財産を給付し，又は当該株式会社に対する債権をもって相殺することができる」としている。他方，募集新株予約権の行使に際しての払込みに関して，281条3項は，新株予約権者は，募集新株予約権の行使に際しての払込みまたは281条2項の規定による給付をする債務と株式会社に対する債権とを相殺することができないとしている。前者と後者で上記のような違いがあるのは，前者は，新株予約権にかかる払込みであり，出資として取り扱っておらず，単なる会社に対する債務の履行として取り扱っているのに対し，後者は，株式の払込みであり，物的会社たる株式会社の資本構成に関するものであるため，資本充実の原則の要請に基づく制約を受けざるをえないからである。よって，本記述は正しい。

イ 誤り　254条2項は，「新株予約権付社債に付された新株予約権のみを譲渡することはできない。ただし，当該新株予約権付社債についての社債が消滅したときは，この限りでない」としている。したがって，原則として，新株予約権付社債に付された新株予約権のみを譲渡することはできない。よって，本記述は誤りである。

ウ 誤り　株式会社の親会社社員は，その権利を行使するため必要があるときは，裁判所の許可を得て，当該株式会社の新株予約権原簿について閲覧等の請求をすることができる（252条4項）。ただし，親会社社員について252条3項各号の拒否事由があるときは，裁判所は，新株予約権原簿の閲覧等の許可をすることができない（252条5項）。よって，本記述は誤りである。

★エ 正しい　280条6項は，「株式会社は，自己新株予約権を行使することができない」としている。これは，自分で自分に出資することは資本の空洞化を招くうえ，自己株式の取得とは異なり，これを認める必要性は乏しいからである。よって，本記述は正しい。

オ 正しい　新株予約権証券を喪失した場合には，非訟事件手続法141条以下により，公示催告手続によって新株予約権証券を無効とすることができる。そして，新株予約権証券の場合，株券と違って喪失登録制度（会社221条以下）がないので，公示催告手続による必要がある。よって，本記述は正しい。
なお，新株予約権証券を喪失した者は，除権決定を得た後でなければ，その再発行を請求することができない。

新株予約権付社債

原　則	社債についての規定，新株予約権についての規定の双方が適用される
特別な規律（代表例）	・発行手続は募集新株予約権の発行手続による（248） ・社債のみや新株予約権のみの譲渡は原則としてできない 　ただし，一方が消滅した場合にもう一方のみを譲渡することは可能（254Ⅱ，Ⅲ）

第5編　新株予約権　★一問一答問題

01　新株予約権者は，その有する新株予約権に質権を設定することができるが，原則として新株予約権付社債に付された新株予約権のみに質権を設定することはできない。

02　無記名式の新株予約権証券が発行されている場合，証券所持人は，新株予約権原簿の名義書換えをしなければ，権利取得を株式会社に対抗することができない。

03　新株予約権が2以上の者の共有に属するときは，株式会社が当該権利を行使することに同意した場合を除き，当該新株予約権についての権利を行使する者1人を定め，その者の氏名または名称を株式会社に対して通知しなければ，当該新株予約権についての権利を行使することができない。

04　自己新株予約権の処分による証券発行新株予約権の譲渡は，当該証券発行新株予約権にかかる新株予約権証券を交付しなければ，その効力を生じない。

05　新株予約権の新株予約権者が取得することになる株式の数は，発行可能株式総数から自己株式以外の発行済株式の総数を控除して得た数を超えてはならない。

06　新株予約権付社債に付された新株予約権の新株予約権者が，新株予約権買取請求をするときは，当該新株予約権付社債に付された新株予約権について別段の定めがある場合を除き，あわせて，新株予約権付社債についての社債を買い取ることを請求しなければならない。

07　新株予約権付社債も社債の一種であるので，社債の募集に関する規定が適用される。

08　株式会社は，新株予約権を発行した日以後遅滞なく，新株予約権原簿を作成し，それを本店（株主名簿管理人がある場合にあっては，その営業所）に備え置かなければならない。

09　株主は，当然に，新株予約権の割当てを受ける権利を有する。

10　委員会設置会社でない株式会社において，新株予約権の内容として別段の定めがあれば，代表取締役の決定によって，譲渡制限新株予約権を譲渡することについての承認をすることができる。

第5編　新株予約権　★一問一答問題解答

01 ○　会社法267条1項は，「新株予約権者は，その有する新株予約権に質権を設定することができる」としているが，267条2項は，「前項の規定にかかわらず，新株予約権付社債に付された新株予約権のみに質権を設定することはできない。ただし，当該新株予約権付社債についての社債が消滅したときは，この限りでない」としている。

02 ×　記名式の新株予約権が発行されている場合，証券所持人は，新株予約権原簿の名義書換えをしなければ，権利取得を株式会社に対抗することができない（257条1項，2項）。もっとも，この規定は，無記名式の新株予約権証券については適用されない（257条3項）。

03 ○　新株予約権が2以上の者の共有に属するときは，共有者は，株式会社が当該権利を行使することに同意した場合を除き，当該新株予約権についての権利を行使する者1人を定め，株式会社に対し，その者の氏名または名称を通知しなければ，当該新株予約権についての権利を行使することができない（237条）。

04 ×　証券発行新株予約権の譲渡は，当該証券発行新株予約権にかかる新株予約権証券を交付しなければ，その効力を生じないのが原則である（255条1項本文）。ただし，この規定は，自己新株予約権の処分による証券発行新株予約権の譲渡については，適用されない（255条1項ただし書）。

05 ○　新株予約権の新株予約権者が取得することとなる株式の数は，発行可能株式総数から発行済株式（自己株式を除く）の総数を控除して得た数を超えてはならない（113条4項）。

06 ○　新株予約権付社債に付された新株予約権の新株予約権者が，新株予約権買取請求をするときは，当該新株予約権付社債に付された新株予約権について別段の定めがある場合を除き，あわせて，新株予約権付社債についての社債を買い取ることを請求しなければならない（118条2項）。

07 ×　新株予約権付社債についての社債を引き受ける者の募集については，社債の募集に関する規定は適用されない（248条）。

08 ○　株式会社は，新株予約権を発行した日以後遅滞なく，新株予約権原簿を作成しなくてはならない（249条1項）。また，株式会社は，新株予約権原簿をその本店（株主名簿管理人がある場合にあっては，その営業所）に備え置かなければならない（252条1項）。

09 ×　会社法は，「株式会社は，……株主に新株予約権の割当てを受ける権利を与えることができる」としている（241条1項柱書前段）。したがって，株主は，当然に，新株予約権の割当てを受ける権利を有するわけではない。

10 ×　譲渡制限新株予約権の新株予約権者は，その有する譲渡制限新株予約権を当該譲渡制限新株予約権を発行した株式会社以外の他人に譲り渡そうとするときは，当該株式会社に対し，当該他人が当該譲渡制限新株予約権を取得することについて承認をするか否かの決定をすることを請求することができる（262条）。そして，その決定は株主総会（取締役会設置会社にあっては，取締役会）の決議によらなければならないのが原則であるが（265条1項本文），新株予約権の内容として別段の定めがある場合には，このかぎりでない（265条1項ただし書）。しかし，新株予約権の内容として別段の定めをすることによっても，代表取締役など取締役会よりも下位の機関を決定機関と定めることはできないと考えられている。＊江頭・会社228頁，737頁。

第5編 まとめ図・表

01 新株予約権の募集手続の流れ（公開会社における総数引受契約によらない第三者割当ての場合）

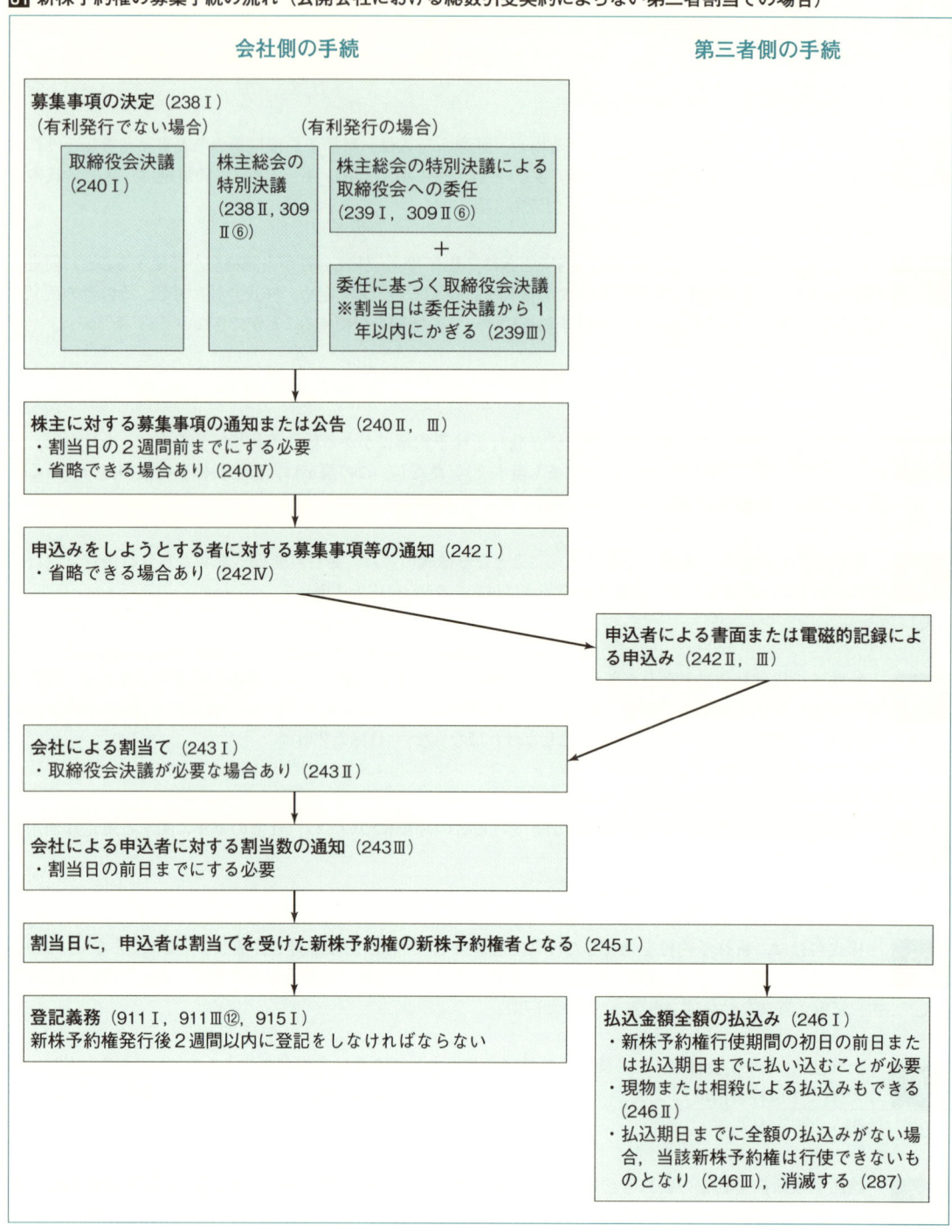

会社側の手続　　　　　　　　　　　　　　　　　　**第三者側の手続**

募集事項の決定（238Ⅰ）

（有利発行でない場合）　　　（有利発行の場合）

- 取締役会決議（240Ⅰ）
- 株主総会の特別決議（238Ⅱ, 309Ⅱ⑥）
- 株主総会の特別決議による取締役会への委任（239Ⅰ, 309Ⅱ⑥）
    ＋
    委任に基づく取締役会決議
    ※割当日は委任決議から1年以内にかぎる（239Ⅲ）

↓

株主に対する募集事項の通知または公告（240Ⅱ, Ⅲ）
- 割当日の2週間前までにする必要
- 省略できる場合あり（240Ⅳ）

↓

申込みをしようとする者に対する募集事項等の通知（242Ⅰ）
- 省略できる場合あり（242Ⅳ）

→ **申込者による書面または電磁的記録による申込み**（242Ⅱ, Ⅲ）

↓ ←

会社による割当て（243Ⅰ）
- 取締役会決議が必要な場合あり（243Ⅱ）

↓

会社による申込者に対する割当数の通知（243Ⅲ）
- 割当日の前日までにする必要

↓

割当日に，申込者は割当てを受けた新株予約権の新株予約権者となる（245Ⅰ）

↓　　　　　　　　　　　　　　　　　　　　　　↓

登記義務（911Ⅰ, 911Ⅲ⑫, 915Ⅰ）
新株予約権発行後2週間以内に登記をしなければならない

払込金額全額の払込み（246Ⅰ）
- 新株予約権行使期間の初日の前日または払込期日までに払い込むことが必要
- 現物または相殺による払込みもできる（246Ⅱ）
- 払込期日までに全額の払込みがない場合，当該新株予約権は行使できないものとなり（246Ⅲ），消滅する（287）

第6編 機関

正誤チェック　　　　　　　　　　　　　　　　　　　　　　論点ランクA

〔No.34〕
株式会社の機関設計に関する次の1から5までの各記述のうち，誤っているものはどれか。
1．株式会社は，会社の規模を問わず，定款で定めることにより委員会を設置することができるため，大会社でなくても，委員会を設置することができる。
2．委員会設置会社においては，業務執行担当機関として，執行役をおくことが義務づけられていることから，必ずしも取締役会をおく必要はない。
3．監査役会設置会社は，必ず取締役会をおかなければならない。
4．委員会設置会社を除く会計監査人設置会社は，必ず監査役をおかなければならない。
5．会計参与は，公開会社であるかどうかを問わず，会社が任意におくことができる。

類題

H19-41,
22-41

No.34 正解	2	株式会社の機関設計(1)

正答率 60　80

1 正しい
株式会社は，会社の規模に関係なく，また，公開会社であるか否かを問わず，定款の定めによって，委員会設置会社となることができる（会社326条2項）。よって，本記述は正しい。

★2 誤り
委員会設置会社においては，執行役をおくことが義務づけられている（402条1項）。もっとも，執行役は取締役会の決議により委任された会社の業務執行の決定および会社の業務執行を行い（418条），また，取締役会は主に執行役の監督機関としての役割を担うことから，委員会設置会社において取締役会の設置は必要的とされている（327条1項3号）。よって，本記述は誤りである。

★3 正しい
監査役会設置会社は，取締役会をおかなければならない（327条1項2号）。よって，本記述は正しい。

4 正しい
会計監査人設置会社（委員会設置会社を除く）は，監査役をおかなければならない（327条3項）。よって，本記述は正しい。

5 正しい
株式会社は，定款の定めによって，会計参与をおくことができ（326条2項），それは，公開会社であるかどうかを問わない。よって，本記述は正しい。

アドバイス

本問は株式会社の機関設計に関する知識を問う問題である。株式会社の機関設計については，基本的に会社法326条以下の数条しかないことから，条文をしっかりと把握することが大事である。また，当該条文の組合せが問題文ではいろいろな角度から問われるため，多くの問題にあたることで問われ方のパターンを把握することも重要であろう。

復習用文献

神田・会社165～170頁。
江頭・会社287～292頁。
試験対策講座・会社法8章1節。
条文シリーズ・会社法2編4章2節総説，326条，327条。

正誤チェック　　　　　　　　　　　　　　　　論点ランクA

〔No.35〕
株式会社の機関設計に関する次のアからオまでの各記述のうち，誤っているものを組み合わせたものは，後記1から5までのうちどれか。
　ア．すべての株式会社は，株主総会と取締役をおかなければならない。
　イ．取締役会設置会社は，公開会社でなければならない。
　ウ．委員会設置会社は，監査役をおいてはならない。
　エ．大会社は，必ず会計監査人をおかなければならない。
　オ．委員会設置会社を除く取締役会設置会社は，必ず監査役をおかなければならない。

1．アウ　　2．アオ　　3．イエ　　4．イオ　　5．ウエ

類題

H19-41,
22-41

| No.35 正解 | 4 | 誤っているものは，イ，オ | 株式会社の機関設計(2) |

正答率 60 80

★ア 正しい
株主総会とは，会社の構成員である株主が直接参加し，当該会社の基本的意思決定を行う機関であり，すべての株式会社には，この株主総会がおかれることになる（会社295条1項参照）。そして，それ以外の会社の運営・管理上の意思決定は，株主総会において選任された取締役に委ねられ，この取締役も，すべての株式会社におかれることになる（326条1項）。よって，本記述は正しい。

★イ 誤り
公開会社は，取締役会をおかなければならない（327条1項1号）。しかし，取締役会設置会社が公開会社でなければならないわけではない。よって，本記述は誤りである。

ウ 正しい
委員会設置会社は，監査役をおいてはならない（327条4項）。その代わりに，監査委員会がおかれることになる（404条2項）。よって，本記述は正しい。

エ 正しい
「大会社（公開会社でないもの及び委員会設置会社を除く。）は，監査役会及び会計監査人を置かなければならない」（328条1項）。また，「公開会社でない大会社は，会計監査人を置かなければならない」（328条2項）。さらに，「委員会設置会社は，会計監査人を置かなければならない」（327条5項）。すなわち，大会社は，必ず会計監査人をおかなければならない。よって，本記述は正しい。

オ 誤り
委員会設置会社を除く取締役会設置会社は，監査役をおかなければならない（327条2項本文）。ただし，「公開会社でない会計参与設置会社については，この限りでない」（327条2項ただし書）。よって，本記述は誤りである。

アドバイス

本問は，株式会社の機関設計に関する知識を問う問題である。機関設計に関する条文は会社法326条以下の数条が基本となるため，これらの条文をしっかりと把握しておけば十分である。その際は，図表を使う等して条文内容を把握したうえで，なぜその機関の設置が強制されるのか理由を考えながら頭に入れると，知識が定着しやすいであろう。

復習用文献

神田・会社165～170頁。
江頭・会社287～292頁。
試験対策講座・会社法8章1節。
条文シリーズ・会社法2編4章2節総説，326条，327条。

正誤チェック　　　　　　　　　　　　　　論点ランクA

〔No.36〕
　会社法上の公開会社と会社法上の公開会社でない株式会社の機関設計の比較に関する次の1から5までの各記述のうち，誤っているものを2個選びなさい。

1．会社法上の公開会社である大会社は，取締役会をおかなければならないが，公開会社でない大会社（委員会設置会社を除く）は，取締役会の設置は義務づけられていない。

2．会社法上の公開会社（委員会設置会社を除く）は，監査役の設置が義務づけられているが，公開会社でない株式会社（委員会設置会社を除く）が任意に取締役会を設置した場合には，監査役または会計参与をおかなければならない。

3．会社法上の公開会社である大会社は，会計監査人をおかなければならないが，公開会社でない大会社は，会計監査人をおくことを要しない。

4．公開会社でない株式会社（監査役会設置会社および会計監査人設置会社を除く）が，任意に監査役をおいた場合，定款で監査役の権限を会計監査権限に限定することができるが，会社法上の公開会社の場合にも同様に監査役の権限を会計監査権限に限定することができる。

5．会社法上の公開会社であるか否かを問わず，大会社でない株式会社は，監査役会および会計監査人の設置を義務づけられていない。

類題

H19-41,
22-41

| No.36 正解 | 3, 4 | 株式会社の機関設計(3) |

正答率 60　80

★1 正しい
公開会社および委員会設置会社は，その規模にかかわらず取締役会をおかなければならないが（会社327条1項1号，3号），非公開会社は，大会社であっても取締役会の設置は義務づけられていない。よって，本記述は正しい。

2 正しい
公開会社（委員会設置会社を除く）は，監査役の設置が義務づけられているが（327条1項1号，2項本文），非公開会社（委員会設置会社を除く）が任意に取締役会をおいた場合には，監査役または会計参与をおかなければならない（327条2項）。よって，本記述は正しい。

3 誤り
公開会社である大会社は，会計監査人をおかなければならないが（328条1項），非公開会社である大会社も会計監査人をおかなければならない（328条2項）。よって，本記述は誤りである。

4 誤り
非公開会社（監査役会設置会社および会計監査人設置会社を除く）は，その監査役の監査の範囲を会計に関するものに限定する旨を定款で定めることができる（389条1項）が，公開会社の場合には，このような監査役の監査の範囲を限定する規定はない。よって，本記述は誤りである。

5 正しい
大会社は，公開会社であれば監査役会および会計監査人の設置が義務づけられ（328条1項），非公開会社で会計監査人の設置が義務づけられているが（328条2項），大会社でない株式会社については，このような明文上の規定はなく，監査役会および会計監査人の設置は任意である。よって，本記述は正しい。

アドバイス

本問は，株式会社の機関設計に関して，公開会社と非公開会社の比較を問う問題である。基本的な条文知識を問うものであり，確実に正解したい問題である。間違えた場合には，もう一度条文にあたってもらいたい。

復習用文献

神田・会社165～170頁。
江頭・会社287～292頁。
試験対策講座・会社法8章1節。
条文シリーズ・会社法2編4章2節総説，327条，328条，389条。

正誤チェック　　　　　　　　　　　　　　　　　論点ランクA

〔No.37〕
株主総会に関する次の１から５までの各記述のうち，誤っているものはどれか。
1．株式会社においては，書面または電磁的方法による議決権行使が行われる場合を除き，株主の全員の承諾があれば，招集手続を省略することができる。
2．公開会社でない株式会社であっても，書面または電磁的方法により議決権行使が行われる場合には，株主総会の日の２週間前までに，株主に対して招集通知を発しなければならない。
3．株式会社において，取締役・執行役・取締役会その他の株主総会以外の機関が，株主総会の法定権限とされる事項を決定することができることを内容とする定款の定めは，無効である。
4．議決権を有する株主の数が1,000人以上いる株式会社においては，当該株式会社が金融商品取引法第２条第16項に規定する金融商品取引所に上場されている株式を発行している株式会社であって法務省令で定めるものである場合を除き，書面による議決権行使を株主に認めるべきことが強制されており，電磁的方法による議決権行使を株主に認めるべきことは強制されていない。
5．株式会社において，株主は，会社の実質的所有者であり，適切に株主総会の権限を行使する必要があることから，書面による議決権行使の定めがある場合か否かを問わず，株主総会の招集者は，招集の通知をするに際し，株主に対して，株主総会参考書類を交付しなければならない。

類題

プレ-42,
H18-43,
20-40,
21-41,
22-42,
23-42(予21),
24-41(予19)

No.37 正解 5　　株主総会(1)

正答率 60　80

1　正しい
株主総会は，株主の全員の同意があるときは，招集手続を省略することができるが（会社300条本文），書面または電磁的方法による議決権行使を認める場合には，株主全員の同意によっても，招集手続を省略することはできない（300条ただし書）。これは，書面または電磁的方法による投票を採用する場合には，株主に対して株主総会参考書類・議決権行使書面を交付しなければならないため（301条1項，302条1項），招集通知のみを省略できることを認めても特に利点はなく，一方で日時・議題が株主に通知される必要があるからである。よって，本記述は正しい。

★2　正しい
非公開会社であっても，書面または電磁的方法によって，議決権行使ができる旨を定めた場合には，株主総会参考書類の情報のみにより議決権を行使する株主に十分な考慮期間を与える必要があることから，2週間前の通知が必要とされている（299条1項括弧書）。よって，本記述は正しい。

3　正しい
重要事項として株主総会の法定権限とされたものは，株主総会の権限に専属させられたものであるから，取締役・執行役・取締役会その他の株主総会以外の機関が，株主総会の専属事項を決定できるとする定款の定めは無効である（295条3項）。よって，本記述は正しい。

4　正しい
議決権を有する株主の数が1,000人以上いる株式会社においては，当該株式会社が金融商品取引法2条16項に規定する金融商品取引所に上場されている株式を発行している株式会社であって法務省令で定めるものである場合を除き（会社298条2項ただし書），書面による議決権の行使を株主に認めるべきことが法律上強制されている（298条2項本文）。しかし，電磁的方法による議決権行使を株主に認めるべきことは，法律上強制されていない。よって，本記述は正しい。

★5　誤り
書面による議決権行使の定めがある場合には（298条1項3号），株主自身またはその代理人が株主総会に出席する場合と異なって，議事を通じ，議案への賛否の判断材料を得られないことから，株主総会参考書類を，株主に対して交付しなければならない（301条1項，325条，会社施規65条1項，73条以下）。もっとも，書面による議決権行使の定めがない場合は，株主総会参考書類の交付は義務づけられていない。よって，本記述は誤りである。

アドバイス

本問は，株主総会の招集に関する知識を中心に問う問題である。4の後半についてはやや細かい知識かもしれないが，その他の記述については正誤の判断が容易にできると思われるので，正解を導くことができるであろう。なお，招集手続に関してまとめた表を本問の解説に掲載したので，復習の際に活用し，知識を整理しておいてもらいたい。

復習用文献

神田・会社170〜183頁。
江頭・会社301〜309頁。
試験対策講座・会社法8章2章。
条文シリーズ・会社法295条，298条，299条，300条，301条，302条。

招集手続の比較

	書面投票制度・電子投票制度		招集通知期間	通知を書面で行うことの要否（株主の承諾があれば，書面による通知に代えて電磁的方法による通知も可）
公開会社	採用		株主総会の日の2週間前まで（299Ⅰ）	必要（299Ⅱ①②，Ⅲ）
公開会社	不採用		株主総会の日の2週間前まで（299Ⅰ）	必要（299Ⅱ①②，Ⅲ）
非公開会社	採用			必要（299Ⅱ①②，Ⅲ）
非公開会社	不採用	取締役会設置会社	株主総会の日の1週間前まで（299Ⅰ括弧書）	不要
非公開会社	不採用	非取締役会設置会社	株主総会の日の1週間前まで。ただし，定款で短縮できる（299Ⅰ括弧書）	不要

正誤チェック　　　　　　　　　　　　　　　　　論点ランクA

〔No.38〕
　株主総会に関する次のアからオまでの各記述のうち，正しいものを組み合わせたものは，後記1から5までのうちどれか。
　ア．株主総会を招集する場合，取締役会設置会社か否かを問わず，会議の目的事項を定める必要がある。
　イ．株式会社は，株主が他人のために株式を有する者でないときであっても，当該株主が株主総会において議決権を統一しないで行使することを拒むことができない。
　ウ．株式会社は，株主総会の招集手続と決議方法を調査させるため，株主総会に先立ち，あらかじめ検査役の選任を裁判所に請求することができる。
　エ．委員会設置会社でない株式会社における取締役選任決議の瑕疵が争われている株主総会決議取消しの訴えにおいて，株主が原告となる場合，被告である株式会社を代表する者は，代表取締役である。
　オ．取締役，会計参与，監査役および執行役が，株主総会において，株主から特定の事項について説明を求められた場合は，その説明をすることにより株主の共同の利益を著しく害する場合その他正当な理由がある場合として法務省令で定める場合にかぎり，説明を拒絶することができる。

1．ア　エ　　2．ア　オ　　3．イ　ウ　　4．イ　オ　　5．ウ　エ

類題

プレ-42,
H18-43,
20-40,
21-41,
22-42,
23-42(予21),
24-41(予41)

| No.38 正解 | 5 | 正しいものは，ウ，エ | 株主総会(2) | 正答率 60　80 |

ア 誤り　取締役会設置会社の株主総会においては，招集者が決定した会議の目的事項以外の事項につき決議することができないので（会社309条5項本文，298条1項2号），当該事項を必ず決定する必要がある（298条3項参照）。これに対して，非取締役会設置会社の株主総会においては，招集者が決定した会議の目的事項以外の事項を決議することができるので（309条5項参照），会議の目的事項を定めない招集も可能である。よって，本記述は誤りである。

イ 誤り　株主は，その有する議決権を統一しないで行使することができる（313条1項）。もっとも，株式会社は，当該株主が他人のために株式を有する者でないときは，その議決権の不統一行使を拒むことができる（313条3項）。これは，投票集計の煩雑さなどの会社の事務処理上の都合，および不真面目な議決権行使を防止するためである。よって，本記述は誤りである。

ウ 正しい　株式会社は，株主総会にかかる招集の手続および決議の方法を調査させるため，当該株主総会に先立ち，裁判所に対し，検査役の選任の申立てをすることができる（306条1項）。これは，経営に関する争いがあり総会の混乱が予想される場合に，招集手続や決議方法の公正さを検査役に調査させ，決議の成否についての証拠を保全するためのものである。よって，本記述は正しい。

★エ 正しい　取締役選任決議の瑕疵が争われている株主総会決議取消しの訴えにおいて，原告が株主である場合には，被告である株式会社を代表する者は代表取締役である（349条1項，4項）。よって，本記述は正しい。

★オ 誤り　取締役，会計参与，監査役および執行役は，株主総会において，株主から特定の事項について説明を求められた場合には，当該事項について必要な説明をしなければならない（314条本文）。もっとも，①当該事項が会議の目的たる事項に関しないものである場合，②説明をすることにより株主の共同の利益を著しく害する場合，③その他正当な理由がある場合として法務省令（会社施規71条）に定める場合は，説明を拒絶することができる（会社314条ただし書）。したがって，①の場合も説明を拒絶することができる。よって，本記述は誤りである。

アドバイス

本問は株主総会に関する知識を問う問題である。聞かれている知識はいずれも基本的なものであるため，確実に正解しなければならない問題といえよう。また，条文がでてきた際には，会社法のみならず法務省令等の下位法令についても一度は必ず目をとおしてもらいたい。

復習用文献

神田・会社170～188頁。
江頭・会社295～299頁，319～320頁，334～336頁。
試験対策講座・会社法8章2節。
条文シリーズ・会社法298条，306条，313条，314条，349条。

正誤チェック　　　　　　　　　　　　　　　　論点ランクB

〔No.39〕
　種類株主総会の権限等に関する次のアからオまでの各記述のうち，誤っているものを組み合わせたものは，後記1から5までのうちどれか。

ア．種類株主総会の普通決議は，定款に別段の定めがある場合を除き，その種類の株式の総株主の議決権の過半数を有する株主が出席し，出席した当該株主の議決権の過半数をもって行う。
イ．ある種類株式の内容として，株主総会において決議すべき事項について，当該決議のほか，当該種類株式の種類株主を構成員とする種類株主総会決議を必要とする旨の定款の定めを設けることにより，いわゆる拒否権付種類株式を発行することができる。
ウ．種類株主総会は，法令に規定する事項にかぎり，決議をすることができる。
エ．種類株式発行会社において，株主に株式の割当てを受ける権利を与える募集株式の募集により，種類株主に損害を与えるおそれがあるときは，その種類株主総会の普通決議を経ることを要する。
オ．種類株式発行会社は，ある種類の株式の内容として，合併により種類株主に損害を及ぼすおそれがある場合であっても，当該合併についての種類株主総会の決議を要しない旨を定款で定めることができる。

1．アイ　　2．アオ　　3．イエ　　4．ウエ　　5．ウオ

類題
な　し

| No.39 | 正解 | 4 | 誤っているものは，ウ，エ | 種類株主総会の権限等 |

★ア 正しい
種類株主総会の決議要件は，株主総会の決議と同様に，普通決議，特別決議，および特殊決議に分けられる。普通決議は，定款に別段の定めがある場合を除き，その種類の株式の総株主の議決権の過半数を有する株主が出席し，出席した当該株主の議決権の過半数をもって行うものとされる（会社324条1項）。よって，本記述は正しい。

★イ 正しい
種類株式発行会社において，ある種類の株式の内容として，株主総会において決議すべき事項について，株主総会決議のほか，当該種類株式の種類株主を構成員とする種類株主総会の決議があることを必要とする旨の定めがあるとき（108条1項8号）は，当該事項は，その定款の定めに従い，当該株主総会決議に加えて，当該種類株主総会決議がなければ，その効力を生じない（323条本文）。これにより，当該事項について当該種類株式の種類株主に拒否権が付与されるという効果が生じる。よって，本記述は正しい。

ウ 誤り
種類株主総会は，法令に規定する事項および定款で定めた事項にかぎり，決議をすることができる（321条）。よって，本記述は誤りである。

エ 誤り
種類株式発行会社が株主に株式の割当てを受ける権利を与える場合の募集株式の募集により，ある種類の株式の種類株主に損害を及ぼすおそれがあるときは，その種類の株式の種類株主を構成員とする種類株主総会の特別決議が必要である（324条2項4号，322条1項4号，202条1項各号）。これは，種類株主に損害を及ぼすおそれがある場合に，種類株主を保護するため，種類株主総会の決議を要する事項を明確化し，種類株式制度をより利用しやすくする趣旨である。よって，本記述は誤りである。

オ 正しい
種類株式発行会社は，ある種類の株式の内容として，合併により種類株主に損害を及ぼすおそれがある場合であっても，当該合併についての種類株主総会の決議を要しない旨を定款で定めることができる（322条2項，1項7号）。よって，本記述は正しい。

アドバイス

本問は，種類株主総会の権限等について問う問題である。なかなか手の回らない分野であろうが，細かい条文のすべてを暗記していなければ正解を導けないというわけではない。たとえば，ア，ウは株主総会決議に関する知識を応用することで，エは種類株主の保護という条文の趣旨より普通決議では足りないと考えることで，正誤の判断が可能である。このように，既存の知識を活用して正解を導く訓練も重要である。

復習用文献

神田・会社73〜76頁。
江頭・会社300頁。
試験対策講座・会社法5章2節①【3】。
条文シリーズ・会社法321条，322条，323条，324条。

| 正誤チェック | | | | | 論点ランクA |

〔No.40〕
株主の提案権に関する次の１から５までの各記述のうち，誤っているものはどれか。
1．株主は，その有する議決権の数にかかわらず，原則として，株主総会において，当該株主が議決権を行使することができる株主総会の目的事項につき，議案を提出することができる。
2．公開会社においては，総株主の議決権の100分の１以上または300個以上の議決権を６か月前から引き続き有する株主は，定款による別段の定めがないかぎり，取締役に対し，株主総会の日の８週間前までに，一定の事項を当該株主総会の目的とするよう請求することができる。
3．公開会社でない株式会社において，総株主の議決権の100分の３以上の議決権を有する株主は，定款に別段の定めがないかぎり，取締役に対し，株主総会の目的である事項および招集の理由を示して，株主総会の招集を請求することができ，その請求後に，会社が遅滞なく株主総会の招集手続を行わない場合には，当該請求株主は，ただちに，みずから株主総会を招集することができる。
4．株主が総会期日において議案を提出したのに，それが無視された場合には，当該株主総会は，株主総会決議取消しの訴えの対象となりうる。
5．議題提案権とは，一定の事項を，株式会社が招集する株主総会の会議の目的とすべきことを請求する権利をいう。

類題

プレ-47,
H20-40,
23-42(予21)

| No.40 | 正解 | 3 | 株主の提案権 |

正答率 60　80

| ★1 正しい | 株主総会の会場における株主の議案提出権は，少数株主権でなく単独株主権である（会社304条）。したがって，株主は，その有する議決権の数にかかわらず，原則として，株主総会において，当該株主が議決権を行使することができる株主総会の目的事項につき，議案を提出することができる。よって，本記述は正しい。 |

| 2 正しい | 公開会社は，取締役会をおかなければならない（327条1項1号）。そして，取締役会設置会社においては，総株主の議決権の100分の1（これを下回る割合を定款で定めた場合にあっては，その割合）以上の議決権または300個（これを下回る数を定款で定めた場合にあっては，その個数）以上の議決権を6か月（これを下回る期間を定款で定めた場合にあっては，その期間）前から引き続き有する株主にかぎり，取締役に対し，一定の事項を株主総会の目的とすることを請求することができ，この場合において，その請求は，株主総会の日の8週間（これを下回る期間を定款で定めた場合にあっては，その期間）前までにしなければならない（303条2項）。よって，本記述は正しい。 |

| 3 誤り | 非公開会社において，総株主の議決権の100分の3以上の議決権を有する株主は，定款に別段の定めがないかぎり，取締役に対し，株主総会の目的である事項および招集の理由を示して，株主総会の招集を請求することができ（297条1項，2項），その請求後に遅滞なく株式会社が株主総会を招集しない場合には，当該株主は，裁判所の許可を得て，みずから株主総会を招集することができるが（297条4項1号），許可を得ないままただちに招集できるわけではない。よって，本記述は誤りである。 |

| 4 正しい | 株主が総会期日において議案を提出したのに，それが無視された場合，株主総会の決議の方法が著しく不公正であるものとして，当該株主総会は，株主総会決議取消しの訴えの対象となりうる（831条1項1号）。よって，本記述は正しい。 |

| ★5 正しい | 議題提案権（303条1項）とは，一定の事項を，株式会社が招集する株主総会の会議の目的とすべきことを請求する権利をいい，議題の例としては，「取締役選任の件」という案があげられる。よって，本記述は正しい。
なお，議案提案権とは，議題に対する具体案を提案する権利をいい，議案の例としては，「甲を取締役の候補者とする」という案があげられる。 |

アドバイス

本問は，株主総会における株主の提案権に関する知識を問う問題である。丸暗記をするのは大変であるため，議題と議案の違い等を把握したうえで，本問の解説に掲載した表を参考に知識の整理をしてもらいたい。

復習用文献

神田・会173～174頁。
江頭・会社309～313頁。
試験対策講座・会社法8章2節③【4】。
条文シリーズ・会社法297条，303条，304条，831条。

議題提案権・議案提出権

		持株要件	行使方法の制限
議題提案権 (303 I)	取締役会設置会社	少数株主のみ(303Ⅱ)	株主総会の日の8週間前までに行使(303Ⅱ後段)。ただし，定款で短縮可(303Ⅱ後段括弧書)
	非取締役会設置会社	制限なし	制限なし
議案の要領の記載請求 (305 I 本文)	取締役会設置会社	少数株主のみ(305 I ただし書)	議案が法令・定款に違反する場合や同一の議案が10分の1以上の賛成を得られなかった総会から3年を経ていない場合は行使できない(304ただし書，305Ⅳ)
	非取締役会設置会社	制限なし	
株主総会での議案提出権(304本文)		制限なし	

正誤チェック　　　　　　　　　　　　　　　　　　　論点ランクAA

〔No.41〕
株主総会決議の不存在または無効の確認の訴えに関する次のアからオまでの各記述のうち，誤っているものを組み合わせたものは，後記1から5までのうちどれか。

ア．株主総会決議の無効の確認の訴えは，株主総会決議の日から3か月以内に提起しなければならない。

イ．株主総会決議の無効事由は，決議の内容が法令に違反する場合にかぎられる。

ウ．判例によれば，新株発行に関する株主総会決議に無効事由があれば，その決議に基づき新株が発行された場合であったとしても，新株発行に関する株主総会決議の無効の確認の訴えを提起することができる。

エ．判例によれば，取締役選任の株主総会決議が不存在の場合において，当該取締役によって構成される取締役会は正当な取締役会とはいえず，かつ，その取締役会の決議で選任された代表取締役も正当に選任されたものではなく，株主総会の招集権限を有しないから，このような取締役会の招集決定に基づき代表取締役が招集した株主総会の決議は，全員出席総会である等の特段の事情のないかぎり，法律上不存在である。

オ．株主総会決議の無効の確認の訴えが提起された場合において，株式会社が，裁判所に対して，担保提供命令の申立てをするには，原告たる株主の訴えの提起が悪意によるものであることを疎明しなければならない。

1．アイ　　2．アウ　　3．イオ　　4．ウエ　　5．エオ

類題

プレ-46,
H18-49,
18-50,
19-48,
21-49,
23-50（予26）

No.41 正解 2　誤っているものは，ア，ウ　　株主総会決議の瑕疵(1)

正答率 60　80

ア 誤り
株主総会決議の無効の確認の訴えは，無効の確認を求める正当な利益があるかぎり，だれでも，いつでも，提起することができる（会社830条2項参照）。よって，本記述は誤りである。
なお，株主総会決議の取消しの訴えは，株主総会の決議の日から3か月以内に提起しなければならない（831条1項柱書前段）。

イ 正しい
株主総会決議については，「決議の内容が法令に違反することを理由として，決議が無効であることの確認を，訴えをもって請求することができる」（830条2項）。よって，本記述は正しい。

ウ 誤り
判例（最判昭和40年6月29日）は，新株発行に関する株主総会決議に無効事由があった事例において，「新株がすでに発行された後は，新株発行無効の訴を提起しないかぎり当該新株の発行を無効とするに由なく，新株発行に関する決議無効確認の訴はもはや確認の利益を欠き提起できない」としている。よって，本記述は誤りである。

エ 正しい
判例（最判平成2年4月17日〔判例シリーズ47事件〕）は，「取締役を選任する旨の株主総会の決議が存在するものとはいえない場合においては，当該取締役によって構成される取締役会は正当な取締役会とはいえず，かつ，その取締役会で選任された代表取締役も正当に選任されたものではなく……，株主総会の招集権限を有しないから，このような取締役会の招集決定に基づき，このような代表取締役が招集した株主総会において新たに取締役を選任する旨の決議がされたとしても，その決議は，いわゆる全員出席総会においてされたなど特段の事情がない限り……，法律上存在しないものといわざるを得ない」としている。よって，本記述は正しい。

オ 正しい
株主総会決議の無効の確認の訴えについては，裁判所は，被告たる株式会社（834条16号）の申立てにより，当該訴えを提起した株主（当該株主が取締役，監査役，執行役もしくは清算人であるときを除く）に対し，相当の担保を立てるべきことを命ずることができる（836条1項）。そして，この申立てをするには，被告は，原告の訴えの提起が悪意によるものであることを疎明しなければならない（836条3項）。よって，本記述は正しい。

アドバイス

本問は，株主総会決議の効力を争う訴えに関する知識を問う問題である。どの記述も基本的な知識を問うものであるため，確実に正解したい問題である。株主総会決議の効力を争う訴えに関しては，論文式試験との関係でも重要な事項であるため，各種訴えにつき，本問の解説に掲載した表等を参考にして，知識を整理しておく必要がある。

復習用文献

神田・会社183〜188頁。
江頭・会社343〜355頁。
試験対策講座・会社法8章2節⑥。
判例シリーズ47事件。
条文シリーズ・会社法830条，836条。

各種訴えの比較

	決議取消しの訴え（831）	決議不存在確認の訴え（830Ⅰ）	決議無効確認の訴え（830Ⅱ）
性質	形成の訴え	確認の訴え＝無効・不存在は訴えによらずとも主張できる	
取消し・無効事由	・招集手続もしくは決議方法の法令・定款違反，または著しい不公正（831Ⅰ①） ・決議内容の定款違反（831Ⅰ②） ・特別利害関係人が議決権使した結果著しく不当な決議がされたとき（831Ⅰ③）	・事実上の不存在 ・手続的瑕疵が著しく重大で，法律上は総会決議が存在すると認められないような場合　など	決議内容の法令違反（830Ⅱ）
提訴権者	株主等（831Ⅰ柱書前段）	制限なし	
提訴期間	株主総会等の決議の日から3か月以内（831Ⅰ柱書）	制限なし	
判決の対世効	認容判決につき対世効あり（838）		
遡及効	遡及効あり（839反対解釈〔839括弧書は834⑯，⑰を除外している〕）		

正誤チェック　論点ランクAA

〔No.42〕
　株主総会決議の取消しの訴えに関する次のアからオまでの各記述のうち，誤っているものを組み合わせたものは，後記1から5までのうちどれか。

ア．株主総会決議に取消事由がある場合であっても，取消事由が株主総会の決議内容の定款違反であるときで，裁判所は，その違反する事実が重要でなく，かつ，決議の結果に影響を及ぼさないものであると認めるときは，決議取消しの訴えを棄却することができる。

イ．株主は，自己に対する株主総会招集手続に瑕疵がなくとも，他の株主に対する招集手続に瑕疵がある場合には，決議取消しの訴えを提起しうる。

ウ．株主総会決議の取消しの訴えは，株主総会決議の日から3か月以内に提起する必要がある。

エ．株主総会決議の取消しの訴えを棄却する判決が確定すると，その判決の効力は第三者にも及ぶ。

オ．役員選任の株主総会決議の取消しの訴えの係属中，その決議に基づいて選任された取締役ら役員がすべて任期満了により退任し，その後の株主総会決議によって取締役ら役員が新たに選任され，その結果，取消しを求める選任決議に基づく取締役ら役員がもはや現存しなくなったときは，特別の事情のないかぎり，訴えの利益を欠く。

1．アウ　　2．アエ　　3．イエ　　4．イオ　　5．ウオ

類題
プレ-46,
H18-49,
18-50,
19-48,
21-49,
23-50（予26）

No.42 正解 2　誤っているものは，ア，エ　　株主総会決議の瑕疵(2)

正答率　60　80

| ア 誤り | 株主総会決議に取消事由がある場合であっても，取消事由が招集手続または決議方法の法令違反・定款違反（会社831条1項1号前段）であるときで，裁判所は，その違反する事実が重要でなく，かつ，決議の結果に影響を及ぼさないものであると認めるときは，決議の取消しの訴えを棄却することができる（831条2項）。もっとも，取消事由が株主総会の決議内容の定款違反であるとき（831条1項2号）には，裁判所は，決議取消しの訴えを棄却することができない。よって，本記述は誤りである。 |

| ★イ 正しい | 判例（最判昭和42年9月28日〔判例シリーズ41事件〕）は，「株主は自己に対する株主総会招集手続に瑕疵がなくとも，他の株主に対する招集手続に瑕疵のある場合には，決議取消の訴を提起し得る」としている。よって，本記述は正しい。 |

| ★ウ 正しい | 株主総会決議の取消しの訴えは，株主総会の決議の日から3か月以内に提起しなければならない（831条1項柱書前段）。よって，本記述は正しい。 |

| エ 誤り | 株主総会決議を取り消す判決が確定すると，その判決の効力は，第三者にも及ぶ（838条）。もっとも，株主総会決議の取消しの訴えを棄却する判決が確定しても，その効力は第三者には及ばない。よって，本記述は誤りである。 |

| オ 正しい | 判例（最判昭和45年4月2日〔判例シリーズ43事件〕）は，「役員選任の総会決議取消の訴が係属中，その決議に基づいて選任された取締役ら役員がすべて任期満了により退任し，その後の株主総会の決議によって取締役ら役員が新たに選任され，その結果，取消を求める選任決議に基づく取締役ら役員がもはや現存しなくなったときは，……特別の事情のないかぎり，決議取消の訴は実益なきに帰し，訴の利益を欠くに至る」としている。よって，本記述は正しい。 |

アドバイス

本問は，株主総会決議の取消しの訴えに関する知識を問う問題である。いずれも基本的な条文・判例知識を問うものであり，確実に正解しなければならない。論文式試験との関係でも重要な事項であるため，本書No.41解説に掲載した表を活用するなどして知識の整理を図ってもらいたい。

復習用文献

神田・会社183～188頁。
江頭・会社343～352頁。
試験対策講座・会社法8章2節⑥。
判例シリーズ41事件，43事件。
条文シリーズ・会社法831条，838条。

正誤チェック　　　　　　　　　　　　　　　　　論点ランクAA

〔No.43〕
　株主総会決議の瑕疵に関する次のアからオまでの各記述のうち，誤っているものを組み合わせたものは，後記1から5までのうちどれか。

ア．取締役会の開催にあたり，取締役の一部の者に対する招集通知を欠いた場合は，特段の事情がないかぎり当該取締役会の決議は無効であり，他方，株主総会の開催にあたり，株主の一部の者に対する招集通知を欠いた場合は，当該株主総会決議の取消事由となる。

イ．株主総会決議の無効確認訴訟において決議無効原因として主張された瑕疵が決議取消原因に該当しており，しかも決議取消訴訟の原告適格，出訴期間等の要件をみたしているときは，たとえ決議取消しの主張が出訴期間経過後になされても，出訴期間を遵守したものとして扱われる。

ウ．取締役会決議について特別の利害関係を有する取締役は，当該取締役会の議決に加わることができないが，株主総会決議について特別の利害関係を有する者も，当該株主総会の議決に加わることができない。

エ．株主総会決議の取消しの訴えを出訴期間経過前に提起していれば，その後出訴期間が経過したとしても，新たな取消事由を追加主張することは許される。

オ．株主総会決議がその成立要件を欠いた場合でも，その決議の内容が商業登記簿に登記されているときは，その効力のないことの確定を求める訴えは適法である。

1．アイ　　2．アオ　　3．イウ　　4．ウエ　　5．エオ

類題

プレ-46,
H18-49,
18-50,
19-48,
21-49,
23-50（予26）

| No.43 | 正解 4 | 誤っているものは、ウ、エ | 株主総会決議の瑕疵(3) |

正答率 60　80

ア 正しい　判例（最判昭和44年12月2日〔判例シリーズ70事件〕）は、「取締役会の開催にあたり、取締役の一部の者に対する招集通知を欠くことにより、その招集手続に瑕疵があるときは、特段の事情のないかぎり、右瑕疵のある招集手続に基づいて開かれた取締役会の決議は無効になると解すべきであるが、この場合においても、その取締役が出席してもなお決議の結果に影響がないと認めるべき特段の事情があるときは、右の瑕疵は決議の効力に影響がないものとして、決議は有効になる」としている。他方、株主総会の開催にあたり、株主の一部の者に対する招集通知を欠いた場合には、招集の手続の法令違反として決議の取消事由となる（会社831条1項1号、299条1項）。よって、本記述は正しい。
なお、株主総会の招集通知漏れが著しい場合に、株主総会決議が不存在であるとした判例（最判昭和33年10月3日）がある。

イ 正しい　判例（最判昭和54年11月16日〔判例シリーズ48事件〕）は、「株主総会決議の無効確認を求める訴において決議無効原因として主張された瑕疵が決議取消原因に該当しており、しかも、決議取消訴訟の原告適格、出訴期間等の要件をみたしているときは、たとえ決議取消の主張が出訴期間経過後になされたとしても、なお決議無効確認訴訟提起時から提起されていたものと同様に扱うのを相当とし、本件取消訴訟は出訴期間遵守の点において欠けるところはない」としている。よって、本記述は正しい。

★ウ 誤り　取締役会決議について特別の利害関係を有する取締役は、当該取締役会の議決に加わることができない（369条2項）。もっとも、株主総会決議においては、特別の利害関係を有する者が議決権を行使したことによって、著しく不当な決議がなされた場合に決議の取消事由となるにすぎない（831条1項3号）。よって、本記述は誤りである。

★エ 誤り　判例（最判昭和51年12月24日〔判例シリーズ42事件〕）は、株主総会決議の取消しの訴えを提起した後、改正前商法248条1項（会社法831条1項柱書前段）所定の期間経過後に新たな取消事由を追加主張することは許されないとしている。よって、本記述は誤りである。

オ 正しい　判例（最判昭和45年7月9日）は、「株主総会の決議がその成立要件を欠いた場合でも、その決議の内容が商業登記簿に登記されているときは、その効力のないことの確定を求める訴が適法である」としている。よって、本記述は正しい。

アドバイス

本問は、株主総会決議および取締役会決議の瑕疵について問う問題である。いずれも基本的な条文や判例の知識を問うものであるため確実に正解しなければならない問題である。間違えた場合にはしっかりと復習してもらいたい。

復習用文献

神田・会社183～188頁。
江頭・会社343～355頁。
試験対策講座・会社法8章2節⑥。
判例シリーズ42事件、48事件、70事件。
条文シリーズ・会社法369条、831条。

正誤チェック 　　　　　　　　　　　　　　　　　　　　　　　**論点ランクA**

〔No.44〕
　甲株式会社は，監査役会設置会社でない公開会社である。甲株式会社には，AおよびB1からB5までの6名の取締役，C1からC4までの4名の監査役，会計監査人Dがおかれ，代表取締役にはAが選定されている。甲株式会社に関する次のアからオまでの各記述のうち，正しいものを組み合わせたものは，後記1から5までのうちどれか。

ア．Aが監査役の選任に関する議案を株主総会に提出するには，少なくともC1からC4までのうち3名の同意が必要である。

イ．甲株式会社は，定款の定めにより，種類株主総会における取締役の選任について内容の異なる種類株式を発行することができる。

ウ．AがDの解任に関する議案を株主総会に提出するには，C1からC4全員の同意を必要とする。

エ．C1からC4の任期は，選任後4年以内に終了する事業年度のうち最終のものに関する定時株主総会の終結の時までであり，定款の定めまたは株主総会の決議をもってしてもこれを短縮することはできない。

オ．判例によれば，取締役会がAを代表取締役から解職する旨の決議をなした場合，当該決議によってAの代表権は当然には消滅せず，Aに対する告知によってはじめて解職の効果が生じる。

1．アイ　　2．アエ　　3．イオ　　4．ウエ　　5．ウオ

類題

H19-44,
20-41,
23-46（予23）

| No.44 正解 | 2 | 正しいものは、ア、エ | 役員等の選任および解任(1) |

ア 正しい　取締役が監査役の選任に関する議案を株主総会に提出するには、監査役（監査役が2人以上ある場合にあってはその過半数、監査役会設置会社である場合にあっては監査役会）の同意を得なければならない（会社343条1項、3項）。これは、監査役の選任に関する議案に監査役等の同意を要求することで、監査役の地位を強化するためである。したがって、Aが監査役の選任に関する議案を株主総会に提出するには、少なくともC1からC4のうち3名の同意が必要である。よって、本記述は正しい。
＊弥永・会社194頁。

★イ 誤り　公開会社および委員会設置会社においては、種類株主総会において取締役を選任する旨の定めがある種類株式を発行することはできない（108条1項柱書ただし書）。したがって、公開会社である甲株式会社では、定款の定めにより、種類株主総会において取締役の選任について、内容の異なる種類株式を発行することができない。よって、本記述は誤りである。＊前田・会社111〜112頁。

ウ 誤り　取締役が、会計監査人の選任議案を株主総会に提出するには、監査役（監査役が2人以上ある場合にあっては、その過半数、監査役会設置会社である場合にあっては監査役会）の同意を得なければならない（344条1項1号、3項）。また、取締役が、会計監査人の解任を株主総会の目的とする場合も、同様である（344条1項2号、3項）。これらは、会計監査人の独立性を確保させるとともに、会計監査人の選任および解任に監査役の意思を反映させるために設けられたものである。したがって、会計監査人であるDを解任するには、C1からC4全員の同意は必要ない。よって、本記述は誤りである。＊前田・会社520頁、522頁。

★エ 正しい　監査役の任期は、選任後4年以内に終了する事業年度のうち最終のものに関する定時株主総会の終結の時までである（336条1項）。そして、取締役や会計参与の任期と異なり、定款の定めまたは株主総会の決議によってもこれを短縮することはできない（332条1項ただし書、334条1項参照）。これは、監査役の任務は、その性質上、安定した立場にあることを前提とするからである。よって、本記述は正しい。なお、補欠監査役の任期に関し、定款により、退任した監査役の任期満了時までと定めることができる（336条3項）。＊前田・会社493〜495頁。

オ 誤り　判例（最判昭和41年12月20日）は、「株式会社における取締役会の代表取締役解任の決議は、代表取締役の会社代表機関たる地位を剥奪するものであって、右決議によって右機関たる地位が失われることの効果として、被上告会社を代表する権限も当然消滅するものと解するのを相当とし、所論告知をまってはじめて解任の効果が生ずると解すべきではない」としている。決議により代表権をただちに消滅させる理由は、代表取締役の所在不明等の場合に迅速な対応を可能にするためである。したがって、Aの代表権は、取締役会がAを代表取締役から解職する旨の決議をなした時に消滅する。よって、本記述は誤りである。＊神田・会社204頁。江頭・会社372頁。

正答率 60　80

アドバイス

本問は、役員等の選任および解任に関する知識を問う問題である。役員等の地位や性格によりそれぞれ異同があるため、第6編まとめ図・表 **05** を活用するなどして知識の整理を図ってもらいたい。その際、丸暗記するのではなく、なぜそのような違いが生じるのかという点を考えながら整理すると、より知識の定着を図りやすいであろう。

復習用文献

神田・会社188〜195頁。
江頭・会社361〜375頁、480〜487頁。
試験対策講座・会社法8章3節。
条文シリーズ・会社法332条、334条、336条、343条、344条。

正誤チェック　　　　　　　　　　　　　　　　　　論点ランクB

〔No.45〕
　役員等の選任および解任に関する次の1から5までの各記述のうち，誤っているものを2個選びなさい。
1．株主総会の決議により，会計監査人の任期を法定の任期より伸長することはできないが，短縮することはできる。
2．累積投票によって選任された取締役を解任するためには，会社法上，株主総会の特別決議が必要となる。
3．公開会社でない株式会社においては，定款によって監査役の任期を法定の任期より短縮することはできないが，伸長することはできる。
4．監査役会設置会社においては，会計監査人が心身の故障のため，職務の執行に支障があり，またはこれに堪えないときは，監査役の全員の同意をもって行う監査役会の決議により，その会計監査人を解任することができる。
5．経営の適正を図る必要があることから，会社法上，法人や未成年者は，取締役になることはできない。

類題

H19-44,
20-41,
21-45,
23-46（予23）

| No.45 正解 | 1, 5 | 役員等の選任および解任(2) |

正答率 60 80

1 誤り
会計監査人の任期は，選任後1年以内に終了する事業年度のうち最終のものに関する定時株主総会の終結の時までである（会社338条1項）。取締役の場合とは異なり（332条1項ただし書参照），この任期を短縮または伸長する規定はない。よって，本記述は誤りである。

★2 正しい
累積投票制度によって選任された取締役については，少数派の株主の意向を取締役の選任に反映させるという累積投票制度（342条3項から5項まで）の趣旨にかんがみ，解任決議には特別決議が必要となる（309条2項7号，342条6項）。よって，本記述は正しい。

★3 正しい
非公開会社の場合，定款によって監査役の任期を法定の任期である4年よりも伸長することができる（336条2項）。もっとも，短縮できる旨の規定は存在しない（336条1項参照）。よって，本記述は正しい。

4 正しい
監査役会設置会社における会計監査人が，心身の故障のために職務の執行に支障があり，またはこれに堪えないときは，監査役全員の同意によりその会計監査人を解任することができる（340条1項3号，2項，4項）。よって，本記述は正しい。

5 誤り
法人であることは，取締役の欠格事由にあたる（331条1項1号）。これに対し，未成年者は，取締役に就任するためには法定代理人の同意を要するものの，取締役の欠格事由ではない（331条1項2号参照）。よって，本記述は誤りである。

アドバイス

本問は，役員等の選任および解任に関する知識を問う問題である。各役員等につき横断的な理解が求められるといえよう。このような横断的な理解が求められる場合には，なぜ違いが生じるのかという理由を考えるとともに，第6編まとめ図・表 05 を活用するなどして知識を整理することが有用である。

復習用文献

神田・会社188〜195頁。
江頭・会社361〜375頁，480〜487頁。
試験対策講座・会社法8章3節。
条文シリーズ・会社法309条，331条，336条，338条，340条。

正誤チェック　　　　　　　　　　　論点ランクA

〔No.46〕
　株式会社の取締役に関する次のアからオまでの各記述のうち，誤っているものを組み合わせたものは，後記1から5までのうちどれか。

ア．株主総会における取締役の選任決議の定足数は，定款の定めによっても，議決権を行使することのできる株主の議決権の3分の1以上が必要である。

イ．累積投票制度を採用していない株式会社において，株主総会で取締役を解任するためには，定款に特別の定めがないかぎり，特別決議によらなければならない。

ウ．取締役の選任に関する株主の累積投票請求権を排除する旨の定款の定めは有効である。

エ．任期の満了または辞任により退任した取締役は，その退任により法定または定款所定の取締役の員数が欠けた場合には，後任者が就任するまで引き続き取締役としての権利義務を有する。

オ．株式会社において，取締役は，3人以上でなければならない。

1．アウ　　2．アエ　　3．イウ　　4．イオ　　5．エオ

類題

H20-41

No.46 正解	4	誤っているものは，イ，オ	役員等の選任および解任(3)

| ア 正しい | 特別の要件が法定されていない株主総会の普通決議の定足数は，定款で完全に排除することができるが（会社309条1項），役員（取締役，会計参与および監査役）を選任または解任する株主総会決議の定足数は，定款の定めによっても議決権を行使することができる株主の議決権の3分の1以上が必要である（341条括弧書）。よって，本記述は正しい。 |

| イ 誤 り | 累積投票により選任された取締役を解任する場合は，特別決議によらなければならないが（342条6項，309条2項7号），累積投票により選任された取締役以外の取締役を解任する株主総会の決議は，定款により決議要件を加重できるものの，普通決議が原則とされている（341条）。よって，本記述は誤りである。 |

| ウ 正しい | 株主総会の目的である事項が2人以上の取締役の選任である場合には，取締役の選任について議決権を行使することができる株主は，累積投票により取締役を選任すべきことを請求することができるが，定款に別段の定めをなすことも許容されている（342条1項）。したがって，取締役の選任に関する株主の累積投票請求権を排除する旨の定款の定めは有効である。よって，本記述は正しい。 |

| エ 正しい | 取締役が会社法または定款で定めた員数を欠くことになった場合には，遅滞なく後任の取締役を選任しなければならない（976条22号参照）。この場合，任期の満了または辞任により退任した取締役は，新たに選任された取締役（仮取締役を含む）が就任するまで，なお取締役としての権利義務を有する（346条1項）。よって，本記述は正しい。 |

| ★オ 誤 り | 取締役会設置会社においては，取締役は3人以上でなければならないが（331条4項），取締役会設置会社以外の会社では取締役は1人でもよい（326条1項）。よって，本記述は誤りである。 |

正答率 60 80

アドバイス

本問は，役員等の選任および解任に関する知識を問う問題である。いずれも基本的な条文知識を問うものであり，すべての記述について確実に正誤の判断がつくレベルでなければならない。間違えた場合には，第6編まとめ図・表 05 を活用するなどして知識の整理をしてもらいたい。

復習用文献

神田・会社188～195頁。

江頭・会社361～375頁。

試験対策講座・会社法8章3節。

条文シリーズ・会社法331条，341条，342条，346条。

正誤チェック　　　　　　　　　　　　　　　　　論点ランクA

〔No.47〕
取締役・取締役会に関する次の1から5までの各記述のうち，誤っているものはどれか。
1．取締役会設置会社の取締役が，競業行為をするにあたり，取締役会の承認を得て競業取引をしたときであっても，当該取引後，遅滞なく，その取引についての重要な事実を取締役会に報告しなければならない。
2．監査役設置会社においては，取締役および監査役の全員の同意があるときは，招集手続を経ることなく取締役会を開催することができる。
3．取締役会決議につき特別利害関係を有する取締役であっても，株主総会決議につき特別利害関係を有する株主の場合と同様に，議決権行使は排除されていない。
4．業務執行取締役は，3か月に1回以上取締役会に対し職務執行状況の報告を行わなければならず，この義務は，当該業務執行取締役が取締役（監査役設置会社にあっては，取締役および監査役）の全員に対して報告すべき事項を通知した場合であっても，免れることができない。
5．業務監査権限のある監査役がいる会社の株主は，裁判所の許可を得た場合にかぎり，取締役会議事録の閲覧請求権を行使することができる。

類題

H19-42,
20-42,
23-45,
24-43

No.47 正解 3　取締役・取締役会(1)

正答率　60　80

1 正しい　取締役会設置会社の取締役が，承認を得て競業取引をしたときであっても，取締役会が適切な措置をとれるように，当該取引後，遅滞なく，当該取引についての重要な事実を取締役会に報告しなければならない（会社365条2項，356条1項1号）。よって，本記述は正しい。

2 正しい　監査役設置会社においては，取締役および監査役の全員の同意があるときは，招集の手続を経ることなく，取締役会を開催することができる（368条2項）。経営の機動性を確保するため招集手続を省略することを認める必要性があるからである。よって，本記述は正しい。

★3 誤り　株主総会決議につき特別利害関係を有する株主には，議決権行使が認められ，その結果，著しく不当な決議がなされたときは決議取消事由となる（831条1項3号）。これに対し，取締役会決議につき特別の利害関係を有する取締役は，決議の公正を図るべく，議決権行使が認められていない（369条2項）。よって，本記述は誤りである。

4 正しい　業務執行取締役は，3か月に1回以上，自己の職務の状況を取締役会に報告しなければならない（363条2項）。そして，この義務は，当該業務執行取締役が取締役（監査役設置会社にあっては，取締役および監査役）の全員に対して上記事項を通知した場合であっても，免れることはできない（372条2項）。よって，本記述は正しい。

5 正しい　業務監査権限のある監査役がいる場合（監査役設置会社である場合，2条9号）は，各株主に強い監視権限は認められていない（357条1項，367条等参照）。したがって，監査役会設置会社の株主は，裁判所の許可を得た場合にかぎり，会社の機密情報を含む取締役会議事録の閲覧請求権を行使することができる（371条2項，3項）。よって，本記述は正しい。

アドバイス

本問は，取締役および取締役会に関する知識を問う問題である。いずれも基本的な知識を問うものであり，確実に正解したい。正解となる3に関しては，株主総会との対比で覚えておくとよいであろう。また，招集手続・決議・報告の省略については，第6編まとめ図・表10を用いるなどして知識を整理しておくとよいであろう。

復習用文献

神田・会社196～203頁。
江頭・会社384～398頁。
試験対策講座・会社法8章4節。
条文シリーズ・会社法356条，363条，368条，369条，371条。

正誤チェック　　　　　　　　　　　　論点ランクA

〔No.48〕
取締役・取締役会に関する次の1から5までの各記述のうち，誤っているものはどれか。
1．取締役会設置会社において，監査役は，取締役が不正の行為をすると認めるときは，遅滞なく，その旨を取締役会に報告しなければならないが，当該監査役が取締役および監査役の全員に対してその旨を通知したときは，取締役会に報告する必要はない。
2．取締役会設置会社でない株式会社においては，各取締役は，それぞれ業務執行権限および代表権限を有するのが原則である。
3．委員会設置会社においては，取締役会は，一定の事項を除き委員会設置会社の業務執行の決定を執行役に委任することができるが，業務執行の決定を取締役に委任することはできない。
4．大会社である取締役会設置会社は，取締役の職務の執行が法令および定款に適合することを確保するための体制その他株式会社の業務の適正を確保するために必要なものとして法務省令で定める体制の整備が義務づけられている。
5．公開会社である監査役設置会社において，6か月（これを下回る期間を定款で定めた場合にあっては，その期間）前から引き続き株式を有する株主は，取締役が株式会社の目的の範囲外の行為その他法令もしくは定款に違反する行為をし，またはこれらの行為をするおそれがある場合に，当該行為によって当該株式会社に著しい損害が生ずるおそれがあるときは，当該取締役に対し，当該行為をやめることを請求することができる。

類題
H19-42,
20-42,
24-43

| No.48 | 正解 | 5 | 取締役・取締役会(2) |

正答率 60 80

1 正しい

取締役会設置会社において，監査役は，取締役が不正の行為をすると認めるときは，遅滞なく，その旨を取締役会に報告しなければならないが（会社382条），当該監査役が取締役（監査役会設置会社においては，取締役および監査役）の全員にその旨を通知したときは，取締役会に報告する必要はない（372条1項）。よって，本記述は正しい。＊江頭・会社396頁。

★2 正しい

「取締役は，定款に別段の定めがある場合を除き，株式会社（取締役会設置会社を除く……。）の業務を執行する」（348条1項）。また，「取締役は，株式会社を代表する。ただし，他に代表取締役その他株式会社を代表する者を定めた場合は，この限りでない」（349条1項）。したがって，非取締役会設置会社においては，各取締役はそれぞれ業務執行権限および代表権限を有するのが原則である。よって，本記述は正しい。＊神田・会社196～197頁。

3 正しい

会社法は，委員会設置会社について，「取締役会は，その決議によって，委員会設置会社の業務執行の決定を執行役に委任することができる。ただし，次に掲げる事項については，この限りでない」としているから（416条4項柱書），委員会設置会社の取締役会は，一定の事項を除き，その業務執行の決定を執行役に委任することができる。したがって，前段は正しい。また，委員会設置会社においては，取締役会は，業務執行の決定を取締役に委任することができない（416条3項，1項1号）。したがって，後段も正しい。よって，本記述は正しい。＊神田・会社230頁。江頭・会社515頁，518頁。

4 正しい

大会社である取締役会設置会社においては，取締役の職務の執行が法令および定款に適合することを確保するための体制その他株式会社の業務の適正を確保するために必要なものとして法務省令（会社施規100条）で定める体制の整備が義務づけられている（会社362条5項，4項6号）。よって，本記述は正しい。＊神田・会社198～199頁。

★5 誤 り

6か月（これを下回る期間を定款で定めた場合にあっては，その期間）前から引き続き株式を有する株主は，取締役が株式会社の目的の範囲外の行為その他法令もしくは定款に違反する行為をし，またはこれらの行為をするおそれがある場合において，当該行為によって当該株式会社に著しい損害が生ずるおそれがあるときは，当該取締役に対し，当該行為をやめることを請求することができる（360条1項）。もっとも，監査役設置会社においては，当該差止請求は，「回復することができない損害」が生じるおそれがある場合にかぎられる（360条3項）。これは，監査役設置会社においては，著しい損害が発生するおそれがある場合には，監査役が取締役の違法行為の差止請求をする権限（385条）を有するためである。よって，本記述は誤りである。＊神田・会社249頁。

アドバイス

本問は，株式会社における取締役・取締役会について問う問題である。いずれも基本的な条文知識を問うものであるため，確実に正解しなければならない。さらに，正解となる5については，論文式試験との関係でも重要であるため，必ずおさえておいてほしい知識である。

復習用文献

神田・会社196～203頁。
江頭・会社377～403頁。
試験対策講座・会社法8章4節，11節②。
条文シリーズ・会社法349条，360条，362条，416条。

| 正誤チェック | | | | | 論点ランクA |

〔No.49〕
取締役および取締役会に関する次のアからオまでの各記述のうち，誤っているものを組み合わせたものは，後記1から5までのうちどれか。

ア．株式会社が取締役に対して訴えを提起する場合には，監査役設置会社であるか否かを問わず，被告となる取締役以外の取締役が会社を代表する。

イ．判例によれば，会社法上の取締役の忠実義務の規定は，取締役の善管注意義務とは別個の高度な義務を規定したものではない。

ウ．委員会設置会社でない株式会社において，確定している取締役の報酬等の額を改定する議案を株主総会に提出した取締役は，当該事項を相当とする理由を説明しなければならない。

エ．自己のために株式会社と取引をした取締役の当該会社に対する損害賠償責任は，株主総会の特別決議によっても，その一部を免除することはできない。

オ．特別取締役による議決を行う際，特別取締役以外の取締役に対しては，招集通知を発する必要はない。

1．アウ　　2．アエ　　3．イエ　　4．イオ　　5．ウオ

類題

H18-46,
19-42,
20-42,
23-44（予22），
24-43

| No.49 | 正解 | 1 | 誤っているものは，ア，ウ | 取締役・取締役会(3) |

正答率 60　80

| ア 誤 り | 非監査役設置会社が取締役に対して訴えを提起する場合には，原則として，代表取締役が会社を代表し（会社349条4項），例外的に株主総会や取締役会で会社を代表する者を定めることができる（353条，364条）。しかし，監査役設置会社が取締役に対して訴えを提起する場合は，監査役が会社を代表する（386条1項）。よって，本記述は誤りである。＊江頭・会社456頁，492頁。論点解説357～358頁。 |

| イ 正しい | 判例（最大判昭和45年6月24日〔判例シリーズ2事件〕）は，「商法254条ノ2〔会社法355条〕の規定は，同法254条3項〔会社法330条〕民法644条に定める善管義務を敷衍し，かつ一層明確にしたにとどまるのであって，所論のように，通常の委任関係に伴う善管義務とは別個の，高度な義務を規定したものとは解することができない」としている。よって，本記述は正しい。＊江頭・会社403～404頁。 |

| ウ 誤 り | 非委員会設置会社の場合，定款に定めていないときは，取締役の報酬等のうち額が確定しているものについては，その額（361条1項1号），報酬等のうち額が確定していないものについては，その具体的な算定方法（361条1項2号），報酬等のうち金銭でないものについては，その具体的な内容（361条1項3号）を株主総会の決議で定める。そして，361条1項2号または3号の事項を定め，またはこれを改定する議案を株主総会に提出した取締役は，当該株主総会において，当該事項を相当とする理由を説明しなければならない（361条2項）。すなわち，361条1項1号の場合には361条2項の適用がなく，取締役による説明は不要である。よって，本記述は誤りである。＊江頭・会社420～421頁。 |

| エ 正しい | 自己のために株式会社と取引をした取締役の当該会社に対する損害賠償責任は，株主総会決議によっても，その一部を免除することはできない（428条2項による425条の排除）。なぜなら，自己のために直接取引を行った取締役の行為は，利益相反性が高いからである。よって，本記述は正しい。＊論点解説331頁。 |

| オ 正しい | 特別取締役による議決を行う際，特別取締役以外の取締役に対しては，招集通知を発する必要はない（373条2項後段，368条1項）。これは，特別取締役による議決を行う場合，特別取締役以外の取締役は，取締役会への出席義務を負わないためである（373条2項前段）。よって，本記述は正しい。＊論点解説372頁。 |

アドバイス

本問は，取締役および取締役会に関する知識を問う問題である。ウについてはやや細かい知識が問われているが，その他の記述は基本的な知識であるため，確実に正解したい問題といえよう。間違えた場合には，しっかりと復習しておいてもらいたい。

復習用文献

神田・会社196～203頁。
江頭・会社377～407頁。
試験対策講座・会社法8章4節，10節①。
判例シリーズ2事件。
条文シリーズ・会社法355条，361条，373条，386条，428条。

正誤チェック　　　　　　　　　　　　　　論点ランクA

〔No.50〕
　株式会社における取締役および取締役会に関する次の1から5までの各記述のうち，誤っているものはどれか。
1．取締役会設置会社であれば，当該会社が公開会社でない株式会社であっても，取締役の員数は，3人以上でなければならない。
2．監査役をおく取締役会設置会社は，取締役が取締役会の決議の目的である事項について提案した場合において，当該提案につき決議に加わることができる取締役の全員が書面により同意の意思表示をしたときは，監査役が異議を述べたとしても，当該提案を可決する旨の取締役会の決議があったものとみなすことができる旨の定款を定めることができる。
3．判例によれば，取締役の一部の者に対して取締役会の招集通知を欠くことにより，その招集手続に瑕疵がある場合は，特段の事情がないかぎり，取締役会決議は無効となるが，招集通知を受けなかった取締役が，当該取締役会に出席してもなお決議の結果に影響がないと認められるべき特段の事情があるときは，当該瑕疵は決議の効力に影響がないものとして，当該決議は有効になる。
4．監査役設置会社の株主は，取締役会の招集を請求することはできない。
5．大会社でない取締役会設置会社においては，取締役会が，取締役の職務の執行が法令および定款に適合することを確保するための体制その他株式会社の業務の適正を確保するために必要なものとして法務省令で定める体制の整備を決定することは，会社法の明文で義務づけられているわけではない。

類題

H20-42,
23-45

| No.50 正解 | 2 | 取締役・取締役会(4) |

★1 正しい
取締役会設置会社であれば，公開会社であるか否かにかかわらず，取締役は，3人以上でなければならない（会社331条4項）。よって，本記述は正しい。

2 誤り
「取締役会設置会社は，取締役が取締役会の決議の目的である事項について提案をした場合において，当該提案につき取締役（当該事項について議決に加わることができるものに限る。）の全員が書面又は電磁的記録により同意の意思表示をしたとき（監査役設置会社にあっては，監査役が当該提案について異議を述べたときを除く。）は，当該提案を可決する旨の取締役会の決議があったものとみなす旨を定款で定めることができる」（370条）。したがって，このような定款規定があったとしても，監査役が異議を述べた場合には，取締役会決議を省略することはできない。よって，本記述は誤りである。

★3 正しい
判例（最判昭和44年12月2日〔判例シリーズ70事件〕）は，「取締役会の開催にあたり，取締役の一部の者に対する招集通知を欠くことにより，その招集手続に瑕疵があるときは，特段の事情のないかぎり，右瑕疵のある招集手続に基づいて開かれた取締役会の決議は無効になると解すべきであるが，この場合においても，その取締役が出席してもなお決議の結果に影響がないと認めるべき特段の事情があるときは，右の瑕疵は決議の効力に影響がないものとして，決議は有効になると解するのが相当である」としている。よって，本記述は正しい。

4 正しい
株主は，会社が監査役設置会社の場合には，取締役会を招集するよう請求することは認められていない（367条1項括弧書）。よって，本記述は正しい。

★5 正しい
大会社である取締役会設置会社においては，取締役会は，362条4項6号に掲げる事項，すなわち，取締役の職務の執行が法令および定款に適合することを確保するための体制その他株式会社の業務の適正を確保するために必要なものとして法務省令で定める体制の整備を決定しなければならない（362条5項，4項6号，会社施規100条）。しかし，大会社でない取締役会設置会社においては，このような規定は存在しない。よって，本記述は正しい。

正答率 60 80

アドバイス

本問は，取締役・取締役会に関する知識を問う問題である。やや細かい知識を問うているものもあるが，1，3，5については基本的な知識として正誤の判断が可能と思われる。残る2，4については監査役の設置意義等に考えをいたらせれば，正解を導くことができるであろう。

復習用文献

神田・会社196〜203頁。
江頭・会社384〜398頁。
試験対策講座・会社法8章4節。
判例シリーズ70事件。
条文シリーズ・会社法331条，362条，367条，370条。

正誤チェック　論点ランクB

〔No.51〕
取締役会に関する次の１から５までの各記述のうち，誤っているものはどれか。

1. 監査役会設置会社においては，取締役が取締役会に報告すべき事項を取締役および監査役の全員に通知したときは，当該事項の取締役会への報告を省略することができるが，代表取締役を含む業務執行取締役の取締役会に対する職務執行状況の定期報告にあっては，このように省略することは許されない。
2. 監査役設置会社および委員会設置会社を除く取締役会設置会社の株主には，取締役会招集権が認められているが，招集請求をした株主は，当該請求に基づき招集された取締役会で意見を陳述する権利は認められていない。
3. 取締役会の決議は，定足数・必要賛成数ともに定款による加重が可能であるが，定款によって緩和することはできない。
4. 取締役会設置会社は，取締役が取締役会の決議の目的である事項について提案をした場合において，当該提案につき議決に加わることができる取締役の全員が書面または電磁的記録により同意の意思表示をし，かつ監査役設置会社にあっては，監査役が当該提案について異議を述べなかったときは，当該提案を可決する旨の取締役会の決議があったものとみなす旨を定款で定めることができる。
5. 委員会設置会社の株主は，その権利を行使するため必要があるときであっても，裁判所の許可を得なければ，取締役会の議事録の閲覧請求をすることができない。

類題

H20-42

| No.51 | 正解 | 2 | 取締役会 | 正答率 60　80 |

1 正しい　取締役，会計参与，監査役または会計監査人が取締役（監査役設置会社にあっては，取締役および監査役）の全員に対して取締役会に報告すべき事項を通知したときは，当該事項を取締役会へ報告することを要しない（会社372条1項）。ただし，代表取締役を含む業務執行取締役の取締役会に対する<u>職務執行状況の定期報告</u>にあっては，このようなかたちでの<u>省略は許されていない</u>（372条2項，363条2項）。これは，定期報告を行う会議さえもまったく開かずにすませることは，業務執行を監督するという取締役会制度の趣旨に反するからである。よって，本記述は正しい。＊江頭・会社398頁。弥永・会社162頁。

2 誤り　監査役設置会社にあっては，監査役にも取締役会招集請求権が認められている（383条2項）。また，委員会設置会社においては，各委員会が監査・監督の役割を果たすが，委員会がその委員のなかから選定する者は，取締役会を招集することができる（417条1項）。このこととの均衡上，<u>監査役設置会社および委員会設置会社以外の取締役会設置会社の株主</u>には，その代替処置として，取締役が取締役会設置会社の目的の範囲外の行為その他法令もしくは定款に違反する行為をし，またはこれらの行為をするおそれがあると認めるときは，<u>取締役会招集請求権</u>が認められている（367条1項）。したがって，前段は正しい。しかし，<u>招集請求をした株主</u>には，<u>取締役会で意見を陳述する権利</u>が認められている（367条4項）。したがって，後段は誤りである。よって，本記述は誤りである。＊神田・会社200頁。江頭・会社390頁。

3 正しい　取締役会の決議は，議決に加わることのできる取締役の過半数が出席し，その過半数をもって行うが，<u>定足数・必要賛成数ともに，加重することは認められている</u>（369条1項括弧書）。しかし，<u>緩和することは認められていない</u>。よって，本記述は正しい。＊江頭・会社392頁。

4 正しい　取締役会設置会社は，取締役が取締役会の決議の目的である事項について提案をした場合において，当該提案につき取締役（当該事項について議決に加わることができるものにかぎる）の全員が書面または電磁的記録により同意の意思表示をしたとき（監査役設置会社にあっては，監査役が当該提案について異議を述べたときを除く）は，当該提案を可決する旨の<u>取締役会の決議があったものとみなす旨を定款で定めることができる</u>（370条）。よって，本記述は正しい。＊江頭・会社395～396頁。

5 正しい　<u>株主</u>は，その権利を行使するため必要があるときは，株式会社の営業時間内は，いつでも，<u>取締役会の議事録の閲覧を請求</u>することができる（371条2項1号，2号）。もっとも，<u>監査役設置会社または委員会設置会社</u>については，株主は，その権利を行使するため必要があるときは，<u>裁判所の許可を得て</u>，取締役会の議事録の閲覧を請求することができる（371条3項）。したがって，委員会設置会社の株主が取締役会の議事録の閲覧請求をするためには，裁判所の許可を得る必要がある。よって，本記述は正しい。＊神田・会社203頁。宮島・会社205頁。

アドバイス

本問は，取締役会に関する知識を問う問題である。やや細かい部分まで問うものではあるが，いずれも条文をしっかりおさえておけば正解することは可能である。普段から条文をおさえる際は，要件・効果を意識して頭に入れることが大切である。なお，取締役会の招集や決議等に関しては，株主総会のそれとの異同をおさえておくと知識を整理しやすいと思われる。第6編まとめ図・表**10**等を活用し，知識を整理しておいてもらいたい。

復習用文献

神田・会社197～203頁。
江頭・会社384～398頁。
試験対策講座・会社法8章4節③。
条文シリーズ・会社法367条，369条，370条，371条，372条，383条。

〔No.52〕
取締役，取締役会，代表取締役に関する次のアからオまでの各記述のうち，正しいものを組み合わせたものは，後記1から5までのうちどれか。

ア．取締役は，いつでも，株主総会の決議により解任することができるが，この場合の決議は特別決議によらなければならない。

イ．株式会社が社外取締役を選任したときは，社外取締役である旨の登記をしなければならない。

ウ．判例によれば，株式会社の使用人が，代表取締役社長の了解を得て，当該株式会社の常務取締役の名称を使用して第三者から金銭の借入れをした場合には，株式会社は，会社法第354条の類推適用により，当該第三者が善意であれば当該金銭借入れについて責任を負う。

エ．取締役会の招集通知においては，当該取締役会の議題を示す必要がある。

オ．判例によれば，定款または株主総会の決議もしくは株主総会の決議に代わる全株主の同意によって報酬の金額が定められなければ，取締役の株式会社に対する具体的な報酬請求権は発生せず，たとえ社会通念上相当な額であったとしても，取締役は，当該株式会社に対して報酬を請求することはできない。

1．ア　イ　　2．ア　エ　　3．イ　ウ　　4．ウ　オ　　5．エ　オ

| No.52 正解 | 4 | 正しいものは，ウ，オ | 取締役・取締役会・代表取締役 |

正答率 60　80

| ア 誤り | 役員は，いつでも，株主総会の決議によって解任することができる（会社339条1項）。もっとも，この場合（累積投票により選任された取締役を解任する場合および監査役を解任する場合を除く）の決議は，特別決議による必要はなく，議決権を行使することができる株主の議決権の過半数（3分の1以上の割合を定款で定めた場合にあっては，その割合以上）を有する株主が出席し，出席した当該株主の議決権の過半数（これを上回る割合を定款で定めた場合にあっては，その割合以上）をもって行えば足りる（341条）。よって，本記述は誤りである。
なお，累積投票により選任された取締役の解任および監査役の解任には，株主総会の特別決議が必要となる（339条1項，309条2項7号）。＊神田・会社193～194頁。|

| イ 誤り | 社外取締役については，①特別取締役制度を導入した場合，②委員会を設置した場合，③社外取締役の責任を限定する契約に関する定款の定めがある場合にかぎって，社外取締役である旨の登記が義務づけられる（911条3項21号ハ，22号イ，25号）。よって，本記述は誤りである。＊神田・会社202頁。江頭・会社369頁。|

| ★ウ 正しい | 判例（最判昭和35年10月14日）は，株式会社の使用人が，同会社の代表取締役たる社長の了解を得て，消費貸借契約の締結にあたり同会社常務取締役の肩書のある名刺を使用した事例について，当該株式会社は，354条の規定の類推適用により，当該金銭借入れの行為について，善意の第三者に対してその責めを負うとしている。よって，本記述は正しい。＊神田・会社205頁。|

| エ 誤り | 株主総会の招集通知には「株主総会の目的である事項があるときは，当該事項」を示さなければならないが（298条1項2号，299条4項），取締役会の招集通知においては議題を示す必要はない。これは，取締役会においては，業務執行に関して，さまざまな事柄を審議・決議することが想定されるからである。よって，本記述は誤りである。＊神田・会社200頁。|

| ★オ 正しい | 判例（最判平成15年2月21日〔判例シリーズ66事件〕）は，「株式会社の取締役については，定款又は株主総会の決議によって報酬の金額が定められなければ，具体的な報酬請求権は発生せず，取締役が会社に対して報酬を請求することはできないというべきである。けだし，商法269条〔会社法361条〕は，取締役の報酬額について，取締役ないし取締役会によるいわゆるお手盛りの弊害を防止するために，これを定款又は株主総会の決議で定めることとし，株主の自主的な判断にゆだねているからである」としている。そして，「報酬額を定めた定款の規定又は株主総会の決議がなく，株主総会の決議に代わる全株主の同意もなかったのであるから，その額が社会通念上相当な額であるか否かにかかわらず，被上告人が上告人に対し，報酬請求権を有するものということはできない」としている。よって，本記述は正しい。＊神田・会社216頁。|

アドバイス

本問は，基本的な条文・判例知識を問う問題である。イについてはおさえていないかもしれないが，かりに知らなくとも正解を導くうえで支障となるものではない。基本的な知識を確実に身につけることが肝要である。

復習用文献

神田・会社196～218頁。
江頭・会社356～403頁。
試験対策講座・会社法8章4節。
判例シリーズ66事件。
条文シリーズ・会社法299条，341条，354条，361条，911条。

正誤チェック　　　　　　　　　　　　　　　　論点ランクA

〔No.53〕
代表取締役に関する次の1から5までの各記述のうち，正しいものはどれか。
1．取締役会設置会社でない株式会社は，株主総会の決議によって，取締役のなかから代表取締役を定めなければならない。
2．判例によれば，代表取締役が自己の利益のために表面上会社の代表者として法律行為をなした場合において，相手方が代表取締役の真意を知らず，または知らないことにつき重過失がないのであれば，当該法律行為は有効となる。
3．代表取締役が取締役の地位を失えば当然に代表取締役の地位も失うが，他方，代表取締役の地位を失っても当然には取締役の地位は失わない。
4．代表取締役は，株式会社の業務に関するいっさいの裁判上または裁判外の行為をする権限を有するので，委員会設置会社でない非監査役設置会社と取締役間の訴訟においては，代表取締役が会社を代表することになる。
5．会社法によって改正前商法の共同代表制度は廃止されたので，株式会社が定款で数人が共同してのみ会社を代表できる旨を定めることは許されない。

類題

H18-45
予　H24-21

No.53　正解　3　　代表取締役

正答率　60　80

1 誤り
非取締役会設置会社は，定款や定款の定めに基づく取締役の互選または株主総会の決議によって，取締役のなかから代表取締役を定めることができる（会社349条3項）。よって，本記述は誤りである。

★2 誤り
判例（最判昭和38年9月5日）は，「株式会社の代表取締役が，自己の利益のため表面上会社の代表者として法律行為をなした場合において，相手方が右代表取締役の真意を知りまたは知り得べきものであったときは，民法93条但書の規定を類推し，右の法律行為はその効力を生じないものと解するのが相当である」としている。したがって，相手方に軽過失がある場合も，法律行為は無効となる。よって，本記述は誤りである。

3 正しい
代表取締役は取締役のなかから選任されるので（会社349条3項，362条3項），代表取締役が取締役の地位を失えば当然に代表取締役の地位も失う。もっとも，代表取締役の地位を失っただけでは当然には取締役の地位を失うわけではない。よって，本記述は正しい。

4 誤り
代表取締役は，株式会社の業務に関するいっさいの裁判上または裁判外の行為をする権限を有する（349条4項）。もっとも，349条4項の規定にかかわらず，委員会設置会社でない非監査役設置会社と取締役間の訴訟においては，株主総会が当該訴えについて株式会社を代表する者を定めることができ，また，取締役会設置会社である場合は，このような株主総会の決議がある場合を除き，取締役会が当該訴えについて株式会社を代表する者を定めることができる（353条，364条，386条，408条参照）。したがって，必ずしも，代表取締役が当該訴えについて会社を代表することになるわけではない。よって，本記述は誤りである。

5 誤り
数人が共同してのみ会社を代表できるという共同代表制度は，会社法において廃止された。もっとも，代表権の内部的制限としてそのような旨を定めること自体は否定されておらず，ただ，善意の第三者には対抗できないことになるだけである（349条5項）。よって，本記述は誤りである。

アドバイス
本問は，代表取締役に関する知識を問う問題である。いずれも基本的な条文・判例知識を問うものであり，確実に正解したい問題である。会社代表者の選定方法および訴訟における会社代表者は，会社の機関設計により異なるため，本問の解説に掲載した表を用いるなどして知識を整理しておいてもらいたい。

復習用文献
神田・会社203～208頁。
江頭・会社399～403頁。
試験対策講座・会社法8章4節④。
条文シリーズ・会社法349条。

代表者の定め

非取締役会設置会社		取締役会設置会社
ⅰ定款，ⅱ定款に基づく取締役の互選，ⅲ株主総会で定めた場合	定めのない場合	取締役会で選定した者（362Ⅱ③）
それぞれで定めた者（349Ⅰただし書，Ⅲ）	各取締役（349Ⅰ本文，Ⅱ）	

訴訟における会社代表者

	非委員会設置会社		委員会設置会社
原則	代表取締役（349Ⅳ）		監査委員（408Ⅰ②）
取締役または監査委員と会社間の訴訟の場合	監査役設置会社	監査役（386Ⅰ）	株主総会または取締役会で定めた者（408Ⅰ①）
	それ以外の会社	株主総会または取締役会で定めた者（353，364）	

〔No.54〕
取締役の競業取引または利益相反取引に関する次のアからオまでの各記述のうち，誤っているものを組み合わせたものは，後記1から5までのうちどれか。

ア．取締役が競業取引または利益相反取引を行う場合，非取締役会設置会社においては，その承認は株主総会普通決議によれば足りる。
イ．判例によれば，取締役が会社に対して金員を貸し付ける行為は，ただちに利益相反取引にあたる。
ウ．利益相反取引規制に反してなされた取締役と会社との間の取引について，会社は当該取締役に対し，その無効を主張できる。
エ．判例によれば，取締役会設置会社において，取締役と会社との直接取引が株主全員の合意によってされた場合には，取締役会決議は不要である。
オ．第三者のために直接取引をした取締役は，任務を怠ったことが当該取締役の責めに帰することができない事由によるものであることをもって，会社法第423条第1項の責任を免れることができない。

1．ア　ウ　　　2．ア　エ　　　3．イ　ウ　　　4．イ　オ　　　5．エ　オ

No.54 正解 4　誤っているものは、イ、オ　利益相反取引

正答率 60　80

ア 正しい	非取締役会設置会社において、取締役の競業取引および利益相反取引に対しての承認は株主総会普通決議によってなされる（会社356条1項柱書、309条1項）。よって、本記述は正しい。
イ 誤り	判例（最判昭和38年12月6日）は、取締役が会社に対し無利息・無担保で貸付けを行う行為は「取引」（356条1項2号）にあたらないとする。無利息・無担保であれば会社を害するおそれがないからである。したがって、取締役が会社に対して貸付けを行う行為はただちに利益相反取引となるわけではない。よって、本記述は誤りである。
☆ウ 正しい	判例（最大判昭和43年12月25日〔判例シリーズ62事件〕）は、356条2項の反対解釈として、承認を受けないでした利益相反取引は、民法108条違反の場合と同様に一種の無権代理行為として無効となり、会社はその無効を取引の相手方である取締役に主張できるとする。よって、本記述は正しい。
☆エ 正しい	判例（最判昭和49年9月26日〔判例シリーズ60事件〕）は、会社法356条「が取締役と会社との取引につき取締役会の承認を要する旨を定めている趣旨は、取締役がその地位を利用して会社と取引をし、自己又は第三者の利益をはかり、会社ひいて株主に不測の損害を蒙らせることを防止することにある」とし、上記趣旨からは、利益主体たる株主全員の合意があれば、取締役は取締役会決議がなくとも適法に直接取引を行えるとする。よって、本記述は正しい。
オ 誤り	任務懈怠責任（423条1項）につき、自己の責めに帰すことのできない事由であることをもって責任を免れることができないのは、自己のために直接取引をした取締役にかぎられる（428条1項括弧書）。よって、本記述は誤りである。

アドバイス

本問は、利益相反取引および競業取引に関する知識を問う問題である。いずれも基本的な条文・判例知識であるため、確実に正解しなければならない問題である。利益相反取引および競業取引については、論文式試験においても頻出の重要分野であるため、間違えた場合にはしっかりと復習しておいてもらいたい。

復習用文献

神田・会社212～215頁。
江頭・会社407～419頁。
試験対策講座・会社法8章4節⑤【2】(2)。
判例シリーズ60事件、62事件。
条文シリーズ・会社法356条、423条、428条。

正誤チェック　　　　　　　　　　　　　　　　　　　　　　論点ランクAA

〔No.55〕
　取締役の報酬等（取締役の報酬，賞与その他の職務執行の対価として株式会社から受ける財産上の利益）に関する次のアからオまでの各記述のうち，誤っているものを組み合わせたものは，後記1から5までのうちどれか。

　ア．委員会設置会社以外の株式会社において，取締役の報酬等のうち額が確定していないものについては，その具体的な算定方法を，定款または株主総会の決議で定めなくてはならない。
　イ．委員会設置会社以外の株式会社において，報酬等のうち額が確定していないものの具体的な算定方法を改定する議案を株主総会に提出した取締役は，当該株主総会において，当該事項を相当とする理由を説明しなくてはならない。
　ウ．判例によれば，定款または株主総会決議で取締役の報酬額が具体的に定められた場合において，その後，取締役の職務内容に著しい変更があり，それを前提に当該取締役の報酬につき無報酬とする旨の株主総会決議がされたときは，当該取締役は報酬請求をすることができないことになる。
　エ．判例によれば，定款規定も株主総会決議もなくして支払われた報酬であっても，事後的に株主総会決議を経たのであれば，お手盛りの弊害防止と株主の自主的判断の尊重という，会社法第361条第1項の趣旨目的を没却するような特段の事情のないかぎり，当該役員報酬の支払は株主総会の決議に基づく適法・有効なものとなる。
　オ．委員会設置会社の報酬委員会が取締役の報酬額を決定するにあたっては，その総額を定めれば足り，個々の取締役への具体的配分の決定は取締役に委ねられている。

1．アイ　　2．アオ　　3．イエ　　4．ウエ　　5．ウオ

類題

H18-46,
20-45,
24-42(予20)

| No.55 正解 | 5 | 誤っているものは，ウ，オ | 取締役の報酬等 | 正答率 60　80 |

アドバイス

本問は，取締役の報酬等に関する知識を問う問題である。いずれも基本的な条文・判例知識を問うものであり，確実に正解しなければならない問題といえよう。報酬等の規制については，取締役と監査役の異同をおさえておくべきであり，本問の解説に掲載した表を用いるなどして知識を整理しておいてもらいたい。

復習用文献

神田・会社215～218頁。
江頭・会社419～434頁。
試験対策講座・会社法8章4節[5]【2】(3)。
判例シリーズ67事件。
条文シリーズ・会社法361条，404条。

★ア　正しい
非委員会設置会社において，取締役の「報酬等のうち額が確定していないもの」については，その具体的な算定方法を，定款または株主総会の普通決議で定めなくてはならない（会社361条1項2号，309条1項）。よって，本記述は正しい。

イ　正しい
非委員会設置会社において，取締役の「報酬等のうち額が確定していないもの」の具体的な算定方法を改定する議案（361条1項2号）を株主総会に提出した取締役は，当該株主総会において，当該事項を相当とする理由を説明しなくてはならない（361条2項）。よって，本記述は正しい。

★ウ　誤り
判例（最判平成4年12月18日〔判例シリーズ67事件〕）は，「株式会社において，定款又は株主総会の決議（株主総会において取締役報酬の総額を定め，取締役会において各取締役に対する配分を決議した場合を含む。）によって取締役の報酬額が具体的に定められた場合には，その報酬額は，会社と取締役間の契約内容となり，契約当事者である会社と取締役の双方を拘束するから，その後株主総会が当該取締役の報酬につきこれを無報酬とする旨の決議をしたとしても，当該取締役は，これに同意しない限り，右報酬の請求権を失うものではないと解するのが相当である。この理は，取締役の職務内容に著しい変更があり，それを前提に右株主総会決議がされた場合であっても異ならない」としている。よって，本記述は誤りである。

エ　正しい
判例（最判平成17年2月15日）は，取締役の報酬につき定款の定めまたは株主総会決議を要求している趣旨は，「取締役ないし取締役会によるいわゆるお手盛りの弊害を防止し，……役員報酬の額の決定を株主の自主的な判断にゆだねるところにある」としたうえで，「株主総会の決議を経ずに役員報酬が支払われた場合であっても，これについて後に株主総会の決議を経ることにより，事後的にせよ上記の規定の趣旨目的は達せられるものということができるから，当該決議の内容等に照らして上記規定の趣旨目的を没却するような特段の事情があると認められない限り，当該役員報酬の支払は株主総会の決議に基づく適法有効なものになる」というべきである」としている。よって，本記述は正しい。

オ　誤り
委員会設置会社では，報酬委員会が，執行役等の個人別の報酬等の内容にかかる決定に関する方針を定め，その方針に従って個人別の報酬等の内容を決定する（409条，404条3項）。よって，本記述は誤りである。

報酬規制

	取締役	監査役
決定方法	定款または株主総会普通決議（361Ⅰ，387Ⅰ）	
趣　旨	お手盛りの防止	独立性の確保
個人別の報酬について決定していない場合の分配方法	・総額を株主総会で決議し，特定取締役に分配を委任 ・退職慰労金の算定について一定の方法をとることが慣行となっており，その慣行によるべきことを黙示的に決議したうえで，取締役会に分配を一任	監査役間の協議（387Ⅱ）

正誤チェック　　　　　　　　　　　　論点ランクB

〔No.56〕
　会計参与に関する次のアからオまでの各記述のうち，誤っているものを組み合わせたものは，後記1から5までのうちどれか。

　ア．会計参与とは，株式会社の計算書類およびその附属明細書，臨時計算書類ならびに連結計算書類を作成および監査する者をいう。
　イ．会計参与は，計算書類などを作成する場合においては，会計参与報告を作成しなければならない。
　ウ．会計参与は，公認会計士または税理士でなければならず，法人は会計参与になることができない。
　エ．会計参与は，いつでも，会計帳簿またはこれに関する資料の閲覧および謄写をし，または取締役（委員会設置会社においては，執行役および取締役）および支配人その他の使用人に対して会計に関する報告を求めることができる。
　オ．会計参与は，その職務を行うため必要があるときは，会計参与設置会社の子会社に対して会計に関する報告を求め，または会計参与設置会社もしくはその子会社の業務および財産の状況を調査することができる。

　1．アウ　　2．アエ　　3．イエ　　4．イオ　　5．ウエ

類題
H20-44

| No.56 正解 | 1 | 誤っているものは，ア，ウ | 会計参与 |

正答率 60　80

アドバイス

本問は，会計参与に関する知識を問う問題である。いずれも条文知識を問うものであり，確実に正解したい問題である。会計参与と会計監査人との違いを理解していれば，正解となるアとウについて正誤の判断がつくであろう。このように，似て非なる概念を一緒に把握しておくことは短答式試験の勉強方法として有用と思われる。

復習用文献

神田・会社218～221頁。
江頭・会社503～511頁。
試験対策講座・会社法8章5節。
条文シリーズ・会社法333条，374条。

ア 誤り　会計参与とは，取締役（委員会設置会社においては，執行役）と共同して，計算書類（会社435条2項）およびその附属明細書，臨時計算書類（441条1項）ならびに連結計算書類（444条1項）を作成する者である（374条1項前段，6項参照）。株式会社の計算書類およびその附属明細書，臨時計算書類ならびに連結計算書類を監査するのは，会計監査人である（396条1項前段）。よって，本記述は誤りである。

イ 正しい　会計参与は，374条1項前段の計算書類などを作成する場合においては，法務省令で定めるところにより，会計参与報告を作成しなければならない（374条1項後段，会社施規102条）。よって，本記述は正しい。

ウ 誤り　「会計参与は，公認会計士若しくは監査法人又は税理士若しくは税理士法人でなければならない」（会社333条1項）。したがって，監査法人・税理士法人も，会計参与になることができる。よって，本記述は誤りである。

エ 正しい　会計参与は，いつでも，会計帳簿またはこれに関する資料の閲覧および謄写をし，または取締役（委員会設置会社においては，執行役および取締役）および支配人その他の使用人に対して会計に関する報告を求めることができる（374条2項，6項）。よって，本記述は正しい。

オ 正しい　「会計参与は，その職務を行うため必要があるときは，会計参与設置会社の子会社に対して会計に関する報告を求め，又は会計参与設置会社若しくはその子会社の業務及び財産の状況の調査をすることができる」（374条3項）。よって，本記述は正しい。

正誤チェック　論点ランクA

〔No.57〕
　監査役・監査役会・会計参与に関する次のアからオまでの各記述のうち，誤っているものを組み合わせたものは，後記1から5までのうちどれか。

ア．判例によれば，弁護士の資格を有する監査役は，特定の訴訟事件につき会社から委任を受けて当該訴訟事件の訴訟代理人となることができる。

イ．監査役が取締役の行為の差止めを請求した場合において，裁判所が仮処分をもって取締役に当該行為をやめるように命ずるときは，監査役に担保を立てさせる必要はない。

ウ．監査役会設置会社においては，監査役は，3人以上で，その過半数は，社外監査役でなければならない。

エ．取締役は，監査役の選任に関する議案を株主総会に提出するには，監査役が2人以上ある場合にあっては，その過半数の同意を得なければならない。

オ．会計参与には，公認会計士または監査法人以外の者がなることができない。

1．アイ　　2．アオ　　3．イエ　　4．ウエ　　5．ウオ

類題
H19-44,
20-43,
21-44,
22-44,
23-46（予23）

第6編　機関

| No.57 正解 | 5 | 誤っているものは，ウ，オ | 監査役・監査役会・会計参与 |

正答率 60 80

ア 正しい

判例（最判昭和61年2月18日〔会社法百選75事件〕）は，「監査役が会社又は子会社の取締役又は支配人その他の使用人を兼ねることを得ないとする商法276条〔会社法335条2項〕の規定は，弁護士の資格を有する監査役が特定の訴訟事件につき会社から委任を受けてその訴訟代理人となることまでを禁止するものではない」としている。よって，本記述は正しい。＊江頭・会社481頁。

イ 正しい

監査役は，取締役が監査役設置会社の目的の範囲外の行為その他法令もしくは定款に違反する行為をし，またはこれらの行為をするおそれがある場合において，当該行為によって当該監査役設置会社に著しい損害が生ずるおそれがあるときは，当該取締役に対し，当該行為をやめることを請求することができるが（会社385条1項），裁判所が仮処分をもって取締役に対し，その行為をやめることを命ずるときは，担保を立てさせないものとする（385条2項）。これは，監査役に担保を立てさせたとしても，監査役は担保の費用を会社に対して監査費用として請求することになるので（388条），このような煩雑な手続をとることなく，取締役の行為の差止めを請求することができるようにするためである。よって，本記述は正しい。＊江頭・会社492頁。前田・会社504～505頁。

ウ 誤り

監査役会設置会社においては，監査役は，3人以上で，そのうち半数以上は，社外監査役でなければならない（335条3項）。したがって，過半数とはしていない。よって，本記述は誤りである。＊江頭・会社496頁。

エ 正しい

取締役は，監査役がある場合において，監査役の選任に関する議案を株主総会に提出するには，監査役（監査役が2人以上ある場合にあっては，その過半数）の同意を得なければならない（343条1項）。これは，監査役の地位を強化するために定められた規定である。よって，本記述は正しい。＊江頭・会社484～485頁。

オ 誤り

会計参与は，公認会計士もしくは監査法人または税理士もしくは税理士法人でなければならない（333条1項）。したがって，公認会計士または監査法人以外の者がなることができないわけではない。よって，本記述は誤りである。＊神田・会社190頁。

アドバイス

本問は，監査役・監査役会・会計参与に関する知識を問う問題である。いずれも基本的な条文・判例知識を問うものであり，確実に正解したい。ウやエのように，「半数以上」なのか「過半数」なのか「全員」なのかは，会社法上さまざまな場面で問題となるため，条文を読む際には注意して読んでもらいたい。

復習用文献

神田・会社218～226頁。
江頭・会社476～511頁。
試験対策講座・会社法8章5節，6節。
条文シリーズ・会社法333条，335条，343条，385条。

正誤チェック　論点ランクA

〔No.58〕
監査役に関する次の1から5までの各記述のうち，正しいものはどれか。

1．監査役設置会社が，退任取締役に対し訴えを提起する場合，監査役は，会社を代表する。
2．株主は，定款に別段の定めがある場合を除き，株主総会において議決権を行使することができる株主の半数以上であって，当該株主の議決権の3分の2以上にあたる多数をもって行わなければ，監査役を解任することはできない。
3．監査役の報酬について，株主総会決議では，監査役ごとに報酬額を定めることなく監査役全員に支給する総額のみを定め，各監査役に対する具体的配分は，取締役会の決定に委ねることができる。
4．監査役が3人以上ある監査役設置会社において，取締役が会計監査人の選任に関する議案を株主総会に提出するには，監査役全員の同意を得なければならない。
5．会社法上の公開会社でない株式会社は，定款により，監査役の任期を伸長または短縮することができる。

類題

H19-44,
20-43,
21-44,
22-44,
23-46(予23)

No.58 正解	1	監査役

正答率 60　80

★1 正しい
監査役設置会社が取締役に対し，訴えを提起する場合には，当該訴えについては，監査役が会社を代表する（会社386条1項）。そして，この取締役には，取締役であった者も含まれる（386条1項括弧書）。よって，本記述は正しい。
＊江頭・会社492頁。

2 誤り
役員および会計監査人は，いつでも，株主総会の決議によって解任することができる（339条1項）。もっとも，監査役を解任する場合の決議は，定款に別段の定めがある場合を除き，議決権を行使することができる株主の議決権の過半数を有する株主が出席し，出席した当該株主の議決権の3分の2以上にあたる多数をもって行わなければならない（309条2項7号）。したがって，議決権を行使することができる株主の半数以上であって，当該株主の議決権の3分の2以上にあたる多数の議決までは必要とされない（309条3項参照）。よって，本記述は誤りである。＊江頭・会社487頁。

3 誤り
監査役による監査の対象である取締役が各監査役の報酬を決定すると，監査の実効性を害するおそれがあるため，監査役の報酬等は，定款または株主総会決議で定めることとされている（387条1項）。したがって，各監査役への具体的配分を取締役会の決定に委ねることはできない。よって，本記述は誤りである。＊江頭・会社500～501頁。

4 誤り
監査役設置会社において，取締役が，会計監査人の選任に関する議案を株主総会に提出するには（344条1項1号），監査役の同意を得なければならない（344条1項柱書）。そして，監査役が2人以上ある場合においては，その過半数の同意を要する（344条1項柱書括弧書）。したがって，監査役が3人以上ある監査役設置会社においては，監査役全員の同意は必要とされない。よって，本記述は誤りである。＊神田・会社192頁。

5 誤り
監査役の任期は，選任後4年以内に終了する事業年度のうち最終のものに関する定時株主総会の終結の時までとされる（336条1項）。しかし，非公開会社においては，定款によって，同項の任期を選任後10年以内に終了する事業年度のうち最終のものに関する定時株主総会の終結の時まで伸長することができる（336条2項）。しかし，監査役の任期を短縮できるとは規定されていない（332条1項ただし書参照）。したがって，非公開会社は，定款により，監査役の任期を伸長することはできるが，短縮することはできない。これは，監査役の任期を長期化することにより，監査役としての地位を強化するとともに，その独立性を担保するためである。よって，本記述は誤りである。＊江頭・会社483～484頁。

アドバイス

本問は，監査役に関する知識を問う問題である。いずれも条文知識を問うものであり，短答式試験合格レベルの者であれば確実におさえている知識である。かりにすべての記述につき正確な正誤判断ができなかったとしても，正解となる1については基本的な条文知識であるため，正解を導くうえで支障はないと思われる。

復習用文献

神田・会社192～193頁，222～224頁。
江頭・会社476～501頁。
試験対策講座・会社法8章6節②。
条文シリーズ・会社法309条，332条，336条，339条，344条，386条。

正誤チェック　　　　　　　　　　　　　論点ランクA

〔No.59〕
　監査役または監査役会に関する次のアからオまでの各記述のうち，正しいものを組み合わせたものは，後記1から5までのうちどれか。
　ア．株式会社の監査役は，当該株式会社またはその子会社の会計参与を兼ねることができない。
　イ．監査役会は，取締役会と同様に，招集権者を限定することができる。
　ウ．監査役は，取締役会に出席することは自由であるが，必要があると認めるときは，意見を述べなければならない。
　エ．委員会設置会社でない公開会社は，監査役会をおかなければならない。
　オ．監査役会がした会社の業務および財産の状況の調査の方法の決定は，個々の監査役の権限の行使を妨げることはできない。

1．ア　ウ　　2．ア　オ　　3．イ　ウ　　4．イ　エ　　5．エ　オ

類題

H19-44,
20-43,
21-44,
22-44,
23-46（予23）

| No.59 | 正解 | 2 | 正しいものは，ア，オ | 監査役・監査役会(1) |

| | 正答率 | 60 | 80 |

ア 正しい
監査役は，当該株式会社またはその子会社の会計参与を兼任することが禁止されている（会社333条3項1号，335条2項）。よって，本記述は正しい。

イ 誤り
監査役会は，各監査役が招集することができる（391条）。監査役は，複数の監査役がいる場合でも，各自が単独でそのような権限を行使することができる独任制の機関であるから，取締役会のようなかたちで招集権者を限定すること（366条1項ただし書）は認められていない。よって，本記述は誤りである。

ウ 誤り
監査役は，取締役会に出席し，必要があると認めるときは，意見を述べなければならない（383条1項本文）。したがって，取締役会への出席は監査役の義務である。よって，本記述は誤りである。

エ 誤り
大会社（非公開会社および委員会設置会社を除く）については，監査役会および会計監査人をおかなければならないとされている（328条1項）が，非委員会設置会社の公開会社であっても，大会社でなければ，監査役会をおく必要はない（328条1項参照）。よって，本記述は誤りである。

オ 正しい
監査役会がした会社の業務および財産の状況の調査の方法の決定がなされても，個々の監査役の権限の行使を妨げることはない（390条2項柱書ただし書，3号）。よって，本記述は正しい。

アドバイス

本問は，監査役および監査役会に関する知識を問う問題である。いずれも基本的な条文知識を問うものであるため，確実に正解したい。間違えた場合には，しっかりと復習してもらいたい。

復習用文献

神田・会社222～226頁。
江頭・会社476～499頁。
試験対策講座・会社法8章6節。
条文シリーズ・会社法328条，333条，335条，383条，390条，391条。

| 正誤チェック | | | | | 論点ランクA |

〔No.60〕
　監査役または監査役会に関する次のアからオまでの各記述のうち，誤っているものを組み合わせたものは，後記1から5までのうちどれか。

　ア．監査役は，取締役が監査役設置会社の目的の範囲外の行為その他法令もしくは定款に違反する行為をし，またはこれらの行為をするおそれがある場合において，当該行為によって当該監査役設置会社に回復することができない損害が生ずるおそれがあるときにかぎり，当該取締役に対し，当該行為をやめることを請求することができる。

　イ．監査役は，取締役が株主総会に提出しようとする議案，書類を調査しなければならない。

　ウ．公開会社でない監査役会設置会社は，監査役の監査の範囲を会計に関するものに限定する旨を定款で定めることはできない。

　エ．監査役会は，少なくとも1人の常勤の監査役を選定しなければならない。

　オ．監査役の監査の範囲を会計に関するものに限定する旨の定款の定めがある株式会社における監査役は，当該会社に対してその職務の執行について生じた費用の前払を請求することはできない。

1．アイ　　2．アオ　　3．イエ　　4．ウエ　　5．ウオ

類題
H19-44,
20-43,
21-44,
22-44,
23-46(予23)

No.60 正解	2	誤っているものは，ア，オ	監査役・監査役会(2)

ア 誤 り	監査役は，取締役が監査役設置会社の目的の範囲外の行為その他法令もしくは定款に違反する行為をし，またはこれらの行為をするおそれがある場合において，当該行為によって当該監査役設置会社に「著しい損害が生ずるおそれがあるとき」は，当該取締役に対し，当該行為をやめることを請求することができる（会社385条1項）。したがって，監査役による取締役の違法行為の差止請求は，回復することができない損害が生ずるおそれがある場合にかぎり行うわけではない。よって，本記述は誤りである。
イ 正しい	監査役は，取締役が株主総会に提出しようとする議案，書類その他法務省令で定めるものを調査しなければならない（384条前段）。よって，本記述は正しい。
ウ 正しい	非公開会社は，原則として，監査役の監査の範囲を会計に関するものに限定する旨を定款で定めることができる（389条1項）。もっとも，監査役会設置会社および会計監査人設置会社は，非公開会社であっても，監査の範囲を会計に関するものに限定することはできない（389条1項括弧書）。よって，本記述は正しい。＊江頭・会社487〜488頁，496頁。
エ 正しい	監査役会は，監査役のなかから常勤の監査役を選定しなければならない（390条3項）。よって，本記述は正しい。＊江頭・会社496頁。
オ 誤 り	監査役がその職務の執行について監査役設置会社（監査役の監査の範囲を会計に関するものに限定する旨の定款の定めがある株式会社を含む）に対して費用の前払を請求したときは，会社は，当該請求にかかる費用が当該監査役の職務の執行に必要でないことを証明した場合を除き，これを拒むことができない（388条1号）。したがって，監査役の監査の範囲を会計に関するものに限定する旨の定款の定めがある株式会社の監査役も，その職務の執行について当該株式会社に対して費用の前払を請求することができる。よって，本記述は誤りである。＊神田・会社224頁。

正答率 60　80

アドバイス

本問は，監査役および監査役会に関する知識を問う問題である。やや細かい知識も含まれているが，いずれも条文知識を問うものであり，かつ，組合せ問題であることから，正解を導くことは難しくないと思われる。日ごろから基本的な条文をおさえることを意識して勉強してもらいたい。

復習用文献

神田・会社222〜226頁。
江頭・会社476〜499頁。
試験対策講座・会社法8章6節。
条文シリーズ・会社法335条，385条，388条，389条，390条。

正誤チェック　　　　　　　　　　　　　　　　　　　論点ランクA

〔No.61〕
　株式会社（委員会設置会社を除く）における監査役および監査役会に関する次の１から５までの各記述のうち，誤っているものはどれか。
1．公開会社においては，監査役が株主でなければならない旨を定款で定めることはできない。
2．監査役会設置会社においては，監査役は３人以上で，そのうちの過半数を社外監査役とするとともに，常勤監査役の選定も必要である。
3．監査役の報酬等は，定款に定めがないかぎり株主総会の普通決議で決定されるが，これは，お手盛り防止ではなく，監査役の報酬面における独立性確保のためである。
4．取締役会設置会社においては，監査役は，取締役が不正の行為をし，もしくは当該行為をするおそれがあると認めるとき，または法令もしくは定款に違反する事実もしくは著しく不当な事実があると認めるときは，遅滞なく，その旨を取締役会に報告しなければならない。
5．監査役は，その職務を行うため必要があるときは，監査役設置会社の子会社に対して事業の報告を求め，またはその子会社の業務および財産の状況の調査をすることができるが，監査範囲を会計に関するものに限定する旨の定款規定がある株式会社の監査役は，子会社に対しては会計に関する報告を求め，またはその子会社の業務および財産の状況の調査をすることができるにとどまる。

類題

H19-44,
20-43,
21-44,
22-44,
23-46（予23）

| No.61 | 正解 | 2 | 監査役・監査役会(3) |

正答率 60　80

アドバイス

本問は，監査役および監査役会に関する知識を問う問題である。本書No.57のアドバイスでも述べたように，会社法の問題では，「半数以上」か「過半数」かを問うものが頻出しているため，知識を整理しておいてもらいたい。

復習用文献

神田・会社222～226頁。
江頭・会社476～501頁。
試験対策講座・会社法8章6節。
条文シリーズ・会社法331条，335条，382条，387条，389条，390条。

1 正しい　公開会社においては，取締役の場合と同様に，監査役が株主でなければならない旨を定款で定めることはできない（会社335条1項・331条2項）。これは，広い範囲からの監査役の確保をめざしたものである。よって，本記述は正しい。

2 誤り　監査役会設置会社においては，監査役は3人以上必要であり，そのうちの半数以上は社外監査役でなければならず（335条3項），また，監査役のなかから常勤監査役を選定しなければならない（390条2項2号，3項）。よって，社外監査役は半数で足りるにもかかわらず，過半数必要としている点で，本記述は誤りである。

★3 正しい　監査役の報酬は，定款に定めがないかぎり株主総会の普通決議で決定される（387条1項，309条1項）。その趣旨は，取締役の場合と異なり，お手盛り防止ではなく，監査役の独立性確保にある。なぜなら，監査役は業務執行を行うのではないからお手盛りは問題にならず，他方で，かりに取締役が監査役の報酬を決定することとなれば，監査される者が監査する者の報酬を決定することとなり，監査の実効性が確保されなくなるからである。よって，本記述は正しい。

4 正しい　取締役会設置会社においては，監査役は，取締役が不正の行為をし，もしくは当該行為をするおそれがあると認めるとき，または法令もしくは定款に違反する事実もしくは著しく不当な事実があると認めるときは，遅滞なく，その旨を取締役会に報告しなければならない（382条）。よって，本記述は正しい。

5 正しい　監査役は，その職務を行うため必要があるときは，監査役設置会社の子会社に対して事業の報告を求め，またはその子会社の業務および財産の状況の調査ができる（381条3項）。しかし，監査範囲を会計に関するものに限定する旨を定款で定めている株式会社の監査役は，子会社に対して会計に関する報告を求め，またはその業務および財産の状況の調査ができるにとどまる（389条1項，2項，5項）。よって，本記述は正しい。

正誤チェック　　　　　　　　　　　　　　　　　　　論点ランクA

〔No.62〕
会計監査人に関する次の1から5までの各記述のうち，正しいものはどれか。
1．会計監査人となる資格を有するのは，公認会計士のみである。
2．会社が複数人の会計監査人を設置しようとする場合には，3人以上の会計監査人を選任しなければならない。
3．会計監査人は，その職務を行うために必要があるときには，会計監査人設置会社の子会社に対して会計に関する報告を求め，その子会社の業務および財産の状況を調査することができる。
4．会計監査人の報酬を決定することは会社の業務執行のひとつであるから，監査役設置会社においても，取締役が単独で決定することができる。
5．会計監査人が職務を怠ったときの株式会社に対する損害賠償責任の追及については，株主代表訴訟を提起することはできない。

類題

H21-45

| No.62 | 正解 | 3 | 会計監査人 |

★1 誤り
会社法337条1項は、「会計監査人は、公認会計士又は監査法人でなければならない」としていることから、公認会計士のみならず、監査法人も会計監査人の資格を有する。よって、本記述は誤りである。

2 誤り
会計監査人の員数は法定されていない。したがって、会社が複数名の会計監査人を設置しようとする場合には、3人以上の会計監査人を選任しなければならないわけではない。よって、本記述は誤りである。

3 正しい
396条3項は、会計監査人は、その職務を行うため必要があるときは、「会計監査人設置会社の子会社に対して会計に関する報告を求め、又は……その子会社の業務及び財産の状況の調査をすることができる」としている。よって、本記述は正しい。

4 誤り
399条1項は、「取締役は、会計監査人……の報酬等を定める場合には、監査役(監査役が2人以上ある場合にあっては、その過半数)の同意を得なければならない」としている。したがって、監査役設置会社においては、取締役は、単独で会計監査人の報酬を決定することはできず、監査役の同意を得る必要がある。よって、本記述は誤りである。

★5 誤り
会計監査人が職務を怠った場合には、取締役の任務懈怠責任の場合と同様に、株式会社に対して連帯して、生じた損害を賠償する責任を負う(423条1項、430条)。そして、「役員等」(847条1項本文)には、会計監査人も含まれる(423条1項)から、会計監査人の任務懈怠責任について株主代表訴訟を提起することが認められている(847条1項本文)。よって、本記述は誤りである。

正答率 60 80

アドバイス

本問は、会計監査人に関する知識を問う問題である。いずれも基本的な条文知識を問うものであり、確実に正解したい問題といえよう。会計監査人と監査役の異同については第6編まとめ図・表04、05、06を活用するなどして知識を整理しておいてもらいたい。

復習用文献

神田・会社226〜228頁。
試験対策講座・会社法8章7節。
条文シリーズ・会社法337条、396条、399条、423条、847条。

正誤チェック　　　　　　　　　　　　　　　　　論点ランクB

〔No.63〕
　委員会設置会社に関する次のアからオまでの各記述のうち，正しいものを組み合わせたものは，後記1から5までのうちどれか。
　ア．各委員会は，取締役のなかから取締役会決議によって選定された3人以上の委員で組織され，その委員の過半数は，社外取締役でなければならない。
　イ．報酬委員会は，執行役等の個人別の報酬等の内容を決定し，執行役が委員会設置会社の支配人その他の使用人を兼ねているときは，当該支配人その他の使用人の報酬等の内容についても決定する権限を有する。
　ウ．執行役は，当該委員会設置会社の取締役を兼ねることはできないが，当該委員会設置会社の監査委員を兼ねることはできる。
　エ．取締役会の招集権者の定めがある場合には，委員会がその委員のなかから取締役会の招集権者として選定した者が取締役会を招集することができない場合がある。
　オ．執行役は，3か月に1回以上，自己の職務の状況を取締役会に報告しなければならず，この報告は，代理人によることは認められない。

1．アイ　　　2．アエ　　　3．イオ　　　4．ウエ　　　5．ウオ

類題

H20-45

| No.63 正解 | 1 | 正しいものは、ア、イ | 委員会設置会社(1) |

正答率 60 80

アドバイス

本問は、委員会設置会社に関する知識を問う問題である。いずれも基本的な条文知識を問うものであり、確実に正解したい問題である。委員会設置会社の構造については、非委員会設置会社と比較しながら、知識を整理しておいてもらいたい。

復習用文献

神田・会社228～232頁。
江頭・会社511～536頁。
試験対策講座・会社法8章8節。
条文シリーズ・会社法400条，402条，404条，417条。

★ア 正しい
各委員会は、3人以上の委員で組織され（会社400条1項）、その委員は、取締役のなかから、取締役会決議によって選定される（400条2項）。そして、委員の過半数は、社外取締役でなければならないとされる（400条3項）。これは、委員会設置会社においては、社外取締役が中心となる委員会が、執行役に対する強い監督権能を発揮することが期待されているからである。よって、本記述は正しい。

イ 正しい
報酬委員会は、執行役等の個人別の報酬等の内容を決定する（404条3項前段）。また、執行役が委員会設置会社の支配人その他の使用人を兼ねているときは、当該支配人その他の使用人の報酬等の内容についても決定する（404条3項後段）。よって、本記述は正しい。

ウ 誤り
執行役は、当該委員会設置会社の取締役を兼ねることはできる（402条6項）。しかし、執行役は、当該委員会設置会社の監査委員を兼ねることはできない（400条4項）。したがって、前段と後段ともに誤りである。よって、本記述は誤りである。

エ 誤り
委員会設置会社においては、招集権者の定めがある場合であっても、委員会がその委員のなかから選定する者は、取締役会を招集することができる（417条1項）。すなわち、委員会がその委員のなかから選定する者は、常に取締役会を招集することができる。よって、本記述は誤りである。

オ 誤り
執行役は、3か月に1回以上、自己の職務の状況を取締役会に報告しなければならない（417条4項前段）。そして、この場合においては、代理人（他の執行役にかぎる）による報告が認められる（417条4項後段）。よって、本記述は誤りである。

正誤チェック　　　　　　　　論点ランクB

〔No.64〕
委員会設置会社に関する次の1から5までの各記述のうち，誤っているものはどれか。
1．委員会設置会社には，指名委員会，監査委員会および報酬委員会の3つの委員会があり，各委員会は，委員3人以上で組織される。
2．委員会設置会社の取締役会は，その決議によって，取締役が利益相反取引をする場合の取締役会における承認を，執行役に委任することができる。
3．報酬委員会は，執行役の個人別の報酬について不確定金額を報酬の内容とすることができるが，会計参与の個人別の報酬については，不確定金額を報酬の内容とすることはできない。
4．執行役は，自己の職務の執行状況の取締役会に対する報告を，他の執行役に行わせることができる。
5．委員会設置会社の取締役は，当該委員会設置会社の執行役を兼ねることは認められるが，支配人を兼ねることはできない。

類題

H20-45

| No.64 正解 | 2 | 委員会設置会社(2) |

正答率 60 80

アドバイス

本問は，委員会設置会社に関する知識を問う問題である。委員会設置会社については，なかなか手が回らない分野とも思われる。もっとも，短答式試験において問われる事柄はかぎられているため，委員会設置会社の基本的な構造や条文をおさえることを意識して勉強してもらいたい。

復習用文献

神田・会社228～232頁。
江頭・会社511～536頁。
試験対策講座・会社法8章8節。
条文シリーズ・会社法331条，400条，402条，409条，416条，417条。

★1 正しい
委員会設置会社とは，指名委員会，監査委員会および報酬委員会をおく株式会社をいう（会社2条12号）。そして，各委員会は，委員3人以上で組織される（400条1項）。よって，本記述は正しい。＊神田・会社228～232頁。

2 誤り
委員会設置会社においては，取締役会決議によって，委員会設置会社の業務執行の決定を執行役に委任することができる（416条4項柱書本文）。しかし，416条4項各号に列挙されている事項については，執行役に委任することができない。そして，取締役が利益相反取引をする場合の取締役会の承認（356条1項2号，3号，365条1項）は，取締役会決議によって執行役に委任することはできない（416条4項6号）。よって，本記述は誤りである。＊神田・会社230頁。前田・会社533～534頁。

3 正しい
報酬委員会は，額が確定していないものを執行役等の個人別の報酬等とする場合には，その内容として，個人別の具体的な算定方法を決定しなければならないと規定されており（409条3項2号），執行役については，不確定金額を報酬の内容とすることができる。したがって，前段は正しい。これに対して，会計参与の個人別の報酬等については，額が確定しているものでなければならない（409条3項柱書ただし書，1号）。したがって，後段も正しい。よって，本記述は正しい。＊江頭・会社529頁。前田・会社544～545頁。

4 正しい
執行役は，3か月に1回以上，自己の職務の執行の状況を取締役会に報告しなければならない（417条4項前段）。この場合において，執行役は，代理人（他の執行役にかぎる）により当該報告をすることができる（417条4項後段）。よって，本記述は正しい。＊神田・会社230～231頁。

★5 正しい
取締役は，執行役を兼ねることができる（402条6項）。したがって，前段は正しい。そして，委員会設置会社の取締役は，当該委員会設置会社の支配人その他の使用人を兼ねることはできない（331条3項）。これは，取締役会を通して執行役等の職務の執行を監督する立場にある取締役が，執行役の指揮命令を受ける使用人となることは，監督と執行が制度的に分離された委員会設置会社の趣旨に反すると考えられるからである。したがって，後段も正しい。よって，本記述は正しい。＊神田・会社232頁。江頭・会社518～519頁。前田・会社529～530頁。

正誤チェック　論点ランクB

〔No.65〕
委員会設置会社に関する次の1から5までの各記述のうち，正しいものはどれか。

1．委員会設置会社においては，株主総会，三委員会，執行役，取締役会のほか，監査役を必要的機関としておかなければならない。
2．執行役の解任は，株主総会決議をもってしなければならない。
3．株主総会に提出する会計参与の選任および解任に関する議案の内容は，指名委員会が決定し，この決定に加えて取締役会の承認を要しない。
4．監査委員は，執行役または取締役が委員会設置会社の目的の範囲外の行為その他法令もしくは定款に違反する行為をし，またはこれらの行為をするおそれがあるときは，当該執行役または取締役に対し，当該行為をやめることを請求することができる。
5．取締役会は，執行役が2人以上おかれている場合は，そのなかから代表執行役を定めなければならず，その資格は取締役を兼任する執行役にかぎられる。

類題

H20-45

No.65 正解 3　委員会設置会社(3)

正答率 60　80

1 誤り
委員会設置会社は，株主総会，取締役会，三委員会および1人以上の執行役を機関としておき，会計監査人を選任しなければならず，監査役をおくことはできない（会社327条1項3号，4項，5項，402条1項）。よって，本記述は誤りである。
なお，委員会設置会社は，執行役の権限を広範に定めることができ，株主総会の権限が縮小されていることから，株主や取締役の意思決定，執行役の監視監督において，会社の計算に関する情報の重要性が高くなるため，会計監査人の設置義務が課されている。

2 誤り
執行役は，いつでも，取締役会の決議によって解任することができる（403条1項）。取締役会は，業務執行の決定をし，執行役の職務執行の監督をしなければならないが（416条1項），これらの取締役会の任務は執行役の選任と密接に関連するので，取締役会が執行役を選任・解任することとされている。よって，本記述は誤りである。

3 正しい
会計参与設置会社における指名委員会は，株主総会に提出する取締役および会計参与の選任および解任に関する議案内容の決定権限を有する（404条1項）。したがって，前段は正しい。また，この決定は取締役会の決定を待つことなく会社の決定として扱われる。これは，各委員会は取締役会の単なる内部機関ではなく，取締役会から独立した機関であることによる。したがって，後段も正しい。よって，本記述は正しい。

4 誤り
監査委員は，執行役または取締役が委員会設置会社の目的の範囲外の行為その他法令もしくは定款に違反する行為をし，またはこれらの行為をするおそれがある場合において，当該行為によって会社に著しい損害が生ずるおそれがあるときは，当該執行役または取締役に対し，当該行為をやめることを請求することができる（407条1項）。すなわち，執行役等の行為によって会社に著しい損害が生じるおそれがあることが要件とされている。よって，本記述は誤りである。

5 誤り
取締役会は，執行役が2人以上おかれている場合は，その執行役のなかから代表執行役を選定しなければならない（420条1項）。したがって，前段は正しい。そして，執行役は取締役を兼ねることはできるが（402条6項），代表執行役の資格に制限はなく，単なる執行役でもかまわない。したがって，後段は誤りである。よって，本記述は誤りである。

アドバイス

本問は，委員会設置会社に関する知識を問う問題である。手薄になりがちな分野ではあるが，まずは問題を解くなかででてきた知識を1つひとつおさえて，少しずつでも確実な知識を増やしていってほしい。

復習用文献

神田・会社228～232頁。
江頭・会社511～536頁。
試験対策講座・会社法8章8節。
条文シリーズ・会社法327条，402条，403条，404条，407条，420条。

〔No.66〕
役員等の責任に関する次のアからオまでの各記述のうち，正しいものを組み合わせたものは，後記1から5までのうちどれか。

ア．会計監査人は，株式会社に対して任務懈怠責任を負うが，会社法上の役員ではないため，責任追及等の訴えの対象とはならない。

イ．取締役会設置会社の取締役が，個人として，会社の財産を取締役会の承認を受けたうえで買い受けた場合には，買受価額が公正な価額に比して著しく低かったとしても，会社法の規定により任務を怠ったものと推定されることはない。

ウ．株主の権利の行使に関して違法な利益の供与をした取締役は，その職務を行うについて注意を怠らなかったことを証明した場合であっても，供与した利益の価額に相当する額を支払う義務を免れることができない。

エ．社外取締役，会計参与，社外監査役または会計監査人の任務懈怠による損害賠償責任については，会社法上，責任限定契約による一部免除が規定されているが，当該責任限定契約を締結した社外取締役は，たとえ職務を行うにつき重過失があったとしても，一部免除が認められる。

オ．株式会社と責任限定契約を締結した社外取締役が，株式会社の業務執行取締役または支配人に就任したときは，当該責任限定契約は，将来に向かってその効力を失う。

1．アイ　　2．アウ　　3．イエ　　4．ウオ　　5．エオ

| No.66 正解 | 4 | 正しいものは、ウ、オ | 役員等の対会社責任 |

正答率 60　80

アドバイス

本問は、役員等の対会社責任に関する知識を問う問題である。いずれも基本的な条文知識を問うものであり、確実に正解しなければならない。役員等の対会社責任は、会社法上、複数の規定があるため、第6編まとめ図・表11、12などを活用して、知識を整理しておいてもらいたい。

復習用文献

神田・会社234〜240頁。
江頭・会社434〜456頁。
試験対策講座・会社法8章10節①。
条文シリーズ・会社法120条、329条、356条、365条、423条、427条、847条。

★ア　誤り
　株式会社の役員等は、任務を怠ったことによって生じた損害を賠償する責任を負う（会社423条1項）。したがって、前段は正しい。また、責任追及等の訴えについても、会計監査人を含む「役員等」が対象となっている（847条1項本文）。これは、会計監査人は、「役員」に含まれないものの（329条1項）、役員と同様、会社の経営陣との緊密な関係から、会社が責任追及を怠り、株主の利益が害される可能性があるためである。したがって、後段は誤りである。よって、本記述は誤りである。＊弥永・会社206頁、219〜220頁。

イ　誤り
　取締役会設置会社においては、「取締役が自己又は第三者のために株式会社と取引」をしようとするときは、取締役会の承認を受けなければならない（356条1項2号、365条1項）。そして、取締役が個人として会社から財産を買い受けた取引は、「取締役が自己……のために株式会社と取引」をしたものといえる。また、当該取引によって株式会社に損害が生じたときは、たとえ取締役会の承認を受けた場合であっても、取引の相手方となった取締役につき任務懈怠が推定される（423条3項1号）。そして、公正な価額を著しく下回る価額で財産を手放した会社には、損害が生じている。したがって、本記述の取締役は、任務懈怠の推定を受ける。よって、本記述は誤りである。＊江頭・会社441〜442頁。

★ウ　正しい
　株式会社が120条1項の規定に違反して財産上の利益の供与をした場合、当該利益の供与をすることに関与した取締役は、当該株式会社に対して、連帯して、供与した利益の価額に相当する額を支払う義務を負う（120条4項本文）。そして、当該利益の供与をすることに関与した取締役のうち、当該利益の供与をした取締役以外の取締役は、その職務を行うについて注意を怠らなかったことを証明した場合は支払義務を免れることができるが（120条4項ただし書）、当該利益の供与をした取締役は、職務を行うについて注意を怠らなかったことを証明しても、支払義務を免れない（120条4項ただし書括弧書）。よって、本記述は正しい。＊江頭・会社442〜443頁。

エ　誤り
　427条は、社外取締役、会計参与、社外監査役または会計監査人の株式会社に対する任務懈怠による損害賠償責任（423条1項）に関する責任限定契約による一部免除について規定している。その要件は、「当該社外取締役等が職務を行うにつき善意でかつ重大な過失がないとき」（427条1項）とされている。よって、本記述は誤りである。＊江頭・会社452〜453頁。

オ　正しい
　責任限定契約を締結した社外取締役等が当該株式会社またはその子会社の業務執行取締役もしくは執行役または支配人その他の使用人に就任したときは、当該契約は、将来に向かってその効力を失う（427条2項）。よって、本記述は正しい。＊神田・会社240頁。

〔No.67〕
役員等の損害賠償責任に関する次の1から5までの各記述のうち,正しいものはどれか。

1. 取締役会設置会社において,取締役が取締役会の承認を受けずに競業取引を行った場合,当該取引は,原則として有効であるが,当該取引の相手方が取締役会の承認を受けていないことにつき悪意または重大な過失がある場合には,会社は,当該相手方に対し,無効であることを対抗することができる。
2. 判例によれば,取締役が放漫経営をしたため会社が倒産し,会社に対する債権を回収することができなくなった会社債権者は,当該取締役の責任を追及することはできない。
3. 判例によれば,名目的な取締役は,会社法第429条第1項に基づく責任を負うことはない。
4. 判例によれば,会社法第429条第1項の責任と一般不法行為責任とは,請求権競合の関係にはならない。
5. 判例によれば,取締役が辞任した場合において,当該辞任取締役が,登記申請権者である会社の代表取締役に対し,辞任登記を申請しないで不実の登記を残存させることについて明示的に承諾を与えていたなどの特段の事情が存在する場合には,当該辞任取締役は,辞任後も,その者が取締役であると信じて当該会社と取引をした第三者に対し,会社法第429条第1項の責任を負う。

類題

H19-46

No.67 正解	5	役員等の対第三者責任(1)

正答率 60 80

アドバイス

本問は，役員等の対第三者責任についての知識を問う問題である。いずれも基本的な条文・判例知識を問うものであり，確実に正解してほしい。対第三者責任については，論点も多く存在し，頻出分野であるため，第6編まとめ図・表11などを活用して，知識を整理しておいてもらいたい。

復習用文献

神田・会社240〜244頁。
江頭・会社434〜476頁。
試験対策講座・会社法8章10節2。
判例シリーズ74事件，78事件。
条文シリーズ・会社法356条，429条，908条。

1 誤り　会社法356条1項1号に違反する競業取引の効力自体は否定されない。なぜなら，この取引の効力を否定すると，規制の対象とされていない相手方が不測の不利益を受けることになり，不都合だからである。よって，本記述は誤りである。

★2 誤り　判例（最大判昭和44年11月26日〔判例シリーズ74事件〕）は，改正前商法266条ノ3第1項（会社法429条1項）の「損害」について，「取締役において悪意または重大な過失により右義務に違反し，これによって第三者に損害を被らせたときは，取締役の任務懈怠の行為と第三者の損害との間に相当の因果関係があるかぎり，会社がこれによって損害を被った結果，ひいて第三者に損害を生じた場合であると，直接第三者が損害を被った場合であるとを問うことなく，当該取締役が直接に第三者に対し損害賠償の責に任ずべき」としている。したがって，取締役の放漫経営により会社が倒産したため会社に対する債権を回収することができなくなったという間接損害を被った会社債権者も，当該取締役の責任を追及することができる。よって，本記述は誤りである。

3 誤り　判例（最判昭和55年3月18日）は，「株式会社の取締役は，会社に対し，……代表取締役の業務執行の全般についてこれを監視し，必要があれば代表取締役に対し取締役会を招集することを求め，又は自らそれを招集し，取締役会を通じて業務の執行が適正に行われるようにするべき職責を有するものである……が，このことは，……会社の内部的事情ないし経緯によっていわゆる社外重役として名目的に就任した取締役についても同様である」として，名目的取締役であっても，業務執行に対する監視・監督義務を負い，これを怠った場合には，429条1項の責任を負う余地を認めている。よって，本記述は誤りである。

4 誤り　判例（前掲最大判昭和44年11月26日，最判昭和47年9月21日）は，429条1項の規定は第三者保護のため，不法行為とは別個の法定責任を定めたものであるとの理解のもとに，間接損害および直接損害類型の区別なく競合を肯定する。よって，本記述は誤りである。

5 正しい　判例（最判昭和62年4月16日〔判例シリーズ78事件〕）は，「株式会社の取締役を辞任した者は，……登記申請権者である当該株式会社の代表者に対し，辞任登記を申請しないで不実の登記を残存させることにつき明示的に承諾を与えていたなどの特段の事情が存在する場合には，……同法14条〔会社法908条2項〕の類推適用により，善意の第三者に対して当該株式会社の取締役でないことをもって対抗することができない結果，同法266条ノ3第1項前段〔会社法429条1項〕にいう取締役として所定の責任を免れることはできない」としている。よって，本記述は正しい。

| 正誤チェック | | | | | 論点ランクAA |

〔No.68〕
会社法第429条第1項に基づく取締役の第三者に対する損害賠償責任に関する次の1から5までの各記述のうち，判例の趣旨に照らし誤っているものはどれか。

1．取締役の任務懈怠の行為と第三者の損害との間に相当因果関係があるかぎり，株式会社が損害を被った結果第三者に損害を生じた場合であると，直接第三者が損害を被った場合であるとを問わず，当該取締役は第三者に対して損害賠償責任を負う。
2．第三者の取締役に対する損害賠償債権は，不法行為による損害賠償債権の期間制限の規定である民法第724条が適用され，当該第三者またはその法定代理人が損害および加害取締役を知った時から3年間行使しないときは，時効によって消滅する。
3．取締役の第三者に対する損害賠償債務は，履行の請求を受けた時に遅滞に陥り，その遅延損害金の利率は年5分である。
4．選任決議を欠く登記簿上の取締役が，自己の取締役就任登記につき承諾を与えたのであれば，不実の登記の出現に加功したものといえるため，当該取締役に故意または過失があるかぎり，会社法第908条第2項を類推適用して，当該登記事項が不実であることをもって善意の第三者に対抗することができない。
5．取締役を辞任した者が，辞任したにもかかわらずなお積極的に取締役として対外的または内部的な行為をあえてした場合，当該辞任取締役は，その行為について第三者に対して損害賠償責任を負う。

類題

H19-46

| No.68 正解 | 2 | 役員等の対第三者責任(2) |

正答率 60 80

★1 正しい
判例（最大判昭和44年11月26日〔判例シリーズ74事件〕）は，改正前商法266条の3（会社法429条1項）に基づく取締役の第三者に対する責任について，「取締役の任務懈怠の行為と第三者の損害との間に相当の因果関係があるかぎり，会社がこれによって損害を被った結果，ひいて第三者に損害を生じた場合であると，直接第三者が損害を被った場合であるとを問うことなく，当該取締役が直接に第三者に対し損害賠償の責に任ずべき」であるとしている。よって，本記述は正しい。

2 誤り
判例（最判昭和49年12月17日）は，改正前商法266条の3（会社法429条1項）に基づく取締役の第三者に対する責任について，民法724条を適用すべき実質的論拠はなく，したがって，724条を第三者の取締役に対する損害賠償請求権に類推適用する余地もないとして，当該損害賠償請求権の消滅時効期間については，他に特に定めた規定がないから167条1項を適用すべきであるとしている。よって，本記述は誤りである。

3 正しい
判例（最判平成元年9月21日）は，改正前商法266条の3（会社法429条1項）に基づく取締役の第三者に対する損害賠償債務は，「法が取締役の責任を加重するため特に認めたものであって，不法行為に基づく損害賠償債務の性質を有するものではないから……履行の請求を受けた時に遅滞に陥り，かつ，右損害賠償債務は，商行為によって生じた債務ともいえないものであるから，その遅延損害金の利率は民法所定の年5分の割合にとどまる」としている。よって，本記述は正しい。

4 正しい
判例（最判昭和47年6月15日〔判例シリーズ77事件〕）は，「不実ノ事項ヲ登記シタル者」（改正前商法14条〔会社法908条2項〕）とは，登記申請権者をさすが，「その不実の登記事項が株式会社の取締役への就任であり，かつ，その就任の登記につき取締役とされた本人が承諾を与えたのであれば，同人もまた不実の登記の出現に加功したものというべく，……同条の規定を類推適用して，取締役として就任の登記をされた当該本人も，同人に故意または過失があるかぎり，当該登記事項の不実なことをもって善意の第三者に対抗することができ」ず，その結果として，取締役としての第三者に対する損害賠償責任を免れえないとしている。よって，本記述は正しい。

★5 正しい
判例（最判昭和62年4月16日〔判例シリーズ78事件〕）は，株式会社の取締役を辞任した者は，「辞任したにもかかわらずなお積極的に取締役として対外的又は内部的な行為をあえてした場合」または「不実の登記を残存させることにつき明示的に承諾を与えていたなどの特段の事情が存在する場合」には，当該辞任取締役は429条1項の責任を免れることはできないとしている。よって，本記述は正しい。

アドバイス

本問は，役員等の対第三者責任に関する基本的な判例知識を問う問題である。短答式試験合格レベルの者であれば，いずれの記述も確実に正誤判断ができるものである。間違えた場合には，これをきっかけとして，判例集等で知識を確認しておいてもらいたい。

復習用文献

神田・会社240～244頁。
江頭・会社469～476頁。
試験対策講座・会社法8章10節②。
判例シリーズ74事件，77事件，78事件。
条文シリーズ・会社法429条，908条。

正誤チェック　　　　　　　　　　　　　　　　　　論点ランクAA

〔No.69〕
役員等の損害賠償責任に関する次のアからオまでの各記述のうち，正しいものを組み合わせたものは，後記1から5までのうちどれか。

ア．会社法第429条第1項に基づく取締役の第三者に対する責任は，総株主の同意があれば免除することができる。

イ．委員会設置会社において，取締役の株式会社に対する損害賠償責任は，当該取締役が職務を行うにつき善意でかつ重大な過失がない場合において，特に必要と認めるときは，最低責任限度額を控除して得た額を限度として，取締役会決議により免除することができる旨を定款で定めることができる。

ウ．自己のために株式会社と取引をした取締役の当該株式会社に対する損害賠償責任は，総株主の同意によっても免除することはできない。

エ．執行役が取締役会の承認を受けずに競業取引を行った場合には，当該取引によって執行役または第三者が得た利益の額は，執行役が任務を怠ったことにより生じた損害の額と推定される。

オ．株式会社が分配可能額を超えて剰余金の配当を行った場合において，当該行為に関する職務を行った業務執行者は，当該株式会社に対し，当該金銭等の交付を受けた者が交付を受けた金銭等の帳簿価額に相当する金銭を支払う義務を負い，その職務を行うについて注意を怠らなかったことを証明したときであっても，この義務を免れない。

1．アエ　　2．アオ　　3．イウ　　4．イエ　　5．ウオ

類題

H19-46

No.69 正解	4	正しいものは，イ，エ	役員等の対第三者責任(3)

正答率 60 80

ア 誤り	総株主の同意により免除することができるのは，役員等の株式会社に対する損害賠償責任であり（会社424条，423条１項），429条１項に基づく取締役の第三者に対する責任は，総株主の同意があっても免除することはできない。よって，本記述は誤りである。

イ 正しい	委員会設置会社において，取締役の株式会社に対する損害賠償責任は，当該取締役が職務を行うにつき善意でかつ重大な過失がない場合において，特に必要と認めるときは，最低責任限度額を控除して得た額を限度として取締役会の決議によって免除することができる旨を定款で定めることができる（426条１項，423条１項，425条１項）。よって，本記述は正しい。

ウ 誤り	自己のために株式会社と取引をした取締役の当該株式会社に対する損害賠償責任（428条１項，423条１項）は，責任の一部免除（425条），取締役等による免除に関する定款の定め（426条），責任限定契約（427条）によって免除することはできないが（428条２項），総株主の同意があれば免除することができる（424条）。よって，本記述は誤りである。

★エ 正しい	執行役が取締役会の承認を受けずに競業取引を行った場合（419条２項・356条１項１号）には，当該取引によって執行役または第三者が得た利益の額は，執行役が任務を怠ったことにより生じた損害の額と推定される（423条２項括弧書）。よって，本記述は正しい。

★オ 誤り	株式会社が分配可能額を超えて剰余金配当を行った場合において，当該行為に関する職務を行った業務執行者は，当該株式会社に対し，当該金銭等の交付を受けた者が交付を受けた金銭等の帳簿価額に相当する金銭を支払う義務を負う（462条１項柱書）。もっとも，当該業務執行者が，その職務を行うについて注意を怠らなかったことを証明したときは，462条１項の義務を負わない（462条２項）。よって，本記述は誤りである。

アドバイス

本問は，役員等の責任に関する知識を問う問題である。責任の免除・減軽については，会社法上，さまざまな場面で規定されているため，横断的な理解が必要となる。第６編まとめ図・表 11, 12 を用いるなどして知識を整理しておいてもらいたい。

復習用文献

神田・会社240～244頁。

江頭・会社434～476頁。

試験対策講座・会社法８章10節。

条文シリーズ・会社法423条，424条，425条，426条，427条，462条。

正誤チェック　　　　　　　　　　　　　　　　　　　論点ランクAA

〔No.70〕
違法行為の差止請求権に関する次の1から5までの各記述のうち，正しいものはどれか。
1．株主が取締役に対して違法行為の差止請求権を行使するためには，総株主の議決権の100分の3以上の株式を有していなければならない。
2．公開会社および公開会社でない株式会社のいずれの場合であっても，株主が取締役に対して違法行為の差止請求権を行使するためには，法律上，原則として6か月前から引き続き株式を有していなければならない。
3．株主が取締役に対する違法行為の差止請求権を行使するためには，取締役が株式会社の目的の範囲外の行為その他法令もしくは定款に違反する行為をしたことが必要である。
4．監査役設置会社では，株主は違法行為の差止請求権を行使することはできない。
5．監査役が取締役に対して違法行為の差止請求権を行使するためには，取締役の違法行為によって，会社に著しい損害が生じるおそれがあれば足り，回復困難な損害が生じるおそれまでは必要でない。

類題

なし

No.70 正解	5	違法行為の差止請求権

正答率 60　80

1 誤り　会社法上，株主による取締役の違法行為の差止請求権の行使については，当該株主の保有する株式数の要件は特に課されていない（360条1項）。したがって，違法行為の差止請求権は単独株主権である。よって，本記述は誤りである。

2 誤り　公開会社の場合，取締役による違法行為の差止請求権を行使するためには，株主は原則として6か月前から引き続き株式を有していなければならない（360条1項）。これに対して，非公開会社においては，法律上，6か月間の株式保有期間の要件はない（360条2項）。したがって，非公開会社においては，株主は，6か月前から株式を引き続き保有していなくても，取締役に対して違法行為の差止請求権を行使することができる。よって，本記述は誤りである。

3 誤り　360条1項は，違法行為差止請求権の要件として，「取締役が株式会社の目的の範囲外の行為その他法令若しくは定款に違反する行為をし，又はこれらの行為をするおそれがある場合」と定める。したがって，取締役が違法行為をしていなくても，これをするおそれがある場合には，株主は違法行為の差止請求権を行使することができる。よって，本記述は誤りである。

★4 誤り　監査役設置会社であっても，株主は取締役の違法行為によって会社に「回復することができない損害」が生じるおそれがあれば，みずから取締役に対して違法行為の差止請求権を行使することができる（360条1項，3項）。よって，本記述は誤りである。

★5 正しい　監査役が取締役に対して違法行為の差止請求権を行使するためには，取締役の違法行為によって，会社に「著しい損害が生ずるおそれ」があれば足りる（385条1項）。よって，本記述は正しい。

アドバイス

本問は，違法行為の差止請求権に関する知識を問う問題である。いずれも基本的な条文知識を問うものであり，確実に正解しなければならない。特に，4，5で問われている株主の差止請求権と監査役の差止請求権の要件に関しては，短答式試験で頻出であるし，論文式試験との関係でも重要な知識であるため，間違えた場合には本問の解説に掲載した表を活用するなどしてしっかりと復習しておいてもらいたい。

復習用文献

神田・会社248〜250頁。
江頭・会社466〜469頁，492頁。
試験対策講座・会社法8章11節②。
条文シリーズ・会社法360条，385条。

違法行為の差止め

差止請求の主体		要件
株主	監査役設置会社・委員会設置会社（360Ⅰ，Ⅲ）	1. 取締役の違法行為，またはそのおそれがある 2. 回復することができない損害が生じるおそれがある
	上記以外の会社（360Ⅰ）	1. 取締役の違法行為，またはそのおそれがある
監査役（385Ⅰ）		2. 著しい損害が生じるおそれがある
監査委員会（407Ⅰ）		1. **執行役または取締役の違法行為**，またはそのおそれがある 2. 著しい損害が生じるおそれがある

第6編　機関　★一問一答問題

01 監査役は，取締役と同様に，株主総会の普通決議によって解任することができる。

02 監査役設置会社の監査役に子会社に対する調査権が認められているのと異なり，子会社の監査役には親会社に対する調査権は認められていない。

03 会社債権者は，その権利を行使するため必要があるときであっても，裁判所の許可を得なければ，株主総会の議事録の閲覧または謄写を請求することができない。

04 取締役会設置会社において，株主が議決権の不統一行使をする場合，当該株主は，株主総会の日の3日前までに，会社に対して，その有する議決権を統一しないで行使する旨およびその理由を通知しなければならない。

05 会計帳簿の閲覧請求権は，総株主（株主総会において決議をすることができる事項の全部につき議決権を行使することができない株主を除く）の議決権の100分の3以上の数の株式を有しているが，6か月前から引き続き有してはいない株主も行使することができる。なお，行使要件について，定款には特別の定めがないものとする。

06 株主総会招集請求権は，総株主（株主総会において決議をすることができる事項の全部につき議決権を行使することができない株主を除く）の議決権の100分の3以上の数の株式を有しているが，6か月前から引き続き有してはいない株主も行使することができる。なお，行使要件について，定款には特別の定めがないものとする。

07 監査役は，取締役が法令もしくは定款に違反する行為をし，またはこれらの行為をするおそれがあると認めるときは，みずから株主総会を招集することができる。

08 株主総会においてその延期または続行について決議があったときは，改めて招集通知をすることを要しない。

第6編　機関　★一問一答問題解答

01 ×　役員および会計監査人は，いつでも，株主総会の決議によって解任することができる（会社339条1項）。もっとも，監査役を解任する場合の決議は，定款に別段の定めがある場合を除き，議決権を行使することができる株主の議決権の過半数を有する株主が出席し，出席した当該株主の議決権の3分の2以上にあたる多数をもって行わなければならない（特別決議，309条2項7号）。＊江頭・会社482頁。

02 ○　監査役設置会社の監査役は，その職務を行うため必要があるときは，子会社に対して事業の報告を求め，またはその子会社の業務および財産の状況の調査をすることができる（381条3項）。これは，子会社を利用した粉飾決算や自己株式取得規制違反などを発見する趣旨で認められたものである。これに対して，子会社の監査役には，親会社に対する調査権は認められていない。

03 ×　株主総会の議事については，法務省令で定めるところにより，議事録を作成しなければならない（318条1項）。そして，債権者は，会社の営業時間内は，いつでも，株主総会の議事録の閲覧または謄写を請求することができる（318条4項）。この場合，裁判所の許可を得る必要はない。
　なお，株式会社の親会社社員は，その権利を行使するため必要があるときは，裁判所の許可を得て，株主総会の議事録の閲覧または謄写を請求することができる（318条5項）。＊神田・会社179〜180頁。

04 ○　株主は，その有する議決権を統一しないで行使することができる（313条1項）。この場合，取締役会設置会社においては，議決権を統一しないで行使しようとする株主は，株主総会の日の3日前までに，会社に対して，その有する議決権を統一しないで行使する旨およびその理由を通知しなければならない（313条2項）。これは，株式会社の事務処理上の便宜を図るためである。＊江頭・会社317〜318頁。

05 ○　総株主（株主総会において決議をすることができる事項の全部につき議決権を行使することができない株主を除く）の議決権の100分の3（これを下回る割合を定款で定めた場合にあっては，その割合）以上の議決権を有する株主は，株式会社の営業時間内は，いつでも，会計帳簿の閲覧の請求をすることができる（433条1項1号）。そして，この権利を行使するための株式の保有期間の要件は定められていない。したがって，総株主の議決権の100分の3以上の数の株式を有している株主は，6か月前から引き続き有していなくとも，会計帳簿の閲覧請求権を行使することができる。＊神田・会社253頁。

06 ×　公開会社においては，総株主の議決権の100分の3（これを下回る割合を定款で定めた場合にあっては，その割合）以上の議決権を6か月（これを下回る期間を定款で定めた場合にあっては，その期間）前から引き続き有する株主は，取締役に対し，株主総会の目的である事項（当該株主が議決権を行使することができる事項にかぎる）および招集の理由を示して，株主総会の招集を請求することができる（297条1項）。したがって，総株主の議決権の100分の3以上の数の株式を有しているが，6か月前から引き続き有してはいない株主は，公開会社においては，株主総会招集請求権を行使することができない。＊神田・会社172頁。

07 ×　取締役会設置会社では取締役会決議に基づき代表取締役が，非取締役会設置会社では取締役が，株主総会を招集するのが原則である（298条4項，296条3項）。例外的に，裁判所は，総会検査役または業務執行に関する検査役の調査の結果の報告があった場合（306条5項，358条5項）において，必要があると認めるときは，取締役に対し，株主総会を招集することを命じなければならないとする規定があるものの（307条1項1号，359条1項1号），監査役が，株主総会を招集することができるとする規定はない。＊神田・会社172頁，182頁。

08 ○　株主総会においてその延期または続行について決議があったときは，改めて招集通知を発することを要しない（317条，299条）。これは，当該決議に基づいて開催される総会は，別個の総会ではなく，前の総会と同一性をもつ総会だからである。＊前田・会社375〜376頁。

09　甲株式会社が，乙株式会社の議決権の総数の4分の1以上を有する場合には，乙株式会社が有する甲株式会社の株式には，議決権が認められない。

10　判例によれば，株主が議決権を代理行使する場合において，代理人資格を株主にかぎる旨の定款の規定は有効である。

11　株主総会決議取消しの訴えの提訴権者は制限されているが，被告適格に関しては制限がない。

12　株主総会決議が不存在であることは，訴えによらなくても主張することができる。

13　株主総会における議決権の代理権の授与は，株主総会ごとにしなければならない。

14　公開会社でない株式会社では，取締役が株主でなければならない旨を定款で定めることができる。

15　判例によれば，退任後も会社の役員としての権利義務を有する者の職務の執行に関して不正行為があった場合，株主は，役員の解任の訴えの方法により当該役員権利義務者の解任請求をする余地がある。

16　判例によれば，株式会社の取締役は，適切な内部統制システムを構築する義務を負うが，通常容易に想定しがたい方法による不正行為や，予見不可能な不正行為を防止するための内部統制システムまで構築する義務を負うわけではない。

17　判例によれば，取締役と会社との間の利益相反取引について，株主全員の同意があるときは，取締役会の承認は不要である。

18　判例によれば，取締役に対する退職慰労金について，株主総会決議により無条件に取締役会に一任することは許されないが，株主総会決議において一定の支給基準を示し，当該基準に従ってその金額，支給期日，支給方法を定めることを取締役会に任せることは許される。

09 ○ 甲株式会社が，乙株式会社の議決権の総数の4分の1以上を有する場合には，乙株式会社が有する甲株式会社の株式には，議決権が認められない（308条1項本文括弧書）。これは，会社支配の公正を維持する趣旨である。

10 ○ 株主は，代理人によってその議決権を行使することができる（310条1項前段）。そして，判例（最判昭和43年11月1日〔判例シリーズ37事件〕）は，代理人を株主にかぎる旨の定款の規定は，「株主総会が，株主以外の第三者によって攪乱されることを防止し，会社の利益を保護する趣旨にでたものと認められ，合理的な理由による相当程度の制限ということができる」として，当該定款の規定を有効としている。

11 × 株主総会決議取消しの訴えの提訴権者は，「株主等」に制限されている（831条1項柱書）ので，前段は正しい。しかし，被告適格については「当該株式会社」に限定されており（834条17号），後段は誤りである。

12 ○ 株主総会決議が不存在であることを主張するためには，必ずしも訴えによる必要はなく，だれからだれに対しても，いついかなる方法でも主張することができる。これは，株主総会決議不存在確認の訴えの法的性質が形成の訴えではなく，確認の訴えであることによる。

13 ○ 株主総会における議決権の代理権の授与は，現経営陣が議決権の代理行使の制度を会社支配の手段として濫用することを防止するため，株主総会ごとにしなければならないとされている（310条2項）。

14 ○ 非公開会社では，取締役が株主でなければならない旨を定款で定めることができる（331条2項ただし書）。これは，公開会社でない株式会社は，定款自治の原則が広く適用されるためである。＊江頭・会社128頁，354～355頁。

15 × 取締役の職務執行に関し不正行為等があった場合，一定の要件をみたす株主は，役員の解任の訴え（854条）により役員の解任請求をすることができる。この854条が，346条1項に基づき退任後もなお会社の役員としての権利義務を有する者についても適用または類推適用されるかが問題となった事案において，判例（最判平成20年2月26日〔会社法百選47事件〕）は，株主に346条2項に基づく仮役員の選任の申立てという保護が与えられていることを主たる理由として，854条の適用または類推適用は「法の予定しないところ」であるとした。

16 ○ 判例（最判平成21年7月9日〔会社法百選54事件〕）は，株式会社の取締役が内部統制システム構築義務を負うことを前提にしながらも，それは，「通常容易に想定し難い方法による」不正行為までをも回避できるような水準を要求するものではなく，予見できない不正行為に備えて体制を改善する必要を迫るものでもないということを示した。

17 ○ 判例（最判昭和49年9月26日〔判例シリーズ60事件〕）は，「商法265条〔会社法356条1項2号，365条1項〕」の「趣旨は，取締役がその地位を利用して会社と取引をし，自己又は第三者の利益をはかり，会社ひいて株主に不測の損害を蒙らせることを防止することにあると解されるところ，……このように株主全員の合意がある以上，別に取締役会の承認を要しないことは，上述のように会社の利益保護を目的とする商法265条〔会社法356条1項2号，365条1項〕の立法趣旨に照らし当然であって，右譲渡の効力を否定することは許されないものといわなければならない」としている。

18 ○ 判例（最判昭和39年12月11日〔判例シリーズ65事件〕）は，本件の「退職慰労金支給決議は，その金額，支給期日，支給方法を無条件に取締役会の決定に一任した趣旨でなく」，会社の業績や，退職役員の勤続年数，担当業務，功績の軽重等から割り出した一定の「基準に従うべき趣旨であること前示のとおりである以上，株主総会においてその金額等に関する一定の枠が決定されたものというべきであるから，これをもって同条の趣旨に反し無効の決議であるということはできない」としている。

19 判例によれば，委員会設置会社でない株式会社において，定款に報酬についての定めがなく，かつ，使用人として受ける給与の体系が明確に確立され，使用人として受ける給与がそれによって支給されている場合であっても，取締役兼使用人の使用人分の給与は，株主総会の決議によって承認を得る必要がある。

20 判例によれば，銀行取締役に要求される注意義務の程度は，一般株式会社の取締役に要求される注意義務の程度に比して高い。

21 代表取締役と会社との間の利益相反行為が取締役会の決議に基づいてなされた場合，決議に参加した取締役は，決議に賛成していなければ，その任務を懈怠したものと推定されない。

22 自己のために株式会社と直接に利益相反取引をした取締役は，当該取引を行うことにつき過失が存在しないことを理由として，責任を免れることはできない。

23 会社が取締役の任務懈怠責任を追及する訴訟において和解をするとき，取締役の責任を免除するためには，総株主の同意を必要とする。

24 判例によれば，取締役会設置会社（委員会設置会社を除く）において，取締役は，取締役会に上程された事項については監視義務を負うが，上程されていない事項については，代表取締役以外は監視義務を負わない。

25 判例によれば，取締役の第三者に対する損害賠償責任の消滅時効期間は，10年である。

26 判例によれば，株主が代表訴訟によって求めうる取締役の責任には，取締役が会社との取引に基づいて負う債務や，取締役が第三者としての立場に基づいて負担する不法行為責任など，取締役が会社に対して負担するいっさいの債務が含まれる。

19 ×　判例（最判昭和60年3月26日）は，取締役が使用人を兼ねている場合の使用人分の給与は，「使用人として受ける給与の体系が明確に確立されており，かつ，使用人として受ける給与がそれによって支給されている限り」，株主総会の承認を得る必要はないとしている。その理由として，本判決は，「使用人として受ける給与の体系が明確に確立されている場合においては，使用人兼務取締役について，別に使用人として給与を受けることを予定しつつ，取締役として受ける報酬額のみを株主総会で決議することとしても，取締役としての実質的な意味における報酬が過多でないかどうかについて株主総会がその監視機能を十分に果たせなくなるとは考えられないから，右のような内容の本件株主総会決議が商法269条〔会社法361条1項〕の脱法行為にあたるとはいえない」ことをあげている。＊江頭・会社411頁，413頁。

20 ○　判例（最決平成21年11月9日〔平22重判・刑法11事件〕）は，銀行の取締役が金融取引の専門家であること，銀行経営が破たんし，あるいは危機に瀕した場合には社会一般に広範かつ深刻な混乱を生じさせること等を考慮して，「融資業務に際して要求される銀行の取締役の注意義務の程度は一般の株式会社取締役の場合に比べ高い水準のものである」とした。

21 ×　代表取締役が利益相反取引をして株式会社に損害が生じたときは，当該取引に関する取締役会の決議に賛成した取締役は，任務懈怠が推定される（423条3項3号）。そして，決議に参加した取締役は，賛成していなくても，議事録に異議をとどめておかないと決議に賛成したものと推定され（369条5項），その結果，任務懈怠が推定される（423条3項3号）。

22 ○　自己のために株式会社と直接に利益相反取引をした取締役は（356条1項2号），当該行為の有する利益相反性の高さから，当該取引を行うことにつき過失が存在しないことを理由として責任を免れることはできない（423条1項，428条1項）。

23 ×　一部免除の場合を除き，取締役の会社に対する責任を免除するには，総株主の同意を要する（120条5項，424条，462条3項ただし書，464条2項，465条2項）。ただし，訴訟上の和解がなされる場合，総株主の同意は要しない（850条4項）。

24 ×　判例（最判昭和48年5月22日〔判例シリーズ76事件〕）は，「取締役会を構成する取締役は，会社に対し，取締役会に上程された事項についてだけ監視するにとどまらず，代表取締役の業務執行一般につき，これを監視し，必要があれば，取締役会を自ら招集し，あるいは招集することを求め，取締役会を通じて業務執行が適正に行われるようにする職務を有するものと解すべきである」としている。この理由について，学説は，取締役には，取締役会をみずから招集しあるいは招集を請求する権限が与えられているから（366条），取締役会に上程されていない事項に関する監視義務を認めても酷ではないということをあげている。

25 ○　判例（最判昭和49年12月17日）は，取締役の第三者に対する損害賠償責任の消滅時効期間は，10年であるとしている。

26 ×　判例（最判平成21年3月10日〔判例シリーズ72事件〕）は，改正前商法267条（会社法847条）にいう「『取締役ノ責任』」には，取締役の地位に基づく責任のほか，取締役の会社に対する取引債務についての責任も含まれる」としつつ，株主が，代表訴訟を用いて，取締役に対して会社の所有権に基づく所有権移転登記手続請求をなすことを否定した。本記述の見解（全債務説）からは，この結論を導くことは不可能であり，本判決は本記述と異なる見解（取引債務包含説）に立ったものと考えられる。

第6編 まとめ図・表

01 株主の株主総会に関する権利

<table>
<tr><th colspan="2"></th><th>権利</th><th>議決権，持株要件</th><th>濫用を防ぐ仕組み等</th></tr>
<tr><td rowspan="3">招集手続等</td><td></td><td>議題提出権（303Ⅰ）
議案の要領の通知請求権（305Ⅰ）</td><td>・非取締役会設置会社
　単独
・取締役会設置会社
　1％以上または300個以上</td><td>・総会の8週間前までに通知
・10分の1の賛成を得られなかった日から3年経過していない場合は不可（議案の要領の通知請求権のみ　305Ⅳ）
・6か月保有（公開会社）</td></tr>
<tr><td></td><td>株主総会検査役の選任請求権（306Ⅰ）</td><td>1％以上</td><td>・6か月保有（公開会社）</td></tr>
<tr><td></td><td>累積投票請求権（342Ⅰ）</td><td>単独</td><td>・定款で排除可能
・総会の5日前までに請求</td></tr>
<tr><td>招集</td><td></td><td>株主総会の招集請求権（297Ⅰ）</td><td>3％以上</td><td>・6か月保有（公開会社）</td></tr>
<tr><td rowspan="2">開催中</td><td rowspan="2">株主総会</td><td>株主総会における議案提出権（304）</td><td>単独</td><td>10分の1の賛成を得られなかった日から3年経過していない場合は不可</td></tr>
<tr><td>議決権（308Ⅰ）</td><td>数に比例</td><td>なし</td></tr>
<tr><td rowspan="2">開催後</td><td></td><td>決議不存在または無効の確認の訴え（830）</td><td>単独</td><td>・担保提供命令（836）</td></tr>
<tr><td></td><td>決議取消しの訴え（831）</td><td>単独</td><td>・決議の日から3か月以内
・取消事由
　①招集の手続または決議の方法が法令もしくは定款に違反または著しく不公正
　②決議の内容が定款違反
　③特別利害関係人の議決権の行使による著しく不当な決議</td></tr>
</table>

02 総会招集手続の省略

<table>
<tr><th>省略形態 ＼ 原則的手続の流れ</th><th>取締役等が招集を決定（298）</th><th>取締役等が株主総会の2週間前までに，株主に対し，招集通知を発する（299）</th><th>株主総会で決議要件をみたす賛成を得る（309）</th></tr>
<tr><td>招集手続の省略（300）
　株主の全員の同意（株主は出席の必要なし）</td><td>省略できない</td><td>原則：省略できる
例外：省略できない
　　　（書面決議・電子投票を認める場合〔300ただし書〕）</td><td>省略できない</td></tr>
<tr><td>株主総会決議の省略（319）
　取締役・株主の提案について，株主の全員が書面または電磁的記録により同意の意思表示をしたとき</td><td colspan="3">省略できる</td></tr>
<tr><td>株主総会への報告の省略（320）
　取締役が株主全員に報告事項を通知し，株主の全員が書面または電磁的記録により同意の意思表示をしたとき</td><td></td><td>省略できる</td><td>省略できない</td></tr>
</table>

03 定時株主総会において株主へ提供される計算書類, 事業報告

		株主総会招集通知に際して提供 (437)*1	株主総会において 承認 (438Ⅱ)	株主総会において 報告 (438Ⅲ)
計算書類	貸借対照表	○	○*2	×*2
	損益計算書			
	株主資本等変動計算書			
	個別注記表			
計算書類の付属明細書		×	×	×
事業報告		○	×	○
事業報告の付属明細書		×	×	×

*1 書面投票・電子投票を採用する株主総会と議決権を有する株主が1,000人以上の会社の場合は, さらに, 株主総会参考書類, 議決権行使書面・電磁的手段の交付も必要 (301Ⅰ).
*2 以下の(i)～(iv)をみたせば, 株主総会の承認は不要で, 内容の報告をすれば足りる (439, 会社計算規135).
  i. 会計監査人による会計監査報告に無限定適正意見が記載され,
  ii. 監査報告に会計監査人の監査の方法または結果を相当でないと認める意見がなく,
  iii. 承認特則規定に規定する計算関係書類が監査役, 監査委員の監査を受けたものとみなされたものではなく,
  iv. 取締役会を設置していること.

04 取締役, 会計参与, 監査役, 会計監査人, 執行役の任期

		取締役 (332)	会計参与 (334)	監査役 (336)	会計監査人 (338)	執行役 (402) (委員会設置会社)
原則	非委員会設置会社	2年	2年	4年	1年 ※定時株主総会で別段の決議がない場合, 再任とみなされる	―
	委員会設置会社	1年	1年	―	同上	1年
任期の短縮の可否		定款または株主総会の決議により可能	定款または株主総会の決議により可能	不可 (ただし, 定款によって, 退任監査役の補欠である監査役の任期を退任監査役の任期満了時までとすることができる)	不可	定款により可能
任期の伸長の可否 (非公開会社)		定款により, 10年まで伸長可能 (委員会設置会社を除く)	定款により, 10年まで伸長可能 (委員会設置会社を除く)	定款により, 10年まで伸長可能	不可	不可
特別な理由による任期の満了		・委員会をおく旨の定款変更 ・委員会設置の定めを廃止する定款変更 ・全株式譲渡制限の定めを廃止する定款変更 (委員会設置会社を除く)	・委員会をおく旨の定款変更 ・委員会設置の定めを廃止する定款変更 ・全株式譲渡制限の定めを廃止する定款変更 (委員会設置会社を除く) ・会計参与設置の定めを廃止する定款変更	・監査役設置の定めを廃止する定款変更 ・委員会をおく旨の定款変更 ・監査役の監査権限を会計監査に限定する定めを廃止する定款変更 ・全株式譲渡制限の定めを廃止する定款変更	会計監査人設置の定めを廃止する定款変更	委員会設置の定めを廃止する定款変更

05 役員の選解任・任期比較

		取締役	会計参与	監査役	会計監査人	執行役
選任	決議	株主総会普通決議（329Ⅰ，341）				取締役会決議（402Ⅱ）
	定足数	3分の1未満にすることができない（341）			軽減の制限なし	過半数（369Ⅰ）
任期	原則	2年 ただし，定款または株主総会の決議により短縮可（332Ⅰ，334Ⅰ）	4年（336Ⅰ） 短縮不可		1年（338Ⅰ） 株主総会で別段の決議がなされなかったときは，再任されたものとみなす（338Ⅱ）	1年 ただし，定款により短縮可（402Ⅶ）
	非公開会社	10年まで伸長可 ただし，委員会設置会社を除く（332Ⅱ，334Ⅰ）	10年まで伸長可（336Ⅱ）			
	委員会設置会社	1年（332Ⅲ，334Ⅰ）	―			
解任	原則	株主総会普通決議（339Ⅰ，341）		株主総会特別決議（309Ⅱ⑦，343Ⅳ）	株主総会普通決議（339Ⅰ，341）	取締役会決議（403Ⅰ）
	例外	累積投票で選任された取締役の解任は株主総会特別決議（309Ⅱ⑦，342Ⅵ）	なし	なし	監査役，監査役会または監査委員全員の同意でも解任可（340）	なし

06 親子会社間の役員等の兼任禁止規定

親会社 子会社		取締役			会計参与	監査役		会計監査人
		原則	社外取締役	監査委員		原則	社外監査役	
取締役	原則	○	現在または過去の子会社の業務執行取締役は，親会社の社外取締役不可（2⑮）	×（400Ⅳ）	親会社の会計参与は欠格（333Ⅲ①）	×（335Ⅱ）	過去に子会社の取締役等だった者は，親会社の社外監査役は不可（2⑯）	親会社の会計監査人は欠格（337Ⅲ②）
	社外取締役	○		○				
	監査委員	○		○				
会計参与		○		×（400Ⅳ）	○			
監査役	原則			○	親会社の会計参与は欠格（333Ⅲ①）	○	○	
	社外監査役			○		○	○	
会計監査人		子会社の会計監査人は欠格（337Ⅲ①）						○

○：兼任可
×：兼任禁止

07 代表者と使用人の権限等

	代表取締役（47Ⅰ括弧書）	代表執行役	支配人（10）	ある種類または特定の事項の委任を受けた使用人（14）
地位	【代表者】 ・代表者の行為は、会社自体の行為　代表権の範囲は、会社の業務の全部 ・会社の機関（委任契約）		【代理人】 ・代理人の行為は、会社の行為ではない　代理権の範囲は会社の業務の一部に限定 ・会社の被用者（雇用契約）	
選任・選定	株主総会が選任（329Ⅰ）取締役会が選定（362Ⅱ③、Ⅲ）	取締役会が選任（402Ⅱ）・選定（420Ⅰ）	取締役会が選任（362Ⅳ③）（委員会設置会社では執行役に委任可）	代表者（349）または支配人（11Ⅱ）が選任（重要な使用人は取締役会〔362Ⅳ③〕）
登記事項	代表取締役の氏名および住所（911Ⅲ⑭）	代表執行役の氏名および住所（911Ⅲ㉒ハ）	支配人の選任・解任（918）	なし
権限の範囲 代表権・包括的代理権	・株式会社の業務に関する ・いっさいの裁判上または裁判外の行為（349Ⅳ、420Ⅲ・349Ⅳ）		・本店または支店における ・いっさいの裁判上または裁判外の行為（11Ⅰ）	・当該事項に関する ・いっさいの裁判外の行為（14Ⅰ）（裁判上の権限なし）
権限の範囲 使用人の選解任	使用人の選任・解任権（349）（重要な使用人は取締役会が選任〔362Ⅳ③〕）	使用人の選任・解任権（416）	他の使用人の選任・解任権（11Ⅱ）	選任・解任権なし
権限の範囲 業務執行権	業務執行権（363Ⅰ①）	執行役として、業務執行権（418②）	―	
権限の範囲 業務執行の決定の委任	代表取締役が、取締役会から委任されうる事項は比較的狭い（362Ⅳ等）	代表執行役が、取締役会から委任されうる事項は比較的広い（416）	―	

08 代表者と使用人の義務と責任

		代表取締役	代表執行役	支配人（10）	ある種類または特定の事項の委任を受けた使用人（14）
競業禁止規定	規定の有無	あり（356Ⅰ①）	あり（419Ⅱ・356Ⅰ①）	あり（12Ⅰ②）	なし
競業禁止規定	損害額の推定規定	あり（423Ⅱ）		あり（12Ⅱ）	
営業禁止規定		なし		あり（12Ⅰ①）	
他の会社の使用人・取締役等になることの禁止規定				あり（12Ⅰ③④）	
利益相反取引等		利益相反取引（356Ⅰ②③、419Ⅱ） ※他の取締役等が相手方の場合も適用されるので、民法108よりも適用範囲が広い 【直接取引の相手方（取締役）との関係】 　会社は常に無効主張可 【第三者（含：間接取引の相手方）との関係】 　会社は、決議を欠いていることについて第三者が悪意・過失あることを立証した場合は、無効主張可（相対的無効）		自己契約・双方代理（民108） 無権代理として無効	
不法行為責任		会社自身の不法行為責任（350）		使用者責任（民715）	
表見責任		表見代表取締役（354）	表見代表執行役（421）	表見支配人（13）	なし

※　法令名の記載のない条文はすべて会社法をさす。

09 代表権違反の行為の効力・責任

	主体	要件	効果
代表権の制限	代表取締役	・内規による代表権制限 ・制限につき相手方善意	会社は，当該制限を相手方に対抗できない（349Ⅴ）
代表権の濫用	代表取締役	・代表取締役が自己の利益のために外形上会社の代表者として法律行為をしたこと ・代表取締役の真意につき，相手方悪意または善意有過失	民法93条ただし書類推適用により，当該法律行為は効力を生じない（最判昭和38年9月5日）
表見代表取締役	・取締役 ・使用人への類推適用（最判昭和35年10月14日）	・代表権限を有する名称付与 ・代表権限不存在につき相手方善意無重過失（最判昭和52年10月14日）	当該取締役の行為につき，会社は責任を負う（354）
登記変更懈怠	退任した代表取締役	・退任登記の懈怠 ・退任につき相手方善意	会社はすでに退任していることを対抗できない（908Ⅰ）
虚偽登記	代表取締役でないもの	・故意または過失による不実の登記 ・不実であることにつき相手方善意	不実であることを対抗できない（908Ⅱ）

10 手続の省略

	招集手続の省略	決議の省略	報告の省略
株主総会	株主全員の同意があるとき（300本文） ＊書面投票または電子投票について定めた場合は除く（300ただし書）	・取締役または株主が株主総会の目的である事項について**提案**をした場合で， ・当該提案につき株主（当該事項について議決権を行使できるものにかぎる）の**全員**が書面または電磁的記録により同意の意思表示をしたとき（319Ⅰ）	・取締役が株主の全員に対して株主総会に報告すべき事項を**通知**した場合で， ・当該事項を株主総会に報告することを要しないことにつき株主の**全員**が書面または電磁的記録により同意の意思表示をしたとき（320）
創立総会	設立時株主の全員の同意があるとき（69本文） ＊書面投票または電子投票について定めた場合は除く（69ただし書）	・発起人が創立総会の目的である事項について**提案**をした場合で， ・当該提案につき設立時株主（当該事項について議決権を行使できるものにかぎる）の**全員**が書面または電磁的記録により同意の意思表示をしたとき（82Ⅰ）	・発起人が設立時株主の全員に対して創立総会に報告すべき事項を**通知**した場合で， ・当該事項を創立総会に報告することを要しないことにつき設立時株主の**全員**が書面または電磁的記録により同意の意思表示をしたとき（83）
取締役会	取締役（監査役会設置会社にあっては，取締役および監査役）の全員の同意があるとき（368Ⅱ） ＊株主総会のような例外はない	・定款の定めに基づいて， ・取締役が取締役会の決議の目的である事項について**提案**をした場合において， ・当該提案につき取締役（当該事項について決議に加わることができるものにかぎる）の**全員**が書面または電磁的記録により同意の意思表示をしたとき（370） ＊監査役会設置会社で，監査役が当該提案について異議を述べたときを除く（370括弧書）	取締役，会計参与，監査役または会計監査人が取締役（監査役会設置会社にあっては，取締役および監査役）の全員に対して取締役会に報告すべき事項を**通知**したとき（372Ⅰ） ＊3か月に1回以上の職務執行状況報告は省略不可（372Ⅱ，363Ⅱ）
監査役会	監査役全員の同意があるとき（392Ⅱ） ＊株主総会のような例外はない	決議の省略は認められない	取締役，会計参与，監査役または会計監査人が監査役の全員に対して監査役会に報告すべき事項を**通知**したとき（395）
委員会	各委員会の委員の全員の同意があるとき（411Ⅱ） ＊株主総会のような例外はない	決議の省略は認められない	執行役，取締役，会計参与または会計監査人が委員の全員に対して委員会に報告すべき事項を**通知**したとき（414）

11 取締役の責任

責任の内容			要件			免除手続の有無	
			任務懈怠の立証責任・反証の可否	主観的要件	損害等	総株主の同意による責任の免除	一部免除
任務懈怠責任（423Ⅰ）	原則		請求者	過失責任 ＊役員等が善意・無過失について立証	請求者が損害の発生・額を立証	できる（424）	できる（425～427） ＊善意無重過失の場合
	競業取引（356Ⅰ①）				取引によって得た利益を損害額と推定（423Ⅱ）		
	利益相反直接取引（356Ⅰ②）	原則	任務懈怠を推定（423Ⅲ）役員等の反証は可能	過失責任 ＊役員等が善意・無過失について立証	請求者が損害の発生・額を立証		できる（425～427） ＊善意無重過失の場合
		自己のために取引をした取締役		無過失責任（428Ⅰ）			できない（428Ⅱ）
	利益相反間接取引（356Ⅰ③）			過失責任 ＊役員等が善意・無過失について立証			できる（425～427） ＊善意無重過失の場合
利益供与に関する責任（120Ⅳ）	原則		―	過失責任 ＊役員等が善意・無過失について立証	供与した利益の価額に相当する額（120Ⅳ）	できる（120Ⅴ）	できない
	直接供与した取締役			無過失責任			
剰余金の配当等に関する責任（462Ⅰ）			―	過失責任 ＊役員等が善意・無過失について立証	交付を受けた金銭等の帳簿価額（462Ⅰ）	できる（462Ⅲ） ＊分配可能額が限度	できない
対第三者責任（429）	原則（429Ⅰ）		請求者	請求者が職務執行に関する悪意・重過失について立証	請求者が損害の発生・額を立証	できない	
	書類等の虚偽記載・虚偽登記等の場合（429Ⅱ）		要件をみたせば，役員等の反証はできない	役員等が善意・無過失について立証＊429条1項と異なり，軽過失でも責任あり			

12 取締役の責任免除制度

	要件		対象			開示
	決定方法	監査役・監査委員の同意等	対象となる行為	対象となる役員等	主観的要件	
全部免除	総株主の同意（424, 120Ⅴ, 462Ⅲただし書）	不要	・任務懈怠（424） ・利益供与（120Ⅴ） ・違法な剰余金分配（462Ⅲただし書）等	すべての役員等	故意・重過失も免責可能	不要
一部免除（最低責任限度額を超える部分についての免除）	株主総会特別決議（425, 309Ⅱ⑧）	株主総会への議題提出につき，監査役設置会社では監査役全員の，委員会設置会社では監査委員全員の同意が必要（425Ⅲ）	任務懈怠（ただし428の場合を除く）	すべての役員等	軽過失のみ免責可能	株主総会で開示（425Ⅱ）
	定款 ＋ 取締役会（取締役の過半数の同意）の決議（426）	ⅰ取締役の責任の免除に関する定款変更の議案提出，ⅱ取締役会における免除議案提出または取締役の同意を取得することにつき，監査役設置会社では監査役全員の，委員会設置会社では監査委員全員の同意が必要（426Ⅰ，Ⅱ） ＊総株主の議決権の100分の3以上を有する株主が異議を述べたときは免除不可（426Ⅴ）				免除について株主に通知または公告（非公開会社では通知のみ）（426Ⅲ）
	定款 ＋ 責任限定契約（427）	社外取締役との責任限定契約に関する定款変更の株主総会への議案提出につき，監査役設置会社では監査役全員の，委員会設置会社では監査委員全員の同意が必要（427Ⅲ・425Ⅲ）		社外取締役 社外監査役 会計参与 会計監査人（427Ⅰ）		任務懈怠による損害を知った後の最初の株主総会で開示（427Ⅳ）

第7編 計算

正誤チェック　　　　　　　　　　　　　　　論点ランクA

〔No.71〕
株式会社の計算に関する次のアからオまでの各記述のうち，誤っているものを組み合わせたものは，後記1から5までのうちどれか。

ア．準備金を株主総会の普通決議により減少させて，減少する準備金の額の全部を資本金に組み入れる場合，会社債権者は，準備金の減少について異議を述べることができない。

イ．判例によれば，新株発行を行う旨の取締役会決議がなされたことから，株主が，株式会社が新株発行によって得る資金の使途を調査する目的で，会計帳簿および会計資料の閲覧・謄写を請求する場合，閲覧・謄写請求書面に「予定されている新株の発行その他会社財産が適正妥当に運用されているかどうかにつき」と記載すれば，請求の理由を具体的に記載したものといえる。

ウ．判例によれば，公開会社でない株式会社の株式を相続により取得した株主が，指定買取人との間での株式売買価格の協議に向けて株式評価を正確に行う目的で，会計帳簿の閲覧・謄写請求をした場合，会社は，特段の事情が存しないかぎり，これを拒絶できない。

エ．判例によれば，株主が，会計帳簿の閲覧請求をする場合，請求の理由を具体的に記載する必要があるが，請求の理由を基礎づける事実が客観的に存在することの立証までは不要である。

オ．A株式会社の株主が，A株式会社に対して会計帳簿の閲覧謄写請求をした場合において，当該株主がA株式会社の業務と実質的に競争関係にあるB株式会社の株主であるときは，A株式会社は当該請求を常に拒絶することができる。

1．ア ウ　　2．ア エ　　3．イ エ　　4．イ オ　　5．ウ オ

類題

H19-45,
24-46（予23）

| No.71 | 正解 | 4 | 誤っているものは，イ，オ | 計算 |

正答率 60　80

| ア 正しい | 株式会社が資本金または準備金の額を減少する場合，従来不可能だった株主への財産分配が可能となり，会社財産の流出が容易化するかたちで会社債権者に不利益を与えることになるから，会社債権者は，会社に対し異議を述べることができるのが原則である（会社449条1項柱書本文）。もっとも，**減少する準備金の額の全部を資本金とする場合は，会社債権者にこのような不利益を与えないから，会社債権者は異議を述べることができない**（449条1項柱書括弧書）。よって，本記述は正しい。＊神田・会社271頁。江頭・会社613頁。

| イ 誤り | 株主が株式会社の会計帳簿またはこれに関する資料の閲覧・謄写請求をするためには，請求の理由を明らかにしてしなければならない（433条1項柱書後段）。会社が，閲覧を求める理由を認識し，閲覧させる範囲を判断できるようにするためである。判例（最判平成2年11月8日）は，本記述と同様の事例において，「**予定されている新株の発行その他会社財産が適正妥当に運用されているかどうかにつき**」と記載しただけでは，請求の理由を具体的に記載したものとはいえないとしている。よって，本記述は誤りである。＊神田・会社253頁。江頭・会社650頁。

| ウ 正しい | 判例（最判平成16年7月1日〔判例シリーズ80事件〕）は，本記述のような会計帳簿の閲覧・謄写請求は，「特段の事情が存しない限り，**株主等の権利の確保又は行使に関して調査をするために行われたものであって，第1号〔会社法433条2項1号〕所定の拒絶事由に該当しない**」としている。よって，本記述は正しい。＊前田・会社575頁。

| ★エ 正しい | 株主が株式会社の会計帳簿またはこれに関する資料の閲覧・謄写請求をするためには，請求の理由を明らかにしてしなければならない（433条1項柱書後段）。そして，判例（前掲最判平成16年7月1日）は，「請求の理由は，具体的に記載されなければならないが，上記の請求をするための要件として，その記載された**請求の理由を基礎付ける事実が客観的に存在することについての立証を要すると解すべき法的根拠はない**」としている。よって，本記述は正しい。＊江頭・会社650頁。

| ★オ 誤り | 株主が株式会社の会計帳簿またはこれに関する資料の閲覧・謄写請求をした場合において，**当該株主が当該株式会社の業務と実質的に競争関係にある事業を営み，またはこれに従事する者であるときは，当該株式会社は当該請求を拒むことができる**（433条2項3号）。したがって，当該株主が，A株式会社と実質的に競争関係にあるB株式会社の株主であるにすぎない場合は，A株式会社は，当該請求を拒絶することができないのが原則である。よって，本記述は誤りである。＊浜田・キーワード会社167頁。

アドバイス

本問は，株式会社の計算に関する知識を問う問題である。計算の分野については，苦手意識をもっているかもしれないが，細かい知識に惑わされず，基本的な条文・判例をおさえるとともに，なぜそのような規定がされているのか，なぜ判例がそのような判断をしたのか，ということを考えることが重要である。

復習用文献

神田・会社251～273頁。
江頭・会社647～652頁。
試験対策講座・会社法9章1節，2節。
判例シリーズ80事件。
条文シリーズ・会社法433条，449条。

| 正誤チェック | | | | 論点ランクA |

〔No.72〕
　株式会社の規律に関する次の1から5までの各記述のうち，会社債権者の保護を目的としないものはどれか。
　1．会社法は，一定の場合に，計算書類等の閲覧・謄本交付請求を認めている。
　2．分配可能額が存在しても，純資産額が300万円を下回る場合には，剰余金の配当ができない。
　3．自己株式の取得には，財源規制がかかる。
　4．会社法は，一定の場合に，会計帳簿の閲覧・謄写請求を認めている。
　5．会社法は，資本金・準備金の制度を設けている。

類題
　な　し

| No.72 正解 | 4 | 会社債権者保護のための規律 |

正答率 60　80

アドバイス

本問は，会社債権者保護のための制度を問う問題である。会社法全体を横断的に把握し，それぞれの制度趣旨を理解している必要があるといえよう。このように制度趣旨を考える勉強は論文式試験の勉強にもなることから，普段の勉強においても暗記のみに偏ることなく思考をめぐらせる勉強をしてもらいたい。

復習用文献

神田・会社255～262頁，267～273頁，277～281頁。
江頭・会社606～610頁，624～630頁。
試験対策講座・会社法9章。
条文シリーズ・会社法433条，442条，458条，461条，911条。

---

1 会社債権者の保護を目的とする
株主および会社債権者は，株式会社の営業時間内は，いつでも，計算書類等の閲覧・謄本交付請求をすることができる（会社442条3項1号，2号）。これにより，会社債権者は，株式会社の財産状況を知ることができる。よって，本記述の制度は，会社債権者の保護を目的とする。

2 会社債権者の保護を目的とする
かつて存在した最低資本金制度（設立時から解散時までの資本金額規制）が廃止されるにあたり，株主に会社財産の過度な分配がなされ，会社債権者の利益を害するおそれがあるとの懸念が生じた。そこで会社法は，会社債権者保護の観点から，純資産額が300万円を下回る場合には，分配可能額が存在しても，剰余金の配当をすることができないこととした（458条）。よって，本記述の制度は，会社債権者の保護を目的とする。

★3 会社債権者の保護を目的とする
自己株式の取得は，株式会社の財産を会社債権者に先立って株主に払い戻すものであるから，剰余金の配当と同様に，資本維持の観点から一定の制限を加えざるをえない。そこで，会社法は，自己株式の取得により株主に対して交付する金銭等の帳簿価額の総額は，取得の効力発生日における分配可能額を超えてはならないと規定している（財源規制，461条1項）。そして，財源規制の趣旨は，会社債権者の株主に対する優先権を確保することにある。よって，本記述の制度は，会社債権者の保護を目的とする。

★4 会社債権者の保護を目的としない
株主は，取締役に対する違法行為差止請求（360条1項）等により，取締役の業務執行を監督・是正することができるが，その有効・適切な行使のためには，会社の業務や財産状況についての正確な理解が不可欠である。このことから，会社法は，株主に会計帳簿の閲覧・謄写請求権を認めた（433条1項）。この請求権は，株主の経営監督権の実効性確保のための権利であるから，会社債権者には認められていない（433条参照）。よって，本記述の制度は，会社債権者の保護を目的としない。

5 会社債権者の保護を目的とする
資本金・準備金は，会社の純資産額が資本金と準備金の合計額を上回る場合にのみ株主への配当を許すというかたちで，会社債権者保護のためのいわゆるバッファー（緩衝装置）としての機能を担っている。資本金の額は，登記と貸借対照表により公示・公開される（911条3項5号，会社計算規76条2項）。準備金の額は，登記は不要であるが，貸借対照表により公開される（76条4項，5項）。これらの公示・公開は，会社債権者の投資判断の基礎となる。よって，本記述の制度は，会社債権者の保護を目的とする。

正誤チェック　　　　　　　　　　　　　　　論点ランクB

〔No.73〕
　会社の計算書類等に関する次のアからオまでの各記述のうち，誤っているものを組み合わせたものは，後記1から5までのうちどれか。
　ア．株式会社は，法務省令で定めるところにより，各事業年度にかかる計算書類として貸借対照表，損益計算書，株主資本等変動計算書および個別注記表を作成するとともに，事業報告ならびにこれらの附属明細書を作成しなければならない。
　イ．会計監査人設置会社においては，各事業年度にかかる計算書類および事業報告ならびにこれらの附属明細書は，法務省令で定めるところにより，会計監査人の監査を受けなければならない。
　ウ．取締役会設置会社においては，計算書類および事業報告ならびにこれらの附属明細書について，取締役会の承認を受けなければならない。
　エ．取締役は，監査を受けた計算書類を定時株主総会に提出し，その承認を受けなければならないが，取締役会設置会社である会計監査人設置会社においては，計算書類が法令および定款に従い株式会社の財産および損益の状況を正しく表示しているものとして法務省令で定める要件に該当する場合には，取締役会の承認を受け，当該計算書類の内容を定時株主総会に報告すれば足りる。
　オ．有価証券報告書提出会社である大会社は，その会社およびその子会社から成る企業集団の財産および損益の状況を示すために，連結計算書類を作成することができる。

1．ア　ウ　　2．ア　エ　　3．イ　エ　　4．イ　オ　　5．ウ　オ

類題

H20-36,
22-46

| No.73 正解 | 4 | 誤っているものは，イ，オ | 計算書類等の作成・監査・承認 |

正答率 60　80

★ア　正しい
株式会社は，法務省令で定めるところにより，各事業年度にかかる計算書類（貸借対照表，損益計算書，更に法務省令で定めるものとして株主資本等変動計算書，個別注記表）および事業報告ならびにこれらの附属明細書を作成しなければならない（会社435条2項，会社計算規59条1項）。よって，本記述は正しい。

イ　誤り
会計監査人設置会社は，各事業年度にかかる計算書類とその附属明細書については，監査役（委員会設置会社では監査委員会）と会計監査人の両方の監査を受けなければならず（会社436条2項1号），事業報告とその附属明細書については，監査役（委員会設置会社では監査委員会）の監査を受けなければならない（436条2項2号）。すなわち，事業報告とその附属明細書については，会計監査人の監査を受ける必要はない。よって，本記述は誤りである。

ウ　正しい
取締役会設置会社においては，計算書類および事業報告ならびにこれらの附属明細書（436条1項および2項の監査を受けたもの）につき，取締役会の承認を受けなければならない（436条3項）。よって，本記述は正しい。

エ　正しい
取締役は，原則として，監査を受けた計算書類および事業報告を定時株主総会に提出し（438条1項），計算書類については定時株主総会の承認を受け（438条2項），事業報告についてはその内容を定時株主総会に報告しなければならない（438条3項）。ただし，取締役会設置会社である会計監査人設置会社では，計算書類が法令および定款に従い株式会社の財産および損益の状況を正しく表示しているものとして法務省令で定める要件（会社計算規135条）に該当する場合には，例外的に，株主総会の承認を求める必要はなく，取締役会の承認で確定することができる（会社439条前段，436条3項）。これは，会計監査人が監査することで内容の適法性が担保されるうえ，会計監査人設置会社の計算書類の内容が複雑なため株主総会による決定になじまないからである。そして，この場合においては，取締役は，当該計算書類の内容を定時株主総会に報告しなければならない（439条後段）。よって，本記述は正しい。

オ　誤り
444条3項は，「事業年度の末日において大会社であって金融商品取引法第24条第1項の規定により有価証券報告書を内閣総理大臣に提出しなければならないものは，当該事業年度に係る連結計算書類を作成しなければならない」としている。これは権利ではなく義務である。よって，本記述は誤りである。

アドバイス

本問は，計算書類等の作成・監査・承認に関する知識を問う問題である。比較的細かい知識を問うものであり，必ずしもすべての記述につき知識をおさえておかなければならないものではない。もっとも，組合せ問題であることから，何とか正解を導くことは可能であると思われる。

復習用文献

神田・会社255～267頁。
江頭・会社547～573頁。
試験対策講座・会社法9章1節。
条文シリーズ・会社法435条，436条，438条，439条，444条。

正誤チェック　　　　　　　　　　　　　　　　　論点ランクB

〔No.74〕
計算書類等に関する次の1から5までの各記述のうち，誤っているものはどれか。
1．会計監査人設置会社は，各事業年度にかかる連結計算書類を作成することが認められている。
2．株式会社は，その成立の日における貸借対照表を作成しなければならない。
3．会計参与設置会社においては，取締役または執行役と会計参与とが共同して，計算書類および事業報告ならびにこれらの附属明細書を作成しなければならない。
4．大会社は，原則として定時株主総会の終結後遅滞なく，貸借対照表および損益計算書を公告しなければならない。
5．取締役会設置会社においては，取締役は，定時株主総会の招集の通知に際して，法務省令で定めるところにより，株主に対し，取締役会の承認を受けた計算書類および事業報告（監査役，監査委員会または会計監査人の監査がなされた場合には，監査報告または会計監査報告を含む）を提供しなければならない。

類題
H20-36,
22-46

No.74	正解	3	計算書類等

正答率 60　80

1 正しい
会計監査人設置会社は，法務省令で定めるところにより，各事業年度にかかる連結計算書類を作成することが認められている（会社444条1項）。これは，連結計算書類を作成することができる会社を，会計の専門的知識を有する会計監査人が設置されている会社に限定するのが適切だからである。よって，本記述は正しい。
＊江頭・会社550頁。前田・会社612頁。

★2 正しい
株式会社は，法務省令で定めるところにより，その成立の日における貸借対照表を作成しなければならない（435条1項）。よって，本記述は正しい。
＊神田・会社256頁。

3 誤り
会計参与は，取締役または執行役と共同して，計算書類およびその附属明細書，臨時計算書類ならびに連結計算書類を作成する（374条1項前段，6項）。したがって，事業報告の作成は含まれない。よって，本記述は誤りである。
＊江頭・会社503～504頁。

★4 正しい
株式会社は，法務省令で定めるところにより，定時株主総会の終結後遅滞なく，貸借対照表（大会社にあっては，貸借対照表および損益計算書）を公告しなければならない（440条1項）。よって，本記述は正しい。＊江頭・会社574頁。

5 正しい
取締役会設置会社においては，取締役は，定時株主総会の招集の通知に際して，法務省令で定めるところにより，株主に対し，取締役会の承認を受けた計算書類および事業報告を提供しなければならず，監査役，監査委員会または会計監査人の監査がなされた場合には，監査報告または会計監査報告をも提供しなければならない（437条）。よって，本記述は正しい。＊江頭・会社570～571頁。

アドバイス

本問は，計算書類等に関する知識を問う問題である。いずれも比較的細かい条文知識が問われているといえよう。もっとも，2，4はおさえておくべき条文知識である。また，3は，会計参与設置の趣旨やその職務内容について理解していれば正誤の判断はつくはずであり，5も，株主の権利行使のために情報提供が重要であるという基本的視点より，正しいであろうという判断が可能である。細かい知識を暗記しようとするのではなく，既存の知識から正解を導くことができることをわかってもらいたい。

復習用文献

神田・会社255～267頁。
江頭・会社547～573頁。
試験対策講座・会社法9章1節。
条文シリーズ・会社法435条，437条，440条，444条。

正誤チェック　　論点ランクB

〔No.75〕
株式会社の資本金・準備金の額の減少に関する次のアからオまでの各記述のうち，会社債権者の保護を目的としないものを組み合わせたものは，後記1から5までのうちどれか。

ア．株式会社が資本金の額を減少するためには，原則として，株主総会の特別決議を要する。

イ．株式会社が資本金・準備金の額を減少する場合，原則として，当該株式会社は，計算書類に関する事項として法務省令で定めるものを官報に公告しなければならない。

ウ．株式会社が準備金の額を減少し，減少する準備金の額の全部または一部を資本金に組み入れるには，原則として，株主総会の普通決議を要する。

エ．株式会社が資本金の額を減少する場合，その効力発生日は，必ずしも株主総会決議において定めた「資本金の額の減少が効力を生じる日」にかぎられない。

オ．資本金・準備金の額の減少にあたって，株式会社は，一定の場合に信託会社に相当の財産を信託しなければならない。

1．アウ　　2．アエ　　3．イウ　　4．イオ　　5．エオ

類題
H18-47,
19-45,
20-46,
24-46（予23）

| No.75 正解 | 1 | 会社債権者の保護を目的としないものは，ア，ウ | 資本金・準備金の額の減少(1) |

正答率 60　80

ア 会社債権者の保護を目的としない	株式会社が資本金の額を減少するためには，原則として，株主総会の特別決議が必要である（会社447条1項，309条2項9号）。資本金の額の減少が会社の基礎的変更であることから，出資者たる株主の意思を問う必要があるためである。よって，本記述は会社債権者の保護を目的としない。＊神田・会社271頁。
イ 会社債権者の保護を目的とする	株式会社が資本金・準備金の額を減少する場合，当該株式会社は，計算書類に関する事項として法務省令で定めるものを官報に公告しなければならない（449条2項2号，会社計算規152条）。債権者に，資本金・準備金の額の減少に異議を述べるかどうかの判断の機会を与えるためである。よって，本記述は会社債権者の保護を目的とする。＊前田・会社584頁。
ウ 会社債権者の保護を目的としない	株式会社が準備金の額を減少するためには，原則として，株主総会の普通決議が必要である（会社448条1項）。減少する準備金の額の全部または一部を資本金とする場合には，その旨および資本金とする額をも決議しなければならない（448条1項2号）。なぜならば，①減少させた準備金を資本金に組み入れることにより，新たに準備金を積み立てる必要が生じたり，積み立てるべき金額が増加したりすることがあり，かつ，②欠損が生じた場合の填補の手続が厳格になる点で，株主に対する財産分配が困難になる効果を生じさせるからである。よって，本記述は会社債権者の保護を目的としない。＊江頭・会社612〜613頁。
エ 会社債権者の保護を目的とする	株式会社が資本金の額を減少する場合，その効力発生日は，原則として，株主総会の決議によって定める「資本金の額の減少がその効力を生じる日」である（449条6項1号，447条1項3号）。しかし，その時点で債権者異議手続が終了していない場合には，会社債権者保護の観点から，債権者異議手続が終了するまで，資本金の額の減少の効力は生じない（449条6項柱書ただし書）。よって，本記述は会社債権者の保護を目的とする。＊江頭・会社639頁。前田・会社588頁。
★オ 会社債権者の保護を目的とする	会社債権者が449条1項の定める債権者異議手続において異議を述べた場合，株式会社は，当該債権者に対し，弁済し，もしくは相当の担保を提供し，または当該債権者に弁済を受けさせることを目的として信託会社等に相当の財産を信託しなければならない（449条5項）。これは，当該債権者に弁済を受けさせることを目的としたものである。よって，本記述は会社債権者の保護を目的とする。＊神田・会社272頁。

アドバイス

本問は，資本金および準備金の額の減少に関する知識を問う問題である。本問では，そもそもなぜこのような規定があるのか，これらの規定が債権者保護に資するのか，を考えれば正解を導くことは容易であろう。普段から考える勉強をしているかどうかが問われているといえよう。

復習用文献

神田・会社270〜273頁。
江頭・会社606〜613頁。
試験対策講座・会社法9章2節。
条文シリーズ・会社法447条，448条，449条。

正誤チェック　　　　　　　　　　　　　　　　　　　論点ランクB

〔No.76〕
　資本金・準備金の額の減少に関する次のアからオまでの各記述のうち，正しいものを組み合わせたものは，後記1から5までのうちどれか。
　ア．定時株主総会において，定時株主総会の日における欠損の額として法務省令で定める方法により算定される額を超えない範囲で資本金の額を減少する旨の決議をする場合には，普通決議で足りる。
　イ．定時株主総会において，定時株主総会の日における欠損の額として法務省令で定める方法により算定される額を超えない範囲で準備金の額を減少する旨の決議をする場合でも，債権者の利益を考慮し，債権者異議手続を経ることを要する。
　ウ．準備金については，資本金と異なり，形成訴訟としての無効の訴えの制度は存在しないが，資本金と同様に登記制度は存在する。
　エ．資本準備金は，欠損填補のためにその額を減少することができる。
　オ．株式会社が，資本金の減少と同時に株式の発行を行う結果，資本金の減少の効力発生日後の資本金の額が効力発生日前の資本金の額を下回らないときでも，資本金の減少には株主総会の普通決議を要し，取締役の決定または取締役会の決議では足りない。

1．アイ　　2．アエ　　3．イオ　　4．ウエ　　5．ウオ

類題

H18-47,
19-45,
20-46,
24-46(予23)

| No.76 正解 | 2 | 正しいものは、ア、エ | 資本金・準備金の額の減少(2) |

正答率 60 80

| ア 正しい | 定時株主総会において、定時株主総会の日における欠損の額として法務省令で定める方法により算定される額を超えない範囲で資本金の額を減少する旨の決議をする場合には、新たに分配可能額を生じさせず、会社の一部清算という性格が乏しいことから、普通決議で足りる（会社447条1項、309条2項9号ロ）。よって、本記述は正しい。 |

| イ 誤り | 定時株主総会において、定時株主総会の日における欠損の額として法務省令で定める方法により算定される額を超えない範囲で準備金の額を減少する旨の決議をする場合には、債権者異議手続を経ることを要しない（449条1項ただし書）。よって、本記述は誤りである。 |

| ウ 誤り | 準備金については、資本金とは異なり、形成訴訟としての無効の訴えの制度は存在せず、準備金の額の減少の手続に瑕疵があれば、会社債権者は、株主に対する金銭支払請求訴訟等のなかで、準備金の額の減少の無効を主張できる（828条1項5号参照）。したがって、前段は正しい。他方、準備金は、資本金と異なり登記事項ではない（911条3項5号参照）。したがって、後段は誤りである。よって、本記述は誤りである。 |

| エ 正しい | 株式会社は、「準備金」（445条4項）に含まれる資本準備金の額を減少することができ（448条1項柱書前段）、その目的に制限はない。したがって、欠損填補のために資本準備金を減少することができる。よって、本記述は正しい。 |

| オ 誤り | 株式会社が株式の発行と同時に、資本金の額を減少する場合において、当該資本金の額の減少の効力が生ずる日後の資本金の額が当該日前の資本金の額を下回らないときは、取締役の決定（取締役会設置会社にあっては、取締役会の決議）で資本金の額を減少させることができるとされている（447条3項）。よって、本記述は誤りである。 |

アドバイス

本問は、資本金および準備金の減少に関する知識を問う問題である。いずれも比較的細かい条文知識が問われているため、知識不足だったかもしれない。もっとも、資本金および準備金がなぜ設けられているのか、その減少がだれにどのような影響を及ぼすのか、だれを保護すべきなのか等を考えれば正解を導くことはできる。普段から考える勉強をしているかどうかが問われるといえよう。

復習用文献

神田・会社270～273頁。
江頭・会社606～613頁。
試験対策講座・会社法9章2節。
条文シリーズ・会社法447条、448条、449条、911条。

正誤チェック　　　　　　　　　論点ランクA

〔No.77〕
剰余金の処分・配当に関する次のアからオまでの各記述のうち，誤っているものを組み合わせたものは，後記1から5までのうちどれか。

ア．会計監査人設置会社である監査役会設置会社においては，取締役の任期の末日が選任後1年以内に終了する事業年度のうち最終のものに関する定時株主総会の終結の日以前の日である場合には，定款の定めにより，剰余金の配当を株主総会ではなく，取締役会の権限とすることが認められる場合がある。

イ．譲渡制限株式の買取請求に応じたことにより期末に欠損が生じた場合に，当該買取りに関する職務を行った業務執行者が会社に対して当該欠損の額を支払う義務は，総株主の同意がある場合であっても，その全額については免除することはできない。

ウ．分配可能額を超えて剰余金の配当が行われた場合には，分配可能額の超過について善意の株主も，交付を受けた金銭等の帳簿価額に相当する金銭を株式会社に対して支払う義務を負う。

エ．配当財産の交付に要する費用は，株式会社の負担とするのが原則であるが，株主の責めに帰すべき事由によってその費用が増加したときは，その増加額は，株主の負担となる。

オ．分配可能額規制を超えて剰余金の配当が行われた場合に，業務執行者が会社に対して，当該交付された金銭等の帳簿価額に相当する金銭を支払う義務は，総株主の同意がある場合には，その全額につき免除することができる。

1．アイ　　2．アエ　　3．イオ　　4．ウエ　　5．ウオ

類題
H19-45,
20-36

| No.77 正解 | 3 | 誤っているものは，イ，オ | 剰余金の処分・配当(1) |

正答率 60　80

ア 正しい
剰余金の配当等に関する事項の決定は，原則として株主総会決議によるものとされる（会社454条1項）。しかし，①会計監査人設置会社で，②取締役の任期の末日が選任後1年以内に終了する事業年度のうち最終のものに関する定時株主総会の終結の日以前の日であること，および③監査役会設置会社であるか，または委員会設置会社であることという要件をみたせば，例外的に，定款の定めにより，取締役会決議によって決定することができる（459条1項4号，460条1項）。この定款の定めは，最終事業年度にかかる計算書類についての会計監査報告の内容に無限定適正意見が含まれており，かつ，当該会計監査報告にかかる監査役会・監査委員会の監査報告の内容として会計監査人の監査の方法・結果を相当でないと認める意見がない場合にかぎり，効力が認められる（459条2項，会社計算規155条）。よって，本記述は正しい。

イ 誤り
譲渡制限株式の買取請求に応じる等の会社法465条1項各号所定の行為により，株式会社に期末の欠損が生じたときは，その行為に関する職務を行った業務執行者は，連帯して，会社に対して当該欠損の額を支払う義務を負う。この業務執行者の義務は，総株主の同意がなければ免除することができない（465条2項）。この責任免除には，剰余金の配当に関する責任免除の場合（462条3項）とは異なり，分配可能額の限度という制限はない。したがって，期末に欠損が生じた場合に，業務執行者が会社に対して欠損の額を支払う義務は，総株主の同意がある場合，全額免除される。よって，本記述は誤りである。

★ウ 正しい
分配可能額規制を超えて剰余金の配当が行われた場合には，配当を受けた株主は，株式会社に対して，交付を受けた金銭等の帳簿価額に相当する金銭を支払う義務を負う（462条1項柱書，461条1項8号）。この義務を負う株主は，分配可能額の超過につき悪意の株主にかぎられない。よって，本記述は正しい。

エ 正しい
配当財産の交付に要する費用は，株式会社の負担とするのが原則であるが（457条2項本文），株主の責めに帰すべき事由によってその費用が増加したときは，その増加額は，株主の負担となる（457条2項ただし書）。よって，本記述は正しい。

オ 誤り
剰余金の配当等に関する責任は，総株主の同意がある場合にも，分配可能額を限度として免除することができるにすぎず，全額免除できるわけではない（462条3項ただし書）。よって，本記述は誤りである。

アドバイス

本問は，剰余金の処分および配当に関する知識を問う問題である。いずれも条文知識を問うものであるが，比較的細かい知識も問われている。特に，正解となるイとオについては，その場面の違いをきちんと意識しておく必要があろう。

復習用文献

神田・会社273～281頁。

江頭・会社618～635頁。

試験対策講座・会社法9章3節。

条文シリーズ・会社法454条，457条，462条，465条。

〔No.78〕
　剰余金の処分・配当に関する次のアからオまでの各記述のうち，正しいものを組み合わせたものは，後記1から5までのうちどれか。
　ア．会社法のもとでは，分配可能額の範囲内であれば配当の回数制限はなく，かつ株主の頭数に応じて配当財産を割り当てなければならない。
　イ．会社が剰余金の配当をしようとするときは，そのつど，株主総会の特別決議によって，配当財産の種類・帳簿価額の総額，株主に対する配当財産の割当てに関する事項，当該剰余金の配当がその効力を生ずる日を定めなければならない。
　ウ．配当財産の種類が金銭以外の財産であるときは，株主に対し金銭分配請求権を与える場合を除き，株主総会の特別決議が必要である。
　エ．剰余金の配当が効力を生じる日に分配可能額が存在しないにもかかわらず，剰余金の配当がなされた場合，会社債権者も，金銭等の交付を受けた株主に対して，その交付を受けた金銭等の帳簿価額に相当する金銭を，会社に対して有する債権額の範囲内で，支払わせることができる。
　オ．剰余金の配当が効力を生じる日に分配可能額が存在しないにもかかわらず，剰余金の配当がなされた場合でも，その職務を行った業務執行者等に，会社法上は刑事責任までは科されない。

1．アイ　　2．アエ　　3．イオ　　4．ウエ　　5．ウオ

類題

H19-45,
20-36

| No.78 正解 | 4 | 正しいものは、ウ、エ | 剰余金の処分・配当(2) |

正答率 60 80

ア　誤り
改正前商法のもとでは、利益配当の回数を通常の配当と中間配当との年2回にかぎっていた（改正前商法281条1項4号、293条の5）。しかし、分配可能額の範囲内で配当を行っているかぎり、このような回数制限を設ける合理的理由はない。そこで、会社法のもとでは、回数に制限を設けず、株式会社は、剰余金の配当が効力を生ずる日の分配可能額の範囲内という要件をみたすかぎり、一事業年度中に、回数の制限なく剰余金の配当を行うことができることとした。もっとも、剰余金の配当は、定款により剰余金の配当に関する種類株式を発行している場合（会社108条1項1号、108条2項1号）、または公開会社でない株式会社において株主ごとに異なる扱いを定めた場合（109条2項、105条1項1号）を除き、各株主に対し、その有する「株式の数に応じて」しなければならない（454条3項）。したがって、「株主の頭数に応じて」配当をしなければならないわけではない。よって、本記述は誤りである。

イ　誤り
会社が剰余金の配当をしようとするときは、そのつど、株主総会決議により、配当財産の種類および帳簿価額の総額（454条1項1号）、株主に対する配当財産の割当てに関する事項（454条1項2号）、当該剰余金の配当がその効力を生ずる日（454条1項3号）を定めなければならない。もっとも、この株主総会決議は、特別決議ではなく、普通決議で足りる。よって、本記述は誤りである。

ウ　正しい
配当財産の種類が金銭以外の財産であるときは、換金方法の難易が株主により異なる等の問題が起こりうることから、株主に対し金銭分配請求権を与える場合（454条4項1号、459条1項4号）を除き、株主総会の特別決議を要する（309条2項10号）。よって、本記述は正しい。

★エ　正しい
分配可能額を超過する剰余金の配当がなされた場合、会社は、株主に対し、同人が交付を受けた金銭等の帳簿価額に相当する金銭の支払を請求することができる（462条1項）。さらに、会社債権者も、当該株主に対し、同人が交付を受けた金銭等の帳簿価額に相当する金銭を、当該債権者が会社に対して有する債権額の範囲内で支払うよう請求することができる（463条2項）。よって、本記述は正しい。なお、会社債権者は、債権者代位権の場合（民423条1項）と同様、自己への直接給付を請求することができると解されている。

オ　誤り
業務執行者等は、法令または定款の規定に違反して、剰余金の配当をしたときには刑事責任が科される（会社963条5項2号）。そして、剰余金の配当が効力を生じる日に分配可能額が存在しないにもかかわらず、剰余金の配当をなすことは、461条1項の規定に違反するものである。よって、本記述は誤りである。

アドバイス

本問は、剰余金の処分および配当に関する知識を問う問題である。いずれの知識も、最終的にはきちんとおさえておくべき条文知識であるといえる。間違えた場合には、この機会に条文を確認し、知識を整理しておいてもらいたい。

復習用文献

神田・会社273〜281頁。

江頭・会社618〜635頁。

試験対策講座・会社法9章3節。

条文シリーズ・会社法454条、463条、963条。

正誤チェック　　論点ランクAA

〔No.79〕
剰余金の配当に関する次の1から5までの各記述のうち，正しいものはどれか。
1．株式会社は，その純資産額にかかわらず，剰余金の配当をすることができる。
2．会社法第461条第1項に規定する分配可能額を超えて，株式会社が剰余金の配当をした場合，当該行為により金銭等の交付を受けた株主は，当該株式会社に対し，分配可能額を超過した額に相当する金銭を支払う義務を負う。
3．会社法第461条第1項に規定する分配可能額を超えて，株式会社が剰余金の配当をした場合，当該行為により金銭等の交付を受けた株主は，分配可能額を超えることについての善意・悪意を問わず，分配可能額を超過した額に相当する金銭について，違法配当の責任を果たした取締役等からの求償の請求に応ずる義務を負う。
4．会社法第461条第1項に規定する分配可能額を超えて，株式会社が剰余金の配当をした場合，株主総会または取締役会にかかる議案を提案した取締役のみならず，当該行為に関する職務を行った業務執行者も，その職務を行うについて注意を怠らなかったことを証明すれば，違法配当に関して金銭を支払う義務を負わない。
5．会社法第461条第1項に規定する分配可能額を超えて，株式会社が剰余金の配当をした場合，総株主の同意があったとしても，当該行為に関する職務を行った業務執行者の当該株式会社に対する金銭支払義務を，免除することはできない。

類題
H19-45,
20-36

No.79　正解　4　　剰余金の配当

正答率　60　80

1 誤り
株式会社の<u>純資産額が300万円を下回る場合</u>には，株式会社は，<u>剰余金の配当をすることができない</u>（会社458条）。無条件に剰余金の配当をした場合，会社債権者の利益を害するおそれがあるためである。よって，本記述は誤りである。＊神田・会社276頁。宮島・会社356頁。

⭐2 誤り
分配可能額を超えて，株式会社が剰余金の配当をした場合，当該行為により金銭等の交付を受けた株主は，当該株式会社に対し，<u>交付を受けた金銭等の帳簿価額に相当する金銭を支払う義務を負う</u>（462条1項柱書）。本記述のように，分配可能額を超過した額とはされていない。よって，本記述は誤りである。＊神田・会社279〜280頁。

3 誤り
分配可能額を超えて，株式会社が剰余金の配当をした場合，当該行為により金銭等の交付を受けた株主は，分配可能額を超えることにつき<u>悪意である場合のみ</u>，当該株主が交付を受けた金銭等について，違法配当の責任を果たした取締役等からの求償に応ずる義務を負う（463条1項）。これは，善意で金銭等の交付を受けた株主を保護するためである。よって，本記述は誤りである。＊前田・会社634頁。

⭐4 正しい
分配可能額を超えて，株式会社が剰余金の配当をした場合，当該行為に関する職務を行った<u>業務執行者</u>および<u>株主総会または取締役会にかかる議案を提案した取締役</u>は，当該株式会社に対し，株主が交付を受けた金銭等の帳簿価額に相当する金銭を支払う義務を負う（462条1項柱書，462条1項6号）。しかし，それらの者は，<u>その職務を行うについて注意を怠らなかったことを証明したときには，当該義務を負わない</u>（過失責任。462条2項）。よって，本記述は正しい。＊神田・会社280頁。

5 誤り
461条1項に規定する分配可能額を超えて，株式会社が剰余金の配当をした場合，当該行為に関する職務を行った業務執行者は，当該株式会社に対し，交付を受けた金銭等の帳簿価額に相当する金銭を支払う義務を負う（462条1項柱書）。そして，この義務は，原則として免除することができない（462条3項本文）。ただし，<u>総株主の同意があれば，剰余金の配当をした時における分配可能額を限度として，免除することができる</u>（462条3項ただし書）。よって，本記述は誤りである。＊神田・会社280頁。

アドバイス

本問は，剰余金の配当に関する知識を問う問題である。基本的な条文知識を問うものであり，いずれの記述についても確実に正誤判断をできなければならない。間違えた場合には，条文をしっかりと確認しておいてもらいたい。

復習用文献

神田・会社273〜281頁。
江頭・会社618〜635頁。
試験対策講座・会社法9章3節。
条文シリーズ・会社法458条，461条，462条，463条。

第7編　計算　★一問一答問題

01 判例によれば、会計帳簿等の閲覧謄写請求をした株主に対して、会社が、会社法第433条第2項第3号の「請求者が当該株式会社の業務と実質的に競争関係にある事業を営み、又はこれに従事するものであるとき」にあたるものとして請求を拒絶するためには、当該株主に、閲覧謄写によって知りえた情報を自己の競業に利用するなどの主観的意図があることまで必要だと解すべきである。

02 剰余金の配当をする場合には、株式会社は、法務省令で定めるところにより、当該剰余金の配当により減少する剰余金の額に10分の1を乗じて得た額を資本準備金または利益準備金として計上しなければならない。

03 取締役会設置会社は、取締役会の決議により中間配当をすることができる旨を定款で定める場合において、定款に、剰余金の配当として、金銭以外の財産の配当をすることができる旨を定めることができる。

04 株式会社を設立する場合、最低資本金として1000万円が必要となる。

05 株式会社の資本金の額は、原則として、設立または株式の発行に際して株主となる者が当該株式会社に対して払込みまたは給付をした財産の額である。

06 貸借対照表は、一定の期間（事業年度）における株式会社が獲得した利益や被った損失を計算表示して、株式会社の経営成績を明らかにするものである。

07 資産の部がある貸借対照表の左側は、調達した資金の運用使途を示すものであり、負債の部と純資産の部がある貸借対照表の右側は、会社資金の調達方法を示すものである。

08 株式会社が募集株式の発行によって資金調達を行った場合、自己資本であるからその全額が純資産の部に計上されるが、社債の発行によって資金調達を行った場合は、他人資本であるからその全額が負債の部に計上される。

09 株式会社の親会社社員は、その権利を行使するため必要があるときは、裁判所の許可を得なくても、その会社の計算書類等について、閲覧・交付等の請求をすることができる。

第7編　計算　★一問一答問題解答

01 ×　判例（最決平成21年1月15日〔判例シリーズ80事件【関連】〕）は，改正前商法293条の7第2号（会社法433条2項3号）が，閲覧謄写請求により会社に損害が及ぶ抽象的な危険を未然に防止しようとする趣旨の規定であることを理由に，「会社の会計帳簿等の閲覧謄写請求をした株主につき同号に規定する拒絶事由があるというためには，当該株主が当該会社と競業をなす者であるなどの客観的事実が認められれば足り，当該株主に会計帳簿等の閲覧謄写によって知り得る情報を自己の競業に利用するなどの主観的意図があることを要しない」とする。

02 ○　剰余金の配当をする場合には，株式会社は，法務省令で定めるところにより，当該剰余金の配当により減少する剰余金の額に10分の1を乗じて得た額を資本準備金または利益準備金として計上しなければならない（445条4項）。＊神田・会社276頁。

03 ×　取締役会設置会社は，1事業年度の途中において1回にかぎり，取締役会の決議によって剰余金の配当（中間配当）をすることができる旨を定款で定めることができる（454条5項）。そして，当該剰余金の配当は，配当財産が金銭であるものにかぎり認められる（454条5項括弧書）。したがって，中間配当として，金銭以外の財産を配当することはできない。＊江頭・会社621頁。

04 ×　改正前商法では，株式会社につき1000万円，有限会社につき300万円の最低資本金の額が定められていたが，設立時にこの最低資本金額の拠出を要求することは起業の妨げになるとの批判があったことから，会社法において，最低資本金制度は廃止された。＊江頭・会社35〜36頁。神田・会社42頁。

05 ○　株式会社の資本金の額は，原則として，設立または株式の発行に際して株主となる者が当該株式会社に対して払込みまたは給付をした財産の額である（445条1項）。＊神田・会社268頁。江頭・会社608頁。

06 ×　貸借対照表は，一定の時点における株式会社の財産状態を明らかにする一覧表をいい，いわば会社財産の静態を明らかにするものである。本記述は損益計算書の説明であり，損益計算書とは，一定の期間（事業年度）に企業が獲得した利益または被った損失を算定する過程を，収益と費用を示して計算表示するものであり，株式会社の経営成績や収益状況，すなわち会社財産の動態を明らかにする役割を担うものである。＊江頭・会社582〜583頁，588頁。

07 ○　貸借対照表は，資産の部，負債の部，純資産の部に区分される（会社計算規73条1項）。そして，貸方とよばれる右側には負債の部と純資産の部があり，会社資金の調達方法が記載される。他方，借方とよばれる左側には資産の部があり，調達された資金の運用使途が記載される。すなわち，調達方法を右側に，運用使途を左側に記載することによって，貸借対照表の左右の合計は一致することとなる。＊弥永・会社373〜374頁。

08 ○　募集株式の発行により資金調達がなされた場合，自己資本として，払込みまたは給付された財産が純資産の部のうちの資本金という項目に計上されるのが原則であるが（会社445条1項），払込みまたは給付にかかる額の2分の1を超えない額は，資本金として計上しないことができ（445条2項），資本金として計上しないこととした額は資本準備金として計上しなければならない（445条3項）。もっとも，資本準備金も純資産の部のなかの項目であるから（会社計算規76条1項1号イ，2項3号，4項1号），結局は，全額が純資産の部に計上されることとなる。他方，社債の発行により資金調達がされた場合には，他人資本として負債の部に計上され，固定負債に区分される（75条1項2号，2項2号イ）。

09 ×　株式会社の親会社社員は，裁判所の許可を得て，計算書類等の閲覧・交付等の請求をすることができる（会社442条4項）。

10 取締役会設置会社が，剰余金の額を減少して準備金の額を増加するには，株主総会決議を経る必要がある。

11 株式会社は，その資本金の額が300万円を下回る場合であっても，株主に対し，剰余金の配当をすることができる。

12 剰余金の分配の財源とするために資本金の額を減少することはできない。

13 資本金の減少の無効の訴えの認容判決がなされた場合，当該資本金の減少はなかったものとみなされるため，すでになされた剰余金の配当もさかのぼって無効となる。

14 株式会社は，算定した資本準備金の額を登記および定款に記載しなくともよいが，貸借対照表に記載しなければならない。

15 株式会社は，配当財産を金銭以外の財産とすることができるが，当該株式会社の株式・社債・新株予約権を配当財産とすることはできない。

16 定時株主総会において，分配可能額の範囲内で剰余金の配当に関する事項が定められた場合には，当該剰余金の配当をした日の属する事業年度末に欠損が生じたとしても，剰余金の配当に関する職務を行った業務執行者は，当該会社に対して金銭支払義務を負わない。

10 ○	株式会社は，剰余金の額を減少して，準備金の額を増加することができる（451条1項柱書前段）。この場合には，取締役会設置会社であっても，株主総会決議によって，①減少する剰余金の額，②準備金の額の増加がその効力を生ずる日を決定しなければならない（451条2項，1項1号，2号，309条1項）。
11 ○	株式会社は，当該株式会社を除く株主に対し，剰余金の配当をすることができる（453条）。そして，会社法は，資本金の額を基準とする配当制限を予定していない。会社法が配当制限を予定するのは，純資産額が300万円を下回る場合についてである（458条）。
12 ×	株式会社は，株主総会の決議によって，資本金の額を減少することができる（447条1項）。そして，447条1項各号は資本金の額を減少する場合の決議事項を定めるが，減少目的については特に法定していない。したがって，剰余金の分配の財源とするために資本金の額を減少することは許される。
13 ×	資本金減少の無効の訴え（828条1項5号）の認容判決がなされた場合，資本金額の減少は将来に向かって効力を失う（839条）。したがって，すでになされた剰余金の配当についての分配可能額には何ら影響を与えず，それ以後の分配可能額が減少するだけである。
14 ○	資本準備金は資本金と異なり登記事項ではなく（911条3項参照），また定款記載事項でもない（27条，28条参照）。もっとも，株式会社は，資本準備金を貸借対照表に記載しなければならない（会社計算規76条4項1号）。
15 ○	株式会社が剰余金の配当をするときには，金銭以外の財産を配当財産とすることができる（会社454条1項1号）。もっとも，この場合に配当財産として当該会社の株式等を配当財産とすることはできない（454条1項1号括弧書）。そして，「株式等」とは株式，社債および新株予約権を意味する（107条2項2号ホ括弧書）。
16 ○	剰余金の配当に関する職務を行った業務執行者は，剰余金の配当に関する分配可能額規制（461条）を守っていた場合でも，当該剰余金の配当をした日の属する事業年度末に欠損が生じた場合には，会社に対し，分配額を上限とする欠損の額を支払う義務を負う（465条1項10号柱書）。もっとも，剰余金の配当に関する事項が定時株主総会において定められた場合には，当該業務執行者は欠損填補責任を負わない（465条1項10号イ）。

第7編　まとめ図・表

01 貸借対照表

科目	金額	科目	金額
（資産の部）		（負債の部）	
流動資産	×××	**流動負債**	×××
現金および預金	×××	支払手形	×××
受取手形	×××	買掛金	×××
売掛金	×××	短期借入金	×××
有価証券	×××	**固定負債**	×××
製品	×××	社債	×××
半製品・仕掛品	×××	長期借入金	×××
原材料・貯蔵品	×××	負債合計	×××
その他	×××		
固定資産	×××	（純資産の部）	×××
有形固定資産	×××	**株主資本**	×××
建物・構築物	×××	資本金	×××
機械装置	×××	資本剰余金	×××
工具器具備品	×××	資本準備金	×××
土地	×××	その他資本剰余金	×××
無形固定資産	×××	利益剰余金	×××
工業所有権	×××	利益準備金	×××
その他	×××	その他利益剰余金	×××
投資その他の資産	×××	任意積立金	×××
投資有価証券	×××	別途積立金	×××
子会社株式	×××	自己株式	△×××
繰延資産	×××	**評価・換算差額等**	×××
社債発行差金	×××	その他有価証券評価差額金	×××
		新株予約権	×××
		純資産合計	×××
資産合計	×××	負債および純資産合計	×××

02 資本金の増加

手続	株主総会の決議	債権者異議手続
準備金（資本準備金のみ）の資本組入れ（448Ⅰ）	普通決議（448Ⅰ，309Ⅰ）	不要
剰余金（その他資本剰余金のみ）の資本組入れ（450Ⅰ）	普通決議（450Ⅱ，309Ⅰ）	不要

03 資本金の減少

手続	株主総会の決議	債権者異議手続
準備金（資本準備金のみ）の増加（減資，447Ⅰ②）	特別決議（447Ⅰ②，309Ⅱ⑨）	必要（449）
剰余金の増加（減資，447Ⅰ）	原則　特別決議が必要（447Ⅰ，309Ⅱ⑨） 例外　株式会社が株式の発行と同時に資本金の額を減少する場合において，資本金の額を減少した後の資本金の額が資本金の額を減少する前の資本金の額以上である場合には取締役の決定（取締役会設置会社では取締役会の決議）で足りる（447Ⅲ）	必要（449）
定時株主総会において資本金の減少をする場合で，減資後も剰余金が生じないとき（減資，447Ⅰ）	普通決議（447Ⅰ，309Ⅱ⑨，309Ⅰ）	必要（449）

04 準備金の増加

手続	株主総会の決議	債権者異議手続
資本金の準備金（資本準備金のみ）への組入れ（447Ⅰ②）	特別決議（447Ⅰ，309Ⅱ⑨）	必要（449）
剰余金の準備金への組入れ（451）	普通決議（451Ⅱ，309Ⅰ）	不要

05 準備金の減少

手続	株主総会の決議	債権者異議手続
資本金の増加（448Ⅰ）	普通決議（448Ⅰ，309Ⅰ）	不要
剰余金の増加（準備金の額の減少手続，448）	原則　普通決議が必要（448Ⅰ，309Ⅰ） 例外　1. 株式を同時に発行する場合で，減資後の資本金の額が，減資前の資本金の額を超える場合は取締役の決定（取締役会設置会社では取締役会の決議）で足りる（448Ⅲ） 2. 剰余金の配当に関する機関の特則に関する定款の定めをおいている会社が，欠損額の範囲内で，準備金を減少させて剰余金を増加させる場合には取締役会の決議で足りる（459Ⅰ②）	原則　必要（449） 例外　定時株主総会において，定時株主総会の日における欠損の額を超えない範囲で準備金の額を減少する旨を決議する場合には不要（449Ⅰただし書）

第8編 定款の変更，解散・清算

正誤チェック　　　　　　　　　　　　　　論点ランクB

〔No.80〕
定款の変更に関する次の１から５までの各記述のうち，正しいものはどれか。
1．会社成立後に定款を変更するにあたっては，公証人による認証が必要である。
2．株式発行後に，当該発行株式について，自己株式を特定の株主から取得する場合の売主追加の議案変更請求権を排除する旨の定款変更を行う場合には，通常の定款変更手続のほか，定款に別段の定めのないかぎり，総株主の半数以上であって，総株主の議決権の４分の３以上にあたる多数の同意を得る必要がある。
3．公開会社でない株式会社において，剰余金配当請求権等につき株主ごとに異なる取扱いを行う旨の定款変更を行う場合，定款に別段の定めのないかぎり，当該株主総会において議決権を行使することができる株主の半数以上であって，当該株主の議決権の３分の２以上にあたる多数をもって行わなければならない。
4．種類株式発行会社でない株式会社が，定款を変更して，その発行する全部の株式の内容として取得条項付株式とする旨の定款の定めを設ける場合には，通常の定款変更手続のほか，定款に別段の定めのないかぎり，総株主の半数以上であって，総株主の議決権の４分の３以上にあたる多数の同意を得る必要がある。
5．取締役会設置会社にあっては，取締役会の決議により，単元株式数を減少する定款の変更をし，または単元株式数についての定款の定めを廃止することができる。

類題

な　し

No.80 正解	5	定款の変更

正答率 60 80

1 誤 り	会社設立時における定款の作成に公証人の認証が必要であるのとは異なり（会社30条1項），会社成立後の定款変更には公証人の認証は不要である。よって，本記述は誤りである。＊江頭・会社770頁。

2 誤 り	株式の発行後に，定款を変更して，当該株式について，自己株式を特定の株主から取得する場合の売主追加の議案変更請求権を排除する旨の定款の定めを設けるには，当該株式を有する株主全員の同意を得なければならない（164条2項，1項）。よって，本記述は誤りである。＊江頭・会社243～244頁。

★3 誤 り	非公開会社において，剰余金の配当請求権，残余財産分配請求権，株主総会の議決権につき株主ごとに異なる取扱いを行う旨の定款変更を行う場合の決議は，総株主の半数以上（これを上回る割合を定款で定めた場合にあっては，その割合以上）であって，総株主の議決権の4分の3（これを上回る割合を定款で定めた場合にあっては，その割合）以上にあたる多数をもって行わなければならない（特殊決議，109条2項，105条1項各号，309条4項）。よって，本記述は誤りである。＊江頭・会社339～340頁。

★4 誤 り	種類株式発行会社でない株式会社が，定款を変更して，その発行する全部の株式の内容として取得条項付株式とする旨の定款の定めを設ける場合には，通常の定款変更手続のほか（466条，309条2項11号），株主全員の同意を得なければならない（110条，107条1項3号）。よって，本記述は誤りである。＊江頭・会社150頁。

5 正しい	株式会社は，取締役の決定（取締役会設置会社にあっては，取締役会の決議）によって，定款を変更して単元株式数を減少し，または単元株式数についての定款の定めを廃止することができる（195条1項）。定款変更に通常必要な株主総会の特別決議が不要なのは，制限されていた株主の権利を復活させるものであり，株主にとって不利益とならないからである。よって，本記述は正しい。＊江頭・会社282頁。

アドバイス

本問は，株式会社の定款の変更に関する知識を問う問題である。いずれも条文知識を問うものであり，確実に正解したい問題である。正解となる5については，定款変更により株主に不利益は生じないことがわかれば，正解を導くことができるであろう。定款変更手続の特則について第8編まとめ図・表 01 に掲載しておいたので，知識を整理しておいてもらいたい。

復習用文献

神田・会社282頁。
江頭・会社770～780頁。
試験対策講座・会社法10章。
条文シリーズ・会社法30条，105条，109条，110条，164条，195条，309条，466条。

正誤チェック　　　論点ランクB

〔No.81〕
株式会社の解散および清算に関する次の1から5までの各記述のうち，誤っているものはどれか。

1．株主が1人となったことは株式会社の解散事由とならない。
2．清算株式会社は，募集株式の発行等を行うことができない。
3．清算株式会社は，株主総会以外の機関として，1人または2人以上の清算人をおかなければならず，定款の定めによって，清算人会，監査役または監査役会をおくことができる。
4．判例によれば，清算事務の終了および株主総会の決算報告の承認により，清算は結了し，会社の法人格は消滅する。
5．定款で定めた存続期間の満了は，会社法が規定する株式会社の解散事由である。

類題
H23-47

No.81 正解 2　　株式会社の解散・清算(1)

正答率　60　80

★1 正しい
かつては，株主が1人になることは，会社の社団としての性質に矛盾するため解散事由にあたるとする見解も一部で主張されていた。しかし，平成2年商法改正で，設立時に複数の構成員を要求する規定が削除され，いわゆる一人会社の設立・存続が可能となった。よって，本記述は正しい。

2 誤り
清算株式会社は，募集株式の発行等を行うことができる（会社108条3項括弧書，487条2項1号，491条参照）。子会社の清算を円滑に進めるために親会社が資金提供を行う場合等のニーズがあるからである。よって，本記述は誤りである。

3 正しい
会社法は，「清算株式会社には，1人又は2人以上の清算人を置かなければならない」とし（477条1項），また，「清算株式会社は，定款の定めによって，清算人会，監査役又は監査役会を置くことができる」としている（477条2項）。よって，本記述は正しい。

★4 正しい
判例（最判昭和59年2月24日）は，「清算の結了により株式会社の法人格が消滅したといえるためには，商法430条1項，124条〔会社法481条〕所定の清算事務が終了したというだけでは足りず，清算人が決算報告書を作成してこれを株主総会に提出しその承認を得ることを要し（商法427条1項〔会社法507条3項〕），右手続が完了しない限り，清算の結了によって株式会社の法人格が消滅したということはできない」としている。よって，本記述は正しい。

5 正しい
「定款で定めた存続期間の満了」は，株式会社の解散事由である（471条1号）。よって，本記述は正しい。
なお，その他の解散事由は，「定款で定めた解散の事由の発生」（471条2号），「株主総会の決議」（471条3号），「合併（合併により当該株式会社が消滅する場合に限る。）」（471条4号），「破産手続開始の決定」（471条5号）および「第824条第1項又は第833条第1項の規定による解散を命ずる裁判」（471条6号）である。

アドバイス
本問は，株式会社の解散および清算に関する知識を問う問題である。いずれも条文・判例知識を問うものであるが，この分野については勉強が手薄になりがちである。これを機に基本的な条文・判例知識をおさえておいてもらいたい。

復習用文献
神田・会社282〜286頁。
江頭・会社913〜933頁。
試験対策講座・会社法11章。
条文シリーズ・会社法471条，477条。

正誤チェック　　　　　　　　　　　　　　　　論点ランクB

〔No.82〕

株式会社の解散および清算に関する次の1から5までの各記述のうち，誤っているものはどれか。

1．清算株式会社において，定款で定める者または株主総会決議によって選任された者がいない場合には，解散時の取締役が清算人となるのが原則である。
2．株式会社が業務の執行において著しく困難な状況にいたり，当該株式会社に回復することができない損害が生じ，または生ずるおそれがある場合において，やむをえない事由があるときは，単元未満株主を除くすべての株主は，単独で，訴えをもって株式会社の解散を請求することができる。
3．休眠会社は，法務大臣が2か月以内に事業を廃止していない旨の届出をすべき旨を官報に公告した場合において，その届出または当該休眠会社に関する登記がなされないときは，その2か月の期間の満了の時に，解散したものとみなされる。
4．清算株式会社は，原則として，当該清算株式会社の債務を弁済した後でなければ，その財産を株主に分配することができない。
5．清算株式会社に債務超過の疑いがあるときは，清算人は，裁判所に対して特別清算開始の申立てをしなければならない。

類題

H23-47

| No.82 | 正解 | 2 | 株式会社の解散・清算(2) |

正答率 60 80

| 1
正しい | 清算株式会社において，定款で定める者（会社478条1項2号）または株主総会の決議によって選任された者（478条1項3号）がいない場合は，取締役が清算人となる（478条1項1号）。よって，本記述は正しい。 |

| ★2
誤り | 833条1項は，訴えをもって株式会社の解散請求（471条6号）をするための要件を定めている。これによれば，①株式会社が業務の執行において著しく困難な状況にいたり，当該株式会社に回復することができない損害が生じ，もしくは生ずるおそれがある場合，または②株式会社の財産の管理または処分が著しく失当で，当該株式会社の存立を危うくする場合において，やむをえない事由があるときは，総株主（株主総会において決議することができる事項の全部につき議決権を行使することができない株主を除く）の議決権の10分の1（定款で軽減可能）以上の議決権を有する株主，または発行済株式（自己株式を除く）の10分の1（定款で軽減可能）以上の数の株式を有する株主は，訴えをもって株式会社の解散を請求することができる。単元未満株主を除くすべての株主が解散を請求できるわけではない。よって，本記述は誤りである。 |

| 3
正しい | 休眠会社とは，株式会社であって，当該株式会社に関する登記が最後にあった日から12年を経過したものをいう（472条1項括弧書）。そして，472条1項は，休眠会社は，「法務大臣が休眠会社に対し2箇月以内に法務省令で定めるところによりその本店の所在地を管轄する登記所に事業を廃止していない旨の届出をすべき旨を官報に公告した場合において，その届出をしないときは，その2箇月の期間の満了の時に，解散したものとみなす。ただし，当該期間内に当該休眠会社に関する登記がされたときは，この限りでない」としている。よって，本記述は正しい。 |

| ★4
正しい | 502条は，「清算株式会社は，当該清算株式会社の債務を弁済した後でなければ，その財産を株主に分配することができない。ただし，その存否又は額について争いのある債権に係る債務についてその弁済をするために必要と認められる財産を留保した場合は，この限りでない」としている。よって，本記述は正しい。 |

| 5
正しい | 「債権者，清算人，監査役又は株主は，特別清算開始の申立てをすることができる」（511条1項）が，「清算株式会社に債務超過の疑いがあるときは，清算人は，特別清算開始の申立てをしなければならない」（511条2項）。特別清算は，通常清算と異なり，裁判所の厳重な監督のもとにおかれる。よって，本記述は正しい。 |

アドバイス

本問は，株式会社の解散および清算に関する知識を問う問題である。いずれも条文知識を問うものであるが，この分野については勉強が手薄になりがちである。もっとも，正解となる2については，少数株主権としての会社解散の訴え（会社833条）に関するものであり，論文式試験との関係でも一度は勉強したことがあるはずである。間違えた場合は，しっかりと復習しておいてもらいたい。

復習用文献

神田・会社282～286頁。
江頭・会社913～933頁。
試験対策講座・会社法11章。
条文シリーズ・会社法471条，472条，478条，502条，511条，833条。

正誤チェック　　　　　　　　　　　論点ランクB

〔No.83〕
株式会社の解散および清算に関する次の1から5までの各記述のうち，正しいものはどれか。
1．裁判所は，会社の設立が不法な目的に基づいてされた場合において，公益を確保するため会社の存立を許すことができないと認めるときは，職権により，会社の解散を命ずることができる。
2．清算人の報酬は，裁判所が定める。
3．株式会社が，定款で定めた存続期間の満了により解散した場合には，清算が結了するまでの間であれば，株主総会の特別決議により，株式会社を継続することができる。
4．解散時に取締役であった者は，清算株式会社の清算人にならなければならない。
5．株式会社が解散した場合，当該株式会社は，合併をすることは許されない。

類題
H23-47

| No.83 正解 | 3 | 株式会社の解散・清算(3) |

正答率 60　80

| 1 誤り | 裁判所は，会社の設立が不法な目的に基づいてされた場合において，公益を確保するため会社の存立を許すことができないと認めるときは，法務大臣または株主，社員，債権者その他の利害関係人の申立てにより，会社の解散を命ずることができる（会社824条1項1号）。したがって，裁判所は，職権で，会社の解散を命じることはできない。よって，本記述は誤りである。 |

| 2 誤り | 裁判所の選任する清算人の報酬については，裁判所が報酬額を定めることができる（485条）。しかし，会社が選任した清算人については同様の規定はなく，取締役の報酬に関する規定の準用（482条4項・361条）により報酬額が決定されることになる。よって，本記述は誤りである。 |

| ★3 正しい | 存続期間の満了その他定款に定めた事由の発生または株主総会の決議により解散した株式会社は，清算が結了するまで，株主総会の特別決議によって，株式会社を継続することができる（473条，309条2項11号）。よって，本記述は正しい。 |

| 4 誤り | 定款で定める者，株主総会の決議によって選任された者がある場合には，その者が清算株式会社の清算人となる（478条1項）。したがって，取締役が必ず清算人となるわけではない。よって，本記述は誤りである。 |

| 5 誤り | 株式会社が解散した場合には，「合併（合併により当該株式会社が存続する場合に限る。）」をすることができない（474条1号）。したがって，解散した会社が，合併の消滅会社となることは認められている。よって，本記述は誤りである。 |

アドバイス

本問は，株式会社の解散・清算に関する知識を問う問題である。これらはいずれも条文知識であるが，基本的に短答プロパーの知識が問われているといえる。短答プロパーの細かいところについてはあまりとらわれすぎずに，メリハリのついた勉強をすることが重要だと思われる。

復習用文献

神田・会社282～286頁。
江頭・会社913～933頁。
試験対策講座・会社法11章。
条文シリーズ・会社法309条，473条，474条，478条，482条，485条，824条。

第8編　まとめ図・表

01 定款変更手続の特則一覧

	総株主の同意	株主総会 特殊決議	株主総会 特別決議	株主総会決議 不要	みなし変更
定款変更の内容	全部の株式の内容についての取得条項の定め（種類株式発行会社を除く）(110)	全部の株式の内容についての譲渡制限の定め（種類株式発行会社の株主総会を除く）(309Ⅲ)	原則的手続 (466, 309Ⅱ①)	株式分割に際して、分割割合以下で発行可能株式総数を増加する場合 (184Ⅱ)	取締役等の選解任に関する定款規定のみなし廃止 (112)
	自己株式取得における売主追加請求権の排除（種類株式発行会社を除く）(164Ⅱ)	非公開会社における株主ごとの異なる取扱い (309Ⅳ)		株式分割に際して、191条各号の要件をみたしつつ単元株式数を増加する場合 (191)	
				単元株式数を減少し、または廃止する場合 (195)	

←─ 手続・重　　　　　　　　　手続・軽 ─→

	総種類株主の同意	種類株主総会 特殊決議	種類株主総会 特別決議
定款変更の内容	種類株式の内容について、取得条項の定め（種類株式発行会社にかぎる）(111Ⅰ)	種類株式について、譲渡制限の定款規定の創設 (111Ⅱ, 324Ⅲ)	種類株式について、全部取得条項の定款規定の創設 (111Ⅱ, 324Ⅱ①)
	発行済種類株式について、自己株式取得における売主追加請求権の排除（種類株式発行会社にかぎる）(164Ⅱ)		ⅰ. 株式の種類の追加、ⅱ. 株式の内容の変更、ⅲ. 発行可能株式総数・発行可能種類株式総数の増加についての定款変更（譲渡制限、取得条項、全部取得条項を除く）(322Ⅰ①)
	発行済種類株式について、322条1項の規定による種類株主総会の決議を要しないこととする場合 (322Ⅱ)		

02 解散事由と解散後の手続

解散事由 (471)	破産手続の要否	清算手続の要否	株主総会の決議での継続の可否 (473)
定款で定めた存続期間の満了 (471①)	不要	必要	可能
定款で定めた解散事由の発生 (471②)	不要	必要	可能
株主総会の決議 (471③)	不要	必要	可能
合併（合併により当該株式会社が消滅する場合にかぎる。471④）	不要	不要	不可能
破産手続開始の決定 (471⑤)	必要	必要	不可能
解散命令 (471⑥)	不要	必要	不可能
休眠会社のみなし解散 (472)	不要	必要	可能

03 清算の手続

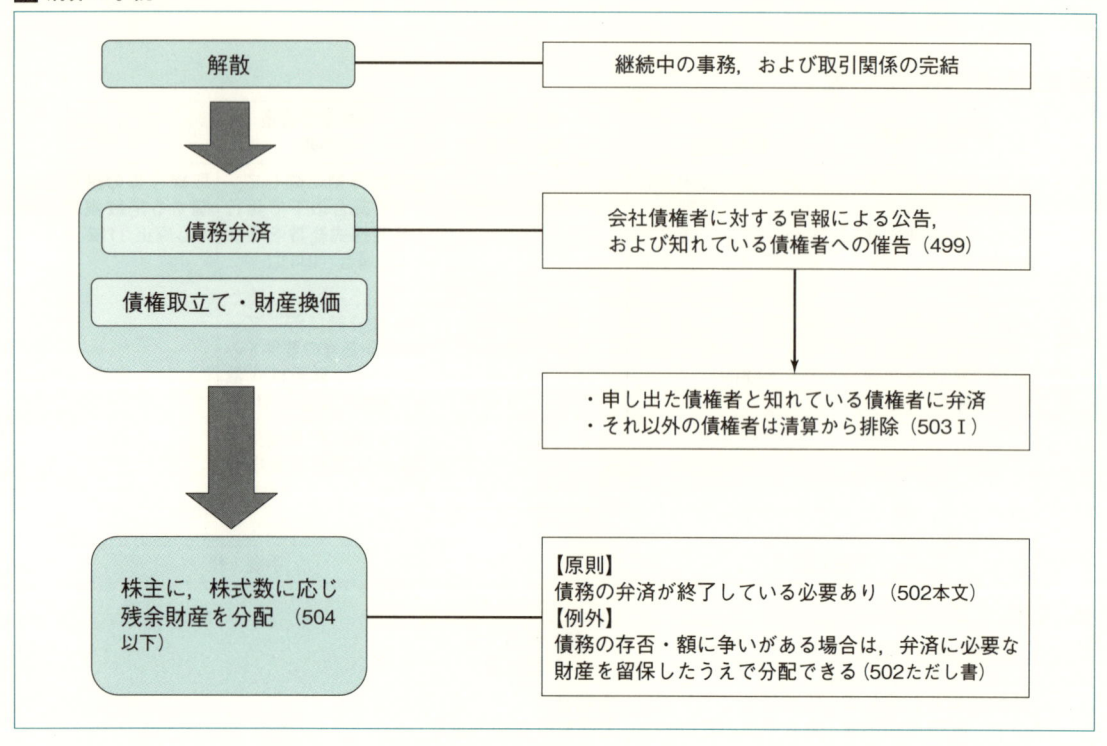

```
┌─────────┐         ┌──────────────────────────┐
│  解散   │────────→│ 継続中の事務，および取引関係の完結 │
└────┬────┘         └──────────────────────────┘
     ↓
┌─────────────┐     ┌──────────────────────────┐
│  債務弁済   │────→│ 会社債権者に対する官報による公告， │
├─────────────┤     │ および知れている債権者への催告（499）│
│債権取立て・財産換価│     └─────────────┬────────────┘
└─────────────┘                   ↓
     ↓              ┌──────────────────────────┐
                    │・申し出た債権者と知れている債権者に弁済│
                    │・それ以外の債権者は清算から排除（503Ⅰ）│
                    └──────────────────────────┘
┌─────────────┐     ┌──────────────────────────┐
│株主に，株式数に応じ│     │【原則】                        │
│残余財産を分配（504│     │債務の弁済が終了している必要あり（502本文）│
│以下）       │     │【例外】                        │
└─────────────┘     │債務の存否・額に争いがある場合は，弁済に必要な│
                    │財産を留保したうえで分配できる（502ただし書）│
                    └──────────────────────────┘
```

第9編 持分会社

正誤チェック　　　　　　　　　　　　　　　　　　論点ランクA

〔No.84〕
持分会社に関する次の1から5までの各記述のうち，正しいものはどれか。
1．持分会社における有限責任社員の負担する責任は，直接有限責任にかぎられる。
2．合同会社では，株式会社と同様，社員は，原則として持分を自由に譲渡することができる。
3．合資会社には，無限責任社員と有限責任社員が存在するが，当該合資会社の業務を執行することができるのは，無限責任社員のみである。
4．判例によれば，合資会社の社員の退社について，定款に特段の定めのないかぎり，数人が同時に退社の申出をした場合においても，その退社には，各退社申出者自身を除くほかのすべての社員の同意を要する。
5．持分会社においては，その社員が死亡した場合，定款による定めによっても，当該社員の相続人は当該社員の持分を承継することはできない。

類題

H21-46,
23-48
予　H24-24

No.84 正解 4 　　持分会社(1)

正答率 60　80

1 誤り　有限責任社員が存在する持分会社は，合資会社と合同会社である（会社576条3項，4項）。合資会社・合同会社における有限責任社員は，その出資の価額を限度として会社の債務を直接弁済する責任を負う（580条2項）。しかし，合同会社にかぎっては，社員が会社の設立前または加入前に出資の履行を完了しなければならない（全額出資主義，578条本文，604条3項）ことから，580条2項括弧書が適用される結果，払込みが無効または取り消された場合を除き，社員が会社債務に対して直接責任を負うことは原則としてない。よって，本記述は誤りである。＊前田・会社802頁，805頁。弥永・会社417頁，419頁。

★2 誤り　退社制度の認められない株式会社の株主は，原則として，株式を自由に譲渡することができる（127条）。しかし，退社制度が認められている合同会社の持分の譲渡には，原則として，他の社員全員の承諾を要する（585条1項）。もっとも，定款で別段の定めをすることもできる（585条4項）。よって，本記述は誤りである。＊神田・会社90頁，291頁。

3 誤り　590条1項は，「社員は，定款に別段の定めがある場合を除き，持分会社の業務を執行する」としている。ここでは「社員」を無限責任社員に限定していないので，有限責任社員も持分会社の業務を執行することができることになる。よって，本記述は誤りである。＊前田・会社803頁。

★4 正しい　判例（最判昭和40年11月11日）は，合資会社の社員の退社について，「定款をもって，総社員の同意に代え，社員の過半数の同意によって退社できる旨規定したような場合を除き，数人が同時に退社の申出をした場合においても，その退社には各退社申出者自身を除く他のすべての社員の同意を要」するとしている。つまり，607条1項2号の「総社員」とは，同時に退社を申し出ていない社員全員を意味するのではなく，各退社申出者自身を除くほかのすべての社員を意味する。よって，本記述は正しい。＊弥永・会社425頁。

5 誤り　持分会社においては，社員の死亡は退社事由となるので（607条1項3号），持分の相続は認められないのが原則である。もっとも，持分会社は，その社員が死亡した場合にその社員の相続人等がその社員の持分を承継する旨を定款で定めることができる（608条1項）。よって，本記述は誤りである。＊前田・会社794～795頁。

アドバイス

本問は，持分会社に関する知識を問う問題である。いずれも基本的な条文・判例知識を問うものであり，確実に理解したい問題である。特に，正解となる4については，短答式試験合格レベルの者であれば，おさえている判例であるため，間違えた場合には，しっかりと復習しておいてもらいたい。

復習用文献

神田・会社287～292頁。
試験対策講座・会社法12章。
条文シリーズ・会社法576条，585条，590条，607条，608条。

正誤チェック　　論点ランクB

〔No.85〕
持分会社の社員に関する次の1から5までの各記述のうち，誤っているものはどれか。

1．持分会社の社員の出資の目的およびその価額または評価の標準は，持分会社における定款の絶対的記載事項である。
2．無限責任社員は，金銭等のほか労務または信用もその出資の目的とすることができるが，有限責任社員については，出資の目的が金銭等にかぎられる。
3．持分会社の社員には，法人もなることができる。
4．合同会社においては，社員の出資について全額払込制度を採用しているが，合同会社以外の持分会社の社員は，設立時に，定款で定めた出資の全部を履行する必要はない。
5．有限責任社員が無限責任社員となった場合には，当該無限責任社員となった者は，その者が無限責任社員となる前に生じた持分会社の債務について，無限責任社員としてこれを弁済する責任を負わない。

類題
H21-46,
23-48
予　H24-24

| No.85 正解 | 5 | 持分会社(2) |

正答率 60 80

アドバイス
本問は，持分会社についての知識を問う問題である。持分会社についてはあまり勉強していないかもしれないが，本問で問われているのは基本的な条文知識であるため，これを機にしっかりと勉強しておいてもらいたい。

復習用文献
神田・会社287～292頁。
試験対策講座・会社法12章。
条文シリーズ・会社法576条，578条，583条。

1 正しい
持分会社の定款には，社員の出資の目的およびその価額または評価の標準を記載しなければならない（絶対的記載事項，会社576条1項6号）。よって，本記述は正しい。

★2 正しい
持分会社の無限責任社員は，金銭その他の財産のほか，労務または信用を出資の目的とすることが認められる。これに対して，持分会社の有限責任社員の出資の目的は，金銭等にかぎられる（576条1項6号括弧書）。よって，本記述は正しい。

3 正しい
576条1項4号は，定款の絶対的記載事項に「社員の氏名又は名称及び住所」を掲げており，そのなかに「名称」が含まれていることから，法人も持分会社の社員となることができると解されている。よって，本記述は正しい。

★4 正しい
合同会社においては，会社に適切に財産が留保されるようにするため，社員の出資について全額払込制度を採用している。すなわち，合同会社の社員になろうとする者は，設立前または加入前にその出資にかかる金銭等の全額を払い込まなければならない（578条本文，604条3項）。これに対して，合同会社以外の持分会社の社員は，設立時に定款で定めた出資の全部を履行する必要はない。無限責任社員が存在する合名会社（576条2項），合資会社（576条3項）においては，会社債権者のために会社財産を確保する必要性に乏しいからである。よって，本記述は正しい。

5 誤り
有限責任社員が無限責任社員となった場合には，当該無限責任社員となった者は，その者が無限責任社員となる前に生じた持分会社の債務についても，無限責任社員としてこれを弁済する責任を負う（583条1項）。よって，本記述は誤りである。

正誤チェック　　論点ランクA

〔No.86〕
　株式会社，合名会社，合資会社および合同会社（以下「会社」という）の比較に関する次の1から4までの各記述のうち，誤っているものを2個選びなさい。なお，「構成員」とは，株式会社においては株主を，合名会社，合資会社および合同会社においては社員をそれぞれさすものとし，また，各記述について，定款には特別の定めがないものとする。

1．「構成員は，出資の限度でのみ責任を負う」という説明は，株式会社，合資会社および合同会社のいずれにもあてはまるが，合名会社にはあてはまらない。
2．「会社の業務執行を行うのは，構成員である」という説明は，合名会社，合資会社および合同会社のいずれにもあてはまるが，株式会社にはあてはまらない。
3．「会社の剰余金または利益の配当について，財源規制が定められている」という説明は，株式会社にはあてはまるが，合名会社，合資会社および合同会社のいずれにもあてはまらない。
4．「構成員が1人になった場合であっても，会社は存続できる」という説明は，株式会社，合名会社，合資会社および合同会社のすべてにあてはまる。

類題

H19-36,
21-46,
23-48
予　H24-29

No.86 正解　1, 3　　株式会社との異同

正答率　60　80

1 誤り　株式会社においては，「株主の責任は，その有する株式の引受価額を限度とする」とされている（会社104条）。持分会社においては，無限責任社員の責任は無限責任であるが（580条1項），有限責任社員の責任は出資の価額に限定されている（580条2項）。合名会社は社員全員が無限責任社員であり（576条2項），合同会社は社員全員が有限責任社員であるが（576条4項），合資会社は無限責任社員と有限責任社員の両方で構成されるので（576条3項），本記述の説明は，合名会社のみでなく合資会社についてもあてはまらない。よって，本記述は誤りである。

2 正しい　持分会社の社員は，定款に別段の定めがある場合を除き，持分会社の業務を執行する（590条1項）。他方，株式会社では，所有と経営が分離されているため，株主は取締役または執行役に選任されないかぎり，株式会社の業務を執行することはない（331条2項，402条5項参照）。よって，本記述は正しい。

3 誤り　株式会社においては，剰余金の配当により株主に対して交付する金銭等の帳簿価格の総額は，配当の効力発生日における分配可能額を超えてはならない（461条1項8号）。合名会社と合資会社においては，無限責任社員がいるため，会社債権者保護の必要性が小さく，利益の配当について制限はない。しかし，合同会社は，株式会社と同様に，有限責任社員のみから構成され，債権者に対する責任財産が会社財産に限定されるため，利益の配当について制限が定められている（628条前段）。よって，本記述は誤りである。

4 正しい　株式会社の社員が1人になった場合であっても，社員が1人になったことは解散事由に該当しないため（471条参照），会社は存続できる。持分会社の場合も，解散事由に「社員が欠けたこと」との規定はあるが（641条4号），社員が1人になったことは解散事由に該当しないため，会社は存続できる。また，合資会社は，必ず無限責任社員と有限責任社員の両方が必要とされるが（576条3項），どちらかが欠けた場合，合名会社または合同会社となる定款の変更をしたものとみなされるので（639条），この場合でも解散事由とはならない。よって，本記述は正しい。

アドバイス

本問は，株式会社，合名会社，合資会社および合同会社についての知識を問う問題である。会社法上の各種会社の異同については広く理解している必要があるが，とりわけ本問で問われているのは基本的な事項であるから，確実におさえておきたい問題である。なお，株式会社と持分会社の異同についてまとめた表を第9編まとめ図・表**01**に掲載しておいたので，復習の際に活用してもらいたい。

復習用文献

神田・会社26〜27頁，287〜292頁。
試験対策講座・会社法3章，12章。
条文シリーズ・会社法104条，461条，580条，628条，639条。

第9編 まとめ図・表

01 株式会社と持分会社の異同

	合名会社	合資会社	合同会社	株式会社
責任	直接無限責任	直接無限責任 直接有限責任	有限責任*	間接有限責任
持分の譲渡	原則として他の社員全員の承諾が必要（585Ⅰ）			株式譲渡自由の原則（127）
	―	業務を執行しない有限責任社員の場合は，業務執行社員全員の承諾で足りる（585Ⅱ）		
業務執行	社員は，定款に別段の定めがある場合を除き，持分会社の業務を執行する（590Ⅰ）			株主は，取締役または執行役に選任されないかぎり，株式会社の業務を執行することはない（331Ⅱ，402Ⅴ参照）
退社	【任意退社（606）】 存続期間を定款で定めなかった場合，またはある社員の終身の間持分会社が存続することを定款で定めた場合において，6か月前までに退社の予告 【法定退社（607）】 ・定款で定めた事由の発生 ・総社員の同意 ・死亡 ・合併（合併により当該法人である社員が消滅する場合にかぎる） ・破産手続開始の決定 ・解散 ・後見開始の審判を受けたこと ・除名			―
相続性	原則として相続は認められない 例外的に，社員が死亡した場合にその社員の相続人等がその社員の持分を承継する旨の定款の定めができる（608Ⅰ）			相続性あり

* 合同会社では，出資時の全額払込主義をとっているため，社員に出資の未履行部分は残らず，結果的には，株式会社の株主同様，間接有限責任となる。もっとも，例外的に，払込みが無効または取り消された場合は，合同会社の社員も直接責任を負うと解されている（ジュリスト1295号112頁参照）。

02 株式会社・合同会社の差異

	株式会社	合同会社
法人格	あり	あり
構成員の数	1人でも可	1人でも可（641④参照）
出資者の責任	間接有限責任（104）	有限責任（580Ⅱ）*
債権者保護	・資本金の額等による配当規制（461） ・計算書類の開示（442） ・資本金の額の登記（911Ⅲ⑤） ・純資産額が300万円を下回る場合の配当規制（458） ・計算書類の公告（440）	・資本金の額等による配当規制（628） ・資本金の額の登記（914⑤）
社員の入社等	【不特定多数の株主のための規律】 ・株式譲渡自由の原則（127） ・新株発行の決定は株主総会決議または取締役会決議必要（199Ⅱ，201Ⅰ） ・定款変更は株主総会特別決議必要（466，309Ⅱ⑪）	【少人数の出資者のための規律】 ・持分譲渡は他の社員全員の承諾が原則として必要（585Ⅰ） ・入社には総社員の同意必要（604Ⅱ，637） ・定款変更は総社員の同意必要（637）
業務執行	【所有と経営の分離】 ・株主総会と取締役の設置強制（295，326Ⅰ） ・取締役・執行役による業務執行（348Ⅰ，363Ⅰ，418②）	【所有と経営の原則的一致】 ・定款の別段の定めなきかぎり，社員による業務執行（590Ⅰ）
損益の分配	【株主平等の原則】 原則として，出資額に応じた剰余金配当（454Ⅲ）	【柔軟な損益配分】 損益分配の割合について定款に別段の定めを設けることができる（622Ⅰ）
組織再編	・組織変更（743，744） ・合併（748） ・会社分割（757，762） ・株式交換完全親会社（767後段括弧書） ・株式交換完全子会社（767前段） ・株式移転（772）	・組織変更（743，746） ・合併（748） ・会社分割（757，762） ・株式交換完全親会社（767後段括弧書）

＊ 合同会社では，出資時の全額払込主義をとっているため，社員に出資の未履行部分は残らず，結果的には，株式会社の株主同様，間接有限責任となる。もっとも，例外的に，払込みが無効または取り消された場合は，合同会社の社員も直接責任を負うと解されている（ジュリスト1295号112頁参照）。

03 持分会社間における会社の種類の変更

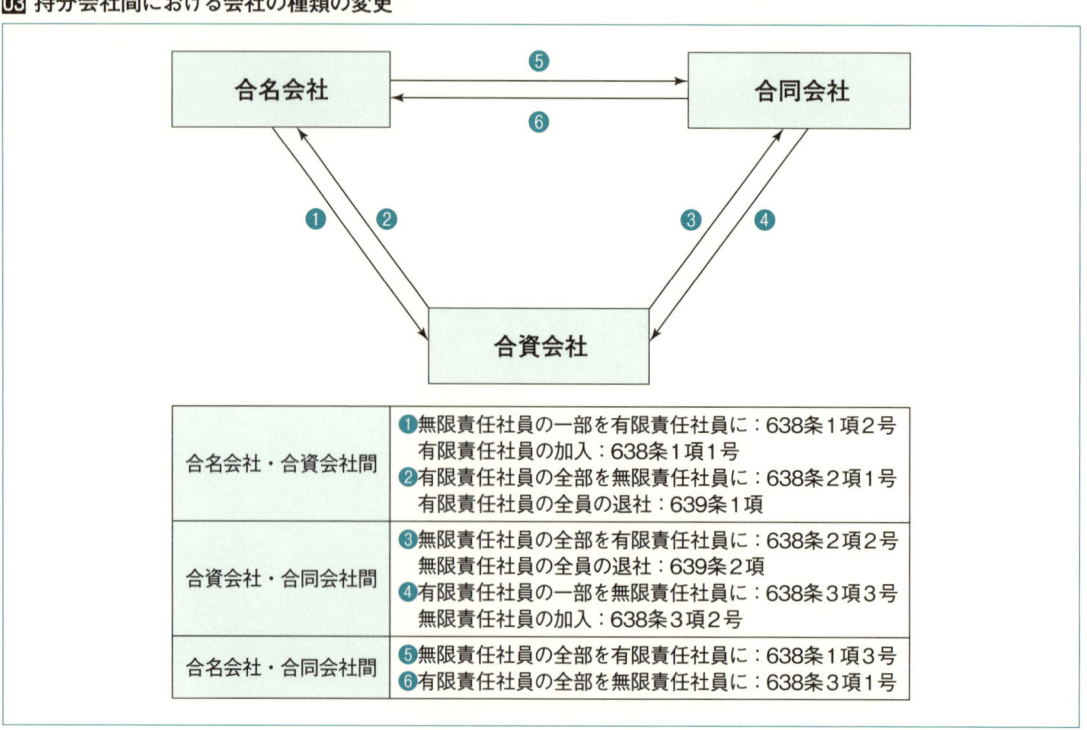

合名会社・合資会社間	❶無限責任社員の一部を有限責任社員に：638条1項2号 　有限責任社員の加入：638条1項1号 ❷有限責任社員の全部を無限責任社員に：638条2項1号 　有限責任社員の全員の退社：639条1項
合資会社・合同会社間	❸無限責任社員の全部を有限責任社員に：638条2項2号 　無限責任社員の全員の退社：639条2項 ❹有限責任社員の一部を無限責任社員に：638条3項3号 　無限責任社員の加入：638条3項2号
合名会社・合同会社間	❺無限責任社員の全部を有限責任社員に：638条1項3号 ❻有限責任社員の全部を無限責任社員に：638条3項1号

第10編 社債

正誤チェック　　　　　　　　　　　　　　　　　論点ランクB

〔No.87〕
　社債に関する次のアからオまでの各記述のうち，誤っているものを組み合わせたものは，後記1から5までのうちどれか。
　ア．社債は，総額引受けの場合を除いて，申込者に対して，割当てがなされたときに成立する。
　イ．社債の償還請求権の消滅時効は，5年である。
　ウ．社債権者は，会社の利益の有無にかかわらず，一定の約定利息の支払を請求することができる。
　エ．取締役会設置会社において，社債の発行事項は，取締役会で決議しなくてはならず，取締役会決議で発行する社債の総額を定め，具体的な発行は取締役が決定するということはできない。
　オ．新株予約権付社債を引き受ける者を募集する場合，社債に関する事項は新株予約権の募集事項の決定手続のなかで定める。

1．ア　エ　　2．ア　オ　　3．イ　ウ　　4．イ　エ　　5．ウ　オ

類題

H20-48,
21-47,
22-40

No.87 正解 4　誤っているものは，イ，エ　社債

正答率 60　80

ア 正しい　会社法680条1号は，募集社債の申込者は，会社の割り当てた募集社債について社債権者となるとしており，680条2号は，総額を引き受けた者は，引き受けた募集社債について社債権者となるとしている。したがって，社債は，総額引受けの場合を除いて，割当てがなされた時点で成立すると解されている。よって，本記述は正しい。

イ 誤り　社債の償還請求権は，商行為により生じたものであるから，本来5年の商事消滅時効にかかるはずである（商522条本文）。しかしながら，社債権者は一般公衆であることからすると，5年という期間は短すぎるので，社債の償還請求権の消滅時効は，10年とされている（会社701条1項）。よって，本記述は誤りである。

ウ 正しい　社債権者は，会社の利益の有無にかかわらず，一定の約定利息の支払を請求することができる（676条3号参照）。よって，本記述は正しい。

エ 誤り　取締役会設置会社が社債を発行するには，取締役会決議で募集社債の総額等の重要事項を定めなくてはならない（362条4項5号，676条1号，会社施規99条）が，これら以外の事項の決定は，取締役に委任できる。したがって，取締役会決議で発行する社債の総額を定め，具体的な発行は取締役が決定できる。よって，本記述は誤りである。

★オ 正しい　新株予約権付社債については，原則として，新株予約権に関する規定と，社債に関する規定の双方が適用される。しかしながら，発行手続については，社債の規定は排除され（会社248条），社債に関する事項は，新株予約権の募集事項の決定手続のなかで定められる（238条1項6号）。よって，本記述は正しい。

アドバイス

本問は，社債に関する知識を問う問題である。いずれも基本的な条文知識を問うものであり，確実に正解したい問題といえよう。間違えた場合には，しっかりと復習しておいてもらいたい。

復習用文献

神田・会社293～309頁。
江頭・会社744～763頁。
試験対策講座・会社法13章。
条文シリーズ・会社法248条，676条，680条，701条。

株式と社債の異同

	株式	社債
共 通 点	1．会社の資金調達手段のひとつ 2．公開会社は，原則として取締役会の決議で発行できる（201Ⅰ，362Ⅳ⑤） 3．有価証券を発行できる（214，676⑥）	
法的性格・権利内容	株式会社の社員たる地位 株主平等原則が妥当	会社に対する債権 権利内容は社債発行契約により定まる
権利者となる時期	払込期日の定めがあるとき：その期日（209①） 払込期間の定めがあるとき：履行した日（209②）	割当てを受けたとき（680①） →払込みは不要
経営参与権の有無	株主総会における議決権，各種監督是正権など	なし
配当・利息	分配可能額を超える剰余金の配当をすることはできない（461Ⅰ⑧）	一定額の利息を請求できる（676③参照）
払戻し・償還	出資の払戻しは，原則として認められない	償還期限の到来により，償還を受ける
会社解散の場合の優劣	原則として，会社の全債務の弁済後でなければ，株主は財産の分配を受けられない（502本文）	一般債権者と同様に，株主に優先して弁済を受ける
争 い 方	募集株式の発行等の差止め（210），新株発行無効の訴え（828Ⅰ②），自己株式の処分無効の訴え（828Ⅰ③），新株発行不存在の確認の訴え（829①），自己株式の処分不存在の確認の訴え（829②）	特になし

正誤チェック　論点ランクB

〔No.88〕
社債管理者に関する次のアからオまでの各記述のうち，誤っているものを組み合わせたものは，後記1から5までのうちどれか。

ア．社債管理者が，社債の全部についてするその支払の猶予，その債務の不履行によって生じた責任の免除または和解をするためには，社債権者集会の決議を必要とする。

イ．会社法は，社債を発行する場合には，社債管理者の設置を原則強制しているが，各社債の金額が1億円以上である場合には，社債管理者を設置する必要はない。

ウ．2以上の社債管理者があるときは，これらの者は独立してその権限に属する行為をすることができる。

エ．社債管理者は，会社法または社債権者集会の決議に違反する行為をしたときは，社債権者に対し，連帯して，これによって生じた損害を賠償する責任を負う。

オ．社債管理者は，社債権者に対してのみ義務を負い，社債の発行会社に対しては義務を負わない。

1．アイ　　2．アエ　　3．イウ　　4．ウオ　　5．エオ

類題
H20-48,
21-47,
22-40

| No.88 正解 | 4 | 誤っているものは，ウ，オ | 社債管理者 |

正答率 60　80

| ア 正しい | 社債管理者は，社債権者集会の決議によらなければ，社債の全部についてするその支払の猶予，その債務の不履行によって生じた責任の免除または和解をしてはならない（会社706条1項1号）。よって，本記述は正しい。＊神田・会社302頁。 |

| ★イ 正しい | 会社は，社債を発行する場合には，社債管理者を定め，社債権者のために，弁済の受領，債権の保全その他の社債の管理を行うことを委託しなければならない（702条本文）。ただし，各社債の金額が1億円以上である場合その他社債権者の保護に欠けるおそれがないものとして法務省令で定める場合は，このかぎりでない（702条ただし書）。これは，各社債の金額が1億円以上である場合には，社債権者は一定規模以上の資産を有する者であり，みずから発行会社と交渉ができるため，社債権者の保護に反せず，また，発行会社にとっても，社債金額が大きいので，直接交渉をすることが煩雑ではなく，発行会社に過度の負担がかからないからである。よって，本記述は正しい。＊前田・会社655〜656頁。弥永・会社276〜277頁。 |

| ウ 誤り | 「2以上の社債管理者があるときは，これらの者が共同してその権限に属する行為をしなければならない」（709条1項）。よって，本記述は誤りである。＊前田・会社656〜657頁。 |

| エ 正しい | 社債管理者は，会社法または社債権者集会の決議に違反する行為をしたときは，社債権者に対し，連帯して，これによって生じた損害を賠償する責任を負う（710条1項）。よって，本記述は正しい。＊神田・会社303頁。 |

| ★オ 誤り | 社債管理者は，社債権者に対し，善良な管理者の注意をもって社債の管理を行わなければならない（704条2項）。したがって，社債管理者は，社債権者に対して義務を負う。また，社債管理者と社債発行会社との間は委任契約の関係にあるので（702条本文），社債管理者は社債発行会社に対しても善管注意義務を負う（民644条）。よって，本記述は誤りである。＊神田・会社303頁。前田・会社659〜660頁。 |

アドバイス

本問は，社債管理者に関する知識を問う問題である。いずれも基本的な知識を問うものであり，確実に正解したい問題といえよう。間違えた場合には，しっかりと復習をしておいてもらいたい。

復習用文献

神田・会社301〜304頁。
江頭・会社744〜763頁。
試験対策講座・会社法13章2節②。
条文シリーズ・会社法702条，704条，706条，709条，710条。

正誤チェック　　　　　　　　　　　　　　　　　　　論点ランクB

〔No.89〕
社債権者集会に関する次の1から5までの各記述のうち，正しいものはどれか。
1．社債権者集会は，毎事業年度の終了後一定の時期に招集しなければならない。
2．社債権者は，社債権者集会において，償還ずみの額を除いた，その有する社債の金額の合計額に応じて，議決権を有する。
3．社債権者集会では，社債権者集会の目的である事項以外の事項についても決議することができる。
4．社債権者集会の決議の効力は，決議がなされることによって当然に生じる。
5．社債権者集会において決議をする事項を可決するには，議決権者の議決権の総額の2分の1を超える議決権を有する者が出席し，出席した当該議決権者の議決権の総額の2分の1を超える議決権を有する者の同意がなければならない。

類題

H20-48,
21-47,
22-40

| No.89 | 正解 | 2 | 社債権者集会 |

正答率 60 80

1 誤り
社債権者集会は，定時株主総会とは異なり，常設の制度ではなく，必要に応じて招集されるものであるから（会社717条1項），定時株主総会と異なり，毎事業年度の終了後一定の時期に招集される必要はない（296条1項参照）。よって，本記述は誤りである。＊神田・会社304頁。

2 正しい
社債権者は，社債権者集会において，その有する当該種類の社債の金額の合計額（償還ずみの額を除く）に応じて，議決権を有する（723条1項）。よって，本記述は正しい。＊前田・会社668頁。

3 誤り
社債権者集会は，会社法に規定されている事項および社債権者の利害に関する事項のうち，社債権者集会の目的としてあげられた事項以外の事項については，決議をすることができない（724条3項，719条2号，716条）。よって，本記述は誤りである。＊前田・会社667頁。

★4 誤り
社債権者集会の決議は，裁判所の認可を受けなければ，その効力を生じない（734条1項）。これは，社債が通常公衆に対して発行されることから，裁判所の認可を決議の効力発生要件としたほうが，決議によりその効力を発生させたうえで社債権者等にその瑕疵を争わせるよりも社債権者の保護になると考えられたためである。よって，本記述は誤りである。＊前田・会社669頁。

★5 誤り
社債権者集会において決議をする事項を可決するには，出席した議決権者の議決権の総額の2分の1を超える議決権を有する者の同意がなければならない（724条1項）。したがって，定足数の規定はない。よって，本記述は誤りである。＊神田・会社305頁。

アドバイス

本問は，社債権者集会に関する知識を問う問題である。いずれも基本的な条文知識を問うものであり，確実に正解したい問題といえよう。社債権者集会についての知識は，第10編まとめ図・表04を活用するなどして，株主総会との異同を整理しておくとよいであろう。

復習用文献

神田・会社304～305頁。
江頭・会社753～759頁。
試験対策講座・会社法13章2節3。
条文シリーズ・会社法717条，723条，724条，734条。

第10編　社債　★一問一答問題

01 株式会社は，社債を発行することができるが，持分会社は，社債を発行することができない。

02 株式については，株券を不発行とすることが認められているが，社債については，社債券を不発行とすることは認められていない。

03 一定期間を定めてその期間内に公衆に対して，随時個別的に社債を売り出す方法により社債の発行を行うことはできない。

04 取締役会設置会社においては，募集社債の総額その他の社債の募集にかかる重要な事項は，取締役会決議によって定めなければならない。

05 社債権者集会の決議については，決議取消しの訴えは認められていない。

06 社債権者集会に出席しない社債権者は，書面によって議決権を行使することが認められる。

第10編　社債　★一問一答問題解答

01
×
　会社法においては，改正前商法と同様，株式会社は社債を発行することができる。したがって，前段は正しい。他方，会社法は，持分会社も社債を発行することができるものとした（会社2条23号，676条）。したがって，後段は誤りである。＊神田・会社293頁。

02
×
　会社法は，株式会社は原則として株券を発行しないものとし，定款で定めた場合にかぎって株券を発行することにしている（214条）。したがって，前段は正しい。これに対し，社債券を発行するか否かは，募集事項で自由に定めることができる（676条6号）。したがって，後段は誤りである。＊一問一答185～186頁。

03
×
　会社法のもとでは，社債について打切発行を認め（676条11号），社債申込証主義は廃止された。そして，一定期間を定めてその期間内に公衆に対して個別的に社債を売り出す方法で社債を発行する売出発行が認められることとなった。＊神田・会社297～298頁。一問一答188～189頁。前田・会社645～646頁。

04
○
　取締役会設置会社においては，362条4項5号に掲げる募集社債の総額その他の社債を引き受ける者の募集に関する重要な事項として法務省令で定める事項は，その決定を取締役に委任することができず，取締役会が決定しなければならない。

05
○
　社債権者集会の決議においては，裁判所が関与しているため，株主総会決議の瑕疵における決議取消しまたは不存在・無効確認の訴えを認める必要がなく，そのような訴えの制度は，会社法上設けられていない。

06
○
　社債権者集会を招集する者は，社債権者集会の招集の通知に際して，法務省令で定めるところにより，知れている社債権者に対し，議決権行使書面を交付しなければならず（721条1項），社債権者集会に出席しない社債権者は，これにより書面によって議決権を行使することができる（726条1項）。そして，この書面による議決権の行使については，株主総会における書面による議決権行使の場合（298条1項3号，4項）と異なり，行使を可能にするための条件が定められているわけではない。したがって，社債権者集会において，社債権者集会に出席しない社債権者は，書面によって議決権を行使することができる。＊江頭・会社753～759頁。

第10編　まとめ図・表

01 社債の募集手続の流れ

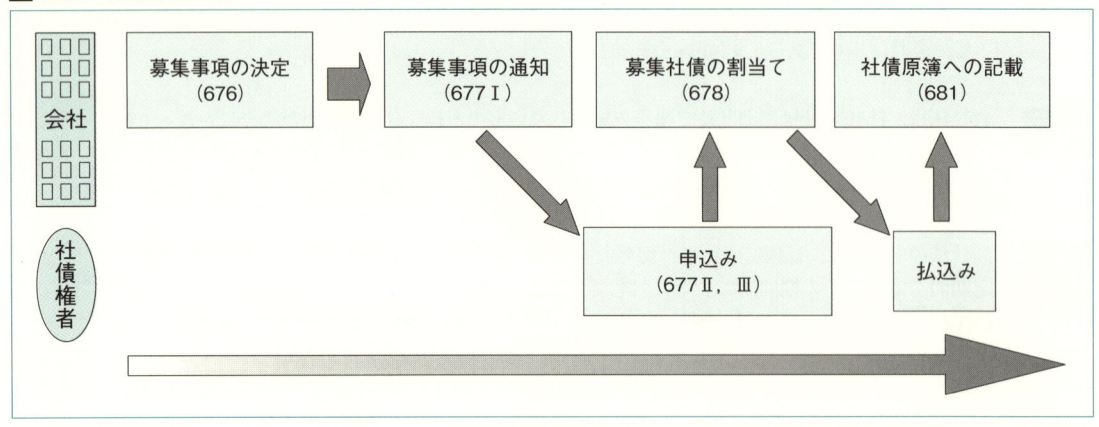

```
会社 → 募集事項の決定(676) → 募集事項の通知(677Ⅰ) → 募集社債の割当て(678) → 社債原簿への記載(681)
社債権者 → 申込み(677Ⅱ, Ⅲ) → 払込み
```

02 社債管理者の設置が強制される場合

単位＼金額	社債の総額が1億円未満	社債の総額が1億円以上	
		1社債が1億円以上	1社債が1億円未満
50単位未満	不要（702ただし書, 会社施規169）	不要（702ただし書）	不要（702ただし書, 会社施規169）
50単位以上	必要		必要

※　法令名のない条文はすべて会社法をさす。

03 社債管理者の設置が任意の場合

会社法上の社債	任意で管理者を設置すれば, 会社法上の社債管理者に該当し, 社債管理者に関する会社法の規定の適用あり
会社法上の社債にあたらない債権	「社債」の管理者ではないため, 会社法上の社債管理者に該当せず, 会社法上の規定の適用なし

04 株主総会と社債権者集会の差異

	株主総会	社債権者集会
決議の効力	決議可決により発生	裁判所の認可（734Ⅰ）
決議の効力を争う制度	あり（830, 831）	なし
開催される場合	定時株主総会（296Ⅰ） 必要がある場合（296Ⅱ）	必要がある場合（717Ⅰ）
少数権利者による招集の要件	総株主の議決権の100分の3以上（297Ⅰ）	ある種類の社債の総額（償還済みの額を除く）の10分の1以上（718Ⅰ）
書面投票制度の採否	株主数1,000人以上の場合　→義務（298Ⅱ） そうでない場合　→義務ではない	義務（721）
議題等の提案権	あり（303〜305）	なし
総会検査役	あり（306, 307）	
書面投票等の閲覧権	あり（311Ⅳ, 312Ⅴ）	
決議の効力を争う制度	あり（830, 831）	

第11編　組織再編

正誤チェック　　　　　　　　　　　　　　　　　　　　　　　　　論点ランクAA

〔No.90〕
事業譲渡に関する次の1から5までの各記述のうち，誤っているものを2個選びなさい。
1．事業譲渡に反対する株主には，株式買取請求権が認められている。
2．事業譲渡においては，会社債権者保護手続が設けられていない。
3．事業譲渡契約における各当事会社は，事業譲渡の効力が生じた日から6か月を経過する日までの間，事業譲渡契約や計算書類の内容に関する書面または電磁的記録を，本店に備え置かなければならない。
4．株式会社が，他の会社の事業の全部または重要な一部を譲り受ける場合には，株主総会の特別決議を要する。
5．会社設立後2年以内に，その成立前から存在する財産であって，その事業のために継続して使用するものを取得する場合には，原則として，株主総会の特別決議を要する。

類題
H18-48，
20-47，
24-47（予25）

| No.90 正解 | 3, 4 | 事業譲渡 |

正答率 60　80

アドバイス

本問は，事業譲渡および事後設立に関する知識を問う問題である。いずれも条文知識を中心に問う問題である。3についてはやや細かいとも思われるが，それ以外の記述についてはいずれも確実に正誤の判断ができなければならない。間違えた場合には，しっかりと復習しておいてもらいたい。

復習用文献

神田・会社20〜22頁，315〜318頁。
江頭・会社71頁，883〜888頁。
試験対策講座・会社法14章2節①。
条文シリーズ・会社法467条，469条。

1　正しい　反対株主の株式買取請求権は，株式会社の基礎の変更等の行為に反対する株主が，みずからの投下資本を回収する機会を確保するために，株式会社に対し，自己の有する株式を公正な価格で買い取ることを請求する権利である。そして，株式買取請求権は，株式会社の基礎の変更である事業譲渡における反対株主にも認められている（会社469条1項本文）。これは，事業譲渡が，通常，譲渡会社の事業の再編を意味し，株主の利害に重大な影響を及ぼすからである。よって，本記述は正しい。＊江頭・会社886頁。

2　正しい　事業譲渡においては，会社債権者保護手続が設けられていない。これは，事業譲渡の場合，譲渡会社は，譲渡後も債務の引受けがないかぎりその債務を弁済する責任を負うからである。よって，本記述は正しい。＊前田・会社762頁。

3　誤り　事業譲渡においては，会社分割とは異なり，事業譲渡契約の内容に関する書面または電磁的記録の備置き・開示は要求されておらず，組織再編のように契約の内容に関する書面または電磁的記録の備置き・開示の規定はおかれていない（782条1項，794条1項，803条1項参照）。よって，本記述は誤りである。＊江頭・会社883頁。

★4　誤り　他の会社の事業の全部を譲り受ける場合，譲受会社は吸収合併存続会社に近い立場に立つので，当該契約につき株主総会の特別決議による承認を要する（467条1項3号，309条2項11号）。これに対して，他の会社の事業の一部を譲り受ける場合には，株主総会の決議を要しない。よって，本記述は誤りである。＊江頭・会社888頁。

5　正しい　通常の発起設立または募集設立手続により設立された会社が，会社成立後2年以内に，その成立前から存在する財産であってその事業のために継続して使用するものを取得する場合には，原則として，株主総会の特別決議を要する（事後設立，467条1項5号本文，309条2項11号）。これは，現物出資規制の潜脱となるおそれがあるからである。よって，本記述は正しい。＊神田・会社317頁。江頭・会社71頁。

事業譲渡と会社分割の異同

	事業譲渡	会社分割
共通点	・原則として株主総会の特別決議を要する ・反対株主の株式買取請求権あり	
手段を採りうる会社	制限はない	分割会社は株式会社か合同会社にかぎられる
対象となる事業	事業としての実質を有する必要あり	事業としての実質を有する必要なし
会社債権者との関係	・譲渡会社の債務を，譲受会社が引き受ける場合には，債権者の同意を得る必要あり ・債権者保護手続なし	・分割会社の債務（または契約上の地位）は，分割契約書・分割計画書の記載に従って，移転する ・債権者保護手続あり
無効の主張	いつでもだれでも主張可	分割無効の訴えによってのみ主張可
譲渡・分割の相手方	会社である必要はない	会社であることが必要

正誤チェック　　　　　　　　　　　　　　　　論点ランクA

〔No.91〕
　株式会社の合併に関する次のアからオまでの各記述のうち，正しいものを組み合わせたものは，後記1から5までのうちどれか。
　ア．吸収合併に反対する株主が株式買取請求をした場合において，当該合併の効力発生日から30日以内に株式の価格について株主と会社との間の協議が調わなかったときは，当該請求をした株主にかぎって，裁判所に対し，価格の決定の申立てをすることができる。
　イ．委員会設置会社の取締役会は，その決議によって，合併契約の内容の決定を執行役に委任することができる。
　ウ．吸収合併の場合，株式買取請求権の行使期間は，当該合併の効力発生日の20日前の日から効力発生日の前日までである。
　エ．吸収合併存続株式会社において，合併の対価の額が，当該存続株式会社の純資産額の30％以下の場合には，原則として，株主総会の決議は不要である。
　オ．吸収合併消滅株式会社が新株予約権を発行しているときは，吸収合併契約において，その新株予約権者に対しその新株予約権に代えて存続会社が交付する新株予約権，新株予約権付社債または金銭の内容・数・額もしくはその算定方法を定めなければならない。

1．アエ　　2．アオ　　3．イウ　　4．イエ　　5．ウオ

類題
プレ-45,
H18-48,
19-47,
21-48,
22-47,
24-47（予25）
予　H23-25

第11編　組織再編　245

| No.91 正解 | 5 | 正しいものは、ウ、オ | 合併(1) |

正答率 60　80

ア 誤り
吸収合併に反対する株主が株式買取請求をした場合において，当該合併の効力発生日から30日以内に株式の価格について株主と会社との間の協議が調わなかったときは，当該請求をした株主だけでなく，吸収合併消滅会社あるいは吸収合併存続会社自身も，裁判所に対し，価格の決定の申立てをすることができる（会社786条2項，798条2項）。よって，本記述は誤りである。

イ 誤り
合併は重要な業務執行にあたるのが通常であるから，委員会設置会社の取締役会は，当該会社の株主総会決議による承認を要しないものを除き，その決議によって，合併契約の内容の決定を執行役に委任することはできない（416条4項16号）。よって，本記述は誤りである。

ウ 正しい
吸収合併の場合，株式買取請求権の行使期間は，当該合併の効力発生日の20日前の日から効力発生日の前日までである（785条5項，797条5項）。これは，株式買取請求の取下げが制限され，請求の時点で従来より慎重な判断が要求されることから，株式買取請求権の行使期間をできるかぎり効力発生日に近づけることにより，株主が効力発生日における当事会社の状況をできるかぎり正確に把握することができるようにするためである。よって，本記述は正しい。

エ 誤り
吸収合併存続株式会社において，合併の対価の額が，存続株式会社の純資産額の20％以下の場合には，原則として，株主総会の決議は不要である（796条3項）。これは，存続株式会社に比べて消滅会社の規模が小さい等，存続株式会社の株主に及ぼす影響が軽微な場合には，存続株式会社にとって基礎的変更とはいえず，株主総会の決議を要求する必要はないと考えられるためである。したがって，原則として，株主総会の決議が不要となるのは，合併の対価の額が，存続株式会社の純資産額の30％以下の場合でなく，20％以下の場合である。よって，本記述は誤りである。

オ 正しい
吸収合併消滅株式会社が新株予約権を発行しているときは，吸収合併契約において，その新株予約権者に対しその新株予約権に代えて存続会社が交付する新株予約権，新株予約権付社債または金銭の内容・数・額もしくはその算定方法を定めなければならない（749条1項4号）。よって，本記述は正しい。

アドバイス
本問は，株式会社の合併に関する知識を問う問題である。いずれも条文知識を問うものであり，確実に正解したい問題である。合併に関しては，論文式試験との関係でも重要な分野であり，受験生の多くはしっかりと勉強してきていると思われる。他の受験生に差をつけられないためにも，しっかりと知識を整理しておいてもらいたい。

復習用文献
神田・会社319～343頁。

江頭・会社774～780頁，792～802頁，816～820頁。

試験対策講座・会社法14章2節②。

条文シリーズ・会社法416条，749条，785条，786条，796条，797条，798条。

正誤チェック　　　　　　　　　　　　　論点ランクA

〔No.92〕
合併に関する次のアからオまでの各記述のうち，誤っているものを組み合わせたものは，後記1から5までのうちどれか。

ア．株式会社は，株式会社と合併をすることができるだけでなく，持分会社すなわち合名会社，合資会社および合同会社のいずれとも，合併をすることができる。

イ．株式会社が吸収合併をした場合，その効力は，消滅会社について解散の登記をした時に生じる。

ウ．合併の存続会社が，合併の消滅会社が有する株式を承継するかたちで自己株式を取得する場合には，剰余金の分配可能額規制は存在しない。

エ．合併の無効は，合併の効力が生じた日から6か月以内に，訴えをもってのみ主張することができるが，その効力は遡及効を有するので，合併後の剰余金の配当はさかのぼって効力を喪失することになる。

オ．吸収合併消滅株式会社が吸収合併存続株式会社の総株主の議決権の10分の9以上を有する場合は，当該吸収合併消滅株式会社の株主に対して交付する金銭等の全部または一部が当該吸収合併存続株式会社の譲渡制限株式であって，当該吸収合併存続株式会社が公開会社でないときを除いて，当該吸収合併存続株式会社において合併承認の株主総会決議を経ることを要しない。

1．ア　エ　　2．ア　オ　　3．イ　ウ　　4．イ　エ　　5．ウ　オ

類題
プレ-45,
H18-48,
19-47,
21-48,
22-47,
24-47（予25）
予　H23-25

| No.92 正解 | 4 | 誤っているものは，イ，エ | 合併(2) |

| ア 正しい | 株式会社は，株式会社と合併をすることができるだけでなく，持分会社と合併をすることもできる（会社748条，749条1項2号，3号，751条1項2号，753条1項6号）。よって，本記述は正しい。

★イ 誤 り | 株式会社が吸収合併をする場合，吸収合併契約において，効力発生日を定めなければならず，会社法では，登記をした時ではなく，その効力発生日に，吸収合併の効力が発生し，消滅会社の権利義務が承継されるとされている（750条1項，749条1項6号）。消滅会社の解散の登記は，解散の効力の第三者対抗要件にすぎない（750条2項）。よって，本記述は誤りである。

ウ 正しい | 合併の消滅会社が有する株式を，存続会社が承継するかたちで自己株式を取得する場合には（155条11号），やむをえない取得として，自己株式取得における剰余金の分配可能額規制は存在しない（461条1項参照）。よって，本記述は正しい。

エ 誤 り | 合併の無効は，合併の効力が生じた日から，6か月以内に，訴えをもってのみ主張することができる（828条1項7号，8号）。したがって，前段は正しい。しかし，合併を無効とする判決があっても，遡及効は否定されているため，すでに存続会社・新設会社，その株主および第三者の間に生じた権利義務は影響を受けない（839条）。したがって，後段は誤りである。よって，本記述は誤りである。

オ 正しい | 吸収合併消滅株式会社が吸収合併存続株式会社の総株主の議決権の10分の9以上を有するときは，原則として，当該吸収合併存続株式会社において合併承認の株主総会決議を経ることを要しない，いわゆる略式手続をとることができる（796条1項本文，795条1項）。ただし，当該吸収合併消滅株式会社の株主に対して交付する金銭等の全部または一部が当該吸収合併存続株式会社の譲渡制限株式であって，当該吸収合併存続株式会社が公開会社でないときは，このような略式手続をとることはできない（796条1項ただし書）。よって，本記述は正しい。

正答率 60 80

アドバイス

本問は，合併に関する知識を問う問題である。オはやや細かいが，そのほかはいずれも基本的な条文知識であるため確実に正解しなければならない問題といえよう。

復習用文献

神田・会社319～343頁。
江頭・会社792～802頁，816～824頁。
試験対策講座・会社法14章2節②。
条文シリーズ・会社法748条，749条，750条，795条，796条，828条，839条。

正誤チェック　　　　　　　　　　　　　　　　　論点ランクA

〔No.93〕
　会社分割に関する次のアからオまでの各記述のうち，正しいものを組み合わせたものは，後記1から5までのうちどれか。
　ア．会社分割には吸収分割と新設分割の2種類があるが，そのいずれの場合であっても，会社分割を行う会社（分割会社）は株式会社か合同会社にかぎられる。
　イ．株式会社が吸収分割をする場合には，吸収分割契約の承認につき分割会社と承継会社のいずれにおいても株主総会決議の手続が必要となり，この場合，分割会社においては特別決議を要するが，承継会社においては普通決議で足りる。
　ウ．株式会社の分割に反対する株主は，当事会社に対して株式買取請求権を有する。
　エ．会社分割がなされる場合，分割会社の債権者は不利益を被る可能性があることから一定の要件のもとに異議を述べることができるが，承継会社の債権者は異議を述べることはできない。
　オ．会社分割の無効を主張しようとするときは，訴えによらずに裁判外でこれを主張することが可能である。

1．アイ　　2．アウ　　3．イエ　　4．ウオ　　5．エオ

類題

プレ-45,
H18-48,
21-48,
22-48,
23-49

No.93 正解 2 正しいものは，ア，ウ 会社分割

ア 正しい
会社分割において，会社を分割しようとする会社（分割会社）は株式会社か合同会社にかぎられる（会社2条29号，30号，757条前段括弧書，762条1項前段）。合名会社および合資会社については，当該会社では無限責任社員が会社債務につき責任を負うにもかかわらず，会社分割によって債務を他社に承継させてしまうと会社債権者が大きな不利益を受けるおそれがあるために，会社分割は認められていない。よって，本記述は正しい。

★イ 誤り
株式会社が吸収分割をする場合，分割会社と承継会社のいずれにおいても，吸収分割契約の承認につき株主総会決議が必要である（783条1項，795条1項）。この場合，分割会社においては，株主総会の特別決議が必要となる（783条1項，309条2項12号）のみならず，承継会社においても特別決議が必要となる（795条1項，309条2項12号）。すなわち，吸収分割契約の承認については，分割会社と承継会社のいずれにおいても株主総会の特別決議が必要とされている。よって，本記述は誤りである。

ウ 正しい
株式会社の吸収分割あるいは新設分割に反対する株主は，当事会社に対して株式買取請求権を有する（785条1項，797条1項，806条1項）。よって，本記述は正しい。

エ 誤り
会社分割がなされる場合には，当事会社の債権・債務の移転に伴って当事会社の債権者にも影響を与えることになる。そこで，分割会社の債権者であって，会社分割後に分割会社に対して債務の履行を請求できなくなる者等は異議を述べることができるとされている（789条1項2号，810条1項2号）。また，吸収分割の場合，承継会社は吸収分割契約の定め方次第では分割会社の債務を負うことがありうるため，債権者保護の見地から，承継会社の債権者は常に異議を述べることができるとされている（799条1項2号，802条2項）。よって，本記述は誤りである。

★オ 誤り
会社分割の無効の主張については，吸収分割の無効の訴え（828条1項9号）および新設分割の無効の訴え（828条1項10号）という形成訴訟の制度が設けられており，会社分割の無効の主張は，これら訴えをもってのみ主張することができる。よって，本記述は誤りである。

正答率 60 80

アドバイス
本問は，会社分割に関する知識を問う問題である。いずれも条文知識を問うものであり，確実に正解したい問題といえよう。会社分割については，論文式試験との関係でも重要分野であるし，短答式試験でも頻出の分野である。間違えた場合には，第11編まとめ図・表02を活用して知識を整理し，しっかりと復習しておいてもらいたい。

復習用文献
神田・会社343～353頁。
江頭・会社830～831頁，841～848頁，857～859頁。
試験対策講座・会社法14章2節3。
条文シリーズ・会社法2条，783条，785条，789条，795条，797条，799条，804条，806条，810条，828条。

正誤チェック　　　　　　　　　　　　　　　　　　　論点ランクA

〔No.94〕
　株式会社の株式交換・株式移転に関する次のアからオまでの各記述うち，誤っているものを組み合わせたものは，後記1から5までのうちどれか。
　ア．株式会社がその発行済株式の全部を他の株式会社または合同会社に取得させることを株式交換といい，1または2以上の株式会社がその発行済株式の全部を新たに設立する株式会社に取得させることを株式移転という。
　イ．株式交換および株式移転の効力が生じる日は，株式交換契約および株式移転契約において定める効力発生日である。
　ウ．株式交換および株式移転がなされた場合，完全親子会社関係が生じるのであり，当事会社は消滅せず，財産の変動も生じない。
　エ．株式移転をする場合は，株式移転計画を作成しなければならないが，株式交換をする場合は，株式交換計画を作成する必要はない。
　オ．株式交換および株式移転を無効とする判決が確定したときは，当事者だけでなく，第三者に対しても遡及的に株式交換および株式移転の効力が失われる。

1．アエ　　2．アオ　　3．イウ　　4．イオ　　5．ウエ

類題

H18-48,
24-48

| No.94 正解 | 4 | 誤っているものは，イ，オ | 株式会社の株式交換・株式移転 |

正答率 60　80

★ア 正しい　株式会社がその発行済株式の全部を他の株式会社または合同会社に取得させることを株式交換という（会社2条31号）。また，1または2以上の株式会社がその発行済株式の全部を新たに設立する株式会社に取得させることを株式移転という（2条32号）。よって，本記述は正しい。

イ 誤り　株式交換の効力が生じる日は，株式交換契約において定める，株式交換がその効力が生ずる日（効力発生日）である（769条1項，768条1項6号，771条1項，770条1項5号）。これに対し，株式移転の効力が生じる日は，株式移転設立完全親会社の成立日（設立登記の日）である（774条1項，49条）。よって，本記述は誤りである。

★ウ 正しい　株式交換および株式移転がなされても完全親子会社関係が生じるだけであり（2条31号，32号），当事会社が消滅するものではない。また，当事会社間で株主が変動するだけであり，財産の変動をもたらすものではない。よって，本記述は正しい。

エ 正しい　株式移転をする場合は，株式移転計画を作成しなければならない（772条1項後段）。これに対し，株式交換をする場合は，当事会社は，株式交換契約を締結しなければならないが（767条後段），株式交換計画を作成する必要はない。よって，本記述は正しい。

オ 誤り　株式交換および株式移転を無効とする判決が確定したときは，第三者に対してもその効力を有する（838条，834条11号，12号）。もっとも，遡及的に無効となるのではなく，将来に向かってのみ無効となるだけである（839条，834条11号，12号）。よって，本記述は誤りである。

アドバイス

本問は，株式交換および株式移転に関する知識を問う問題である。いずれも基本的な条文知識を問うものであり，確実に正解しなければならない問題といえよう。なお，知識を整理するためには第11編まとめ図・表02を参考にしてもらいたい。

復習用文献

神田・会社354〜360頁。
江頭・会社860〜861頁，865〜870頁，873〜875頁，880〜882頁。
試験対策講座・会社法14章2節4。
条文シリーズ・会社法2条，767条，768条，769条，770条，771条，772条，838条。

正誤チェック　　　　　　　　　　　　　　　　　　　　論点ランクA

〔No.95〕
　組織再編行為に関する次のアからオまでの各記述のうち，誤っているものを組み合わせたものは，後記1から5までのうちどれか。

ア．合併契約が無効の場合の法的処理として合併無効の訴えがあるように，事業譲渡の契約の無効の場合の法的処理についても，会社法上所定の手続によってなされる。

イ．株式移転完全子会社が新株予約権付社債を発行していなかった場合，当該会社においては，株式移転について異議を述べることができる債権者は存在しない。

ウ．株式交換完全親株式会社が株式交換完全子会社の株主に交付する対価に，株式交換完全親株式会社の株式その他これに準ずるもの以外の財産が含まれる場合には，株式交換完全親株式会社においてはすべての債権者が異議を述べることができる。

エ．新設合併の手続に際して，反対株主は株式買取請求権を行使することができるが，株式買取請求権を行使するには株主総会で反対する必要があり，議決権の存在が前提とされるから，議決権のない株主は反対株主に含まれない。

オ．吸収分割の手続に際して，吸収分割株式会社において簡易吸収分割手続が認められる場合には，当該株式会社の反対株主には株式買取請求権が認められない。

1．アウ　　2．アエ　　3．イウ　　4．イオ　　5．エオ

類題

プレ-45，
H18-48

| No.95 正解 | 2 | 誤っているものは，ア，エ | 組織再編行為 |

正答率 60　80

★ア 誤り
合併契約が無効の場合の法的処理として合併無効の訴えがある（会社828条1項7号，8号）。これに対して，事業譲渡の契約が無効の場合の法的処理として，会社の組織に関する行為の無効の訴えの規定はなく，民法の一般原則によることになる。よって，本記述は誤りである。

イ 正しい
株式移転は，株主構成が変わるだけで会社財産に変動が生じないから，原則として債権者保護手続は不要であり，株式移転計画新株予約権が新株予約権付社債に付された新株予約権である場合のみ，当該社債権者につき債権者保護手続が必要とされる（810条1項3号，2項）。よって，本記述は正しい。＊弥永・会社333～334頁。

ウ 正しい
会社法では，いわゆる吸収型組織再編手続において対価の柔軟化が認められ，吸収合併消滅会社等の株主に株式等以外の財産のみを給付することもできるようになった（株式交換につき768条1項2号ホ，770条1項3号ロ）。そして，この場合には，株式交換完全親株式会社の債権者は異議を述べることができる（799条1項3号）。よって，本記述は正しい。＊弥永・会社334頁。

★エ 誤り
新設合併に際し，株式買取請求権を行使することができる反対株主には，議決権を行使することができない株主も含まれる（806条2項2号）。よって，本記述は誤りである。＊弥永・会社344頁。

オ 正しい
吸収分割手続に際して，吸収分割株式会社において簡易分割手続が認められる場合（784条3項）には，吸収分割株式会社の反対株主の株式買取請求権は認められない（785条1項2号）。よって，本記述は正しい。＊弥永・会社344頁。

アドバイス

本問は，組織再編行為に関する知識を問う問題である。いずれも条文知識を問うものであり，確実に正解したい問題である。組織再編行為については，論文式試験でも問われる可能性は高く，受験生の多くは条文知識をきちんとおさえていると思われる。間違えた場合には，他の受験生に差をつけられないためにもしっかりと復習しておいてもらいたい。

復習用文献

神田・会社310～362頁。
江頭・会社780～882頁。
試験対策講座・会社法14章2節②，③，④。
条文シリーズ・会社法768条，770条，784条，785条，789条，799条，806条，810条，828条。

正誤チェック　論点ランクA

〔No.96〕
略式手続・簡易手続に関する次のアからオまでの各記述のうち，誤っているものを組み合わせたものは，後記1から5までのうちどれか。

ア．定款に別段の定めがある場合を除き，株式会社が，当該株式会社の総資産額の5分の1以下の資産を事業の重要な一部として譲り渡す場合および他の会社の事業の全部を譲り受ける対価として当該株式会社の純資産額の5分の1以下の財産を交付する場合には，株主総会の特別決議は不要となる。

イ．略式手続を採用することが認められる場合，特別支配会社および被支配会社の双方において，株主総会の特別決議が不要となる。

ウ．略式組織再編行為がなされる場合において，当該手続に法令または定款違反があるか，対価の割当てに関する事項が当事会社の財産状況に照らして著しく不当である場合で，株主が不利益を受けるおそれがあるときは，被支配会社の株主は，略式組織再編行為をやめることを請求することができる。

エ．略式手続または簡易手続がなされる場合において，法務省令で定める数の株式を有する株主が，株式会社に対してこれらの手続の対象となる行為に反対する旨を通知した場合には，株主総会決議の省略は認められなくなる。

オ．簡易吸収分割，簡易新設分割がなされる場合，分割会社においては，株主総会決議が不要になるほか，反対株主の株式買取請求権も認められない。

1．アウ　　2．アエ　　3．イエ　　4．イオ　　5．ウオ

類題
なし

No.96 正解	3	誤っているものは，イ，エ	略式手続・簡易手続

正答率 60　80

ア 正しい　事業を譲渡する株式会社が総資産額の5分の1以下の財産を譲渡する場合は，事業の重要な一部の譲渡に該当するときでも，譲渡会社における株主総会の特別決議は不要となる（会社467条1項2号括弧書）。また，他の会社の事業全部を譲り受ける株式会社がその譲受けの対価として純資産額の5分の1以下の財産を交付する場合にも，簡易手続が認められ，譲受会社における株主総会の特別決議は不要となる（468条2項）。よって，本記述は正しい。＊弥永・会社339頁。

イ 誤り　事業譲渡等，吸収合併，株式交換および吸収分割の手続において略式手続を採用することが認められる場合，株主総会決議の省略が認められるのは，被支配会社の側だけであり（468条1項，784条1項本文，796条1項本文），特別支配会社においては，原則どおり株主総会の特別決議を経なければならない（467条1項，309条2項11号，783条1項，795条1項，309条2項12号）。よって，本記述は誤りである。＊弥永・会社343頁。

ウ 正しい　略式組織再編行為がなされる場合において，当該手続に法令もしくは定款違反があり，または対価の割当てに関する事項が当事会社の財産状況に照らして著しく不当である場合で，株主が不利益を受けるおそれがあるときは，被支配会社の株主は，略式組織再編行為をやめることを請求することができる（784条2項，796条2項）。これは，被支配会社の株主の利益を保護する必要があるためである。よって，本記述は正しい。＊弥永・会社343～344頁。

エ 誤り　法務省令（会社施規138条，197条）で定める数の株式を有する株主が株式会社に対して反対する旨を通知した場合に，株主総会決議の省略が認められなくなるのは，簡易手続の場合だけであり（会社468条3項，796条4項，309条2項11号，12号），略式手続の場合は含まれない。よって，本記述は誤りである。＊弥永・会社341～342頁。

オ 正しい　簡易吸収分割，簡易新設分割がなされる場合，分割会社においては，株主総会決議が不要であり（784条3項，805条），また，反対株主の株式買取請求権も認められない（785条1項2号，806条1項2号）。これは，簡易吸収分割や簡易新設分割による株主の不利益はあまり生じないためである。よって，本記述は正しい。＊弥永・会社340～342頁，344頁。

アドバイス

本問は，略式手続・簡易手続に関する条文知識を問う問題である。組織再編に関する会社法第5編については，一見，条文が複雑に感じられ敬遠されがちであるが，条文を何回か素読してみるとほぼ同じような構造で規定されており，さほど複雑ではないことがわかると思う。また，条文を丸暗記しようとするのではなく，なぜ略式手続が認められているのか，なぜ簡易手続が認められているのか，ということを考えてみれば，たとえ条文を知らなかったとしても，ア，イ，ウ，オに関しては正誤の判断ができ，正解を導くことができるであろう。

復習用文献

神田・会社316頁，331～333頁。
江頭・会社816～820頁，854～856頁，878～880頁。
試験対策講座・会社法14章2節②【2】。
条文シリーズ・会社法467条，468条，783条，784条，785条，796条，805条，806条。

第11編　組織再編　★一問一答問題

01 株式移転設立完全親会社が，成立後に財産を譲り受けることを約した場合，原則として，当該財産について検査役の調査を受けなければならない。

02 株式移転完全親会社の株主が，株式移転の無効の訴えを提起する場合，当該株主は，株式移転完全親会社および株式移転完全子会社の双方を被告としなければならない。

03 80億円の財産を有するY株式会社が，そのうち50億円分の財産を，吸収分割契約によりZ株式会社に移転した。その際，Y社の債権者Xは，会社法第789条第2項の各別の催告を受けなかった。吸収分割契約において，Xに対する債務をZ社が負担する定めをしていた場合，XはY社に対して債務の履行を請求することはできない。

第11編　組織再編　★一問一答問題解答

01 ×　株式移転は，会社の設立の一態様であるので，原則として設立に関する規定が適用される。もっとも，財産引受けに関する検査役の調査についての規定（会社28条2号，33条）は適用除外になっている（814条1項）。したがって，株式移転設立完全親会社が，成立後に財産を譲り受けることを約しても，当該財産について検査役の調査を受ける必要はない。＊論点解説711頁。

02 ○　株式移転により設立する株式会社の株主等一定の者は，株式移転無効確認の訴えを株式移転の効力が生じた日から6か月以内に提起することができる（828条1項12号，2項12号）。そして，この場合，提訴権者は，株式移転をする株式会社および株式移転により設立する株式会社の双方を被告としなければならない（834条12号）。＊会社法大系④120〜121頁。

03 ×　759条2項は，会社債権者を保護する趣旨から，異議を述べることができるにもかかわらず各別の催告を受けなかった吸収分割会社の債権者は，吸収分割会社に対して債務の履行を請求できない旨の吸収分割契約の定めがあったとしても，吸収分割会社に対して，分割の効力発生日の財産額を限度として，債務の履行を請求することができると定めている。本記述では，吸収分割契約において，Xに対する債務をZ社が負担する定めのある場合，XはY社に対し異議を述べることができる（789条1項2号）にもかかわらず，XはY社から各別の催告（789条2項）を受けていない。したがって，XはY社に対して，759条2項に基づき，30億円の限度で，債務の履行を請求することができる。＊神田・会社352頁。弥永・会社335〜336頁。

第11編　まとめ図・表

01 組織再編行為の概要

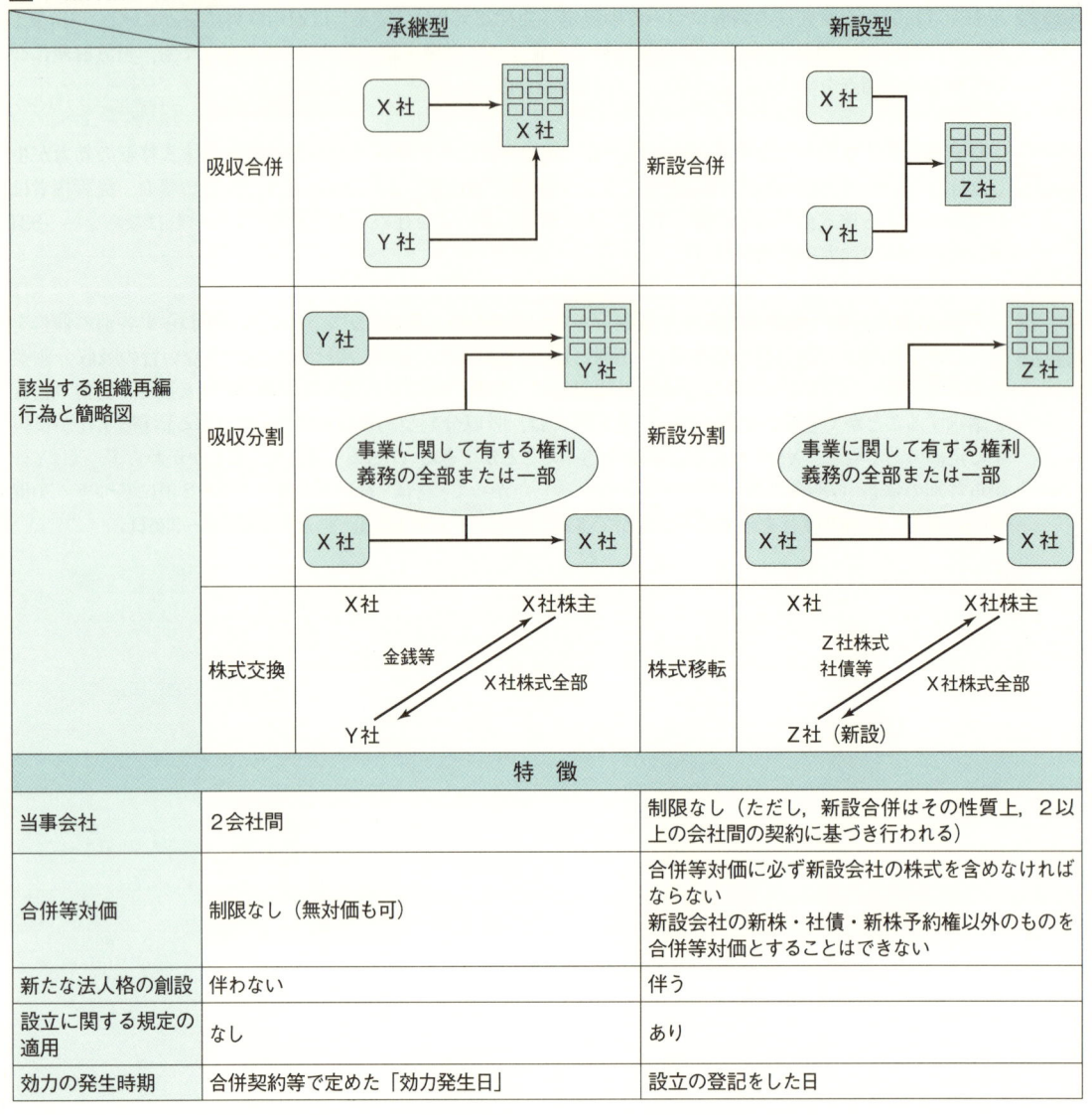

		承継型		新設型
該当する組織再編行為と簡略図	吸収合併	X社 → X社　Y社 → X社	新設合併	X社 → Z社　Y社 → Z社
	吸収分割	Y社 → Y社、事業に関して有する権利義務の全部または一部、X社 → X社	新設分割	Z社、事業に関して有する権利義務の全部または一部、X社 → X社
	株式交換	X社　金銭等　X社株主、X社株式全部　Y社	株式移転	X社　Z社株式・社債等　X社株主、X社株式全部　Z社（新設）
特　徴				
当事会社	2会社間		制限なし（ただし、新設合併はその性質上、2以上の会社間の契約に基づき行われる）	
合併等対価	制限なし（無対価も可）		合併等対価に必ず新設会社の株式を含めなければならない／新設会社の新株・社債・新株予約権以外のものを合併等対価とすることはできない	
新たな法人格の創設	伴わない		伴う	
設立に関する規定の適用	なし		あり	
効力の発生時期	合併契約等で定めた「効力発生日」		設立の登記をした日	

02 合併，分割，株式交換・株式移転の主要な異同

	合併			分割			株式交換・株式移転		
	吸収合併		新設合併	吸収分割		新設分割	株式交換		株式移転
	吸収合併消滅会社	吸収合併存続会社		吸収分割会社	吸収分割承継会社		株式交換完全子会社	株式交換完全親会社	
書面の閲覧請求権者	株主および会社債権者（782Ⅲ，794Ⅲ，803Ⅲ）						株主および新株予約権者（782Ⅲ柱書括弧書）	株主および債権者ただし，*1の場合，株主（794Ⅲ柱書括弧書）	株主および新株予約権者（803Ⅲ柱書括弧書）
略式・簡易手続	略式のみ（784Ⅰ）	両方あり（796Ⅰ，Ⅲ）	なし	両方あり（784Ⅰ，Ⅲ，796Ⅰ，Ⅲ）		簡易のみ（805）	略式のみ（784Ⅰ）	両方あり（796Ⅰ，Ⅲ）	なし
株式買取請求権	あり。ただし，*2の場合を除く（785Ⅰ①・783Ⅱ）	あり（797Ⅰ）	あり。ただし，*3の場合を除く（806Ⅰ①・804Ⅱ）	あり。ただし，簡易分割の場合を除く（785Ⅰ）	あり（797Ⅰ）	あり。ただし，簡易分割の場合を除く（806Ⅰ②，805）	あり。ただし，*2の場合を除く（785Ⅰ）	あり（797Ⅰ）	あり（806Ⅰ）
会社債権者異議手続の対象	全債権者（789Ⅰ①，799Ⅰ②，810Ⅰ③）			分割後，分割会社に対して債務の履行を請求できない債権者（789Ⅰ②）ただし*4の場合は全債権者（789Ⅰ②括弧書）	全債権者（799Ⅰ②）	分割後，分割会社に対して債務の履行を請求できない債権者（810Ⅰ②）ただし*4の場合は全債権者（810Ⅰ②括弧書）	原則不要ただし，*5の場合には，当該新株予約権付社債権者（789Ⅰ③）	原則不要ただし*5，*6の場合には，全債権者（799Ⅰ③）	原則不要ただし，*5の場合には，当該新株予約権付社債権者（810Ⅰ③）
効力発生日	吸収合併契約で定められた効力発生日（750Ⅰ，752Ⅰ）		新設合併設立会社成立の日（754Ⅰ，756Ⅰ）	吸収分割契約で定められた効力発生日（759Ⅰ，761Ⅰ）		新設分割設立会社成立の日（764Ⅰ，766Ⅰ）	株式交換契約で定められた効力発生日（769Ⅰ，771Ⅰ）		株式移転設立完全親会社成立の日（774Ⅰ）
登記の要否	必要（921～924）						不要		必要（925）

*1 株式交換完全子会社の株主に対して交付する金銭等が株式交換完全親会社の株式またはこれに準ずるものである場合（768Ⅰ④ハに規定する場合を除く）
*2 種類株式発行会社でない場合に，合併対価等の全部または一部が持分等であるとき（そもそも総株主の同意が必要であるから）
*3 新設合併設立会社が持分会社である場合（そもそも総株主の同意が必要であるから）
*4 分割会社が171条1項により全部取得条項付種類株式を取得し，または剰余金を配当する場合
*5 新株予約権付社債に付された新株予約権が株式交換の目的となる場合
*6 株式交換対価に株式交換完全親会社の株式およびそれに準ずるもの以外が含まれる場合

第12編　会社法・総合問題

正誤チェック　　　　　　　　　　　　　　　　論点ランクA

〔No.97〕
　会社法上の書類の閲覧の比較に関する次の1から5までの各記述のうち，誤っているものを2個選びなさい。

1．株主，会社債権者および親会社社員は，株式会社成立後であれば，当該株式会社の営業時間内は，いつでも，定款の閲覧を請求することができる。
2．監査役会設置会社の株主は，裁判所の許可を得なければ，取締役会議事録および監査役会議事録の閲覧を請求することはできない。
3．株式会社の債権者は，当該株式会社の営業時間内は，いつでも，「計算書類等」（会社法第442条第1項各号に掲げるものをいう）の閲覧を請求することができるが，会計帳簿については，このような請求をすることはできない。
4．株式会社の親会社社員は，その権利を行使するため必要があるときは，裁判所の許可を得て，子会社の株主名簿の閲覧を請求することができるが，子会社の社債原簿については，裁判所の許可を得ても，閲覧を請求することができない。
5．特例有限会社においては，総株主の議決権の10分の1以上の議決権を有する株主のみが，会計帳簿の閲覧を請求することができる。

類題
H19-43

No.97 正解 1, 4　　書類閲覧の要件

正答率 60　80

★1 誤り
株式会社成立後，株主および会社債権者は，その営業時間内は，いつでも，定款の閲覧を請求することができる（会社31条2項柱書本文括弧書）。しかし，当該株式会社の親会社社員は，その権利を行使するため必要があるときに，裁判所の許可を得て，定款の閲覧を請求することができるにすぎない（31条3項，2項）。よって，本記述は誤りである。

★2 正しい
監査役会は監査役を構成員とするから，監査役会設置会社は同時に監査役設置会社でもある。そして，監査役設置会社の株主は，その権利を行使するため必要があるときは，裁判所の許可を得て，取締役会議事録の閲覧を請求することができる（371条3項，2項）。また，監査役会設置会社の株主は，その権利を行使するため必要があるときは，裁判所の許可を得て，監査役会議事録の閲覧を請求することができる（394条2項）。よって，本記述は正しい。

3 正しい
株式会社の債権者は，当該株式会社の営業時間内は，いつでも，「計算書類等」の閲覧を請求することができる（442条3項）。したがって，前段は正しい。また，当該株式会社の営業時間内に，いつでも，会計帳簿の閲覧等を請求できるのは，総株主の議決権の100分の3以上の議決権を有する株主または発行済株式の100分の3以上の数の株式を有する株主にかぎられ（433条1項），会社債権者は，このような請求をすることはできない。したがって，後段も正しい。よって，本記述は正しい。

4 誤り
株式会社の親会社社員は，その権利を行使するため必要があるときは，裁判所の許可を得て，子会社の株主名簿について，閲覧の請求をすることができる（125条4項，2項）。他方，子会社の社債原簿についても，株式会社の親会社社員は，その権利を行使するため必要があるときは，裁判所の許可を得て，その閲覧を請求することができる（684条4項，2項）。よって，本記述は誤りである。

5 正しい
特例有限会社においては，有限会社法の規定を引き継ぎ，総株主の議決権の10分の1以上の議決権を有する株主のみが，会計帳簿の閲覧を請求することができるとされている（会社法の施行に伴う関係法律の整備等に関する法律26条1項・会社433条1項）。よって，本記述は正しい。

アドバイス

本問は，書類閲覧の要件に関して，会社法上の知識を横断的に問う問題である。このような横断的な知識を問うものについては，第12編まとめ図・表02等を活用し，知識をきちんと整理しておくことが大事である。

復習用文献

神田・会社103頁，203頁，260頁。
江頭・会社77～78頁，195～197頁，397～398頁，490～492頁，570～573頁，647～652頁。
試験対策講座・会社法5章6節，8章4節3【5】，6節3【2】，9章1節4，5，13章1節3。
条文シリーズ・会社法31条，125条，371条，433条，442条，684条。

正誤チェック　論点ランクA

〔No.98〕
会社法上の訴えに関する次のアからオまでの各記述のうち，誤っているものを組み合わせたものは，後記1から5までのうちどれか。

ア．株主が，取締役の任務懈怠責任を追及する訴訟を提起した場合に，取締役に責任がないと考える株式会社は，取締役を補助するため訴訟に参加することができるが，監査役設置会社が当該参加をするには，監査役全員の同意が必要である。

イ．判例によれば，株主総会決議の無効確認を求める訴えにおいて，決議無効原因として主張された瑕疵が決議取消原因に該当しており，決議取消しの訴えの原告適格や出訴期間等の要件をみたしていても，決議取消しの主張が出訴期間経過後になされた場合には，決議取消しの訴えは却下される。

ウ．株主が責任追及等の訴えを提起したときは，裁判所は，被告の申立てにより，当該株主に対し，相当の担保を立てるべきことを命ずることができるが，被告が当該申立てをするには，責任追及等の訴えの提起が悪意によるものであることを疎明しなければならない。

エ．公開会社は，責任追及等の訴えを提起したとき，または責任追及等の訴えを提起した株主からその旨の訴訟告知を受けたときは，遅滞なく，訴えの提起をした旨または訴訟告知を受けた旨を公告し，または株主に通知しなければならない。

オ．取締役の責任追及の訴えにかかる訴訟において，株式会社と取締役が和解をする場合には，総株主の同意を要する。

1．アイ　　2．アエ　　3．イオ　　4．ウエ　　5．ウオ

類題

プレ-46,
H18-49,
18-50,
19-48,
21-49,
22-49,
23-43,
23-50（予26），
24-49（予26）

| No.98 正解 | 3 | 誤っているものは，イ，オ | 会社法上の訴え |

正答率 60　80

ア 正しい

株主または株式会社は，不当に訴訟手続を遅延させることとなるときまたは裁判所に対し過大な事務負担を及ぼすこととなるときを除き，共同訴訟人として，または当事者の一方を補助するため，責任追及等の訴えにかかる訴訟に参加することができる（会社849条1項）。ただし，会社の判断の適正を確保するため，監査役設置会社が補助参加をするには監査役全員の同意を要するものとされている（849条2項1号）。よって，本記述は正しい。＊神田・会社247頁。弥永・会社224頁。

★イ 誤り

判例（最判昭和54年11月16日〔判例シリーズ48事件〕）は，「株主総会決議の無効確認を求める訴において決議無効原因として主張された瑕疵が決議取消原因に該当しており，しかも，決議取消訴訟の原告適格，出訴期間等の要件をみたしているときは，たとえ決議取消の主張が出訴期間経過後になされたとしても，なお決議無効確認訴訟提起時から提起されていたものと同様に扱うのを相当とし，本件取消訴訟は出訴期間遵守の点において欠けるところはない」としている。よって，本記述は誤りである。＊江頭・会社348頁。

ウ 正しい

株主が責任追及等の訴えを提起したときは，裁判所は，被告の申立てにより，当該株主に対し，相当の担保を立てるべきことを命ずることができる（847条7項）。被告が当該申立てをするには，責任追及等の訴えの提起が悪意によるものであることを疎明しなければならない（847条8項）。よって，本記述は正しい。＊神田・会社247頁。

エ 正しい

公開会社においては，株式会社は，みずから責任追及等の訴えを提起したとき，または責任追及等の訴えを提起した株主からその旨の訴訟告知を受けたときは，遅滞なく，訴えの提起をした旨または訴訟告知を受けた旨を公告し，または株主に通知しなければならない（849条4項）。これは，他の株主に参加の機会を確保するためである。よって，本記述は正しい。

なお，非公開会社においては，公告の方法によることはできず，株主への個別の通知が必要である（849条5項）。＊神田・会社247頁。江頭・会社454～455頁。

オ 誤り

責任の一部免除（425条から427条まで）の場合を除き，役員等の株式会社に対する損害賠償責任は，総株主の同意がなければ，免除することができない（424条）。もっとも，役員等の責任追及の訴えにかかる訴訟における和解をする場合には，424条は適用されない（850条4項）。したがって，取締役の責任追及の訴えにかかる訴訟において，株式会社と取締役が和解をする場合，総株主の同意は要しない。よって，本記述は誤りである。＊神田・会社248頁。江頭・会社446頁。

アドバイス

本問は，会社法上の訴えについての知識を問う問題である。いずれも基本的な条文および判例の知識を問うものであり，確実に正解したい問題である。間違えた場合には，条文および判例を確認し，しっかりと復習しておいてもらいたい。

復習用文献

神田・会社185～186頁，244～250頁。
江頭・会社348頁，446～455頁，456～469頁。
試験対策講座・会社法8章2節⑥，10節①。
判例シリーズ48事件。
条文シリーズ・会社法847条，849条，850条。

〔No.99〕
　株式買取請求権に関する次のアからオまでの各記述のうち，正しいものを組み合わせたものは，後記1から5までのうちどれか。

ア．ある種類の株式の内容として，譲渡による当該種類の株式の取得について当該株式会社の承認を要する旨の定めを設ける定款の変更をする場合には，当該株式を有する株主には株式買取請求権は認められない。

イ．新株予約権が存在している場合には，新株予約権の目的である株式に譲渡制限を設けることが禁止されているというかたちで新株予約権者の保護が図られているので，新株予約権の買取請求の制度は存在しない。

ウ．株式会社が，株式買取請求権の行使に応じて自己株式を買い受ける場合において，払い戻す額が当該支払日における分配可能額を超過するときは，当該株式の取得に関する職務を行った業務執行者は，その職務を行うについて注意を怠らなかったことを証明しないかぎり，株式会社に対しその超過額を支払う義務を負う。

エ．事業譲渡に反対して株式買取請求をした株主は，当該請求より60日以内であれば，会社の承諾を得ずに，当該請求を撤回することができる。

オ．株式買取請求にかかる株式の買取りは，新設合併または株式移転の場合には，設立会社の成立の日にその効力を生ずる。

1．アイ　　2．アエ　　3．イオ　　4．ウエ　　5．ウオ

No.99 正解 5 正しいものは，ウ，オ　　株式買取請求権(1)

正答率 60　80

★ア 誤り　ある種類の株式の内容として，譲渡による当該種類の株式の取得について当該株式会社の承認を要するといった定めを設ける定款の変更をする場合には，これに反対する株主は，当該株式会社に対し，株式買取請求権を行使することができる（会社116条1項2号，108条1項4号）。よって，本記述は誤りである。

イ 誤り　改正前商法においては，新株予約権の買取請求の制度は存在しなかったが，会社法においては，新株予約権が発行されている場合における株式の種類の設計を柔軟に行えるようにするため，新株予約権者を保護する方法として新株予約権の買取請求の制度を設けたうえで（118条），新株予約権の目的である株式に譲渡制限の定めを設けることを禁止する旨の規定を廃止している。よって，本記述は誤りである。

ウ 正しい　株式会社が116条1項の規定による反対株主の株式買取請求に応じて株式を取得する場合において，株主に対する支払が当該支払日における分配可能額を超えるときは，当該株式の取得に関する職務を行った業務執行者は，その職務を行うについて注意を怠らなかったことを証明しないかぎり，連帯して超過額を支払う義務を負う（464条）。よって，本記述は正しい。

★エ 誤り　事業譲渡に反対して株式買取請求をした株主は，会社の承諾を得なければ，その株式買取請求を撤回することはできないのが原則であり（469条6項），例外として，価格の決定について協議が調わない場合において，効力発生日から60日以内に裁判所に対する価格の決定の申立てがなされていないときは，その期間の満了後は，株主は，いつでも，株式買取請求を撤回することができる（470条3項）と規定されているのみである。よって，本記述は誤りである。

オ 正しい　株式買取請求にかかる株式の買取りは，新設合併または株式移転の場合には，設立会社の成立の日に，その効力を生ずる（807条5項）。よって，本記述は正しい。
なお，新設分割の場合には，分割会社は分割の効力の発生により解散するわけではないので，株式買取りの効力は，株式の代金の支払の時に生ずる（807条5項括弧書）。

アドバイス

本問は，株式買取請求権に関する知識を問う問題である。いずれも基本的な条文知識を問うものであるため，確実に正解したい問題である。株式買取請求権は，会社法上，さまざまな場面で規定されているため，これを機会に知識を整理しておくとよいであろう。

復習用文献

神田・会社333～341頁。
江頭・会社774～780頁，809～811頁，886～888頁。
試験対策講座・会社法14章2節②【1】(3)。
条文シリーズ・会社法116条，118条，464条，469条，807条。

正誤チェック　　　　　　　　　　　　　　　論点ランクA

〔No.100〕
　株式買取請求権に関する次のアからオまでの各記述のうち，正しいものを組み合わせたものは，後記1から5までのうちどれか。

ア．単元未満株主は，定款に株式買取請求権についての定めがなくとも，会社に対し，単元未満株式を買い取ることを請求して，投下資本の回収を図ることができる。

イ．株式買取請求をした株主は，株式会社の承諾を得なくとも，その株式買取請求を撤回することができる。

ウ．吸収合併において，株主が株式買取請求をした場合，株式会社は，「決議がなされなかったならば有したであろう公正な価格」でその請求にかかる株式を買い取らなければならない。

エ．分割会社が簡易分割の手続をとる場合には，当該分割会社の反対株主には，株式買取請求権が認められていない。

オ．株主総会において議決権を行使することができない株主は，議決権を行使することができない以上，株式買取請求権を行使することはできない。

1．アイ　　2．アエ　　3．イオ　　4．ウエ　　5．ウオ

類題
なし

No.100 正解 2　正しいものは，ア，エ　株式買取請求権(2)

正答率 60　80

ア 正しい	単元未満株主は，定款に株式買取請求権についての定めがあるか否かを問わず，株式会社に対し，自己の有する単元未満株式を買い取ることを請求することができる（会社192条1項）。よって，本記述は正しい。
イ 誤り	株式買取請求をした株主は，当該株式会社の承諾を得た場合にかぎり，その株式買取請求を撤回することができるのであり（116条6項，192条3項，469条6項，785条6項，797条6項，806条6項），会社の承諾なくして，株式買取請求を撤回することはできない。よって，本記述は誤りである。
★ウ 誤り	改正前商法は，吸収合併において株式買取請求が行われた場合の買取価格について，「決議ナカリセバ其ノ有スベカリシ公正ナル価格」としていたが，会社法は単に「公正な価格」とした（785条1項柱書，797条1項）。これは，買取価格に合併等によって生じるシナジーを含めることが可能になったということを意味する。よって，本記述は誤りである。
エ 正しい	簡易分割では，分割会社の受ける損害は軽微にとどまり，反対株主に株式買取請求権を付与するまでの必要はないことから，分割会社の反対株主には株式買取請求権が認められていない（785条1項2号，806条1項2号）。よって，本記述は正しい。
★オ 誤り	議決権を行使することができない株主も，議決権を行使することができる株主と同様に，株式買取請求をすることができ，単にその要件が異なるにすぎない。すなわち，議決権を行使することができない株主については，行為の効力発生を阻止する権限のない株主に過重な負担は負わせられないとの理由から，議決権を行使することができる株主と異なり，株主総会に先立って株式会社に対して議案に反対する旨を通知すること，および，株主総会で反対することは要求されていない（116条1項，2項1号，469条1項，2項1号，785条1項，2項1号，797条1項，2項1号，806条1項，2項）。よって，本記述は誤りである。

アドバイス

本問は，株主の会社に対する株式買取請求権についての知識を問う問題である。株式買取請求権は，会社法上さまざまな場面で規定されていることから，横断的な理解が問われているといえるであろう。もっとも，問われている知識は基本的な条文知識であるため，確実に正解したい問題といえる。どのような場合に株主に株式買取請求権が認められるのかについて，条文を確認しながら知識を整理してもらいたい。

復習用文献

神田・会社333〜341頁。
江頭・会社285頁，774〜780頁，854〜856頁。
試験対策講座・会社法5章8節②【3】，14章2節②【1】(3)。
条文シリーズ・会社法116条，192条，785条。

正誤チェック　論点ランクA

〔No.101〕
会社法上，株式会社が次のアからオまでの行為をする場合において，反対株主（新株予約権者を除く）が，当該株式会社に対し，例外なく株式買取請求権を行使することができるものを組み合わせたものは，後記1から5までのうちどれか。

ア．発行する全部の株式の内容として譲渡制限条項を設ける定款変更
イ．事業譲渡
ウ．組織変更
エ．定款により種類株主総会を不要としている場合における，単元株式数についての定款変更
オ．反対株主が存続会社の株主である場合における吸収合併

1．アウ　　2．アオ　　3．イエ　　4．イオ　　5．ウエ

類題
なし

| No.101 正解 | 2 | 株式買取請求権(3) |

正答率 60　80

反対株主（新株予約権者を除く）が，例外なく株式買取請求権を行使することができるものは，ア，オであり，正解は2となる。

ア
例外なくできる
株式会社が，その発行する全部の株式の内容として譲渡制限条項を設ける定款の変更をする場合には，反対株主は，株式会社に対し，自己の有する株式を公正な価格で買い取ることを請求することができる（会社116条1項1号）。よって，株主は例外なく株式買取請求権を行使することができる。＊会社法大系②100頁。神田・会社183頁，333〜334頁。江頭・会社226頁，771〜772頁。前田・会社119〜120頁。

★イ
例外なくできるわけではない
事業譲渡をする場合には，反対株主は，事業譲渡をする株式会社に対し，自己の有する株式を公正な価格で買い取ることを請求することができる（469条1項本文）。もっとも，事業の全部の譲渡と同時に解散する旨の株主総会決議がされたとき，または簡易事業譲渡をするときには，反対株主は，株式買取請求権を行使することができない（469条1項ただし書，467条1項2号括弧書）。よって，株主は例外なく株式買取請求権を行使することができるわけではない。＊会社法大系②99頁。神田・会社183頁，333〜334頁。江頭・会社886〜888頁。前田・会社119〜120頁，766〜767頁。

ウ
例外なくできるわけではない
株式会社が組織変更をする場合には，組織変更をする株式会社の新株予約権の新株予約権者は，当該株式会社に対し，自己の有する新株予約権を公正な価格で買い取ることを請求することができる（777条1項）。しかし，新株予約権者と異なり，株主には株式買取請求権が認められていない（776条参照）。よって，株主は例外なく株式買取請求権を行使することができるわけではない。＊会社法大系②99〜101頁。神田・会社311頁。江頭・会社896頁。前田・会社768〜770頁。

エ
例外なくできるわけではない
種類株式の内容として，種類株主総会の決議を要しない旨を定款で定めたうえで，単元株式数についての定款の変更をする場合には，当該種類株式を有する反対株主は，株式会社に対し，自己の有する株式を公正な価格で買い取ることを請求することができる（116条1項3号ハ）。もっとも，当該種類株主に損害を及ぼすおそれがないときには，反対株主は，株式買取請求をすることができない（116条1項3号柱書）。よって，株主は例外なく株式買取請求権を行使することができるわけではない。＊会社法大系②100〜101頁。神田・会社74頁。江頭・会社164頁。前田・会社119〜120頁，681〜682頁。

オ
例外なくできる
株式会社が吸収合併をする場合には，存続株式会社の反対株主は，存続株式会社に対し，自己の有する株式を公正な価格で買い取ることを請求することができる（797条1項）。よって，株主は例外なく株式買取請求権を行使することができる。

＊会社法大系②99〜100頁。神田・会社183頁，333〜334頁。江頭・会社774頁，809〜810頁。前田・会社119〜120頁，708〜709頁。

アドバイス

本問は，株主の会社に対する株式買取請求権について問う問題である。株式買取請求権は，会社法上，さまざまな場面で規定されているため，横断的な理解が要求される。これを機に，知識の整理をしておくとよい。

復習用文献

神田・会社333〜341頁。
江頭・会社284〜286頁，774〜780頁，809〜811頁，886〜888頁，896頁。
試験対策講座・会社法14章②【1】(3)。
条文シリーズ・会社法116条，469条，797条。

正誤チェック　　　　　　　　　　　　　　論点ランクA

〔No.102〕
　株式会社と持分会社との比較に関する次のアからオまでの各記述のうち，誤っているものを組み合わせたものは，後記1から5までのうちどれか。

ア．株式会社では，原則として，株式の譲渡を自由に行うことができるが，持分会社では，原則として，他の社員の全員の承諾がなければ，その持分の全部または一部を他人に譲渡することができない。

イ．法人は，株式会社の取締役および持分会社の業務執行社員になることはできない。

ウ．株式会社では，定款の変更をするときは，原則として，株主総会の特別決議が必要であるが，持分会社では，定款に別段の定めがある場合を除き，総社員の同意が必要である。

エ．株式会社では，株主が取締役の会社に対する責任を追及する訴えを提起することができるが，持分会社では，社員が会社を代表して社員の会社に対する責任を追及する訴えを提起することはできない。

オ．株式会社では，株式会社の設立の取消しの訴えを提起することはできないが，持分会社においては，持分会社の設立の取消しの訴えを提起することができる。

1．アウ　　2．アエ　　3．イエ　　4．イオ　　5．ウオ

類題
H19-36,
21-46

| No.102 | 正解 | 3 | 誤っているものは，イ，エ | 株式会社・持分会社の比較 |

正答率　60　80

アドバイス

本問は，株式会社と持分会社の比較に関して問う問題である。いずれも基本的な条文知識を問うものであり，確実に正解しなければならない。間違えた場合には，しっかりと復習してもらいたい。

復習用文献

神田・会社7～10頁，287～292頁。
試験対策講座・会社法5章4節②，8章3節②【1】，11節①，10章1節，12章。
条文シリーズ・会社法127条，331条，466条，585条，602条，637条，832条，847条。

☆ア　正しい
　株式会社では，原則として，株式の譲渡を自由に行うことができる（会社127条）。これは株式会社においては払戻しを伴う退社制度がないため，株主に，譲渡という方法での投下資本回収を認める必要があり，また，所有と経営が分離される株式会社（331条2項本文，402条5項本文参照）においては，株主の交代により会社経営に支障をきたさないからである。これに対して，持分会社では，原則として，他の社員の全員の承諾がなければ，その持分の全部または一部を他人に譲渡することができない（585条1項）。これは，持分会社においては原則として社員が業務を執行する（590条1項，2項）こと，特に合名会社，合資会社では，他の無限責任社員の資力により実質的に無限責任社員自身の負担の程度が左右されることから，社員の個性が，会社にとっても他の社員にとっても重要な意味をもつからである。よって，本記述は正しい。＊弥永・会社44頁，428頁。

イ　誤り
　法人は，株式会社の取締役となることはできない（331条1項1号）。これに対して，持分会社については，法人が業務を執行する社員である場合の特則が定められており（598条），法人が持分会社の業務執行社員になることが認められている。よって，本記述は誤りである。＊前田・会社403頁，791頁。

☆ウ　正しい
　株式会社では，定款を変更するときは，原則として，株主総会の特別決議が必要である（466条，309条2項11号）。これに対して，持分会社では，定款に別段の定めがある場合を除き，定款の変更には総社員の同意が必要である（637条）。よって，本記述は正しい。＊神田・会社282頁，290頁。

エ　誤り
　株式会社においては，株主は，会社に対し，書面その他の法務省令で定める方法により，取締役の責任を追及する訴えを提起するように請求することができる（847条1項本文）。そして，会社がその請求の日から60日以内に責任追及の訴えを提起しないときは，その請求をした株主は，会社のために，責任追及の訴えを提起することができる（847条3項）。また，持分会社の社員も，社員の会社に対する責任を追及する訴えについて持分会社を代表することが認められている（602条本文）。よって，本記述は誤りである。＊前田・会社439～440頁，796頁。

オ　正しい
　持分会社では，持分会社の設立の取消しの訴えが認められている（832条）。しかし，株式会社においては，設立無効の訴えは認められているものの（828条1項1号），株式会社の設立の取消しの訴えは認められていない。よって，本記述は正しい。＊弥永・会社267頁，431頁。

正誤チェック　論点ランクA

〔No.103〕
会社の債権者保護に関する次のアからオまでの各記述のうち，正しいものを組み合わせたものは，後記1から5までのうちどれか。

ア．分配可能額を超えて剰余金の配当がなされた場合，株式会社の債権者は，支払義務を負う株主に対し，その交付を受けた金銭等の帳簿価額に相当する金銭を支払わせることができるが，その額が会社債権者の有する債権額を超える場合には，当該債権額の範囲で支払わせることができるにすぎない。

イ．社債権者は，社債権者集会の決議によらなければ合併について異議を述べることはできない。

ウ．資本金の額の減少無効の訴えは，債権者であれば提訴することができる。

エ．株式会社が吸収分割をする場合において，吸収分割株式会社は，当該吸収分割に異議を述べることができる債権者に対し，一定の事項を官報に公告し，かつ，知れている債権者に各別にこれを催告しなければならないが，公告の方法として官報もしくは時事に関する日刊新聞紙に掲載する方法または電子公告の方法をとるときは各別の催告は省略することができ，これは，不法行為により生じた債務の債権者に対しても同様である。

オ．期限未到来の債権の債権者が吸収合併に異議を述べた場合，会社は，期限の利益を放棄して弁済しなければならない。

1．アイ　　2．アエ　　3．イオ　　4．ウエ　　5．ウオ

類題
H20-36

| No.103 正解 | 1 | 正しいものは，ア，イ | 会社債権者保護 |

正答率 60　80

アドバイス

本問は，会社債権者保護に関する知識を問う問題である。会社債権者保護に関しては，会社法上，さまざまな場面が想定できるため，横断的な理解が問われているといえる。間違えた場合には，これを機に知識を整理しておくとよい。

復習用文献

神田・会社272〜273頁，278〜280頁，341頁，351〜353頁。
江頭・会社624〜630頁，640〜641頁，753〜755頁，811〜812頁。
試験対策講座・会社法9章2節③【2】，3節④【2】，13章2節③【2】，14章2節②【2】・③【1】。
条文シリーズ・会社法463条，740条，789条，799条。

ア 正しい　分配可能額を超えて剰余金の配当がなされた場合，株式会社の債権者は，支払義務を負う株主に対し，その交付を受けた金銭等の帳簿価額に相当する金銭を支払わせることができる（会社463条2項）。もっとも，交付を受けた金銭等の帳簿価額が当該債権者の株式会社に対して有する債権額を超える場合にあっては，当該債権額の範囲で支払わせることができるにすぎない（463条2項括弧書）。これは，463条2項の請求権が会社債権者の有する債権を保全するために債権者代位権（民423条1項本文）の特則として，債権者を保護するために認められているからである。よって，本記述は正しい。＊会社法大系③411〜412頁。弥永・会社398〜399頁。江頭・会社628頁。

イ 正しい　一般の会社債権者と異なり，社債権者が合併について異議を述べるには，社債権者集会の決議によらなければならない（会社740条1項前段，789条，799条，810条）。よって，本記述は正しい。＊前田・会社659頁，667頁。論点解説689頁。

ウ 誤り　株式会社における資本金の額の減少無効の訴えの提訴権者は，当該株式会社の株主等，破産管財人または資本金の額の減少について承認をしなかった債権者である（828条2項5号）。したがって，承認をしなかった債権者以外の債権者は，資本金の額の減少無効の訴えを提起することができない。よって，本記述は誤りである。＊江頭・会社640頁。

★エ 誤り　株式会社が吸収分割をする場合において，吸収分割株式会社は，当該吸収分割について異議を述べることができる債権者に対し，当該異議に関する事項を官報に公告し，かつ，知れている債権者に各別にこれを催告しなければならないが，官報のほか，時事に関する日刊新聞紙または電子公告で公告するときは，各別の催告はすることを要しないのが原則である（789条3項）。ただし，不法行為によって生じた吸収分割株式会社の債務の債権者に対するものについては，当該催告の省略は認められない（789条3項括弧書）。これは，不法行為による債権者は，会社と契約関係があるとはかぎらないため，知らないまま催告期間が過ぎてしまう可能性があるからである。よって，本記述は誤りである。＊前田・会社586〜587頁，736〜738頁。江頭・会社846頁。

オ 誤り　会社債権者が吸収合併について異議を述べた場合，会社は，原則として，当該債権者に対し，弁済し，もしくは相当の担保を提供し，または当該債権者に弁済を受けさせることを目的として信託会社等（449条5項）に相当の財産を信託しなければならない（789条5項本文，799条5項本文）。もっとも，当該吸収合併をしても当該債権者を害するおそれがないときは，弁済等は不要である（789条5項ただし書，799条5項ただし書）。そして，期限未到来の債権の債権者は，当該吸収合併をしても害されるおそれがない債権者である。したがって，期限未到来の債権の債権者に対しては，弁済等は不要である。よって，本記述は誤りである。＊前田・会社711〜712頁。

〔No.104〕
親子会社に関する次のアからオまでの各記述のうち，誤っているものを組み合わせたものは，後記1から5までのうちどれか。

ア．子会社による親会社の新株予約権の取得は，原則として許されない。

イ．親会社と子会社は，それぞれ独立の法人格を有するから，親会社が，株主の権利行使に関して，子会社の計算で財産上の利益を供与することは許される。

ウ．子会社が親会社株式取得禁止の例外として親会社株式を取得している場合には，子会社は，親会社株式につき，議決権を行使することはできない。

エ．子会社の有する親会社株式の親会社による買受けについては，特定の株主からの自己の株式の取得であるにもかかわらず，株主総会の特別決議を要しない。

オ．親会社とは，株式会社を子会社とする会社その他の当該株式会社の経営を支配している法人として法務省令で定めるものをいい，子会社となる株式会社の総株主の議決権の過半数を有するという形式的基準によってのみ定まるものではない。

1．アイ　　2．アエ　　3．イオ　　4．ウエ　　5．ウオ

類題

なし

No.104 正解 1　誤っているものは，ア，イ　親子会社

ア　誤り　新株予約権は，会社に対する一種の債権にすぎず，株式ではないので，子会社による親会社の新株予約権の取得には規制がない。よって，本記述は誤りである。

★イ　誤り　株式会社は，自己の計算によることのみならず，その子会社の計算で財産上の利益を供与することも禁止されている（会社120条1項括弧書）。子会社を利用した利益供与が散見されたこと，株式交換・株式移転法制および会社分割法制の創設により，子会社を利用する利益供与の増加が予想されたことなどから，平成12年の旧商法改正によって禁止されるにいたり，会社法に受け継がれた。よって，本記述は誤りである。

★ウ　正しい　子会社が有する親会社株式にかかる議決権は，親会社における現経営陣の経営権維持の手段として悪用される弊害が大きいと考えられるので，相互保有株式の一場合として，株主総会，種類株主総会の議決の公正確保の見地から，行使が禁じられている（308条1項本文括弧書，325条）。よって，本記述は正しい。

エ　正しい　子会社からの自己の株式の取得については，株主総会の特別決議を要するとする規定，その者の議決権の排除などの規定（157条から160条まで）が適用されない（163条後段）。子会社の有する親会社の株式の取得は，子会社の処分義務の履行（135条3項）の効果を生ずるものであり，株主平等の原則を問題とする必要がないと考えられるからである。よって，本記述は正しい。

オ　正しい　親会社とは，「株式会社を子会社とする会社その他の当該株式会社の経営を支配している法人として法務省令で定めるもの」をいう（2条4号）。そして，会社法施行規則3条2項は，「株式会社の財務及び事業の方針の決定を支配している場合」としており，実質基準で親会社を定義している。よって，本記述は正しい。なお，一部，形式基準も使われている（3条3項1号柱書）。

正答率 60　80

アドバイス

本問は，親子会社に関する知識を問う問題である。いずれも基本的な知識を問う問題であり，確実に正解しなければならない問題といえよう。ア，イを読んだ時点で即座に正解を導けるはずである。間違えた場合には，しっかりと条文を確認しておいてもらいたい。

復習用文献

神田・会社31〜32頁，69〜71頁，98〜101頁，154〜155頁，175〜176頁。
江頭・会社8〜10頁，242〜244頁，263〜267頁，313〜314頁，330〜332頁。
試験対策講座・会社法14章3節。
条文シリーズ・会社法120条，163条，308条。

第12編　まとめ図・表

01 払込期日までに払込みが行われない場合の処理

	新株発行	新株予約権発行 払込期日（238Ⅰ⑤）を定めた場合	新株予約権発行 払込期日を定めなかった場合	社債発行
当該権利者となる時期	払込期日または出資の履行時（209）	払込みの有無にかかわらず，割当日（245Ⅰ）		割当てまたは引受け時（680）
当該権利の消滅等	払込期日または払込期間内に出資の履行をしないとき（208Ⅴ）	払込期日までに全額の払込みをしないとき（287, 246Ⅲ, Ⅰ括弧書）	行使期間（236Ⅰ④）の初日の前日までに全額の払込みをしないとき（287, 246Ⅲ, Ⅰ）	全額払込みがないまま払込期日が経過しても，社債は消滅しない ※発行者は，払込みの先履行の抗弁を主張し，償還を拒むことができる（遅滞に陥ることはない）
払込義務の存続・消滅	払込期日または払込期間内に出資の履行をしなければ，払込義務は消滅する	義務消滅の規定がないため，払込義務は存続 ※引受契約において，払込義務が消滅する旨の定めを設けることは可		払込義務は存続 ※社債権者は，払込期日以降の遅延損害金を支払う義務を負う

02 各種書類等の閲覧等請求権

	閲覧等請求権者と行使要件
定款（31）	発起人（会社成立前），株主・債権者（営業時間内はいつでも），親会社社員（裁判所の許可）
株主名簿（125）	株主・債権者（営業時間内はいつでも。ただし拒絶事由あり），親会社社員（裁判所の許可） ※新株予約権原簿（252），社債原簿（684, 会社施規167）についても同様
代理権を証明する書面（310Ⅶ）	議決権を行使できる株主（営業時間内はいつでも）
議事録　株主総会議事録（318）	株主・債権者（営業時間内はいつでも），親会社社員（裁判所の許可） ※種類株主総会の議事録も同様（325）
議事録　取締役会議事録（371）	株主（監査役設置会社・委員会設置会社→裁判所の許可，それ以外の会社→営業時間外はいつでも），債権者・親会社社員（裁判所の許可）
議事録　監査役会議事録（394）	株主・債権者・親会社社員（裁判所の許可） ※委員会設置会社の委員会議事録も同様（413）
計算書類等（442）	株主・債権者（営業時間内はいつでも），親会社社員（裁判所の許可）
会計帳簿（433）	総株主の議決権の３％以上の議決権または発行済株式の３％以上の株式を有する株主（営業時間内はいつでも。ただし拒絶事由あり），親会社社員（裁判所の許可） ※債権者には権利がない点に注意
組織変更・組織再編に関する事前開示書面等（775, 782, 794, 803） 組織変更・組織再編に関する事後開示書面等（791, 801, 811, 815）	株主・債権者（営業時間内はいつでも） ※ただし，当該組織再編について利害関係をもたない債権者には権利なし

※　法令名のない条文はすべて会社法をさす。

03 主な会社関係訴訟一覧

	訴えの種類	提訴期間	提訴権者	判決効の拡張	判決の効力
設立	設立無効の訴え（828Ⅰ①）	会社の成立の日から2年以内（828Ⅰ①）	設立会社の株主等（株主，取締役，監査役，執行役，清算人）（828Ⅱ①）	請求を認容する確定判決は，第三者に対しても効力を有する（片面的対世効，838）	請求を容認する判決が確定した場合は，将来に向かって効力を有する（将来効，839）
新株発行等	新株発行・自己株式の処分の無効の訴え（828Ⅰ②，③）	効力が生じた日から6か月以内（828Ⅰ②，③）	株主等（828Ⅱ②，③）		
株主総会等の瑕疵	株主総会等の決議の無効または不存在の確認の訴え（830）	期間の制限なし	制限なし		既判力のみ生じる
株主総会等の瑕疵	株主総会等の決議取消しの訴え（831Ⅰ）	決議の日から3か月以内（831Ⅰ）	・株主，設立時株主，設立時取締役，設立時監査役 ・決議の取消しにより取締役，監査役，清算人となる者（取締役，監査役，清算人としての権利義務を有するものとなる者，設立時取締役，設立時監査役を含む）		遡及的に無効となる
組織再編等	合併無効の訴え（828Ⅰ⑦，⑧）	効力が生じた日から6か月以内（828Ⅰ⑦，⑧）	・効力発生日に消滅会社・存続会社の株主等・社員等であった者 ・存続会社・新設会社の株主等・社員等 ・破産管財人・承認しなかった債権者（828Ⅱ⑦・⑧）		請求を認容する判決が確定した場合は，将来に向かって効力を有する（将来効，839）
組織再編等	会社分割無効の訴え（828Ⅰ⑨，⑩）	効力が生じた日から6か月以内（828Ⅰ⑨，⑩）	・効力発生日に当事会社の株主等・社員等であった者 ・承継会社・新設会社の株主等・社員等 ・破産管財人・承認しなかった債権者（828Ⅱ⑨，⑩）		
組織再編等	株式交換無効の訴え（828Ⅰ⑪）	効力が生じた日から6か月以内（828Ⅰ⑪）	・効力発生日に完全親会社・完全子会社の株主等・社員等であった者 ・完全親会社・完全子会社の株主等・社員等 ・破産管財人，承認しなかった債権者（828Ⅱ⑪）		
組織再編等	株式移転無効の訴え（828Ⅰ⑫）	効力が生じた日から6か月以内（828Ⅰ⑫）	・効力発生日に完全子会社の株主等であった者 ・新設会社の株主等（828Ⅱ⑫）		
役員の監督	責任追及等の訴え（847）	期間の制限なし	・提訴請求をした株主等（847Ⅲ） ・共同訴訟参加・補助参加は，提訴請求しない株主も可能（849Ⅰ）	会社に対して効力が及ぶ（民訴115Ⅰ②）	既判力・執行力が生じる

※ 法令名のない条文はすべて会社法をさす。

第13編 商法総則・商行為法

正誤チェック　　　　　　　　　　　　　　　　　　　　　　論点ランクB

〔No.105〕
　商行為に関する次のアからオまでの各記述のうち，正しいものを組み合わせたものは，後記1から5までのうちどれか。
　ア．判例によれば，他人から買い入れた物を原料として他の物に製造加工して売却し，利益を得る行為は，商行為である。
　イ．証券取引所においてする取引や，手形その他の商業証券に関する行為は，営業的商行為にあたる。
　ウ．判例によれば，質屋営業者による金員の貸付行為は，商行為となる。
　エ．もっぱら賃金を得る目的で物を製造する者の行為は，商行為である。
　オ．判例によれば，商人の営業の準備行為と認められ，かつ，特定の営業を開始する目的で，その準備行為をした者は，その行為により営業を開始する意思を実現したものとして，商人たる資格を取得すべく，その準備行為もまた商人がその営業のためにする行為として商行為となる。

1．ア　ウ　　2．ア　オ　　3．イ　エ　　4．イ　オ　　5．ウ　エ

類題

H18-51

| No.105 正解 | 2 | 正しいものは、ア、オ | 商行為(1) |

正答率 60　80

アドバイス

本問は、商行為に関する知識を問う問題である。いずれも基本的な条文・判例知識を問うものであり、確実に正解したい問題といえよう。絶対的商行為（商501条各号）、営業的商行為（502条各号）については、条文の規定のみならず、代表的な具体例も一緒におさえておくとよいであろう。

復習用文献

弥永・総則商行為11～17頁。
試験対策講座・商法3章2節[2]。
条文シリーズ・商―商法501条、502条、503条。

★ア　正しい
判例（大判昭和4年9月28日〔商法（総則・商行為）百選33事件〕）は、他人から買い入れた物を製造加工した上で売却し、利益を得る行為は絶対的商行為である投機購買およびその実行行為（商501条1号）にあたり、商行為であるとしている。よって、本記述は正しい。＊近藤・総則商行為29頁。

イ　誤り
501条は、取引所においてする取引、手形その他の商業証券に関する行為について、絶対的商行為としている（501条3号、4号）。よって、本記述は誤りである。＊近藤・総則商行為30～31頁。

★ウ　誤り
判例（最判昭和50年6月27日〔商法（総則・商行為）百選35事件〕）は、質屋営業者の金員貸付行為は502条8号の「銀行取引」にあたらないから、商行為ではないとしている。よって、本記述は誤りである。＊近藤・総則商行為34～35頁。

エ　誤り
502条各号に列挙されている行為は営業としてするときにかぎって、商行為となる（営業的商行為）。ただし、もっぱら賃金を得る目的で物を製造する者の行為は、502条各号に該当しても、商法を適用するのに適しないことから、商行為とはならない（502条柱書ただし書）。よって、本記述は誤りである。＊近藤・総則商行為32頁。

オ　正しい
503条1項は、商人がその営業のためにする行為は、商行為とする旨を定めている（附属的商行為）。そして、判例（最判昭和33年6月19日〔商法（総則・商行為）百選3事件〕）は「特定の営業を開始する目的で、その準備行為をなした者は、その行為により営業を開始する意思を実現したものでこれにより商人たる資格を取得すべく、その準備行為もまた商人がその営業のためにする行為として商行為となる」としている。よって、本記述は正しい。＊近藤・総則商行為25頁。

| 正誤チェック | | | | | 論点ランクB |

〔No.106〕
商行為に関する次の1から5までの各記述のうち,正しいものはどれか。
1. 車のリースをすることやCDをレンタルすることは,営利の目的なく1回かぎりで行われた場合でも,商行為とされる。
2. 商行為の委任による代理権は,本人が死亡した場合に消滅する。
3. 判例によれば,債権者または債務者のどちらか一方にとっての商行為によって生じた債務であれば,法定利率は年6分となる。
4. 判例によれば,商人が営業のために銀行から貸付けを受ける際に,商人でない者に保証人になることを委託した場合,保証人が主債務者に代わって弁済をして取得した求償権は,10年で時効により消滅する。
5. 商人は,その営業の範囲内において他人のために行為をしたときは,特約のある場合にかぎり,相当の報酬を請求することができる。

類題

プレ-38,
H18-51,
18-52,
19-50,
20-51,
21-51
予 H23-28

| No.106 | 正解 | 3 | 商行為(2) | 正答率 60　80 |

| 1 誤り | 営業としてするか否かにかかわらず，行為のもつ客観的な性質から商行為となるものを絶対的商行為という。商法501条は，絶対的商行為にあたるものを列挙している。もっとも，車のリースをすることやCDをレンタルすることは，投機貸借（502条1号）にあたりうるものであり，絶対的商行為ではなく，営業的商行為である。そのため，営業としてするときでなければ商行為ではない。よって，本記述は誤りである。＊弥永・総則商行為11頁，13頁。 |

| ★2 誤り | 商行為の委任による代理権は，本人の死亡によっては消滅しない（506条）。これは，本人が死亡した場合にも，営業上の代理人を通じて営業活動が継続されることで，営業活動の中断を防止できるからである。よって，本記述は誤りである。＊弥永・総則商行為89～90頁。近藤・総則商行為137頁。 |

| 3 正しい | 判例（最判昭和30年9月8日〔商法（総則・商行為）百選42事件〕）は，「商法514条にいわゆる『商行為ニ因リテ生シタル債務』とは，単に債務者にとり商行為たる行為によって生じた債務に限らず，債権者にとり商行為たる行為によって生じた債権をも含む」としている。よって，本記述は正しい。＊近藤・総則商行為142頁。 |

| 4 誤り | 判例（最判昭和42年10月6日〔商法（総則・商行為）百選48事件〕）は，商人が営業のために銀行から貸付けを受けるにあたって，商人でない者に保証人になることを委託した事例において，「保証人自身は商人でなくても，その保証委託行為が主債務者の営業のためにするものと推定される結果，保証委託契約の当事者双方に商法の規定が適用されることになる」としている。したがって，10年間の消滅時効ではなく，5年間の短期消滅時効にかかる。よって，本記述は誤りである。＊近藤・総則商行為133頁。 |

| ★5 誤り | 商人は，その営業の範囲内において他人のために行為をしたときは，特約がなくても相当な報酬を請求することができる（512条）。これは，商人が営利を目的として活動するため，商人の行為は営業の範囲内においてされたものと推認されるからである。よって，本記述は誤りである。＊弥永・総則商行為101頁。SシリーズⅠ145頁。 |

アドバイス

本問は，商行為に関する知識を問う問題である。いずれも基本的な条文・判例知識を問うものであり，確実に正解したい問題といえよう。本書No.105のアドバイスでも述べたように，条文の規定のみならず代表的な具体例も一緒におさえていれば1についての判断も容易であろう。3に関連して，商行為について，双方が商人でなければ適用されない条文と，いずれか一方が商人であれば適用される条文とを，きちんと整理して把握しておくとよいであろう。

復習用文献

弥永・総則商行為11～17頁。
試験対策講座・商法3章2節②，4章1節。
条文シリーズ・商—商法501条，502条，506条，512条。

正誤チェック　　　　論点ランクB

〔No.107〕
商行為に関する次のアからオまでの各記述のうち，誤っているものを組み合わせたものは，後記1から5までのうちどれか。

ア．判例によれば，理髪店における理髪契約は商法第502条第7号の場屋取引にはあたらない。

イ．判例によれば，契約上の債務の不履行を原因とする損害賠償債務は，商行為によって生じた本来の債務とは別個の債務であるから，商事法定利率を定めた商法第514条の「商行為によって生じた債務」には含まれない。

ウ．判例によれば，白地小切手の補充権授与行為は，本来の手形行為ではないけれども，商法第501条第4号の手形に関する行為に準ずるものといえる。

エ．商人である隔地者間で，承諾期間を定めずに契約の申込みを受けた場合において，当該申込みを受けた者が相当の期間内に承諾の通知を発しなかったときは，申込者は，当該申込みを撤回することができる。

オ．商人が営業の部類に属する契約の申込みを受けたのと同時に商品を受け取った場合は，当該物品の価額が費用を償うのに足りないとき，または，当該商人が保管によって損害を受けるときを除き，当該商人は，当該申込みを拒絶するときであっても，当該商品を保管する義務を負う。

1．アイ　　2．アオ　　3．イエ　　4．ウエ　　5．ウオ

類題

プレ-38,
H18-51,
18-52,
19-50,
20-51,
21-51
予　H23-28

| No.107 正解 | 3 | 誤っているものは，イ，エ | 商行為(3) | 正答率 60　80 |

★ア 正しい　判例（大判昭和12年11月26日）は，商法502条7号の「場屋」とは，客の来集を目的としこれに必要な設備を施したものをいうとしたうえで，理髪のための営業用施設は，理髪行為のための設備であって客に利用させるための設備ではないとの理由で，理髪店における理髪契約は場屋取引にはあたらないとした。

イ 誤り　判例（最判昭和47年5月25日）は，「契約上の債務の不履行を原因とする損害賠償債務は，契約上の債務がその態様を変じたにすぎないものであるから，当該契約が商行為たる性格を有するのであれば，右損害賠償債務も，その性格を同じくし」，514条にいう「商行為によって生じた債務」に該当するとしている。よって，本記述は誤りである。

ウ 正しい　判例（最判昭和36年11月24日〔手形小切手百選45事件〕）は，「白地小切手の補充権は小切手要件の欠缺を補充して完全な小切手を形成する権利であること，補充権は白地小切手に附着して当然に小切手の移転に随伴するものであること等にかんがみれば，補充権授与の行為は本来の手形行為ではないけれども商法501条4号所定の『手形に関する行為』に準ずるものと解」するべきであるとしたうえで，「白地小切手の補充権の消滅時効については商法522条の『商行為ニ因リテ生シタル債権』の規定を準用するのが相当である」としている。よって，本記述は正しい。

★エ 誤り　商人である隔地者間で，承諾期間を定めずに契約の申込みを受けた場合において，当該申込みを受けた者が相当の期間内に承諾の通知を発しなかったときは，当該申込みは効力を失うとされる（508条1項）。民法上は，隔地者間の申込みについて相当期間が経過すれば，申込者は撤回の意思表示をすることによって当該申込みを撤回することができるとされるが（民524条），商人間の取引では，迅速性を図る必要があることから，意思表示なく期間の経過のみで申込みの効力が失われるとする商法508条が規定された。よって，本記述は誤りである。

オ 正しい　商人が営業の部類に属する契約の申込みを受けたのと同時に商品を受け取った場合は，当該商人は，当該申込みを拒絶するときであっても，当該商品を申込者の費用をもって保管する義務を負う（510条本文）。これは，商取引を迅速かつ円滑に進め，取引界の信用を高めるためである。ただし，当該物品の価額が費用を償うのに足りないとき，または，当該商人が保管によって損害を受けるときは保管義務を負わない（510条ただし書）。よって，本記述は正しい。

アドバイス

本問は，商行為に関する知識を問う問題である。特にアやエは基本的な判例・条文知識を問うものであり，確実に正解しなければならない。間違えた場合には，しっかりと復習しておいてもらいたい。

復習用文献

弥永・総則商行為11〜17頁。
試験対策講座・商法3章2節②，4章1節。
条文シリーズ・商─商法502条，508条，510条。

正誤チェック　　論点ランクB

〔No.108〕
商行為に関する次の1から5までの各記述のうち，誤っているものはどれか。

1．商行為の代理人が顕名しなかった場合でも代理人の行為の効果は本人に帰属し，さらに，相手方が代理行為であると知らなかったときには相手方は代理人に履行を請求することもできるが，判例によれば，相手方が代理行為であると知らなかったときでも知らなかったことについて過失があるならば，代理人に履行を請求することはできない。
2．仲立営業は，他人間の法律行為の媒介をすることであるが，媒介される行為が委託者にとって商行為であることは要件とされておらず，不動産売買の斡旋や結婚の媒介のような民事仲立ちでもよい。
3．商人が営業の範囲内で他人のために行為をした場合，それが法律行為であると事実行為であるとを問わず，商人以外の者に対しても報酬を請求することができるが，それが結果として本人の利益にならなかった場合には請求することができない。
4．商人である対話者の間において契約の申込みを受けた者がただちに承諾しなかったときは，その申込みは，その効力を失う。
5．商人は，従来から一定の継続的取引関係にあって，今後も取引が継続されるであろうと予想される相手方から申込みを受けた場合に，遅滞なく承諾するか否かを通知することが義務づけられ，通知をしないときには承諾が擬制されることになるが，申込みを行う者は商人でなくてもよい。

類題

プレ-39,
H18-51,
18-52,
19-50,
20-51,
21-51,
22-52
予　H23-28

| No.108 正解 | 3 | 商行為(4) |

正答率 60 80

1 正しい　商法504条は，「商行為の代理人が本人のためにすることを示さないでこれをした場合であっても，その行為は，本人に対してその効力を生ずる。ただし，相手方が，代理人が本人のためにすることを知らなかったときは，代理人に対して履行の請求をすることを妨げない」としている。したがって，前段は正しい。また，判例（最大判昭和43年4月24日〔商法（総則・商行為）百選37事件〕）は，504条ただし書について，「善意の相手方を保護しようとする趣旨であるが，自らの過失により本人のためにすることを知らなかった相手方までも保護する必要はないものというべく，したがって，かような過失ある相手方は，右但書の相手方に包含しない」としている。したがって，後段も正しい。よって，本記述は正しい。

★2 正しい　502条柱書本文は，営業的商行為について，「次に掲げる行為は，営業としてするときは，商行為とする」としたうえで，502条11号前段は，単に「仲立ち……に関する行為」としている。したがって，媒介される行為が委託者にとって商行為であることは要件とされておらず，不動産売買の斡旋や結婚の媒介のような民事仲立ちでもよい。よって，本記述は正しい。

3 誤り　512条は，「商人がその営業の範囲内において他人のために行為をしたときは，相当な報酬を請求することができる」としているため，法律行為であると事実行為であるとを問わず報酬請求権が認められる。したがって，前段は正しい。もっとも，512条は，「他人のために行為をしたとき」とし，本人の利益との合致を問題としていない。したがって，後段は誤りである。よって，本記述は誤りである。

★4 正しい　507条は，「商人である対話者の間において契約の申込みを受けた者が直ちに承諾をしなかったときは，その申込みは，その効力を失う」とされている。よって，本記述は正しい。

5 正しい　509条1項は，「商人が平常取引をする者からその営業の部類に属する契約の申込みを受けたときは，遅滞なく，契約の申込みに対する諾否の通知を発しなければならない」とし，また，509条2項は，「商人が前項の通知を発することを怠ったときは，その商人は，同項の契約の申込みを承諾したものとみなす」としている。この規定は，商人の継続的取引関係，商行為の迅速性から取引の相手方を保護し，商人の義務を課したものである。また，本条は，申込みをする者について，商人に限定していない。よって，本記述は正しい。

アドバイス

本問は，商行為に関する知識を問う問題である。大量かつ継続的に繰り返される商行為において，民法の一般原則と異なる特則が要請されることを念頭に考えれば，かりに条文を知らなかったとしても正解を導くことができるはずである。第13編まとめ図・表01に商法と民法の主要な相違点をまとめたので，復習の際に活用してもらいたい。

復習用文献

弥永・総則商行為11〜17頁。
試験対策講座・商法3章2節2，4章1節。
条文シリーズ・商—商法502条，504条，507条，509条，512条。

| 正誤チェック | | | | | 論点ランクB |

〔No.109〕
商人と商行為に関する次の1から5までの各記述のうち，正しいものはどれか。

1．株式会社の代表取締役が会社のために商行為を行った場合には，株式会社のみが商人となり，代表取締役本人は，商人とはならない。
2．判例によれば，中小企業等協同組合法に基づいて設立された信用協同組合は，商法上の商人にあたらず，この組合が商人たる組合員に金銭を貸し付ける行為について商法が適用されることはない。
3．自己の生産または収穫した農産物を販売する行為は，営利目的で販売をしていることから，ただちに商行為となる。
4．商法上の小商人については，商号に関する規定はすべて適用されるが，商業登記および商業帳簿に関する規定は適用されない。
5．判例によれば，単に金銭を借り入れるような行為は，その外形からはその行為がいかなる目的でなされるものであるかを相手方は知ることができないため，商行為となることはない。

| 類題 |

H18-51,
18-52,
19-50,
20-51,
21-51
予　H23-28

| No.109 正解 | 1 | 商人と商行為 |

正答率 60　80

★1 正しい
商法4条1項は,「自己の名をもって商行為をすることを業とする者」を商人としている（固有の商人）。この「自己の名をもって」とは,法律上の行為から生じる権利または義務の帰属主体がその者であることを意味する。本記述の場合,行為の帰属主体は,当該株式会社であって代表取締役本人ではない。したがって,代表取締役本人は,商人とはならない。よって,本記述は正しい。

2 誤り
判例（最判昭和48年10月5日〔商法（総則・商行為）百選4事件〕）は,中小企業等協同組合法に基づいて設立された信用協同組合は,商法上の商人にあたらないが,この組合が商人たる組合員に貸付けをするときは,503条,3条1項により,商事消滅時効の規定（522条）が適用されるとしている。よって,本記述は誤りである。

3 誤り
自己の生産または収穫した農産物を販売しても,その販売行為は,商行為とはならない。なぜなら,原始取得した物を販売した場合には,ほかから有償取得しておらず,投機購買に該当しないからである（501条1号参照）。これに対し,他人から取得した農産物を販売する行為は,商行為となる。よって,本記述は誤りである。

4 誤り
商法は,業として行う取引の性質によって商人か否かを規定しており,規模の大きさによって規定していない。その結果,規模の小さな者まで,商人として商法の規制のもとにおかれることになる。しかし,このような小商人にまで商業帳簿など煩雑な手間を要求する規定を守らせることは酷であり,負担が重くなる,また,小商人の使う商号を保護すると他の商人の商号利用が妨げられる,という不都合が生じる。そこで,7条は,商業登記,商号の一定の規定および商業帳簿の規定は小商人には適用しないと規定している。すなわち,商号に関する規定については,11条2項,15条2項や17条2項前段は小商人に適用されないが,これ以外の規定は小商人にも適用される。よって,本記述は誤りである。

★5 誤り
判例（最判昭和47年2月24日）は,「特定の営業を開始する目的でその準備行為をした者は,その行為により営業を開始する意思を実現したものであって,これにより商人たる資格を取得するのであるから,その準備行為もまた商人がその営業のためにする行為として商行為となるものである」としたうえで,「単に金銭を借入れるごとき行為は,特段の事情のないかぎり,その外形からはその行為がいかなる目的でなされるものであるかを知ることができないから,その行為者の主観的目的のみによって直ちにこれを開業準備行為であるとすることはできない。もっとも,その場合においても,取引の相手方が,この事情を知悉している場合には,開業準備行為としてこれに商行為性を認めるのが相当である」としている。すなわち,取引の相手方が目的について悪意であるなどの特段の事情がある場合は,単に金銭を借り入れるような行為についても,商行為性が認められる。よって,本記述は誤りである。

アドバイス

本問は,商人と商行為に関する知識を問うものである。特に1や5は基本的な条文・判例知識を問う問題であり,確実に正解したい問題といえよう。商行為については,条文の規定のみを覚えるのではなく,いかなる行為が各種商行為（商501条以下）に該当するのか具体例も含めて理解しておくことが必要である。

復習用文献

弥永・総則商行為9～22頁。
試験対策講座・商法3章2節。
条文シリーズ・商―商法4条,7条,501条,503条。

正誤チェック　　論点ランクAA

〔No.110〕
商業登記に関する次の1から5までの各記述のうち，誤っているものはどれか。

1．登記事項を登記すると，原則として，登記後には，当該登記事項を善意の第三者にも対抗することができる。
2．商法第9条第1項の善意の第三者であっても，第三者自身が自己に不利益となる登記事項を認めることはできる。
3．判例によれば，代表取締役の代表権の喪失につき登記した場合においても，民法第112条の表見代理規定の適用あるいは類推適用の余地はある。
4．商法第9条第2項は，故意または過失によって不実の事項を登記した者は，その事項が不実であることをもって善意の第三者に対抗することができないと規定しているが，この規定は登記に一種の公信力を付与したものである。
5．判例によれば，株式会社の取締役を辞任した者は，辞任したにもかかわらずなお積極的に取締役として対外的または内部的な行為をあえてしたとか，登記申請権者である当該株式会社の代表者に対し，辞任登記を申請しないで不実の登記を残存させることにつき明示的に承諾を与えていたなどの特段の事情があれば，辞任登記が未了であることによりその者が取締役であると信じて当該株式会社と取引をした第三者に対しても，会社法第429条第1項に基づく損害賠償責任を負う。

類題

H18-37,
19-49,
24-44

No.110 正解 3　商業登記(1)

正答率　60　80

★1 正しい
登記すべき事項は，登記の後でなければ，これをもって善意の第三者に対抗することができない。登記の後であっても，第三者が正当な事由によってその登記があることを知らなかったときは，同様とする（商9条1項）。すなわち，登記後には，第三者が正当な事由によってその登記があることを知らなかったときを除き，善意の第三者にも対抗することができる。よって，本記述は正しい。

2 正しい
9条1項は善意の第三者を保護する規定であることから，善意の第三者が，自己に不利益となる判断をすることも可能である。よって，本記述は正しい。

3 誤り
判例（最判昭和49年3月22日〔判例シリーズ90事件〕）は，「株式会社の代表取締役の退任及び代表権喪失は，商法188条〔会社法911条〕及び15条〔会社法909条〕によって登記事項とされているのであるから，前記法の趣旨に鑑みると，これについてはもっぱら商法12条〔現商法9条1項〕のみが適用され，右の登記後は同条所定の『正当ノ事由』がないかぎり，善意の第三者にも対抗することができるのであって，別に民法112条を適用ないし類推適用する余地はないものと解すべきである」としている。よって，本記述は誤りである。

4 正しい
商法9条2項は，不実の登記を信頼した第三者を保護した規定であり，外観法理に基づいて，登記に一種の公信力を付与したものである。よって，本記述は正しい。

★5 正しい
判例（最判昭和63年1月26日〔商法（総則・商行為）百選10事件〕）は，「株式会社の取締役を辞任した者は，辞任したにもかかわらずなお積極的に取締役として対外的又は内部的な行為をあえてしたとか，登記申請権者である当該株式会社の代表者に対し，辞任登記を申請しないで不実の登記を残存させることにつき明示的に承諾を与えていたなどの特段の事情のない限り，辞任登記が未了であることによりその者が取締役であると信じて当該株式会社と取引した第三者に対しても，商法266条の3第1項〔会社法429条1項〕に基づく損害賠償責任を負わないものと解するのが相当である」としている。したがって，上記のような特段の事情があれば，辞任登記未了の取締役が会社法429条1項に基づく損害賠償責任を負う。よって，本記述は正しい。

アドバイス

本問は，商業登記に関する知識を問う問題である。特に1，3，5は基本的な条文・判例知識を問うものであり，確実に正解しなければならない。判例については，結論をおさえることのみならず，なぜ裁判所がそのような判断をしたのか，という理由についても考えることが重要である。

復習用文献

弥永・総則商行為23～31頁。
試験対策講座・商法3章3節。
判例シリーズ90事件。
条文シリーズ・商―商法9条。

正誤チェック　論点ランクA

〔No.111〕
商業登記に関する（なお，小商人の場合を除く）次のアからオまでの各記述のうち，誤っているものを組み合わせたものは，後記1から5までのうちどれか。

ア．判例によれば，代表取締役を退任した者が退任後に代表取締役として振り出した約束手形の裏書譲渡を受けた者は，たとえ振出より前に退任登記がなされ，その閲覧が可能な状態になっていた場合であっても，裏書譲渡の時点で退任の事実を知らなかったときには，会社に対し，手形金の支払を請求することができる。

イ．商人甲の支配人乙が辞任したにもかかわらず，乙が甲を代理して善意の第三者丙と取引した場合，乙辞任の登記がないときは，甲は，乙に代理する権限がないことを丙に主張することができない。

ウ．過失によって不実の事項を登記したにすぎない者は，その事項が不実であることをもって善意の第三者に対抗することができる。

エ．未成年者が自己の名をもって商行為を業とするときは，その旨の登記をしなければならない。

オ．外国会社は，外国会社の登記をするまでは，日本において継続して取引をすることができない。

1．アウ　　2．アオ　　3．イエ　　4．イオ　　5．ウエ

類題
H18-37,
19-49,
24-44

No.111 正解 1　誤っているものは，ア，ウ　　商業登記(2)

ア　誤り　判例（最判昭和52年12月23日〔商法（総則・商行為）百選8事件〕）は，Y社の代表取締役を退任したAにつき，Y社がAの代表取締役の資格喪失および取締役退任の登記をした後，遅くとも約10日経てば当該登記事項につきXが登記簿を閲覧することが可能な状態にあったとして，XがAの代表資格喪失を知らなかったことにつき改正前商法12条後段（会社法908条1項後段）の正当事由があるものとはいえないと判断し，当該登記の積極的効力を認め，結論として，閲覧可能になった約1か月後にAが代表取締役として振り出した約束手形の裏書譲渡を受けたXがY社に対してなした手形金の支払請求を棄却した原審を支持した。これは，改正前商法12条後段（会社法908条1項後段）の登記の積極的公示力にかかる正当事由を，客観的障害がある場面などに限定するものである。したがって，本問のように，手形振出時点で退任登記の閲覧が可能になっていた場合には，約束手形の裏書譲渡を受けた者は，手形振出時点で振出人が代表取締役を退任していた事実を会社から対抗されるため，当該会社に対し手形金の支払を請求することはできない。よって，本記述は誤りである。＊Sシリーズ I 111～112頁。

★イ　正しい　支配人を選任し，またはその代理権が消滅したときは，その登記をしなければならない（商22条，会社918条）。そして，登記をしなかった場合は，当該事項につき善意の第三者に対抗することができない（商9条1項前段，会社908条1項前段）。このような効力を商業登記の消極的公示力という。よって，本記述は正しい。＊近藤・総則商行為43～44頁。

★ウ　誤り　故意または過失によって不実の事項を登記した者は，その事項が不実であることをもって善意の第三者に対抗することができない（商9条2項，会社908条2項）。したがって，過失によって不実の事項を登記したにすぎない者も，その事項が不実であることをもって善意の第三者に対抗することはできない。よって，本記述は誤りである。＊近藤・総則商行為47～48頁。

エ　正しい　未成年者が自己の名をもって営業を行うときは，その旨の登記をしなければならない（商5条）。これは，未成年者は法定代理人の許可がないかぎり営業能力を有しないため（民5条1項本文，6条1項），第三者にとっては，未成年者についての営業の許可の有無を知る必要性が高いからである。よって，本記述は正しい。＊近藤・総則商行為105～106頁。

オ　正しい　外国会社は，外国会社の登記をするまでは，日本において継続して取引をすることができない（会社818条1項）。よって，本記述は正しい。＊弥永・総則商行為29頁。江頭・会社907頁。

正答率 60　80

アドバイス
本問は，商業登記に関する知識を問う問題である。イ，ウ，エは特に重要である。間違えた場合には基本書等でしっかりと復習しておいてもらいたい。

復習用文献
弥永・総則商行為23～31頁。
試験対策講座・商法3章3節。
条文シリーズ・商—商法5条，9条。

| 正誤チェック | | | | 論点ランクB |

〔No.112〕
　商号に関する次のアからオまでの各記述のうち，誤っているものを組み合わせたものは，後記1から5までのうちどれか。
　ア．判例によれば，商人が，数個の営業所を有する場合，その各営業所につき異なる商号を有することはできない。
　イ．会社は，商号中に会社の種類を示したうえで，会社の文字を使用しなければならないが，会社でない者は，その名称，商号中に会社であると誤認されるおそれのある文字を用いてはならない。
　ウ．自然人たる商人は，商号を登記するかどうかは自由であるが，会社は，必ず商号を登記しなければならない。
　エ．判例によれば，いまだ営業活動を開始していなくても，準備行為が存在すれば，商号は成立する。
　オ．商号の登記を行った者が，登記した商号を廃止したが，廃止の登記をしない場合には，当該商号の登記がされた所在場所で同一の商号を使用しようとする者は，登記所に対して，この登記の抹消を請求することはできない。

1．アイ　　2．アオ　　3．イエ　　4．ウエ　　5．ウオ

| 類題 |

H18-36,
20-49

| No.112 正解 | 2 | 誤っているものは，ア，オ | 商号(1) |

| 正答率 | 60 | 80 |

ア
誤り

判例（大決大正13年6月13日）は，商人が，数個の営業所を有する場合，その各営業所につき異なる商号を有することができるとしている。よって，本記述は誤りである。

なお，商人が1個の営業を行うにすぎないときは，数個の商号を使用することはできない（商号単一の原則）。

★イ
正しい

「会社は，株式会社，合名会社，合資会社又は合同会社の種類に従い，それぞれその商号中に株式会社，合名会社，合資会社又は合同会社という文字を用いなければならない」（会社6条2項）ので，前段は正しい。また，「会社でない者は，その名称又は商号中に，会社であると誤認されるおそれのある文字を用いてはならない」（7条）ので，後段も正しい。よって，本記述は正しい。＊弥永・総則商行為34頁。

★ウ
正しい

自然人たる商人は，商号を登記するかどうかは自由である（商11条2項）。しかし，会社は，商号を必ず登記しなければならない（会社911条3項2号，912条2項，913条2項，914条2項）。よって，本記述は正しい。＊弥永・総則商行為39頁。

エ
正しい

判例（大決大正11年12月8日）は，いまだ営業活動を開始していなくても，準備行為が存在すれば，商号は成立するとしている。よって，本記述は正しい。＊弥永・総則商行為33頁。

オ
誤り

商号の登記を行った者が，登記した商号を廃止した場合，当該商号の登記された所在場所で同一の商号を使用しようとする者は，登記所に対して，当該商号の抹消を申請することができる（商登33条1項1号）。よって，本記述は誤りである。＊弥永・総則商行為40頁。

アドバイス

本問は，商号に関する知識を問う問題である。いずれも基本的な条文・判例知識を問うものであり，確実に正解しなければならない。かりに，判例知識がなかったとしても，単純な条文知識を聞いているイ，ウについて正誤判断ができれば，記述の組合せとの関係で容易に正解を導くことができる。

復習用文献

弥永・総則商行為33〜40頁。
試験対策講座・商法3章4節。
条文シリーズ・商―商法11条。

正誤チェック　　論点ランクA

〔No.113〕
商人の商号に関する次のアからオまでの各記述のうち，誤っているものを組み合わせたものは，後記1から5までのうちどれか。

ア．個人商人の商号は，営業とともに譲渡する場合または営業を廃止する場合にかぎり，譲渡することができる。

イ．何人も，不正の目的をもって，他の商人であると誤認されるおそれのある名称または商号を使用することは禁じられているが，誤認を受ける者と不正使用者の営業が同種であることが必要である。

ウ．わが国の商法は，商号が営業の実態を表示することを厳格に要求する商号真実主義を採用しておらず，商人は商号を自由に選定してよいとする商号選定自由の原則を採用している。

エ．商号使用の差止めの効力は，商号として法律行為において使用することのみならず，事実上の使用にも及ぶ。

オ．個人商人の商号の譲渡は，悪意の第三者に対しては，登記なくして対抗することができる。

1．アエ　　2．アオ　　3．イウ　　4．イオ　　5．ウエ

類題
H18-36,
20-49

No.113 正解 4 誤っているものは、イ、オ　商号(2)

正答率 60　80

★ア 正しい
商人の商号は、営業とともに譲渡する場合または営業を廃止する場合にかぎり、譲渡することができる（商15条1項）。商号を、営業と切り離して譲渡することを認めると、一般公衆が営業主の同一性について誤認するおそれがあるからである。よって、本記述は正しい。＊弥永・総則商行為40頁。

イ 誤り
「何人も、不正の目的をもって、他の商人であると誤認されるおそれのある名称又は商号を使用してはならない」（12条1項）。そして、12条1項は、広く他人の名称・商号を冒用する場合を禁じ、誤認を受ける者と不正使用者が同種の営業を行っているかどうかを問わない。よって、本記述は誤りである。＊弥永・総則商行為37頁。

ウ 正しい
わが国の商法は、商号が営業の実態を表示することを厳格に要求する商号真実主義を採用しておらず、商人は商号を自由に選定してよいとする商号選定自由の原則を採用している（11条1項）。よって、本記述は正しい。

エ 正しい
商号使用の差止め（12条2項）は、商号として法律行為において使用することのみならず、事実上の使用、たとえば、看板、広告にも及ぶとされている。よって、本記述は正しい。＊SシリーズⅠ60頁。

オ 誤り
商号の譲渡は、登記をしなければ、第三者に対抗することができない（15条2項）。そして、これは第三者の善意・悪意を問わない。この登記は、商号を二重譲渡した場合など、商号譲渡の対抗要件としての登記だからである。よって、本記述は誤りである。＊SシリーズⅠ61頁。近藤・総則商行為67頁。

アドバイス

本問は、商号に関する知識を問う問題である。単純な条文知識を問うア、ウについて正誤判断ができれば、記述の組合せとの関係で即座に正解を導くことができる。短答式試験合格レベルの者であれば確実に正解してくる問題であるため、間違えた場合にはしっかりと復習をし、他の受験生に差をつけられないようにしてもらいたい。

復習用文献

弥永・総則商行為33～40頁。
試験対策講座・商法3章4節。
条文シリーズ・商―商法12条、15条。

正誤チェック　　　　　　　　　　　　　論点ランクAA

〔No.114〕
名板貸しに関する次のアからオまでの各記述のうち，判例の趣旨に照らし正しいものを組み合わせたものは，後記1から5までのうちどれか。

ア．他人に自己の商号使用を許諾している場合であっても，当該許諾が営業上の取引自体についてのものでない場合には，名板貸人の責任は否定される。

イ．他人が自己の商号等を用いていない場合であっても，当該他人の取引によって生じた債務について，商人は名板貸人と同様の責任を負う場合がある。

ウ．自己の商号を使用して営業を営むことを他人に許諾した場合について，実際には，その者が手形行為についてのみその名義を使用し，その商号を使用して営業を営むことがなかったときでも，名板貸人の責任が肯定される。

エ．名板貸人がその責任を負うのは，商号使用の許諾を受けた者の営業が当該名板貸人の営業と同種の営業である場合にかぎられる。

オ．名板貸人の責任にかかる「当該取引によって生じた債務」には，不法行為に基づく損害賠償債務は，たとえ取引の外観を持つ不法行為によるものであっても含まれない。

1．アイ　　2．アエ　　3．イウ　　4．ウオ　　5．エオ

類題

プレ-50

| No.114 正解 | 3 | 正しいものは，イ，ウ | 名板貸し(1) |

正答率 60　80

| ア 誤 り | 判例（最判昭和32年1月31日）は，自己の名義を薬局開設の登録における開設者として使用することを他人に許容した者は，「その他人の登録申請を通じ，自己が当該薬局における営業主となることの意思を示したものというべき」としたうえで，営業主の取引自体について許諾した場合ではないが，改正前商法23条（現商法14条，会社法9条）の「自己ノ氏，氏名又ハ商号ヲ使用シテ営業ヲ為スコトヲ他人ニ許容シタル」者にあたるとしている。よって，本記述は誤りである。 |

| イ 正しい | 判例（最判平成7年11月30日〔商法（総則・商行為）百選17事件〕）は，スーパーマーケットのテナントと買物客との取引に関して，スーパーマーケット経営会社の名板貸責任が問題となった事案において，一般の買物客が，テナント店の営業主体はスーパーマーケットであると誤認するのもやむをえないような外観が存在したとして，改正前商法23条（会社法9条〔現商法14条に相当する規定〕）の類推適用により，名板貸人と同様の責任を負うとした。よって，本記述は正しい。 |

| ★ウ 正しい | 判例（最判昭和55年7月15日〔商法（総則・商行為）百選14事件〕）は，自己の商号を使用して営業を営むことをある者に許諾した場合について，実際には，その者が手形行為についてのみその名義を使用し，その商号を使用して営業を営むことがなかったにもかかわらず，改正前商法23条（現商法14条，会社法9条）の類推適用を認めて名板貸人の責任を肯定している。よって，本記述は正しい。 |

| ★エ 誤 り | 判例（最判昭和43年6月13日〔商法（総則・商行為）百選16事件〕）は，名板貸人としての責任を負うのは，「特段の事情のないかぎり，商号使用の許諾を受けた者の営業がその許諾をした者の営業と同種の営業であることを要する」として「特段の事情」による例外を認めている。よって，本記述は誤りである。 |

| オ 誤 り | 判例（最判昭和58月1月25日）は，「商法23条〔現商法14条，会社法9条〕の趣旨とするところは，第三者が名義貸与者を真実の営業主であると誤認して名義貸与を受けた者との間で取引をした場合に，名義貸与者が営業主であるとの外観を信頼した第三者を保護し，もって取引の安全を期するということにあるというべきであるから，名義貸与を受けた者がした取引行為の外形をもつ不法行為により負担することになった損害賠償債務も，前記法条にいう『其ノ取引ニ因リテ生ジタル債務』に含まれる」としている。よって，本記述は誤りである。 |

アドバイス

本問は，名板貸しに関する知識を問う問題である。いずれも基本的な判例知識を問うものであり，確実に正解しなければならない問題といえよう。間違えた場合には，判例集等でしっかりと復習しておいてもらいたい。そして，復習の際には，名板貸しが外観法理に基づくものであり，外観法理のどの要件との関係で示された判断であるかを意識して判旨を読んでいくと，知識の定着を図りやすいであろう。

復習用文献

弥永・総則商行為41～45頁。
試験対策講座・商法3章4節[7]。
条文シリーズ・商—商法14条。

正誤チェック　　　　　　　　　　　　　　　　　論点ランクA

〔No.115〕
名板貸しに関する次の1から5までの各記述のうち，誤っているものを2個選びなさい。

1．商法第14条の名板貸人の責任が認められるためには，名板貸人の帰責事由として，商号使用を許諾したことが必要であるが，民法第109条の表見代理が成立するためには，本人の帰責事由として，本人が他人に代理権を授与した旨を第三者に表示するという外観を作出したことが必要である。

2．判例によれば，単に手形行為をなすことについて商号使用を許諾した者も，商法第14条の責任を負う。

3．判例によれば，商法第14条の責任は，たとえ営業主体の誤認が，取引をなした者の過失による場合であっても，名義貸与者はその責任を免れえないが，重大な過失による場合には，名義貸与者はその責任を免れる。

4．判例によれば，営業としてなす薬局の開設者として自己の名義を使用することを他人に許諾した者は，その他人が，薬局開設の許可申請をしたにすぎず，許可がなされていないときは，商法第14条の責任を負わない。

　（参照条文）薬事法
　　第4条第1項　薬局は，その所在地の都道府県知事の許可を受けなければ，開設してはならない。

5．名板貸しの事実を取引の相手方が知っていたときは，名板貸人の責任は生じない。

類題

プレ-50

| No.115 正解 | 2, 4 | 名板貸し(2) |

1 正しい
名板貸人の責任が認められるためには，名板貸人の帰責事由として，商号使用を許諾したことが必要である（商14条）。これに対し，民法109条の表見代理が成立するためには，本人の帰責事由として，本人が第三者に対して他人に代理権に授与したような表示をしたことが必要である。よって，本記述は正しい。

2 誤り
判例（最判昭和42年6月6日〔手形小切手百選12事件〕）は，商法14条にいう「営業」とは，「事業を営むことをいい，単に手形行為をすることはこれに含まれないと解すべき」であり，また，「同条は，他人の氏名商号等を用いて営業をした者（営業主）が第三者との取引において債務を負担した場合において，その氏名，商号等の使用を許諾した者に対しても，営業主の右債務につき連帯責任を負担させることを定めたものと解されるところ，手形行為の本質にかんがみれば，ある者が氏名，商号等の使用を許諾した者の名義で手形上に記名押印しても，その者自身としての手形行為が成立する余地はなく，……その者は手形上の債務を負担することはなく，その名義人がその者と連帯して手形上の債務を負担することもありえない」から，手形行為につき自己の氏名商号等を使用することを許諾したにすぎない者については，14条は適用されないとしている。よって，本記述は誤りである。＊近藤・総則商行為61頁。

★3 正しい
判例（最判昭和41年1月27日〔商法（総則・商行為）百選15事件〕）は，「商法23条〔現商法14条，会社法9条〕の名義貸与者の責任は，その者を営業者なりと誤認して取引をなした者に対するものであって，たとえ誤認が取引をなした者の過失による場合であっても，名義貸与者はその責任を免れ得ないものというべく，ただ重大な過失は悪意と同様に取り扱うべきものであるから，誤認して取引をなした者に重大な過失があるときは，名義貸与者はその責任を免れる」としている。よって，本記述は正しい。＊近藤・総則商行為65頁。

4 誤り
判例（最判昭和32年1月31日）は，薬局の開設にあたり，今日と異なり登録が要求されていた当時の事例において，「営業としてなす薬局の開設者として自己の名義を使用することを他人に許容し，その他人が登録を申請した場合は，……その他人の申請を通じ，自己が当該薬局の営業者となることの意思を示したものと認むべきであるから，かかる場合は，商法23条〔現商法14条〕の『自己ノ氏名ヲ使用シテ営業ヲ為スコトヲ他人ニ許容シタル』場合に該当する」としている。そして，登録の未了が14条の適否に影響を及ぼすかにつき同判決は，「その登録が未だ完了していない一事によって何ら異るところはない」としている。この判例は，薬局の開設に登録ではなく許可を要する現在においても，同様に考えることができる。したがって，営業としてなす薬局の開設者として自己の名義を使用することを他人に許諾した者は，その他人が許可を申請した場合，その許可がなされていないときであっても，14条の名義貸与者の責任を負う。よって，本記述は誤りである。＊近藤・総則商行為61頁。

5 正しい
名板貸しの責任は，取引の相手方が営業または事業の主体を名板貸人であると誤認したことが要件とされているので（14条），相手方が名板貸しの事実を知っていた場合には要件をみたさない。よって，本記述は正しい。

正答率 60 80

アドバイス

本問は，名板貸しに関する知識を問う問題である。いずれも基本的な知識を問うものであり，確実に正解しなければならない。かりに，知らなかったとしても，名板貸しが外観法理に基づくものであることを理解していれば，正誤判断は可能であると思われる。知識としておさえていなかったとしても，基本知識からの思考で正解を導くことができる問題が意外に多いことがわかるであろう。

復習用文献

弥永・総則商行為41～45頁。
試験対策講座・商法3章4節[7]。
条文シリーズ・商─商法14条。

正誤チェック　　　　　　　　　論点ランクB

〔No.116〕

商業帳簿に関する次の1から5までの各記述のうち，誤っているものはどれか。

1. 商人の会計は，一般に公正妥当と認められる会計の慣行に従うものとされる。
2. 商法は，商業帳簿の作成につき，適時性と正確性を要求している。
3. 裁判所は，申立てによりまたは職権で，訴訟の当事者に対し，商業帳簿の全部または一部の提出を命ずることができる。
4. 商人は，帳簿を作成した日から10年間，その商業帳簿およびその営業に関する重要な資料を保存しなければならない。
5. 判例によれば，商業帳簿について，特別な証拠力は法定されていないので，その証拠力は自由心証主義の一般原則による。

類題

H22-51

| No.116 正解 | 4 | 商業帳簿 |

正答率 60　80

★1 正しい
商人の会計は，一般に公正妥当と認められる会計の慣行に従うものとされる（商19条1項）。その趣旨は，商法において商業帳簿の作成に関する詳細な規定を設けておくことに限界があるので，商法は基本的なことだけを定めておいて，あとは会計慣行に任せるということにある。よって，本記述は正しい。＊弥永・総則商行為64頁。

2 正しい
19条2項は，商人が営業のために使用する財産について，適時に，正確な商業帳簿（会計帳簿および貸借対照表）を作成しなければならないとし，適時性と正確性を要求している。よって，本記述は正しい。

3 正しい
裁判所は，申立てによりまたは職権で，訴訟の当事者に対し，商業帳簿の全部または一部の提出を命ずることができる（19条4項）。なぜなら，商業帳簿は，営業上の事柄に関して重要な証拠資料となるからである。よって，本記述は正しい。＊弥永・総則商行為65頁。

★4 誤り
商人は，帳簿閉鎖の時から10年間，その商業帳簿およびその営業に関する重要な資料を保存しなければならない（19条3項）。すなわち，保存期間の起算点は，帳簿閉鎖の時であって，帳簿を作成した日ではない。よって，本記述は誤りである。
なお，この義務は，商人資格を失っても残る。＊弥永・総則商行為65頁。

5 正しい
判例（大判昭和17年9月8日〔商法（総則・商行為）百選25事件〕）は，商業帳簿の証拠力につき，裁判官の自由な心証によりその記載によって事実の認定をすることは妨げられないとしている。よって，本記述は正しい。＊弥永・総則商行為65頁。

アドバイス

本問は，商業帳簿に関する知識を問う問題である。いずれも基本的な条文・判例知識を問うものであり，確実に正解したい問題といえよう。

復習用文献

弥永・総則商行為61～65頁。
試験対策講座・商法3章5節。
条文シリーズ・商―商法19条。

〔No.117〕
商業使用人に関する次のアからオまでの各記述のうち，誤っているものを組み合わせたものは，後記1から5までのうちどれか。

ア．支配人は，商人に代わってその営業に関するいっさいの裁判上または裁判外の行為をする包括的代理権を有するが，支配人が共同しなければ代理権を行使することができない旨の登記がなされている場合には，支配人の包括的代理権は制限される。

イ．支配人は，代理商に比べて，より厳格な競業避止義務を負い，商人の許可を受けなければ，自己または第三者のために商人の営業の部類に属する取引をすることはもとより，みずから営業を行うこともできない。

ウ．支配人が，自己または第三者のために商人の営業の部類に属する取引をした場合，当該取引は，法令違反の行為として無効とされ，また，当該取引によって支配人または第三者が得た利益は，商人に生じた損害の額と推定される。

エ．商人は，営業に関するある種類または特定の事項を使用人に委任することができ，当該使用人は，当該事項に関するいっさいの裁判外の行為をする権限を有する。

オ．物品の販売，賃貸その他これらに類する行為を目的とする店舗の使用人は，相手方が悪意である場合を除き，その店舗にある物品の販売，賃貸その他これらに類する行為をする権限を有するものとみなされる。

1．アイ　　2．アウ　　3．イオ　　4．ウエ　　5．エオ

| No.117 正解 | 2 | 誤っているものは，ア，ウ | 商業使用人 |

ア 誤り　支配人は，商人に代わってその営業に関するいっさいの裁判上または裁判外の行為をする包括的代理権を有する（商21条1項）。したがって，前段は正しい。しかし，会社法制定に伴う商法改正により，改正前商法39条で定められていた共同支配人の制度が廃止されたため，現行法のもとでは，支配人が共同しなければ代理権を行使することができない旨を定めても，代理権の内部的制限にとどまり，善意の第三者に対抗することができないし（商21条3項），登記をすることもできない（商登24条2号，43条1項）。したがって，後段は誤りである。よって，本記述は誤りである。＊弥永・総則商行為70～73頁。

★イ 正しい　支配人は，営業主たる商人のためだけに精力を集中すべきと考えられることから，代理商や株式会社の取締役などと比較して，特に厳格な競業避止義務と精力分散防止義務を負う。支配人は，商人の許可を受けなければ，自己または第三者のために商人の営業の部類に属する取引をすることはもとより（商23条1項2号），みずから営業を行うこともできず（23条1項1号），他の商人または会社の使用人となること，会社の取締役，執行役または業務執行社員となることもできない（23条1項3号，4号）。よって，本記述は正しい。＊弥永・総則商行為73頁。

★ウ 誤り　支配人が自己または第三者のためにその商人の営業の部類に属する取引をした場合には，当該行為によって支配人または第三者が得た利益の額は，商人に生じた損害の額と推定される（23条2項）。したがって，後段は正しい。もっとも，支配人が，このようにして競業避止義務に違反した行為は無効となるわけではない。したがって，前段は誤りである。よって，本記述は誤りである。＊弥永・総則商行為74頁。

エ 正しい　25条1項は，商人は，営業に関するある種類または特定の事項を使用人に委任することができ，当該使用人は，当該事項に関するいっさいの裁判外の行為をする権限を有するとしている。よって，本記述は正しい。
なお，使用人にある種類または特定の事項を委任した場合は，支配人の選任の場合（22条）と異なり，委任した旨の登記は必要とされない。＊弥永・総則商行為79頁。

オ 正しい　26条は，物品の販売，賃貸その他これらに類する行為を目的とする店舗の使用人は，相手方が悪意である場合を除き，その店舗にある物品の販売，賃貸その他これらに類する行為をする権限を有するものとみなすとしている。同条の趣旨は，本来，これらの行為を目的とする店舗の使用人の代理権は包括的ではないが，取引の相手方がいちいち使用人の代理権を調査しなければならないとすると，代理権の存在を信頼した相手方の保護に欠けるので，取引安全を図る点にある。よって，本記述は正しい。＊弥永・総則商行為80頁。

正答率　60　80

アドバイス

本問は，商業使用人に関する基本的な条文知識を問う問題である。間違えた場合には，もう一度しっかりと条文を確認しておいてもらいたい。

復習用文献

弥永・総則商行為67～80頁。
試験対策講座・商法3章6節[2]。
条文シリーズ・商―商法21条，23条，25条，26条。

〔No.118〕
支配人に関する次の1から5までの各記述のうち，誤っているものを2個選びなさい。

1．支配人が，商人の許可を受けないで，みずから営業を行ったときは，当該行為によって支配人が得た利益の額は，商人に生じた損害の額と推定される。
2．支配人の代理権は，本人の死亡によって消滅しない。
3．支配人は，包括的代理権を有するので，他の支配人を選任することもできる。
4．判例によれば，X会社のZ支店管下のY出張所が，一部の営業行為をすることについてはZ支店の許可が必要であるものの，それ以外の当該出張所の業務については本店から離れて独自の事業活動を決定し，対外的にも取引をなしうる地位にあったと認められる場合，Y出張所はX会社の支店にあたり，出張所長AはX会社の表見支配人に該当する。
5．判例によれば，支配人の代理権について定める商法第21条第1項の「営業に関する」行為にあたるかは，行為の性質・種類等から客観的・抽象的に判断する。

| No.118 | 正解 | 1，3 | 支配人 |

1 誤り　支配人が，商人の許可を受けないで，自己または第三者のためにその商人の営業の部類に属する取引をしたとき（商23条1項2号）は，当該行為によって支配人または第三者が得た利益の額は，商人に生じた損害の額と推定される（23条2項）。もっとも，23条2項は，みずから営業を行ったとき（23条1項1号）を含めていない。よって，本記述は誤りである。＊弥永・総則商行為73～74頁。Sシリーズ I 96～97頁。近藤・総則商行為85～86頁。

2 正しい　民法上は，本人の死亡も代理権の消滅事由となっている（民111条1項1号）。これに対して，支配人の代理権は，商行為の委任による代理権であるから，本人の死亡によっては消滅しない（商506条）。よって，本記述は正しい。＊近藤・総則商行為82頁。

3 誤り　支配人は，他の使用人を選任し，または解任することができる（21条2項）。もっとも，包括的代理権を有する支配人であっても，他の支配人を選任することはできない。よって，本記述は誤りである。＊弥永・総則商行為70～71頁。

4 正しい　判例（最判昭和39年3月10日）は，本記述と同様の事例において，X会社Y出張所は，相場の著しい変動あるものの仕入れは特にZ支店（X会社の支店）の許可を要したが，それ以外は右許可を要せず仕入行為をすることもあって，Y出張所は，その業務の範囲内では，本店から離れて独自の営業活動を決定し，対外的にも取引をなしうる地位にあったと認められるというのであるから，このような場合には，Y出張所は，X会社の支店と解して妨げなく，Y出張所長の名称を付せられていたAは改正前商法42条（現商法24条，会社法13条）にいう表見支配人に該当するとしている。よって，本記述は正しい。＊近藤・総則商行為88頁。

★5 正しい　判例（最判昭和54年5月1日〔商法（総則・商行為）百選29事件〕）は，商法21条1項の「営業に関する行為は，営業の目的たる行為のほか，営業のため必要な行為を含むものであり，かつ，営業に関する行為にあたるかどうかは，当該行為につき，その行為の性質・種類等を勘案し，客観的・抽象的に観察して決すべき」としている。これは，取引の安全を図るためである。よって，本記述は正しい。＊弥永・総則商行為72頁。近藤・総則商行為89～90頁。

正答率　60　80

アドバイス

本問は，支配人に関する知識を問う問題である。いずれも条文・判例知識について問うものであり，確実に正解したい問題である。

復習用文献

弥永・総則商行為68～79頁。
試験対策講座・商法3章6節②【2】。
条文シリーズ・商―商法21条，23条，24条，506条。

正誤チェック　　　論点ランクAA

〔No.119〕
表見支配人に関する次のアからオまでの各記述のうち，正しいものを組み合わせたものは，後記1から5までのうちどれか。

ア．商人の営業所の営業の主任者であることを示す名称を付した使用人は，当該営業所の営業に関し，いっさいの裁判上または裁判外の行為をする権限を有するものとみなされる。

イ．判例によれば，商法第24条にいう「商人の営業所」とは，商法上の営業所としての実質を備えていることを要する。

ウ．商人が，商人の営業所の営業の主任者であることを示す名称を付したとは，明示でなされたことが必要であり，黙示でなされた場合には商人の営業所の営業の主任者であることを示す名称を付したとはいえない。

エ．商法第24条にいう「商人の営業所の営業の主任者であることを示す名称」とは，支配人，支店長，支店長代理などをいう。

オ．取引の相手方は，使用人が支配人でないことについて悪意であるときは，表見支配人の責任を追及することはできない。

1．アウ　　2．アエ　　3．イウ　　4．イオ　　5．エオ

類題

H18-37,
20-50

| No.119 正解 | 4 | 正しいものは，イ，オ | 表見支配人 |

ア 誤り　商人の営業所の営業の主任者であることを示す名称を付した使用人は，当該営業所の営業に関し，いっさいの裁判外の行為をする権限を有するものとみなされる（商24条本文）。したがって，裁判上の行為をする権限まで有するとみなされるわけではない。なぜなら，24条は外観法理に基づいて第三者の取引の安全を保護しようとした規定であり，裁判上の行為については第三者の取引の安全を保護する必要はないからである。よって，本記述は誤りである。

★イ 正しい　判例（最判昭和37年5月1日〔商法（総則・商行為）百選27事件〕）は，改正前商法42条にいう「本店又ハ支店」（現商法24条本文にいう「営業所」）は，商法上の営業所としての実質を備えているもののみを指称すると解するのを相当とするから，このような実質を欠き，ただ単に名称・設備などの点から営業所らしい外観を呈するにすぎない場所の使用人に対し支配人類似の名称を付したからといって，改正前商法42条（現商法24条）の適用があるものと解することはできないとしている。よって，本記述は正しい。

ウ 誤り　商人が名称の使用を停止させる立場にあるにもかかわらず，名称の使用を知りつつ放置した場合には，24条の趣旨である第三者の取引の安全を保護する必要がある。したがって，黙示であっても「付した」といえる。よって，本記述は誤りである。

エ 誤り　「商人の営業所の営業の主任者であることを示す名称」（24条）には，支配人，支店長は含まれるが，支店長代理は含まれない。なぜなら，支店長代理，支店次長には客観的に上席者の存在が予定されているからである。よって，本記述は誤りである。

★オ 正しい　取引の相手方が，当該使用人が支配人でないことについて悪意であったときは，表見支配人の責任を追及することはできない（24条ただし書）。なぜなら，そのような場合においては，24条の趣旨である第三者の取引の安全を保護する必要はないからである。よって，本記述は正しい。

正答率 60 80

アドバイス

本問は，表見支配人に関する知識を問う問題である。いずれも基本的な条文・判例知識を問うものであり，確実に正解してほしい。

復習用文献

弥永・総則商行為76～79頁。
試験対策講座・商法3章6節[2]【2】(5)。
条文シリーズ・商―商法24条。

| 正誤チェック | | | | 論点ランクB |

〔No.120〕
代理商に関する次のアからオまでの各記述のうち，正しいものを組み合わせたものは，後記1から5までのうちどれか。

ア．代理商契約は，本人と代理商との間の継続的信頼関係を基礎として成立するものであるから，契約の期間を定めていない場合において契約を解除するときは，各当事者は，必ず2か月前までに相手方に予告しなければならない。

イ．代理商が，取引の代理または媒介を行った場合は，本人の請求があるときのみ，遅滞なく当該本人に対してその旨の通知を発しなければならない。

ウ．代理商は，独立の商人であるから，競業避止義務を負わない。

エ．代理商は，商行為の代理または媒介を引き受けることを業とする者であるから，商行為を業とする者として，商人にあたる。

オ．代理商の留置権は，当事者が別段の意思表示をした場合を除き，取引の代理または媒介をしたことによって生じた債権の弁済期が到来しているときに，その弁済を受けるまでの間，本人のために当該代理商が占有する物または有価証券を留置することができるものであり，留置物が本人の所有物であることおよび被担保債権と留置物との牽連関係は要求されていない。

1．アイ　　2．アウ　　3．イエ　　4．ウオ　　5．エオ

類題
H19-51,
21-50,
23-52

| No.120 | 正解 | 5 | 正しいものは，エ，オ | 代理商 |

正答率 60 80

| ア 誤 り | 代理商は，特定の商人のために営業を補助し，当該商人と継続的関係をもつから，代理商契約は，継続的信頼関係を基礎として成立するものといえる。したがって，前段は正しい。ところで，代理商契約が民法上の委任または準委任にあたるものであるから，契約の解除について民法の原則どおりにいつでも解除できるとすること（民651条1項）は，上記の継続的信頼関係という特質にかんがみると適当でない。そこで，商法30条は特別の規定を設けており，30条1項は，契約の期間を定めなかったときは2か月前までに予告することを求めている。ただし，30条2項は，やむをえない事由があるときは期間の定めの有無に関係なく解除を認めている。したがって，後段は誤りである。よって，本記述は誤りである。＊弥永・総則商行為84頁。 |

| イ 誤 り | 代理商は，取引の代理または媒介をしたときは，遅滞なく，商人に対して，その旨の通知を発しなければならない（27条）。したがって，民法上の委任の場合の「委任者の請求」があるときの報告（民645条）のように，本人の請求を要件とするものではない。よって，本記述は誤りである。＊弥永・総則商行為82頁。 |

| ★ウ 誤 り | 商法28条1項1号は，代理商は，商人の許可を受けなければ，自己または第三者のためにその商人の営業の部類に属する取引をしてはならないとして，競業避止義務を負わせている。ただし，代理商は独立の商人であることにかんがみて，支配人の場合に比してその義務の範囲を狭めており，支配人のような営業禁止義務ではなく，商人と代理商との利益相反行為規制に限定されている。したがって，代理商は競業避止義務を負うが，その範囲は独立の商人であることから狭められている。よって，本記述は誤りである。＊弥永・総則商行為82～83頁。 |

| エ 正しい | 代理商は，商行為の代理または媒介を引き受けることを業としてするから，代理商の業としてなす行為は営業的商行為である（502条11号，12号）。そうすると，代理商は，商行為を自己の名をもってすることを業としているといえるから，商人にあたる（4条1項）。よって，本記述は正しい。 |

| ★オ 正しい | 31条本文は，「代理商は，取引の代理又は媒介をしたことによって生じた債権の弁済期が到来しているときは，その弁済を受けるまでは，商人のために当該代理商が占有する物又は有価証券を留置することができる」としている。すなわち，留置物が本人の所有物であることおよび被担保債権と留置物との牽連関係は要求されていない。ただし，この留置権は別段の意思表示によって排除することができる（31条ただし書）。よって，本記述は正しい。＊弥永・総則商行為83～84頁。 |

アドバイス

本問は，代理商に関する知識を問う問題である。代理商，仲立人，問屋については，その異同を聞かれることが多いため，それぞれの定義や典型例等をおさえておくだけでも正解に近づく可能性が格段にあがるはずである。

復習用文献

弥永・総則商行為81～84頁。

試験対策講座・商法3章6節3。

条文シリーズ・商—商法27条，28条，30条，31条。

正誤チェック　　　　　　　　　　　　　　論点ランクA

〔No.121〕
商人の補助者間の比較に関する次のアからオまでの各記述のうち，誤っているものを組み合わせたものは，後記1から5までのうちどれか。

ア．支配人は自然人でなければならないが，代理商は法人であってもよい。
イ．仲立人は，特定の商人のために営業を補助するものであるのに対して，代理商は，特定の商人のみならず不特定の商人のためにも営業を補助するものである。
ウ．支配人は，商人に代わってその営業に関するいっさいの裁判上または裁判外の行為をなす権限を有するが，ある種類または特定の事項の委任を受けた使用人は，代理権を与えられた種類・事項に関して，裁判上の行為を除き，いっさいの代理権を有する。
エ．仲立人は，当事者の一方の氏名または商号をその相手方に示さなかったときは，その相手方の請求に応じみずから履行の責任を負うが，問屋は，当該責任を負わない。
オ．問屋は留置権を有するが，運送取扱人は留置権を有しない。

1．アウ　　2．アエ　　3．イエ　　4．イオ　　5．ウオ

類題
プレ-39,
H19-51,
23-52

| No.121 正解 | 4 | 誤っているものは，イ，オ | 商人の補助者間の比較 |

正答率 60　80

| ア 正しい | 支配人は商業使用人であり，商業使用人は自然人であることが予定されているから，支配人は自然人でなければならない。他方，代理商は本人の企業組織の外部から本人を補助する独立の商人であり，商業使用人ではないから，代理商は法人であってもよい。よって，本記述は正しい。＊弥永・総則商行為68頁，81頁。|

| イ 誤り | 仲立人は，特定の商人のみならず不特定の商人のためにも営業を補助する。これに対して，代理商は，特定の商人のために営業を補助するものである。したがって，本記述の説明は前段と後段が逆である。よって，本記述は誤りである。＊近藤・総則商行為98頁，177～178頁。|

| ★ウ 正しい | 支配人は，商人に代わってその営業に関するいっさいの裁判上または裁判外の行為をなす権限を有するが（商21条1項），ある種類または特定の事項の委任を受けた使用人は，代理権を与えられた種類・事項に関して，いっさいの裁判外の行為をする権限を有するにすぎない（25条1項）。よって，本記述は正しい。＊弥永・総則商行為70頁，79頁。|

| エ 正しい | 仲立人は，当事者の一方の氏名または商号をその相手方に示さなかったときは，その相手方に対してみずから履行をする責任を負う（介入義務，549条）。これは，相手方の信頼を保護するためである。他方，問屋は，取引所の相場のある物品の販売または買入れの委託を受けたときは，みずから買主または売主となることができるという介入権を有するが（555条1項前段），仲立人の負っているような上記義務は負わない。よって，本記述は正しい。＊弥永・総則商行為121頁，128頁。|

| オ 誤り | 問屋と運送取扱人は，ともに自己の名をもって委託者のために法律行為をすることを引き受ける者であり，ともに，留置権を有する（557条・31条本文，562条）。よって，本記述は誤りである。＊弥永・総則商行為127頁，131頁。近藤・総則商行為191頁，231～232頁。|

アドバイス

本問は，商人の補助者間の比較について問う問題である。横断的な理解が問われており，このような問題に対応するためには，それぞれの概念の定義や典型例をおさえたうえで，異同を整理しておくことが重要といえるであろう。

復習用文献

弥永・総則商行為67～84頁，119～134頁。
試験対策講座・商法3章6節②，4章5節，6節，8節。
条文シリーズ・商―商法25条，549条，557条，562条。

正誤チェック　論点ランクAA

〔No.122〕
　営業譲渡に関する次のアからオまでの各記述のうち，誤っているものを組み合わせたものは，後記1から5までのうちどれか。

　ア．判例によれば，ゴルフ場の営業譲受人が，譲渡人の商号を続用していない場合には，たとえゴルフクラブの名称を継承して使用しているときであっても，譲渡人の商号を使用した譲受人の責任について規定した商法第17条第1項の類推適用はなく，譲受人は，ゴルフクラブ会員に対する預託金の返還義務を負わない。

　イ．営業を譲り受けた商人が譲渡人の商号を引き続き使用する場合，かりに営業譲渡によりある債権が譲受人に移転していなくても，譲渡人の営業によって生じた債権について，債務者が善意・無重過失で譲受人に弁済したときは，当該弁済は有効となる。

　ウ．営業を譲渡した商人は，当事者の別段の意思表示がないかぎり，同一市区町村の区域内およびこれに隣接する市区町村の区域内においては，その営業を譲渡した日から20年間は，同一の営業を行ってはならない。

　エ．営業を譲り受けた商人が譲渡人の商号を引き続き使用しない場合であっても，譲渡人の債権者は，譲受人に対して弁済を請求することができる。

　オ．判例によれば，営業譲渡に該当するためには，単に営業用の財産を譲渡するだけでは足りず，一定の営業目的のため組織化され，有機的一体として機能する財産の全部または重要な一部を譲渡し，これによって譲渡人がその財産によって営んでいた営業的活動の全部または重要な一部を譲受人に受け継がせ，譲渡人がその譲渡の限度に応じ法律上当然に競業避止義務を負う結果を伴うことが必要である。

1．アエ　　2．アオ　　3．イウ　　4．イエ　　5．ウオ

類題
プレ-37,
H24-51

| No.122 正解 | 1 | 誤っているものは，ア，エ | 営業譲渡 |

正答率 60　80

アドバイス

本問は，営業譲渡に関する知識を問うものである。いずれも基本的な条文・判例知識を問うものであり，確実に正解しなければならない問題といえよう。間違えた場合には，基本書等でしっかりと復習しておいてもらいたい。

復習用文献

弥永・総則商行為47～59頁。
試験対策講座・商法3章7節。
判例シリーズ81事件，89事件。
条文シリーズ・商―商法16条，17条，18条。

★ア 誤り
判例（最判平成16年2月20日〔判例シリーズ89事件〕）は，「預託金会員制のゴルフクラブの名称がゴルフ場の営業主体を表示するものとして用いられている場合において，ゴルフ場の営業の譲渡がされ」，譲受人は，譲渡人の商号は続用していないものの「譲渡人が用いていたゴルフクラブの名称を譲受人が継続して使用しているときには，譲受人が譲受後遅滞なく当該ゴルフクラブの会員によるゴルフ場施設の優先的利用を拒否したなどの特段の事情がない限り，会員において，同一の営業主体による営業が継続しているものと信じたり，営業主体の変更があったけれども譲受人により譲渡人の債務の引受けがされたと信じたりすることは，無理からぬもの」であるから，「譲受人は，上記特段の事情がない限り，商法26条1項〔現商法17条1項，会社法22条1項〕の類推適用により，会員が譲渡人に交付した預託金の返還義務を負う」としている。よって，本記述は誤りである。

イ 正しい
営業を譲り受けた商人が譲渡人の商号を引き続き使用する場合，かりに営業譲渡によりある債権が譲受人に移転していなくても，譲渡人の営業によって生じた債権について，債務者が善意・無重過失で譲受人に弁済したときは，弁済は有効となる（商17条4項）。よって，本記述は正しい。

ウ 正しい
営業を譲渡した商人は，当事者の別段の意思表示がないかぎり，同一市町村の区域内およびこれに隣接する市町村の区域内においては，その営業を譲渡した日から20年間は，同一の営業を行ってはならない（16条1項）。なぜなら，譲渡人が従来どおりに営業を行うと，譲受人が譲り受けた営業から収益をあげることが妨げられることになるからである。よって，本記述は正しい。

エ 誤り
譲受人が譲渡人の商号を引き続き使用しない場合，債権者が譲受人を債務者と誤認するおそれがないため，譲受人は責任を負わないのが原則である。よって，本記述は誤りである。
なお，譲受人が，譲渡人の営業によって生じた債務を引き受ける旨の広告をしたときは，譲渡人の債権者は，その譲受人に対して弁済の請求をすることができる（18条1項）。

★オ 正しい
判例（最大判昭和40年9月22日〔判例シリーズ81事件〕）は，営業の譲渡とは，営業そのものの全部または重要な一部を譲渡すること，詳言すれば，一定の営業目的のため組織化され，有機的一体として機能する財産（得意先関係等の経済的価値のある事実関係を含む）の全部または重要な一部を譲渡し，これによって，譲渡会社がその財産によって営んでいた営業的活動の全部または重要な一部を譲受人に受け継がせ，譲渡会社がその譲渡の限度に応じ法律上当然に改正前商法25条（現商法16条，会社法21条）に定める競業避止義務を負う結果を伴うものをいうとしている。よって，本記述は正しい。

正誤チェック　　　　　　　　　　　　　　　　　　　　論点ランクA

〔No.123〕
営業譲渡・事業譲渡に関する次の1から5までの各記述のうち，誤っているものはどれか。
1．営業を譲渡した商人は，同一の市町村の区域内およびこれに隣接する市町村の区域内において営業を譲渡した日から20年間は競業避止義務を負うが，この義務は特約で排除することができる。
2．営業を譲り受けた商人が譲渡人の商号を引き続き使用する場合には，営業を譲り受けた後，遅滞なく，譲受人が譲渡人の債務を弁済する責任を負わない旨を登記したときにかぎり，譲受人は，譲渡人の営業によって生じた債務を弁済する責任を負わない。
3．営業を譲り受けた商人が譲渡人の商号を引き続き使用する場合には，その譲受人も，譲渡人の営業によって生じた債務を弁済する責任を負うが，判例によれば，譲渡人が営業上負担した不法行為による損害賠償債務も上記譲渡人の営業によって生じた債務に含まれる。
4．譲受会社が譲渡会社の商号を引き続き使用しない場合において，譲渡会社の事業によって生じた債務を引き受ける旨の広告をしたときは，譲渡会社の債権者は，その譲受会社に対して弁済の請求をすることができるが，判例によれば，この広告には，旧会社が事業を廃止し，新会社が設立されて，旧会社と同一の業務を開始する旨の取引先に対する単なる挨拶状は含まれない。
5．譲受会社が譲渡会社の商号を引き続き使用しない場合において，譲渡会社の事業によって生じた債務を引き受ける旨の広告をしたときは，譲渡会社の責任は，当該広告のあった日後2年以内に請求または請求の予告をしない債権者に対しては，その期間を経過した時に消滅する。

類題

プレ-37,
H24-51

| No.123 | 正解 | 2 | 営業譲渡・事業譲渡 |

正答率 60　80

1 正しい　営業を譲渡した商人は，同一の市町村の区域内およびこれに隣接する市町村の区域内において営業を譲渡した日から20年間は競業避止義務を負う（商16条1項）。もっとも，16条1項は「当事者の別段の意思表示」により，競業避止義務の範囲を狭めることや完全に義務をなくすことについては制限をしておらず，特約で競業避止義務を排除することができる。よって，本記述は正しい。＊近藤・総則商行為111頁。

2 誤り　営業譲渡は，合併のような包括承継ではないため，債務の移転手続をとらないかぎり，譲受人は営業上の債務について当然に債務者とはならない。しかし，譲受人が譲渡人の商号を引き続き使用している場合には，債権者が営業主の交代を知らないことや知っていたときでも譲受人が債務を引き受けているものと信頼することがある。そこで，このような債権者の信頼を保護するため，譲受人が譲渡人の商号を引き続き使用する場合には，その譲受人も，譲渡人の営業によって生じた債務を弁済する責任を負うとした（17条1項）。もっとも，営業譲渡後に譲受人が譲渡人の債務を弁済する責任を負わない旨の登記または譲受人および譲渡人からの第三者に対して債務を弁済する責任を負わない旨の通知をした場合は，譲受人は譲渡人の営業によって生じた債務を弁済する責任を負わない（17条2項）。よって，本記述は誤りである。＊近藤・総則商行為111～113頁。

3 正しい　判例（最判昭和29年10月7日）は，営業譲渡人が営業上の不法行為によって負担する損害賠償債務は，17条1項の「営業によって生じた債務」に該当するとしている。よって，本記述は正しい。＊弥永・総則商行為57頁。

★4 正しい　会社法23条1項は，「譲受会社が譲渡会社の商号を引き続き使用しない場合においても，譲渡会社の事業によって生じた債務を引き受ける旨の広告をしたときは，譲渡会社の債権者は，その譲受会社に対して弁済の請求をすることができる」としている。したがって，前段は正しい。そして，判例（最判昭和36年10月13日〔商法（総則・商行為）百選23事件〕）は，取引先に対する単なる挨拶状は，債務引受けの広告にあたらないとしている。したがって，後段も正しい。よって，本記述は正しい。＊近藤・総則商行為114頁。

5 正しい　23条1項によって譲受会社が弁済責任を負う場合であっても，譲渡会社の責任が免除されるわけではない。もっとも，債務引受けの広告があった日後2年以内に請求または請求の予告をしない債権者に対しては，その期間を経過した時に譲渡会社の責任は消滅する（23条2項）。よって，本記述は正しい。＊近藤・総則商行為114頁。

アドバイス

本問は，営業譲渡・事業譲渡に関する知識を問う問題である。いずれも基本的な条文知識を問うものであり，確実に正解したい問題といえよう。本問で正解となる2のように，短答式試験の問題文では，「～にかぎり」など問題文にある状況以外の場合を想定できるにもかかわらず，あえて限定したりすることで，不正解の記述が作成されることが多い。このような記述を見たときに瞬間的に反応できるようになるのも解答テクニックのひとつといえよう。

復習用文献

弥永・総則商行為47～59頁。
試験対策講座・商法3章7節。
条文シリーズ・商―商法16条，17条，18条。

正誤チェック　　　　　　　　　　　論点ランクA

〔No.124〕
商事留置権と民事留置権の比較に関する次の1から4までの各記述のうち，正しいものを2個選びなさい。
1．「被担保債権と留置物との間には牽連関係を要する」という説明は，商事留置権および民事留置権のいずれにもあてはまる。
2．「留置権の目的物は，債務者の所有する物または有価証券にかぎられない」という説明は，商事留置権にはあてはまらないが，民事留置権にはあてはまる。
3．「留置的効力はあるが，優先弁済権が認められることはない」という説明は，民事留置権にはあてはまるが，商事留置権にはあてはまらない。
4．「当事者の別段の意思表示によって，留置権の成立を排除することができる」という説明は，商事留置権にはあてはまるが，民事留置権にはあてはまらない。

類題
なし

No.124 正解 2, 3　商事留置権と民事留置権

★1 誤り
民事留置権においては，被担保債権と留置物との間には牽連関係が必要である（民295条1項本文）。他方，商事留置権においては，牽連関係が不要である（商521条本文）。継続的取引関係にある商人間においては，ある物の占有が移された以上，それを当該取引にかぎらず担保とするのが，当事者の合理的意思に合致するからである。よって，本記述は誤りである。＊近藤・総則商行為130頁。

2 正しい
商事留置権においては，留置権の目的物は「債務者の所有する物又は有価証券」でなければならない（521条本文）。他方，民事留置権においては，商事留置権と異なり，「他人の物の占有者」（民295条1項本文）とされているので，債務者の所有する物または有価証券でなくてもよい。よって，本記述は正しい。＊SシリーズⅠ151頁。近藤・総則商行為130頁。

3 正しい
民事留置権には，留置的効力は認められるが，優先弁済権すなわち目的物を換価して優先的に弁済を受ける権利は認められない。そして，商事留置権は，その効力について商法上特別の規定はないから，民法の一般規定により，留置的効力は認められるが，優先弁済権はないのが原則である。しかし，破産手続においては，商事留置権は，特別の先取特権とみなされることから（破66条1項），優先弁済権が認められる。また，会社更生手続においても，商事留置権は，更生担保権とされ（会更2条10項），優先弁済権が認められる。したがって，商事留置権には優先弁済権が認められる場合がある。よって，本記述は正しい。＊SシリーズⅠ152頁。

4 誤り
商事留置権は，当事者の別段の意思表示があるときは，留置権の成立を排除することができる（商521条ただし書）。また，民事留置権には，商事留置権のような規定は存在しないが，商事留置権と同様に，当事者の別段の意思表示によって留置権の成立を排除することができる。よって，本記述は誤りである。＊SシリーズⅠ152頁。近藤・総則商行為131頁。道垣内・担保物権15～16頁。

アドバイス

本問は，民事留置権と商事留置権との比較を問う問題である。両者に関する正確な知識が問われる問題といえよう。民事留置権が原則となるものであり，商事留置権は商人間における例外的なものということを意識しつつ，両者の異同を整理しておいてもらいたい。

復習用文献

弥永・総則商行為94～100頁。
試験対策講座・商法4章1節③【3】。
条文シリーズ・商―商法521条。

| 正誤チェック | | | | 論点ランクA |

〔No.125〕
　商事売買と民事売買の比較に関する次の1から4までの各記述のうち，正しいものを2個選びなさい。

1．「目的物が供託に適しないとき，またはその物について滅失もしくは損傷のおそれがあるときは，売主は，その物を供託し，または裁判所の許可を得た場合にかぎり競売に付することができる」という説明は，商事売買および民事売買のいずれにもあてはまる。

2．「定期売買において，契約の当事者の一方が履行をなさずに履行期を経過すると，契約は原則として解除したものとみなされる」という説明は，商事売買にはあてはまるが，民事売買にはあてはまらない。

3．「買主は，売買の目的物を受領したときは，遅滞なく，その物を検査しなければならない」という説明は，商事売買および民事売買のいずれにもあてはまる。

4．「買主が売買契約を解除した場合に，各当事者は法律上，原状回復義務を負うにすぎない」という説明は，民事売買にはあてはまるが，商事売買にはあてはまらない。

類題

H21-52，
24-52（予28）

No.125 正解 2，4　商事売買と民事売買の異同

正答率 60　80

1 誤り
民事売買においては，買主が弁済の受領を拒み，もしくはこれを受領することができない場合または売主が過失なく買主を確知することができない場合は，売主は，買主のために売買の目的物を供託してその債務を免れることができ（民494条），当該目的物が供託に適しないときまたはその物について滅失もしくは損傷のおそれがあるときは，裁判所の許可を得て競売に付することができる（497条本文）。これに対し，商事売買においては，買主が目的物の受領を拒み，またはこれを受領することができないときは，売主は，その物を供託し，または相当の期間を定めて催告した後に競売に付することができ（商524条1項前段），その物が，損傷その他の事由により価格の低落のおそれがある場合には，催告をしないで競売することができる（524条2項）。このように商事売買においては，商取引の簡易・迅速を図る趣旨から，供託・競売をすることにつき裁判所の許可を要しないとされている。したがって，本記述は，民事売買にはあてはまるが，商事売買にはあてはまらない。よって，本記述は誤りである。＊近藤・総則商行為145～146頁。

★2 正しい
商事売買における定期売買については，商取引の迅速を図る観点から，売買の性質または当事者の意思表示により，特定の日時または一定の期間内に履行しなければ契約をした目的を達することができない場合において，当事者の一方が履行をしないでその時期を経過したときは，相手方は，ただちにその履行の請求をした場合を除き，契約の解除をしたものとみなされる（525条）。これに対し，民事売買における定期売買については，一定時期の経過により当然に解除をしたものとみなす規定はなく，契約の履行をなすことなく履行時期を経過した場合に，相手方が催告なく解除することができるにすぎない（民542条）。すなわち，民事売買における定期売買については，解除の意思表示が必要となる。よって，本記述は正しい。＊近藤・総則商行為147頁。

★3 誤り
商事売買においては，買主は，その売買の目的物を受領したときは，遅滞なく，その物を検査しなければならない（商526条1項）。これに対し，民事売買においては，526条1項のような規定はない。よって，本記述は誤りである。＊近藤・総則商行為148～149頁。

4 正しい
民事売買においては，買主が契約を解除した場合，各当事者は原状回復義務を負うにすぎない（民545条1項本文）。これに対し，商事売買において買主が売買契約を解除した場合，買主は原状回復義務に加え，原則として売主の費用をもって売買の目的物を保管し，または供託しなければならない（商527条1項本文）。これは，売主保護と商取引の迅速かつ円滑な解決を図る趣旨である。よって，本記述は正しい。＊弥永・総則商行為105～106頁。近藤・総則商行為150～151頁。

アドバイス

本問は，商事売買と民事売買の異同を問う問題である。いずれも基本的な知識を問うものであり，確実に正解したい問題といえよう。かりに，条文知識をしっかりとおさえていなかったとしても，商事売買においては迅速な取引が要請され，売主の保護を図る必要がある，という基本的なことが理解できていれば，そこから思考をめぐらせることで正解を導くことが可能である。やみくもにあらゆる知識を丸暗記しようとするのではなく，基本的事項から考えるという勉強を普段から心掛けてもらいたい。なお，第13編まとめ図・表05に両者の異同を整理したので，復習の際に活用してもらいたい。

復習用文献

弥永・総則商行為105～109頁。
試験対策講座・商法4章2節。
条文シリーズ・商―商法524条，525条，526条，527条。

正誤チェック　　　　　　　　　　　　　　　　　論点ランクA

〔No.126〕
　商事売買に関する次のアからオまでの各記述のうち，誤っているものを組み合わせたものは，後記1から5までのうちどれか。
　ア．商人間の売買において，買主が目的物の受領を拒み，またはこれを受領することができないため，売主が，売買の目的物を競売に付したときは，売主は，その代価を供託しなければならず，その代価の全部または一部を代金に充当することはできない。
　イ．12月25日が経過しても，商人である売主がクリスマスケーキを商人である買主に引き渡さない場合，買主が，ただちに履行を請求した場合を除き，契約を解除したものとみなされる。
　ウ．商人間の売買において，買主は，売主が悪意の場合を除き，売主から売買の目的物を受け取り，その物を検査したことにより，瑕疵があることまたはその数量に不足があることを発見したときは，ただちに売主に対してその旨の通知を発しなければ，その瑕疵があることまたはその数量に不足があることを理由として，契約の解除または代金減額もしくは損害賠償の請求をすることができない。
　エ．判例によれば，商人間の不特定物売買において，買主が売買目的物の瑕疵を発見したにもかかわらず通知を怠った場合，かりに完全な給付が可能であるとしても，買主は，売主に対して，完全な給付を請求することができない。
　オ．判例によれば，商人間の不特定物の売買については，買主は，その売買の目的物を受領したときに，その物の検査をしなくてもよい。

1．アエ　　2．アオ　　3．イウ　　4．イエ　　5．ウオ

類題

H21-52，
24-52（予28）

| No.126 正解 | 2 | 誤っているものは，ア，オ | 商事売買 |

正答率 60 80

★ア 誤り
商人間の売買において，買主が目的物の受領を拒み，またはこれを受領することができないため，売主が，売買の目的物を競売に付したときは，売主は，その代価を供託しなければならないが，その全部または一部を代金に充当することはできる（商524条3項）。よって，本記述は誤りである。＊弥永・総則商行為105頁。

★イ 正しい
商人間における確定期売買において，契約当事者の一方が履行をなさずにその時期を経過した場合，相手方がただちに履行の請求をしないときは，契約は解除されたものとみなされる（525条）。よって，本記述は正しい。＊近藤・総則商行為147頁。

ウ 正しい
商人間の売買において，買主は，その売買の目的物を受領したときは，遅滞なく，その物を検査しなければならない（526条1項）。もっとも，買主は，検査により売買の目的物に瑕疵があることまたはその数量に不足があることを発見したときは，売主が悪意の場合を除き，ただちに売主に対してその旨の通知を発しなければ，その瑕疵または数量の不足を理由として契約の解除または代金減額もしくは損害賠償の請求をすることができない（526条2項，3項）。これは，売主としては，すぐに通知を受ければ，目的物をほかに転売する等の対処を考えることが可能であるが，他方，責任追及可能な期間が長ければ買主が自己に有利な時期を選んで担保責任を追及することができ，売主の危険のもとに買主が投機的売買を行うおそれがあるので，それを防止するためである。よって，本記述は正しい。＊近藤・総則商行為148～150頁。

エ 正しい
判例（最判昭和47年1月25日〔商法（総則・商行為）百選52事件〕）は，526条1項，2項の「規定の趣旨に照らせば，右により契約を解除しえず，また，損害の賠償をも請求しえなくなった後においては，かりになお完全な給付が可能であるとしても，買主は，売主に対して，もはや完全な給付を請求しえない」としている。よって，本記述は正しい。＊弥永・総則商行為108頁。

オ 誤り
商人間の売買において，買主は，その売買の目的物を受領したときは，遅滞なく，その物を検査しなければならず（526条1項），判例（最判昭和35年12月2日〔商法（総則・商行為）百選51事件〕）は，「商法526条の規定は，不特定物の売買の場合にも，適用がある」としている。よって，本記述は誤りである。＊弥永・総則商行為108頁。

アドバイス

本問は，商事売買に関する知識を問う問題である。いずれも基本的な条文・判例知識を問うものであり，確実に正解したい問題といえよう。商事売買が取引の迅速性および売主の保護を図るための特則であることを理解していれば，個別の条文知識等をしっかりとおさえていなくても正解を導くことは可能と思われる。知識を丸暗記するのではなく，基本的なことを理解し，そこから考えるという勉強が重要であることがわかるであろう。

復習用文献

弥永・総則商行為105～109頁。
試験対策講座・商法4章2節。
条文シリーズ・商―商法524条，525条，526条，527条。

正誤チェック　論点ランクB

〔No.127〕
交互計算に関する次の1から5までの各記述のうち，正しいものはどれか。

1．交互計算期間中に当事者相互に発生した債権・債務は，独立性および個性を喪失し，不可分の全体に融合し，以後総額において一括相殺されるべきものとなるため，当該債権・債務を，その基礎となっている契約を解除して消滅させることはできない。
2．交互計算は，商人間のみならず，商人と商人でない者との間であっても，平常取引をする場合において，一定の期間内の取引から生ずる債権および債務の総額について相殺をし，その残額の支払をすることを約することによって，その効力を生ずる。
3．当事者は，債権および債務の各項目を記載した計算書の承認をした場合，当該計算書の記載に錯誤や脱漏があったとしても，当該各項目について異議を述べることは許されなくなる。
4．当事者が相殺をすべき期間を定めなかった場合は，その期間は，6か月とするものとされているから，その場合に6か月の期間を経過することによって，交互計算契約は終了する。
5．金銭債権以外の債権は，相殺の対象として適切ではないから交互計算に組み入れられないが，取引によって生じたのではない債権であっても，それが金銭債権である場合には，交互計算に組み入れられる。

類題

H23-53

| No.127 | 正解 | 2 | 交互計算 |

正答率 60 80

アドバイス

本問は，交互計算に関する知識を問う問題である。いずれも条文知識を問うものであり，交互計算に関連する条文はわずか6条ほどしかないことから，しっかりと条文をおさえて確実に正解したいところである。

1 誤り 　交互計算期間中に当事者間の取引から生じた債権債務は，すべて計算に組み入れられて独立性を失う。したがって，当事者は，各個の債権を行使したり，各別に譲渡・質入れ・差押えをすることができず，期間中，時効の進行や履行遅滞は生じない。したがって，前段は正しい。しかし，交互計算に組み入れられた債権・債務であっても，それだけで債権が消滅するわけではないから，基礎となっている契約を解除して消滅させることは可能である。したがって，後段は誤りである。よって，本記述は誤りである。

2 正しい 　商法529条は，「交互計算は，商人間又は商人と商人でない者との間で平常取引をする場合において，一定の期間内の取引から生ずる債権及び債務の総額について相殺をし，その残額の支払をすることを約することによって，その効力を生ずる」としている。よって，本記述は正しい。

3 誤り 　532条本文は，「当事者は，債権及び債務の各項目を記載した計算書の承認をしたときは，当該各項目について異議を述べることができない」としているが，532条ただし書は，「当該計算書の記載に錯誤又は脱漏があったときは，この限りでない」としている。よって，本記述は誤りである。

4 誤り 　531条は，「当事者が相殺をすべき期間を定めなかったときは，その期間は，6箇月とする」としている。したがって，前段は正しい。しかし，交互計算期間が終了しても，特約がなければそれだけで交互計算契約は終了するわけではなく，むしろ残額債権から始まる新たな交互計算期間が開始する。したがって，後段は誤りである。よって，本記述は誤りである。

5 誤り 　金銭債権以外の債権については，相殺の対象として適切ではないから，交互計算に組み入れられない。したがって，前段は正しい。そして，交互計算は，継続的取引関係がある者の間で，決済を簡易化し，相互の債権を担保として機能させるということを主たる目的とするものであり，529条は「一定の期間内の取引から生ずる債権及び債務の総額について」相殺するとしている。したがって，後段は誤りである。よって，本記述は誤りである。

復習用文献

弥永・総則商行為177〜180頁。
試験対策講座・商法4章3節。
条文シリーズ・商—商法529条，531条，532条。

正誤チェック　　　　　　　　　　　　　　　　　　　　論点ランクB

〔No.128〕

匿名組合に関する次の1から5までの各記述のうち，誤っているものはどれか。

1．民法上の組合の組合員と異なり，匿名組合員に持分権はない。
2．匿名組合員は，営業者の業務を執行することはできない。
3．民法上の組合と異なり，営業者の死亡または営業者が後見開始の審判を受けたことによって，匿名組合契約は終了しない。
4．持分会社の業務執行権を有しない有限責任社員と異なり，匿名組合員は，営業者の一般債権者と同順位で出資価額の返還を受けることができる。
5．持分会社の有限責任社員の氏名が登記に表示されるのと異なり，原則として匿名組合員の氏名は公示されない。

類題

H20-52,
24-53

| No.128 正解 | 3 | 匿名組合 |

正答率 60 80

★1 正しい
民法上の組合の組合財産は，総組合員の共有に属する（民668条）。これに対して，匿名組合員が出資した財産は，すべて営業者の財産に帰属し（商536条1項），共有財産とはならない。そのため，民法上の組合と異なり，匿名組合員の持分という概念は存在しない。よって，本記述は正しい。

2 正しい
匿名組合員は，営業者の業務を執行し，または営業者を代表することができない（536条3項）。匿名組合契約（535条）は，社会的地位や職業などの関係から共同出資者として名前をだすことを避け，経営に関与しない出資者と，経営の才能があっても資本に乏しい商人との間で，当該商人以外の企業参加を外部に秘匿し，単独の企業として営業することを予定した契約であるからである。よって，本記述は正しい。

★3 誤り
民法上の組合の組合員は，死亡または後見開始の審判を受けたことにより脱退する（民679条1号，3号）。これに対し，匿名組合契約は，匿名組合の目的である事業の成功またはその成功の不能，営業者の死亡または営業者が後見開始の審判を受けたこと，営業者または匿名組合員が破産手続開始の決定を受けたことによって終了する（商541条各号）。よって，本記述は誤りである。

4 正しい
持分会社の有限責任社員は，会社が解散した場合にすべての会社債権者に後れて残余財産の分配にあずかるのに対して（会社664条本文），匿名組合員は営業者の一般債権者と同順位で出資価額の返還を受けることができる。匿名組合は契約である（商535条）ため，匿名組合員は，営業者に対する契約上の債権者の地位を有するからである。よって，本記述は正しい。

5 正しい
持分会社の有限責任社員は，登記に氏名が表示される（会社913条5号）。これに対して，匿名組合員の氏名は，原則として公示されないが，匿名組合員の氏名を営業者の商号に使うことを許諾した場合などは公示され（商11条2項参照），この匿名組合員は，営業者と連帯債務を負うことになる（537条）。よって，本記述は正しい。

アドバイス

本問は，匿名組合に関する知識を問う問題である。いずれも基本的な条文知識を問うものであり，確実に正解したい。匿名組合がどのような目的から要請される契約であるかを理解していれば，かりに条文に対する知識がなかったとしても正解を導くことはできると思われる。なお，第13編まとめ図・表 07 に民法上の組合と匿名組合との異同をまとめたので，復習の際に活用して知識の整理に努めてもらいたい。

復習用文献

弥永・総則商行為171～176頁。
試験対策講座・商法4章4節。
条文シリーズ・商—商法536条，537条，541条。

正誤チェック　　　　　　　　　　　　　　　　　　論点ランクB

〔No.129〕
仲立営業に関する後記1から5までのうち，誤っているものはどれか。
1．仲立人とは，他人間の商行為の媒介をなすことを業とする者をいう。
2．一方的仲立契約においては，仲立人は委託者のために法律行為の成立に尽力する義務を負い，委託者は契約が成立した場合に，仲立人に報酬を支払わなければならないのに対して，双方的仲立契約においては，仲立人は委託者のために法律行為の成立に尽力する義務を負わない。
3．仲立人と媒介代理商で異なる点は，仲立人は不特定の者からも委託を受けて行為をすることができる点にある。
4．商人ではない一般人と商人である宿泊業者との間で宿泊契約の締結を媒介する業者であっても，商法上の仲立人となる。
5．仲立人は委託者の代理人になることはなく，また，仲立契約は，一般的に双方的仲立契約であり，本人との関係は準委任契約である。

類題
プレ-39,
H19-51

No.129 正解 2　仲立営業

1 正しい　仲立人とは，他人間の商行為の媒介をなすことを業とする者をいう（商543条）。よって，本記述は正しい。＊弥永・総則商行為119頁。

2 誤り　仲立契約には，一方的仲立契約と双方的仲立契約とがある。一方的仲立契約は，仲立人が委託者のために法律行為の成立に尽力する義務を負わず，仲立人の尽力により法律行為が成立すれば委託者が報酬を支払うという内容の契約であり，請負に類似した特殊の契約であるとされている。これに対して，双方的仲立契約は，仲立人が委託者のために法律行為の成立に尽力する義務を負い，その義務と法律行為が成立したときに委託者が報酬を支払う義務とが双務的関係に立つ契約であり，その性質は準委任であるとされる。したがって，本記述は，一方的仲立契約と双方的仲立契約が逆になっている。よって，本記述は誤りである。

3 正しい　仲立人は，媒介を行う点で媒介代理商と共通する。しかし，媒介代理商は特定の商人のために取引の媒介を行うのに対して，仲立人は不特定の者のためにも取引の媒介を行うことができる。よって，本記述は正しい。

4 正しい　商人ではない一般人と商人である宿泊業者との間の宿泊契約の締結を媒介する行為も「仲立ち……に関する行為」（502条11号）として営業的商行為にあたり，このような媒介をなす業者は商法上の仲立人にあたる。よって，本記述は正しい。

5 正しい　仲立人が業とする「媒介」とは，法律行為の成立に尽力することを意味するものであり，仲立人自体は代理人になることはない。そして，判例（大判大正4年10月9日）は，仲立人でありながら同時に代理人として契約を締結することは認められていないとしている。また，仲立契約のうち，双方的仲立契約は媒介という事実行為をすることの委託であるから，準委任契約である。これに対して，一方的仲立契約は，仲立人は契約成立に尽力すべき義務を負わないので準委任契約とはいえない。ただ，仲立契約は，原則として双方的仲立契約と解されている。したがって，仲立契約は一般に準委任契約である。よって，本記述は正しい。

アドバイス

本問は，仲立営業に関する知識を問う問題である。仲立人，問屋，代理商については，その異同を問われることが多いため，それぞれの定義や典型例等をおさえておくだけでも正解に近づく可能性が格段にあがるはずである。第13編まとめ図・表 08 にそれぞれの異同についてまとめたので，参照して勉強にいかしてもらいたい。

復習用文献

弥永・総則商行為119～122頁。
試験対策講座・商法4章5節。
条文シリーズ・商―商法543条。

正誤チェック　　　　　　　　　　　論点ランクB

〔No.130〕
問屋営業に関する次の1から5までの各記述のうち，誤っているものはどれか。
1．問屋が委託者のために締結した契約の相手方が債務を履行しない場合でも，委託者は，当該相手方に対して，債務不履行に基づく損害賠償請求をすることはできない。
2．問屋は，みずから契約の帰属主体となるのであるから，自己のためにするのと同一の注意義務を負うにとどまる。
3．問屋は，取引所の相場のある物品の販売または買入れの委託を受けたときは，みずから買主または売主となることができる。
4．問屋は，委託者からの請求がある場合に委託事務の処理について報告する義務があるにとどまらず，委託者のために物品の販売または買入れを行ったときには，遅滞なく，委託者に対してその旨の通知を発しなければならない。
5．委託者が販売または買入れについて価格を指定した場合に，問屋が，当該価格より安く販売し，または，高く買入れをしたときは，委託者は当該売買の効果を自己に帰属させることを拒否することができるが，問屋が当該価格との差額を負担する旨の意思表示をしたならば，委託者は当該売買の効果を自己に帰属させることを拒否することができない。

類題

H19-51,
23-52

No.130 正解 2　問屋営業

正答率 60　80

1 正しい
問屋契約においては，委託者は，契約の相手方と直接の法律関係を有しないから，債務不履行に基づく損害賠償請求をすることができない。よって，本記述は正しい。＊弥永・総則商行為124頁。

2 誤り
問屋は，委任の規定の準用により善管注意義務を負う（商552条2項・民644条）。そして，商法上，問屋の注意義務を軽減する特則規定は存在しない。よって，本記述は誤りである。

★3 正しい
問屋は，取引所の相場のある物品の販売または買入れの委託を受けたときは，みずから買主または売主となることができる（商555条1項前段）。よって，本記述は正しい。＊弥永・総則商行為128頁。

4 正しい
問屋と委託者との間の関係について，商法は委任に関する規定を準用するとしており（552条2項），委任にかかる民法645条は，「受任者は，委任者の請求があるときは，いつでも委任事務の処理の状況を報告し，委任が終了した後は，遅滞なくその経過及び結果を報告しなければならない」としている。したがって，前段は正しい。また，商法557条が準用する27条は，「取引の代理又は媒介をしたときは，遅滞なく，商人に対して，その旨の通知を発しなければならない」としている。これは，商取引の迅速性の要請から，委託者の請求を待つことなく，また，委任が終了したか否かに関わりなく，通知を義務づけるものである。したがって，後段も正しい。よって，本記述は正しい。

★5 正しい
問屋が委託者の指定した金額より廉価で販売をなしまたは高価に買入れをなした場合において，みずからその差額を負担するときは，当該販売または買入れは委託者に対して効力を生じる（554条）。よって，本記述は正しい。

アドバイス

本問は，問屋営業に関する知識を問う問題である。いずれも基本的な知識を問うものであり，確実に正解したい問題といえよう。問屋営業の定義や基本的な条文をおさえるのは当然として，更に仲立人や代理商との異同を聞かれることが多いため，これらも一緒におさえておく必要がある。第13編まとめ図・表08を活用してもらいたい。

復習用文献

弥永・総則商行為122～128頁。
試験対策講座・商法4章6節。
条文シリーズ・商―商法552条，554条，555条。

正誤チェック　　　　　　　　　　　　　　論点ランクA

〔No.131〕
運送営業に関する次のアからオまでの各記述のうち，誤っているものを組み合わせたものは，後記1から5までのうちどれか。

ア．貨物引換証が作成された場合において，運送契約と貨物引換証の記載との間に相違がある場合は，証券所持人が貨物引換証を取得するときに悪意でないかぎり，証券所持人と運送人との債権関係は，証券の記載により決められる。

イ．荷送人は，原則として運送人に対して運送品の返還を求めることができる。

ウ．運送品の全部が滅失した場合における損害賠償の額は，その滅失が運送人の悪意もしくは重過失による場合または特約のある場合を除き，その引き渡すべき日の運送品の到達地での価格によって定められる。

エ．判例によれば，運送品が容積重量ともに相当巨大であって，高価なことも一見明瞭な品種である場合においても，荷送人が運送を委託するにあたって，あらかじめその種類および価額を明告しなければ，運送人は損害賠償責任を負わない。

オ．運送品が毀損した場合における運送人の損害賠償責任は，荷受人が運送品を受け取った日から5年を経過したときに，時効によって消滅する。

1．アイ　　2．アウ　　3．イエ　　4．ウオ　　5．エオ

類題

H22-53

| No.131 正解 | 5 | 誤っているものは、エ、オ | 運送営業 |

正答率 60　80

アドバイス

本問は、運送営業に関する知識を問う問題である。いずれも基本的な条文・判例知識を問うものであり、確実に正解したい問題といえよう。運送営業については他の商行為に比べて条文の数が多いものの、短答式試験で頻繁に問われる事項はかぎられているため、メリハリをつけて知識をおさえることが重要である。

復習用文献

弥永・総則商行為135～150頁。
試験対策講座・商法4章7節。
条文シリーズ・商—商法572条、582条、589条。

ア 正しい　貨物引換証が作成された場合、運送に関する事項につき、運送人と証券所持人との間の法律関係は、貨物引換証の記載により定められる（商572条）。これは、貨物引換証に文言証券性を認めたものであり、証券の記載文言を信頼した者を保護することを目的とする。もっとも、文言的効力は、善意で証券を取得した者を保護するものであることから、証券所持人が貨物引換証を取得するときに悪意である場合にはこのような効力は認められない。よって、本記述は正しい。＊弥永・総則商行為147～148頁。近藤・総則商行為216頁。

イ 正しい　荷送人は、運送人に対して運送の中止、運送品の返還その他の処分を請求することができるのが原則である（582条1項前段）。これは、多大な時間を要する運送過程において、物品の買主の経済状態が悪化した場合等に、荷送人の利益を保護するためである。もっとも、運送品が目的地に到達した後に、荷受人が運送品の引渡しを請求した場合には、荷送人は運送人に対して運送の中止、運送品の返還その他の処分を請求することはできない（582条2項）。よって、本記述は正しい。＊近藤・総則商行為197頁。

ウ 正しい　運送品の全部滅失の場合における損害賠償の額は、その引き渡すべき日における到達地の価格によって定められる（580条1項）。これは、運送人の損害賠償額を合理的に制限し、大量の物品運送業務を行う運送人を保護する趣旨である。もっとも、580条が運送人を保護するものであることから、運送品が運送人の悪意または重過失によって滅失等したときは、運送人はいっさいの損害を賠償しなければならない（581条）。よって、本記述は正しい。＊近藤・総則商行為199～200頁。

★エ 誤り　判例（最判昭和45年4月21日〔商法（総則・商行為）百選98事件〕）は、「商法578条所定の高価品とは、容積または重量の割に著しく高価な物品をいうものと解すべきところ、……本件研磨機は容積重量ともに相当巨大であって、その高価なことも一見明瞭な品種であるというのであるから、本件研磨機は同条所定の高価品にはあたらないというべきである」としている。したがって、本記述において、荷送人が運送人に対して損害賠償を請求するにあたっては、あらかじめその種類および価額を明告する必要はない。よって、本記述は誤りである。＊近藤・総則商行為200～201頁。

★オ 誤り　運送人の損害賠償責任は、荷受人が運送品を受け取った日から1年経過したときに時効により消滅する（589条・566条1項）。これは、運送人が運送品の状態について十分に証拠を保全しておくことができるとはかぎらないことにかんがみ、運送に関する法律関係を早期に解決し、運送人を保護するために時効を1年としたものである。よって、本記述は誤りである。
なお、全部滅失の場合は引渡しがあるはずであった日が起算日となる（589条・566条2項）。＊近藤・総則商行為203頁。

正誤チェック　　論点ランクA

〔No.132〕
場屋営業に関する次のアからオまでの各記述のうち，誤っているものを組み合わせたものは，後記1から5までのうちどれか。

ア．場屋営業者は，客から寄託を受けた物品の滅失，毀損が，不可抗力によるものであることを証明しても，損害賠償責任を免れることはできない。

イ．場屋営業者と客との間で，場屋営業者の責任を免除または制限する特約を結ぶことは可能であるが，単に場屋営業者が，客に対して責任を負わない旨を告示しただけでは，当該場屋営業者は責任を免れない。

ウ．客の来集を目的とする場屋における取引は，営業としてするときでなくても，商行為となる。

エ．寄託を受けた物品が全部滅失した場合の場屋営業者の責任については，客が場屋を去った時から1年の経過により時効消滅する。

オ．判例によれば，客が場屋営業者に高価品を寄託するに際して，その種類および価額を明告していない場合でも，場屋営業者は，不法行為に基づく損害賠償責任を負う余地がある。

1．ア　ウ　　2．ア　エ　　3．イ　エ　　4．イ　オ　　5．ウ　オ

類題
H21-53,
23-52

| No.132 正解 | 1 | 誤っているものは、ア、ウ | 場屋営業 |

★ア 誤り
旅店、飲食店、浴場その他客の来集を目的とする場屋の主人は、客から寄託を受けた物品の滅失または毀損が、不可抗力によって生じたことを証明しないかぎり、損害賠償責任を免れることができない（商594条1項）。よって、本記述は誤りである。

イ 正しい
場屋営業者と客との間で、場屋営業者の責任を免除または制限する特約を結ぶことは可能であるが、単に場屋営業者が、客に対して責任を負わない旨を告示しただけでは、当該場屋営業者は責任を免れることはできない（594条3項）。よって、本記述は正しい。

ウ 誤り
客の来集を目的とする場屋における取引は、営業としてするときにはじめて商行為となる（502条7号）。よって、本記述は誤りである。

エ 正しい
物品が全部滅失した場合の場屋営業者の責任については、客が場屋を去った時から1年の経過により時効消滅する（596条2項）。よって、本記述は正しい。

オ 正しい
判例（大判昭和17年6月29日）は、高価品の寄託に関する特則を規定する595条は、不法行為に基づく損害賠償責任には適用されないとしている。したがって、客が場屋営業者に高価品を寄託するに際して、その種類および価額を明告していない場合でも、場屋営業者は、不法行為に基づく損害賠償責任を負う余地がある。よって、本記述は正しい。

正答率 60　80

アドバイス
本問は、場屋営業に関する知識を問う問題である。いずれも基本的な条文・判例知識を問うものであり、確実に正解しなければならない問題である。場屋営業については、短答式試験で問われる事項はかぎられているため、これを機に知識を整理し、出題された場合には確実に正解できるようにしてもらいたい。

復習用文献
弥永・総則商行為163〜170頁。
試験対策講座・商法4章9節。
条文シリーズ・商—商法502条、594条、596条。

正誤チェック　　　　　　　　　　　　　　　　　　　　論点ランクA

〔No.133〕
寄託に関する次のアからオまでの各記述のうち，誤っているものを組み合わせたものは，後記1から5までのうちどれか。

ア．商人の信用を高めるため，商人がその営業の範囲内において寄託を受けたときは，たとえ報酬を受けていない場合であっても，注意義務は軽減されず，善管注意義務を負う。

イ．判例によれば，ホテルの宿泊客がフロントに預けなかった物品等で事前に種類および価額の明告のなかったものが滅失・毀損した場合に，ホテルの損害賠償義務の範囲を制限する旨の宿泊約款の定めは，ホテル側に故意または重大な過失があったときにも適用される。

ウ．場屋営業者の寄託にかかる責任については，短期の消滅時効が定められているが，場屋営業者が悪意の場合にはその適用はない。

エ．場屋営業者については，寄託物の滅失または毀損による損害賠償責任に関する高価品の特則に関する規定は存在しない。

オ．客が携帯した物品について，場屋営業者またはその使用人の不注意によりその物品が滅失・毀損した場合には，たとえ，客が特に寄託していなかったときであっても，場屋営業者が損害賠償責任を負う。

1．アエ　　2．アオ　　3．イウ　　4．イエ　　5．ウオ

類題

H21-53

| No.133 正解 | 4 | 誤っているものは，イ，エ | 寄託 |

正答率 60 80

アドバイス

本問は，寄託に関する知識を問う問題である。いずれも基本的な条文・判例知識を問うものであり，確実に正解しなければならない問題といえよう。短答式試験で問われる事項は繰り返し問われるものが多いので，メリハリをつけて知識を整理しておいてもらいたい。

復習用文献

弥永・総則商行為163〜170頁。
試験対策講座・商法 4章9節。
条文シリーズ・商―商法578条，593条，594条，595条，596条。

ア 正しい 　商人がその営業の範囲内において寄託を受けたときは，それが無報酬であっても，善管注意義務を負う（商593条）。商法は，商人の信用を高めるためにその責任を厳格にしているのである。したがって，民法の無償受寄者の場合の「自己の財産に対するのと同一の注意」義務（民659条）と異なり，善管注意義務が軽減されることはない。よって，本記述は正しい。

イ 誤り 　判例（最判平成15年2月28日〔商法（総則・商行為）百選108事件〕）は，ホテルの宿泊客がフロントに預けなかった物品等で事前に種類および価額の明告のなかったものが滅失・毀損した場合に，ホテルの損害賠償義務の範囲を制限する旨の宿泊約款の定めは，ホテル側に故意または重大な過失があったときには適用されないとしている。よって，本記述は誤りである。

★ウ 正しい 　場屋営業者の損害賠償責任（商594条，595条）は，場屋の主人が寄託物を返還しまたは客が携帯品を持ち去った後1年を経過したときは，時効によって消滅する（596条1項）。しかし，596条1項は，場屋の主人に悪意がある場合は適用されない（596条3項）。よって，本記述は正しい。＊弥永・総則商行為170頁。

エ 誤り 　貨幣，有価証券その他の高価品については，客がその種類および価額を明告して場屋の主人に寄託しなければ，その場屋の主人は，その物品の滅失または毀損によって生じた損害を賠償する責任を負わない（595条）。したがって，場屋営業においても，物品運送や運送取扱営業の場合（578条，568条・578条）と同じ趣旨から，寄託物の滅失または毀損による損害賠償責任に関する高価品の特則が存在する。よって，本記述は誤りである。＊弥永・総則商行為168〜169頁。

★オ 正しい 　客が特に寄託していない物品であっても，場屋中に携帯した物品が場屋の主人またはその使用人の不注意によって滅失または毀損したときは，当該場屋の主人は損害賠償の責任を負う（594条2項）。これは，場屋において多数の人間が頻繁に出入りすることから，客自身が所持品の安全を守ることができないことを考慮したものである。よって，本記述は正しい。＊弥永・総則商行為167頁。

〔No.134〕
倉庫営業に関する次の1から5までの各記述のうち，誤っているものはどれか。
1．倉庫営業者は，その営業の範囲内で寄託を受けた場合は，たとえ無報酬のときであっても，善管注意義務をもって寄託物を保管しなければならない。
2．倉庫営業者は，自己またはその使用人が受寄物の保管に関し注意を怠らなかったことを証明しなければ，当該受寄物の滅失または毀損につき損害賠償の責任を免れることができない。
3．倉庫営業者は，受寄物を全部出庫するときでなければ，保管料等の支払を請求することはできない。
4．倉庫営業者は，当事者が保管期間を定めなかったときは，やむをえない事由がないかぎり，受寄物の入庫の日より6か月を経過した後でなければ，当該受寄物の返還をすることはできない。
5．倉庫営業者は，寄託者の請求により，寄託物の預証券および質入証券，またはこれらに代えて倉荷証券を交付しなければならない。

類題
なし

| No.134 正解 | 3 | 倉庫営業 |

正答率 60　80

アドバイス

本問は，倉庫営業に関する知識を問う問題である。倉庫営業に関しては，勉強が手薄になり，しっかりと知識をおさえていないかもしれない。もっとも，そもそも商行為法が大量かつ迅速に行われる商取引のための特則であることを考えれば，いずれの記述についても正誤の判断がおおよそでつけられると思われる。たとえば，1については，業として倉庫での保管をするものである以上，高度な注意義務が課されるであろうと判断したり，正解となる3については，倉庫への寄託行為が反復・継続して行われるであろうから，すべてが完了しなければ費用の請求をすることができないのはおかしいであろう，というように判断することができるはずである。普段から考える勉強を怠らないようにしてもらいたい。

復習用文献

弥永・総則商行為153～161頁。
試験対策講座・商法4章10節。
条文シリーズ・商―商法593条，597条，598条，617条，618条，619条，627条。

★1 正しい　倉庫営業者とは，他人のために物品を倉庫に保管することを業とする者をいう（商597条）。そして，倉庫営業者は，その営業の範囲内で寄託を受けた場合は，たとえ無報酬のときであっても，善管注意義務をもって寄託物を保管しなければならない（593条）。よって，本記述は正しい。

2 正しい　倉庫営業者は，自己またはその使用人が受寄物の保管に関し注意を怠らなかったことを証明しなければ，当該受寄物の滅失または毀損につき損害賠償の責任を免れることができない（617条）。これは，民法の一般原則どおりであり，商法はこれを注意的に規定したにすぎない。よって，本記述は正しい。

3 誤り　倉庫営業者は，受寄物を出庫するときでなければ，保管料および立替金その他の受寄物に関する費用の支払を請求することはできない（618条本文）。ただし，受寄物を一部出庫する場合は，その割合に応じて支払を請求することができる（618条ただし書）。よって，本記述は誤りである。

4 正しい　当事者が保管期間を定めなかったときは，倉庫営業者は，やむをえない事由がないかぎり，受寄物の入庫の日より6か月を経過した後でなければ，当該受寄物の返還をすることはできない（619条本文）。これは，寄託者が商人である場合は，返還時期を定めなかったとしても，ある程度の期間保管してもらうことを期待していたはずであり，それにもかかわらず，受寄者がいつでも返還することができる（民663条1項）としてしまうと，倉庫を利用する経済的意義が失われてしまうためである。よって，本記述は正しい。

5 正しい　倉庫営業者は，倉庫証券を発行しなければならない。そして，倉庫証券は，法制度上，2種類の形態が認められている。第1に，倉庫営業者は，寄託者の請求により，寄託物の預証券および質入証券を交付しなければならない旨規定しており（商598条），預証券と質入証券をセットにしたものがある。第2に，これらに代えて，倉荷証券だけを利用するものがある（627条1項）。よって，本記述は正しい。

第13編　商法総則・商行為法　★一問一答問題

01　YがAに自己の商号を使用して売買契約をすることを許諾した場合，AがXと締結した売買契約を合意解除したときに負った手付金返還債務につき，Yは，弁済する責任を負う。

02　商人が，その営業のために，商人でない者に金銭を貸し付けた場合，商人は，利息支払の合意がなくとも，商人でない者に対して年6分の割合で利息を請求することができる。

03　判例によれば，債務の弁済について，債権者が当該弁済を任意に受領し，その受領が弁済期日内であれば取引時間外であったとしても，債務者は，履行遅滞の責任を負わない。

04　運送人は，運送品に関して受け取るべき運送賃について，運送品を留置することができ，この場合，当該運送品は，荷送人または荷受人の所有物である必要はない。

05　運送品の一部のみが不可抗力により滅失した場合，運送人は，運送賃を請求することができず，すでに運送賃を受け取っていたときは，これを返還しなければならない。

06　「受託者が契約の権利義務の帰属主体となり，委託者に経済的損益が帰属する」という説明は，問屋営業にはあてはまるが，代理商および仲立営業にはあてはまらない。

07　「受託者は，契約が成立した場合には，契約の当事者双方に対して報酬を請求することができる」という説明は，代理商，仲立営業および問屋営業のいずれにもあてはまる。

08　役員等が職務を行うについて悪意または重大な過失があったときに，役員等が会社法第429条第1項に基づき第三者に対して負う損害賠償債務は，商行為によって生じた債務として法定利率が年6分となる。

09　売買契約が商行為であるときの，その解除による前渡代金返還債務は，商行為によって生じた債務として法定利率が年6分となる。

第13編　商法総則・商行為法　★一問一答問題解答

01 ○ 判例（最判昭和30年9月9日）は，本記述と同様の事例において，「売買につき自己の商号の使用を許諾した以上，右手附金返還債務は，商法23条〔現商法14条〕にいわゆる『其ノ取引（売買）ニ因リテ生ジタル債務』に該るものとして，Yにおいて，右手附金返還債務についても，Aと連帯してこれが弁済の責を負う」としている。＊近藤・総則商行為63〜64頁。

02 × 商人間において金銭の消費貸借をしたときは，貸主は，借主に対して法定利息を請求することができる（商513条1項）。もっとも，本記述の場合においては，借主は，商人ではないので513条1項の適用がなく，また貸主と借主との間で利息支払の合意もないので，貸主は借主に対して利息を請求することはできない。＊弥永・総則商行為16頁，90〜91頁，103〜104頁。

03 ○ 法令または慣習により商人の取引時間の定めがあるときは，その取引時間内にかぎり，債務の履行をし，またはその履行の請求をすることができる（520条）。もっとも，判例（最判昭和35年5月6日）は，「商法520条にいう取引時間外になされた弁済の提供であっても，債権者が任意に弁済を受領し，それが弁済期日内であれば，債務者は遅滞の責を負うことはない」としている。＊弥永・総則商行為91頁。近藤・総則商行為133頁。

04 ○ 運送人は，運送品に関し受け取るべき報酬，運送賃その他委託者のためになした立替金または前貸金について，運送品を留置することができる（589条・562条）。したがって，前段は正しい。そして，この運送人の留置権は，商事売買の留置権に関する521条のように債務者の所有物に限定されておらず，留置物が債務者である荷送人または荷受人の所有物である必要はない。したがって，後段も正しい。＊弥永・総則商行為136頁。近藤・総則商行為207頁。

05 ○ 運送品の全部または一部が不可抗力によって滅失したときは，運送人はその運送賃を請求することができない（576条1項前段）。そして，運送人がすでに運送賃の全部または一部を受け取っていたときは，これを返還しなければならない（576条1項後段）。＊弥永・総則商行為135〜136頁。近藤・総則商行為206〜207頁。

06 ○ 代理商とは，一定の商人のために継続的にその営業の部類に属する取引の代理または媒介をなす者である（27条括弧書）。したがって，委託者の名義かつ計算で契約が成立する。また，仲立人とは，商品の売買など他人間で行われる商行為の媒介をなすことを業とする者である（543条）。媒介とは，他人間の法律行為の成立に尽力する事実行為をいう。したがって，委託者の名義かつ計算で契約が成立する。これに対して，問屋とは，自己の名義かつ他人の計算で物品の販売または買入れをなすことを業とする者である（551条）。したがって，問屋の名義かつ委託者の計算で契約が成立する。

07 × 代理商は，商行為の代理または媒介を引き受けることを業とする者であるから商人である（502条11号，12号）。したがって，代理商は委託者である特定の商人に対して報酬請求権を有する（512条）。仲立人は，結約書の手続が終わった場合には，契約の当事者双方に対して報酬を請求することができる（550条）。問屋は，取次の引受けを業として行う者であるから商人である（502条11号）。したがって，問屋は委託者に対して報酬請求権を有する（512条）。

08 × 判例（最判平成元年9月21日）は，会社法429条1項に基づく取締役の「損害賠償債務は，法が取締役の責任を加重するため特に認めたものであって，不法行為に基づく損害賠償債務の性質を有するものではないから，履行の請求を受けた時に遅滞に陥り，かつ，右損害賠償債務は，商行為によって生じた債務ともいえないものであるから，その遅延損害金の利率は民法所定の年5分の割合にとどまる」としている。

09 ○ 判例（最判昭和30年9月8日〔商法（総則・商行為）百選42事件〕）は，「売買契約が商行為であるときは，その解除による前渡代金返還債務にも商法514条の適用がある」としている。したがって，本記述の債務は，商行為によって生じた債務であるため，法定利率が年6分となる。

10　貨物引換証は，証券と引換えでなければ運送品の引渡しを運送人に対して請求することのできない受戻証券である。

11　貨物引換証は，運送品に関する処分は証券によってしなければならないという処分証券である。

10 貨物引換証を作った場合には，証券と引換えでなければ運送品の引渡しを請求することができない（584条）。
○

11 貨物引換証を作った場合には，運送品に関する処分は証券をもってしなければならない（処分証券性，573条）。
○

第13編　まとめ図・表

01 商法と民法の主要な相違点

	商法	民法
代理の方式	顕名不要（504本文）	顕名必要（99Ⅰ）
代理権の消滅事由	本人が死亡しても代理権は消滅しない（506）	本人の死亡により代理権は消滅（111Ⅰ①）
承諾期間を定めない隔地者間における契約の申込み	申込みを受けた者が相当期間内に承諾の通知を発しないときは，その申込みは効力を失う（508）	相当期間経過後に申込みを撤回することができる（524）
保証人	連帯保証（511Ⅱ）	催告・検索の抗弁権あり（452, 453）
利息	特約がなくても利息請求可（513Ⅰ）	特約がないかぎり無利息
法定利率	年6％（514）	年5％（404）
流質	流質による質権の清算が可能（515）	弁済期到来前の流質禁止（349）
留置権	留置物と債権の牽連性不要（521）	牽連性必要（295）
債権の消滅時効	原則5年（522） 短縮も可	原則10年（167Ⅰ）

02 商行為

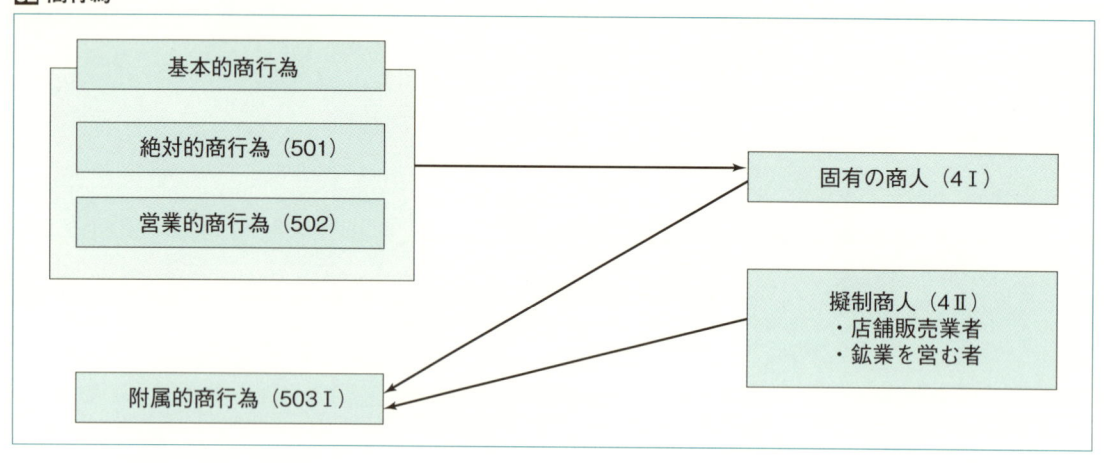

- 基本的商行為
  - 絶対的商行為（501）　→　固有の商人（4Ⅰ）
  - 営業的商行為（502）　→　固有の商人（4Ⅰ）
- 附属的商行為（503Ⅰ）

擬制商人（4Ⅱ）
・店舗販売業者
・鉱業を営む者

03 一方的商行為と双方的商行為

商行為であれば適用される規定	・商行為の代理（504） ・商行為の委任（505） ・多数当事者間の債務の連帯（511） ・商事法定利率（514） ・契約による質物の処分の禁止の適用除外（515） ・債務の履行の場所（516） ・取引時間（520） ・商事消滅時効（522）
当事者の一方が商人であれば適用される規定	・商行為の委任による代理権の消滅事由の特例（506） ・契約の申込みを受けた者の諾否通知義務（509） ・契約の申込みを受けた者の物品保管義務（510） ・報酬請求権（512） ・立替えの利息請求権（513Ⅱ） ・寄託を受けた商人の責任（593）
当事者の双方が商人であれば適用される規定	・対話者間における契約の申込み（507） ・隔地者間における契約の申込み（508） ・金銭消費貸借の利息請求権（513Ⅰ） ・商人間の留置権（521）

04 商事売買と民事売買との比較

	商事売買	民事売買
適用範囲	商人間の，当事者双方のために商行為である売買	商人以外の者の間，商人と商人以外の者との間，または商人間であっても当事者双方にとって商行為ではない売買
供託と競売	売主が選択（524Ⅰ参照）	原則：供託　例外：競売
競売における裁判所の許可	不要（524Ⅰ参照）	必要（民497）
定期売買における解除	催告も解除の意思表示も不要（525，履行期の経過により当然に解除）	催告は不要であるが，解除の意思表示は必要（542，540Ⅰ）
買主の義務	・検査義務（526Ⅰ） ・通知義務（526Ⅱ） ・保管・供託義務（527，528）	なし

05 各種留置権の比較

	目的物	被担保債権	被担保債権と目的物の間の個別の牽連関係の要否
民法上の留置権（民295）	自己の占有する他人の物	目的物に関して生じた債権	必要
商人間の留置権（521）	債務者との間における商行為によって債権者の占有に属した債務者所有の物および有価証券	商人間の双方的商行為によって生じた債権	不要
代理商の留置権（31）	本人である商人や委託者のために占有する物および有価証券	取引の代理または媒介（代理商）をしたことによって生じた債権	不要
問屋の留置権（557・31)	本人である商人や委託者のために占有する物および有価証券	物品の販売または購入（問屋）をしたことによって生じた債権	不要
運送取扱人の留置権（562）運送人の留置権（589・562）	運送品	運送品に関し受け取るべき報酬，運送費，委託者のための立替費用または前貸しした金銭	必要

※　法令名のない条文はすべて商法をさす。

06 契約の終了原因

		委任者等			受任者等		
		死亡	破産	後見開始	死亡	破産	後見開始
民法	法定代理（民111）	○	×	×	○	○	○
民法	委任（民653）	○	○	×	○	○	○
商法	代理（506）	×	○	×	○	○	○
商法	匿名組合（541）	×	○	×	○	○	○

※　委任者等：法定代理，代理→本人，委任→委任者，匿名組合→匿名組合員
　　受任者等：法定代理，代理→代理人，委任→受任者，匿名組合→営業者
※　法令名のない条文はすべて商法をさす。

07 匿名組合と民法上の組合の異同

	匿名組合（535以下）	民法上の組合（民667以下）
意　義	当事者の一方が相手方の営業のために出資をなし，その営業から生ずる利益の分配にあずかることを内容とする出資者（匿名組合員）と営業者との契約	各当事者が出資をして共同の事業を営むことを約することによって，効力を生ずる契約
出資の目的	金銭その他の財産のみ（536Ⅱ）	金銭その他の財産のみならず労務でもよい（民667Ⅱ）
組合財産の帰属	営業者の財産に属する（536Ⅰ）	総組合員の共有（合有）に属する（民668）
業務執行（対内関係）	・営業者が行う ・匿名組合員は，営業者の営業を執行し，または営業者を代表することはできない（536Ⅲ）	・組合契約において，業務執行者を定めていない場合，組合員の過半数で決する ・組合の常務については，各組合員または各業務執行者が単独で行う（民670）
対外関係	匿名組合員は，営業者の行為について，第三者に対して権利・義務を有しない（536Ⅳ） ただし，537条に規定する場合は，営業者と連帯責任を負う	各組合員は，組合債務について，直接・無限責任を負う
終了原因等	【当事者の意思による終了】 ・存続期間を定めなかったとき，または，ある当事者の終身の間匿名組合が存続すると定めたとき，各当事者は営業年度の終了時において，6か月前の予告をもって，解除することができる（540Ⅰ） ・やむをえない事由があるときはいつでも解除できる（540Ⅱ） 【当事者の意思によらない終了】 ・匿名組合の目的である事業の成功またはその成功の不能（541①） ・営業者の死亡または後見開始の審判（541②） ・営業者または匿名組合員に対する破産手続開始決定（541③）	【組合の解散事由】 ・組合の目的である事業の成功またはその成功の不能（民682） ・やむをえない事由による各組合員からの解散請求（民683） ・期間満了 ・組合員が1人になったとき 【組合員の脱退事由】（民679） ・死亡 ・破産手続開始決定 ・後見開始の審判 ・除名

※　法令名のない条文はすべて商法をさす。

08 代理商・仲立人・問屋の比較

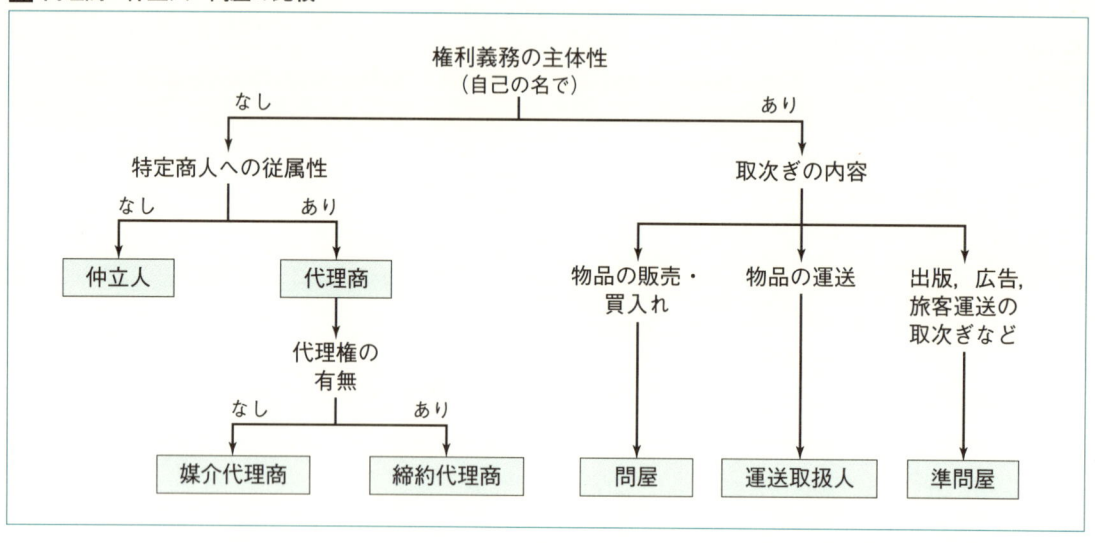

```
                    権利義務の主体性
                     （自己の名で）
            なし ─────┴───── あり
   特定商人への従属性              取次ぎの内容
  なし ─┴─ あり         ┌────────┼────────┐
 仲立人   代理商      物品の販売・  物品の運送  出版，広告，
           │          買入れ                  旅客運送の
         代理権の                              取次ぎなど
          有無
       なし─┴─あり        ↓         ↓         ↓
    媒介代理商 締約代理商   問屋     運送取扱人   準問屋
```

09 運送人・倉庫営業者・場屋営業者の責任

	陸上物品運送人 (577)	陸上旅客運送人 受領手荷物 (591 I)	陸上旅客運送人 旅客 (590)	陸上旅客運送人 非受領手荷物 (592)	倉庫営業者 (617)	場屋営業者 受託物品 (594 I)	場屋営業者 顧客携帯物品 (594 II)
責任を負う者の主観的要件	過失（ただし，立証責任の転換あり）	過失（ただし，立証責任の転換あり）	過失（ただし，立証責任の転換あり）	過失	過失（ただし，立証責任の転換あり）	・客から寄託を受けた物品に関する責任 無過失（ただし，不可抗力を除く） ・客から寄託を受けない物品に関する責任 過失	過失
賠償額	・全部滅失および延着の場合 運送品を引き渡すべき日の運送品の到達地における価格（580 I） ・一部滅失または毀損 延着がないときは運送品が引き渡された日の，延着があるときは運送品が引き渡されるべき日の，それぞれ到着地の価格を基準に算定した額（580 II） ・全部滅失および延着の場合も，一部滅失または毀損の場合も運送人に悪意または重過失がある場合には，いっさいの損害（581）			裁判所が被害者およびその家族の情況を斟酌して決定（590 II）	特則なし	特則なし	特則なし
高価品の特則	578条，591条1項		なし	なし	なし	595条	
消滅時効の特則	589条，566条		なし		626条	596条	
責任の消滅	588条		なし		625条，588条	なし	
供託	585条，586条	591条2項，524条	なし		624条1項，524条	民法494条	なし
競売	585条2項，586条2項	591条2項，524条	なし		624条1項，524条	民法497条	なし

※ 法令名のない条文はすべて商法をさす。

第14編 手形法・小切手法

正誤チェック　　　　　　　　　　　　　　　　論点ランクA

〔No.135〕
手形・小切手に関する次の1から5までの各記述のうち，誤っているものはどれか。

1．手形および小切手は，文言証券としての性質を有するが，その記載の文言の解釈にあたっては，一般の社会通念を考慮することも許される。
2．手形および小切手は，呈示証券としての性質を有し，適法な呈示があるまでは債務者は履行遅滞の責めを負わないが，適法な呈示のない支払請求にも時効中断効がある。
3．手形および小切手は，受戻証券としての性質を有するため，手形または小切手の支払がなされたとしても，証券の受戻がないかぎり手形債務は消滅しない。
4．手形および小切手は，設権証券としての性質を有する。そして，設権証券の性質をもつ証券は必ず文言証券としての性質を有することになる。
5．手形および小切手は，指図文句が証券上に記載されていなくても，裏書によって，その権利を譲渡することができる。

類題
なし

| No.135 正解 | 3 | 手形および小切手の性質 |

正答率 60 80

★1 正しい
手形および小切手は，文言証券としての性質を有し，証券上の権利の内容が証券上の記載によって決定される。もっとも，その記載の文言の解釈にあたっては，一般の社会通念を考慮することも許される。よって，本記述は正しい。

2 正しい
手形および小切手は，呈示証券としての性質を有し，適法な呈示があるまでは債務者は履行遅滞の責めを負わない（商517条，手38条，77条1項3号・38条，小29条）。もっとも，判例（最大判昭和38年1月30日〔手形小切手百選78事件〕）は，時効中断事由としての請求は，予備的な暫定的なものにすぎないことを考慮して，手形の呈示のない請求にも時効中断効があるとしている。よって，本記述は正しい。

3 誤り
手形および小切手は，受戻証券としての性質を有するため，債務者は手形または小切手と引換えでなければ債務を履行しなくてもよい（手39条，77条1項3号・39条，小34条）。もっとも，判例（大判明治39年5月15日）は，手形の支払がなされたならば，手形の受戻がないとしても手形債務は消滅するとしている。よって，本記述は誤りである。

4 正しい
手形および小切手は，設権証券としての性質を有し，手形，小切手の作成によって，手形，小切手に表章された権利がはじめて発生する。したがって，設権証券の性質をもつ証券は必ず文言証券としての性質を有することになる。よって，本記述は正しい。

★5 正しい
手形および小切手は，法律上当然の指図証券であり（手11条1項，77条1項1号・11条1項，小14条1項），指図文句が証券上に記載されていなくとも，裏書によって，その権利を譲渡できる。よって，本記述は正しい。

アドバイス

本問は，手形および小切手の性質に関する知識を問う問題である。いずれも基本的な知識を問うものであり，確実に正解したい問題といえよう。手形・小切手の性質については，それぞれの性質が関連し合っていることから，ばらばらに覚えるのではなく，それぞれを関連づけて覚えるとよいであろう。本問の解説に表を掲載しているので，それぞれの性質のつながりをイメージしながら知識を整理してもらいたい。

復習用文献

弥永・手形小切手6～11頁。
試験対策講座・商法5章2節。
条文シリーズ・商―手形法11条，39条，小切手法14条，34条。

有価証券の性質

無因証券性	原因関係の有無・消長によって，証券上の権利が影響を受けないという性質
設権証券性	有価証券に表章された権利が証券の作成によってはじめて発生するという性質
文言証券性	証券上の法律関係の内容が，証券の記載文言によって決定されるという性質
要式証券性	一定の事項についての記載が法律上要求されるという性質
呈示証券性	証券の呈示がないかぎり義務者は弁済しなくてよく，履行期が到来していても遅滞の責任を負わないという性質
受戻証券性	債務者は証券と引換えでなければその義務を履行する必要がないという性質

正誤チェック　　　　　　　　　　　　　　　　　　　論点ランクA

〔No.136〕
　手形関係と原因関係に関する次のアからオまでの各記述のうち，誤っているものを組み合わせたものは，後記1から5までのうちどれか。

ア．判例によれば，債務の支払のために手形が授受された当事者間において債権者のする手形金請求の訴えの提起は，原因債権の消滅時効を中断する効力を有しない。

イ．判例によれば，債務の支払のために手形が授受された当事者間において，手形債権と原因債権が併存する場合，原因債権が時効消滅すれば，債務者は，債権者に対する手形金の支払を拒むことができる。

ウ．判例によれば，約束手形が原因関係である債務の支払確保のため振り出された場合，当事者間に特約その他別段の意思表示がなく，債務者自身が手形上の唯一の義務者であって，ほかに手形上の義務者がいなければ，債務者は，手形上の権利を先に行使するよう求めることはできない。

エ．判例によれば，手形債権と原因債権が併存する場合において，債権者が原因債権を行使してきたときは，債務者は，民法第533条により，約束手形の返還と引換えに支払うべき旨の抗弁を主張することができる。

オ．判例によれば，自己の債権の支払確保のため，約束手形の裏書譲渡を受けた者が，その後当該債権の完済を受け，当該裏書の原因関係が消滅したときは，特別の事情のないかぎり，当該裏書譲渡を受けた者は，振出人に対し，手形金の支払を求めることはできない。

1．アウ　　2．アエ　　3．イエ　　4．イオ　　5．ウオ

類題

なし

No.136 正解 2　誤っているものは、ア、エ　　手形関係と原因関係

正答率　60　80

| ア 誤り | 判例（最判昭和62年10月16日〔手形小切手百選80事件〕）は、「債務の支払のために手形が授受された当事者間において債権者のする手形金請求の訴えの提起は、原因債権の消滅時効を中断する効力を有する」としている。そして、この判例は、原因債権の消滅時効の中断を認めないとすると、「債権者としては、原因債権の支払手段としての手形債権の履行請求をしていながら、右時効完成の結果を回避しようとすると、更に原因債権についても訴えを提起するなどして別途に時効中断の措置を講ずることを余儀なくされるため、債権者の通常の期待に著しく反する結果となり……他方、債務者は、右訴訟係属中に完成した消滅時効を援用して手形債務の支払を免れることになって、不合理な結果を生じ、ひいては簡易な金員の決済を目的とする手形制度の意義をも損なう結果を招来する」ということを理由としている。よって、本記述は誤りである。 |

★イ 正しい　判例（前掲最判昭和62年10月16日）は、原因債権の時効消滅は、手形金請求の訴えにおいて、債務者の人的抗弁事由となるとしている。したがって、債務の支払のために手形が授受された当事者間において、債務者は、原因債権の時効消滅を抗弁事由として、債権者に対する手形金の支払を拒むことができる。よって、本記述は正しい。

ウ 正しい　判例（最判昭和23年10月14日〔手形小切手百選88事件〕）は、「手形がその原因関係たる債務の支払確保のため振出された場合に、当事者間に特約その他別段の意思表示がなく債務者自身が手形上の唯一の義務者であって他に手形上の義務者がない場合においては、手形は担保を供与する趣旨の下に授受せられたものと推定するを相当とすべく、従って債務者は手形上の権利の先行使を求めることはできないものと解するのを相当とする。すなわち、債権者は両債権の中いずれを先に任意に選択行使するも差支えないものと言わねばならない」としている。よって、本記述は正しい。

★エ 誤り　判例（最判昭和50年9月25日〔手形小切手百選96事件〕）は、「手形貸付において、貸金の返済と貸金支払確保のため振出された手形の返還は同時履行の関係にあ」るとしており、債務者の原因債務の支払と債権者の手形の返還との間に同時履行の関係を認めている。しかしながら、この同時履行の関係は民法533条そのものを直接根拠とするものではない。なぜなら、原因債権と手形の返還とは、1個の双務契約から生ずる対価関係にある債務とはいえないからである。よって、本記述は誤りである。

オ 正しい　判例（最大判昭和43年12月25日〔手形小切手百選37事件〕）は、「自己の債権の支払確保のため、約束手形の裏書譲渡を受け、その所持人となった者が、その後右債権の完済を受け、裏書の原因関係が消滅したときは、特別の事情のないかぎり爾後右手形を保持すべき何らの正当の権原を有しないことになり、手形上の権利を行使すべき実質的理由を失ったものであ」り、「偶々手形を返還せず手形が自己の手裡に存するのを奇貨として、自己の形式的権利を利用して振出人から手形金の支払を求めようとするが如きは、権利の濫用に該当し、振出人は、手形法77条、17条但書の趣旨に徴し、所持人に対し手形金の支払を拒むことができる」としている。よって、本記述は正しい。

アドバイス

本問は、手形関係と原因関係に関する判例知識を問う問題である。いずれも基本的な判例であることから、間違えた場合には判例集等でしっかりと復習しておいてもらいたい。

復習用文献

弥永・手形小切手23～33頁。
試験対策講座・商法6章1節。

正誤チェック　　　　　　　　　論点ランクA

〔No.137〕
約束手形に関する次のアからオまでの各記述のうち，誤っているものを組み合わせたものは，後記1から5までのうちどれか。

ア．約束手形の手形行為としては，振出，裏書，保証，支払がある。

イ．約束手形が盗難，紛失のため署名者の意思に基づかないで流通するにいたった場合において，手形行為は手形行為者とその直接の相手方との手形の授受によってなされる契約であるとする考え方によれば，署名者は原則として手形上の義務を負わない。

ウ．約束手形が盗難，紛失のため署名者の意思に基づかないで流通するにいたった場合において，手形行為は単独行為であり，この意思表示は特定の相手方に対する一方的意思表示であるとする考え方によれば，署名者は原則として手形上の義務を負わない。

エ．約束手形が盗難，紛失のため署名者の意思に基づかないで流通するにいたった場合において，手形行為を，債務負担行為である手形の作成行為と，権利移転行為である手形の交付行為との2段階で理解する考え方によれば，署名者は常に手形の所持人に対して手形上の義務を負う。

オ．判例によれば，約束手形が盗難，紛失のため署名者の意思に基づかないで流通するにいたった場合において，流通におく意思で約束手形に振出人として署名をした者は，連続した裏書のある当該手形の所持人に対して，悪意または重大な過失によって同人がこれを取得したことを主張・立証しないかぎり，手形上の義務を負う。

1．アウ　　2．アエ　　3．イウ　　4．イオ　　5．エオ

類題
H21-55, 24-55

| No.137 正解 | 2 | 誤っているものは，ア，エ | 手形行為総論 | 正答率 60　80 |

アドバイス

本問は，手形行為に関する知識を問う問題である。手形理論に関しては，複数の学説が対立しているため，各学説について正確に理解しておく必要があろう。

復習用文献

弥永・手形小切手58～64頁。
試験対策講座・商法6章2節。
条文シリーズ・商―手形法16条。

ア 誤り　手形行為とは，手形上の法律関係の発生・変動を生じさせる手形上の法律行為である。約束手形，為替手形の振出・裏書・保証，為替手形の引受・参加引受はこれに含まれるが，支払は手形行為に含まれない。よって，本記述は誤りである。

★イ 正しい　手形行為は，手形行為者とその直接の相手方との手形の授受によってなされる契約であると考える交付契約説によれば，手形行為者が手形を作成・署名し，これを直接の相手方に交付した時に手形上の権利義務が発生することとなる。そして，この見解を前提とすれば，交付欠缺の場合に手形上の権利義務は発生しないことになる。よって，本記述は正しい。

ウ 正しい　手形行為は単独行為であり，この意思表示は特定の相手方に対する一方的意思表示であるとする発行説によれば，手形行為者が手形を作成し，その直接の相手方に交付した時に，手形行為が成立し，手形の作成・交付者が手形債務者となる。そして，この見解を前提とすれば，交付欠缺の場合に手形上の権利義務は発生しないことになる。よって，本記述は正しい。

エ 誤り　手形行為を，債務負担行為である手形の作成行為と，権利移転行為である手形の交付行為との2段階で理解する二段階創造説によれば，手形の作成行為がなされれば，手形債務負担行為は有効に成立し，署名者は手形債務を負担し，みずから最初の権利者となる。そして，この見解を前提とすれば，交付欠缺の場合には手形債権の譲渡行為である交付行為が有効に成立していないので，署名者は依然として権利者であり，手形を盗取した者や拾得した者は無権利者となる。もっとも，第三者がこの無権利者から善意で，かつ重大な過失なく手形を取得すれば，当該第三者は手形上の権利を善意取得しうる（手77条1項1号・16条2項本文）。よって，本記述は誤りである。

★オ 正しい　判例（最判昭和46年11月16日〔手形小切手百選8事件〕）は，署名後に意思によらずに手形が流通した場合の署名者の責任について，「流通におく意思で約束手形に振出人としての署名または記名押印をした者は……連続した裏書のある右手形の所持人に対しては，悪意または重大な過失によって同人がこれを取得したことを主張・立証しないかぎり，振出人としての手形債務を負う」としている。よって，本記述は正しい。

正誤チェック　　　　　　　　　　　　　　　　　論点ランクB

〔No.138〕
約束手形の必要的記載事項に関する次の1から5までの各記述のうち，正しいものはどれか。
1．約束手形上，金額が文字と数字で記載されており，その金額に差異がある場合は，数字による金額が手形金額とされる。
2．判例によれば，満期の日として振出日より前の日が記載されている確定日払の約束手形の場合でも，当該手形は有効となる。
3．判例によれば，確定日払の約束手形において，振出日の記載は手形上の権利の内容の確定のために必要ではないから，その記載のない手形も無効ではない。
4．判例によれば，手形の署名として記名拇印は許されない。
5．振出人の名称に付記された地の記載があっても，振出地の記載のない約束手形は，無効である。

類題

プレ-48,
H23-54（予29）

No.138 正解	4	約束手形の必要的記載事項

正答率 60　80

アドバイス

本問は，約束手形の必要的記載事項に関する知識を問うものである。いずれも基本的な条文・判例知識を問うものであり，確実に正解したい問題である。間違えた場合には，しっかりと復習しておいてもらいたい。

復習用文献

弥永・手形小切手36～52頁。
試験対策講座・商法6章3節[2]。
条文シリーズ・商―手形法6条，76条。

★1 誤り　約束手形の金額が文字と数字で記載されている場合，その金額に差異があるときは，文字による金額が手形金額とされる（手77条2項・6条1項）。これは，文字と数字を比較した場合，文字による記載のほうが数字よりも慎重に扱われることや，変造を困難にすることから，文字による記載を優先させたものである。よって，本記述は誤りである。＊弥永・手形小切手38頁。田邊・手形小切手37～38頁。

2 誤り　判例（最判平成9年2月27日〔手形小切手百選21事件〕）は，「手形要件は，基本手形の成立要件として手形行為の内容を成すものであるところ，手形の文言証券としての性質上，手形要件の成否ないし適式性については，手形上の記載のみによって判断すべきものであり，その結果手形要件の記載がそれ自体として不能なものであるかあるいは各手形要件相互の関係において矛盾するものであることが明白な場合には，そのような手形は無効であると解するのが相当」であり，確定日払の約束手形における振出日についても，これを手形要件と解すべきものである以上，「満期の日として振出日より前の日が記載されている確定日払の約束手形は，手形要件の記載が相互に矛盾するものとして無効であると解すべきである」としている。よって，本記述は誤りである。＊田邊・手形小切手39頁。

3 誤り　判例（最判昭和41年10月13日〔手形小切手百選40事件〕）は，「手形法75条，76条は，約束手形において振出日の記載を必要とするものとし，手形要件の記載を欠くものを約束手形としての効力を有しないものと定めるにあたり，確定日払の手形であるかどうかによって異なる取扱いをしていないのであって，画一的取扱いにより取引の安全を保持すべき手形の制度としては，特段の理由のないかぎり法の明文がないのに例外的取扱いを許すような解釈をすべきではない」としている。よって，本記述は誤りである。＊SシリーズⅢ108頁。

4 正しい　判例（大判昭和7年11月19日）は，手形の署名として記名拇印は許されないとしている。これは，拇印が，万人不同性があるため，手形行為者の同一性を識別するための表現手段としては印章の押印より優れるものの，肉眼では判別できないことから，流通証券である手形の署名方法として許容することができないからである。よって，本記述は正しい。＊田邊・手形小切手53頁。

5 誤り　手形要件のいずれかを欠く証券は約束手形たる効力を有しない（76条1項本文）。もっとも，振出地の記載のない約束手形については，振出人の名称に付記された地（肩書地）が振出地とみなされる（76条4項）。この規定は，振出地の記載を欠いた場合に手形が無効になることを救済するものである。よって，本記述は誤りである。＊SシリーズⅢ108～109頁。基本法コンメ手形小切手147～148頁。

正誤チェック　　　　　　　　　　　　　　　論点ランクA

〔No.139〕
　手形の実質的要件に関する次のアからオまでの各記述のうち，誤っているものを組み合わせたものは，後記1から5までのうちどれか。
　ア．成年被後見人の手形行為は，手形行為時に成年被後見人が意思能力を有していても，取り消すことができる。
　イ．制限行為能力者の手形行為は，相手方が善意・無過失の場合には取り消すことができない。
　ウ．未成年者の法定代理人は，未成年者が法定代理人の同意を得ないでした手形行為を追認することができる。
　エ．判例によれば，手形行為者が手形であることを認識して署名または記名捺印した以上，錯誤その他の事情により手形債務負担の意思がなかった場合であっても，手形行為は有効に成立し，当該手形行為者は手形債務を免れることはできない。
　オ．判例によれば，手形の裏書人が，金額1500万円の手形を金額150万円と誤信し同金額の手形債務を負担する意思のもとに裏書をした場合において，手形の裏書人は，悪意の取得者に対して，錯誤を理由に1500万円全額の償還義務の履行を拒むことができる。

1．ア　ウ　　2．ア　オ　　3．イ　エ　　4．イ　オ　　5．ウ　エ

類題
なし

| No.139 正解 | 4 | 誤っているものは，イ，オ | 手形の実質的要件 |

正答率 60　80

アドバイス

本問は，手形の実質的要件に関する知識を問う問題である。本問で問われているのは，民法の基本的知識および手形法における基本的な判例であり，確実に正解したい問題といえよう。手形法に関しては勉強がおろそかになりがちであるが，本問のように民法の知識など既存の知識から考えて正解を導くことができる問題もあるため，諦めて捨て問にすることなく正解を導いてもらいたい。

復習用文献

弥永・手形小切手65〜74頁。
試験対策講座・商法6章4節。
条文シリーズ・商―手形法1編1章手形総説4。

ア　正しい　手形行為が有効に成立するには，手形行為者は手形行為能力を有していなければならない。手形行為能力については，手形法上，別段の規定はないから民法の一般原則に従って判断することになる（民4条から21条まで）。そして，成年被後見人の手形行為は，手形行為時に意思能力を有していても，成年後見人の同意の有無にかかわらず取り消すことができる（9条本文）。よって，本記述は正しい。

イ　誤り　制限行為能力者の手形行為が取り消されると，手形行為ははじめにさかのぼって無効なものとみなされ（121条本文），手形行為の効力自体が否定される。このような手形行為者は，善意の第三取得者に対しても手形債務を負担することはない（物的抗弁）。なぜなら，取引安全の要請が強い手形であっても，制限能力者に手形行為に基づく責任を負わせることは，現行法秩序にそぐわないからである。よって，本記述は誤りである。

ウ　正しい　手形行為能力については，手形法上別段の規定がないため，民法の一般原則に従う。制限行為能力者であるために取り消すことのできる手形行為は，行為者や法定代理人などがこれを追認することができる（122条本文）。よって，本記述は正しい。

★エ　正しい　判例（最判昭和54年9月6日〔手形小切手百選6事件〕）は，「手形の裏書は，裏書人が手形であることを認識してその裏書人欄に署名又は記名捺印した以上，裏書としては有効に成立するのであって，裏書人は，錯誤その他の事情によって手形債務負担の具体的な意思がなかった場合でも，手形の記載内容に応じた償還義務の負担を免れることはできない」として，手形行為に意思表示の瑕疵等があった場合において，民法の意思表示規定は適用されないとしている。よって，本記述は正しい。

オ　誤り　判例（前掲最判昭和54年9月6日）は，手形の裏書人が，「金額1500万円の本件手形を金額150万円の手形と誤信して裏書したものであるとすれば，……本件手形金のうち150万円を超える部分については手形債務負担の意思がなかったとしても，150万円以下の部分については必ずしも手形債務負担の意思がなかったとはいえず，しかも，本来金銭債務はその性質上可分なものであるから，少なくとも裏書に伴う債務負担に関する限り，本件手形の裏書についての……錯誤は，本件手形金のうち150万円を超える部分についてのみ存し，その余の部分については錯誤はなかったものと解する余地があり，そうとすれば，特段の事情のない限り」，裏書人が「悪意の取得者に対する関係で錯誤を理由にして本件手形金の償還義務の履行を拒むことができるのは，本件手形金のうち150万円を超える部分についてだけあって，その全部についてではない」としている。よって，本記述は誤りである。

正誤チェック　論点ランクA

〔No.140〕
手形行為独立の原則に関する次のアからオまでの各記述のうち，誤っているものを組み合わせたものは，後記1から5までのうちどれか。

ア．判例によれば，被裏書人が悪意の手形取得者である場合には，手形行為独立の原則による保護は認められない。

イ．為替手形の振出行為が偽造であるため無効であっても，同手形上に引受行為をした者の手形行為は，引受行為自体に無効事由がなければ有効に成立する。

ウ．判例によれば，手形保証の効力について規定している手形法第32条第2項は，民法上の保証の理論と異なる手形保証独立の原理を示したものである。

エ．為替手形の振出行為が法定の手形要件を欠いた場合であっても，同手形上に引受行為をした者の手形行為は，引受行為自体に無効事由がなければ有効に成立する。

オ．判例によれば，将来発生しうる債務の担保のために約束手形が振り出され，振出人のために手形保証がなされた場合において，当該約束手形の原因関係上の債務の不発生が確定したときは，手形所持人が保証人に対して手形金の請求をすることは，信義誠実の原則に反し，権利の濫用に該当する。

1．アウ　2．アエ　3．イウ　4．イオ　5．エオ

類題
なし

| No.140 正解 | 2 | 誤っているものは，ア，エ | 手形行為独立の原則 |

| 正答率 | 60 | 80 |

アドバイス

本問は，手形行為独立の原則に関する知識を問う問題である。手形行為独立の原則は手形法のなかでも重要基本事項であるため，間違えた場合には，きちんと復習してもらいたい。

復習用文献

弥永・手形小切手56～57頁，127～131頁，228～232頁。
試験対策講座・商法6章4節③，12節②。
条文シリーズ・商―手形法7条。

★ア 誤り　判例（最判昭和33年3月20日〔手形小切手百選47事件〕）は，裏書譲渡を受けた被裏書人が手形振出人の代表者名義が真実に反することを知っていたとしても，裏書譲渡した側の真正な「裏書人としての手形上の責任は何ら消長を来たさない」としている。したがって，被裏書人が悪意の手形取得者である場合にも，手形行為独立の原則により保護されうる。よって，本記述は誤りである。

イ 正しい　手形行為独立の原則は，手形債務の負担に関してはたらく原則である（手7条）。そして，引受けは債務負担それ自体を内容とする行為である。したがって，引受行為にも手形行為独立の原則は適用されるから，為替手形の振出行為が偽造であるため無効であっても，同手形上に引受行為をした者の手形行為は，引受行為自体に無効事由がなければ有効に成立する。よって，本記述は正しい。

ウ 正しい　判例（最判昭和30年9月22日）は，手形保証人は，「手形保証という手形行為をすることによって独立に手形上の債務を負担するに至るものであるから（手形の振出自体に方式上の瑕疵がない限り）」，被保証人が手形所持人に対する関係において有する人的抗弁を援用することは許されないとした原審の判断につき，「民法上の保証の理論と異る手形保証独立の原理を示したものであって，……もとより正当な見解である（手形法32条2項）」としている。よって，本記述は正しい。

★エ 誤り　手形行為独立の原則が認められるためには，前提となる為替手形の振出行為が法定の要件を具備していることが必要である。なぜなら，手形要件を欠く為替手形は無効であり（2条1項本文，1条），その証券に署名しても手形行為として成立しないため，手形行為独立の原則を適用する余地がないからである。したがって，為替手形の振出行為が法定の手形要件を欠いた場合には，同手形上に引受行為をした者の手形行為は常に無効となる。よって，本記述は誤りである。

オ 正しい　判例（最判昭和45年3月31日〔手形小切手百選63事件〕）は，「将来発生することあるべき債務の担保のために振り出され，振出人のために手形保証のなされた約束手形の受取人は，手形振出の右原因関係上の債務の不発生が確定したときは，特別の事情のないかぎり，爾後手形振出人に対してのみならず手形保証人に対しても手形上の権利を行使すべき実質的理由を失ったものである。しかるに，手形を返還せず手形が自己の手裡に存するのを奇貨として手形保証人から手形金の支払を求めようとするが如きは，信義誠実の原則に反して明らかに不当であり，権利の濫用に該当し，手形保証人は受取人に対し手形金の支払を拒むことができる」としている。よって，本記述は正しい。

正誤チェック　　　　　　　　　　　論点ランクA

〔No.141〕
他人による手形行為に関する次の1から5までの各記述のうち，正しいものはどれか。

1．判例によれば，手形上の表示からは，手形の振出が法人のためになされたものか，代表者個人のためになされたものか不明な場合，手形所持人は，法人および代表者個人のいずれに対しても手形金の請求をすることができ，当該請求を受けた者は，振出人がだれであるのかについて，何ら抗弁を主張しえない。

2．判例によれば，無権代理人による代理方式での手形の振出については，民法の表見代理の規定の適用があるが，当該規定により保護される「第三者」の範囲は，無権代理行為の直接の相手方たる受取人にかぎられない。

3．判例によれば，代理人がその権限を踰越して署名代理の方法で本人名義の手形を振り出した場合においても，相手方に本人が真正に手形行為をしたものと信ずべき正当の事由のあるときは，民法第110条の表見代理の規定の類推適用により，本人が責任を負う。

4．手形行為には，「商行為の代理人が本人のためにすることを示さないでこれをした場合であっても，その行為は，本人に対してその効力を生ずる」と規定する商法第504条本文の適用がある。

5．判例によれば，手形の偽造者は，手形上に自己の署名をしたとはいえず，手形上の責任を負うことはない。

類題
H20-54

| No.141 正解 | 3 | 他人による手形行為 |

正答率 60　80

1 誤り　判例（最判昭和47年2月10日〔手形小切手百選4事件〕）は，手形上の表示から，その手形が法人のために振り出されたものか，代表者個人のためになされたものか判定しがたい場合においても，そのいずれであるかを手形外の証拠で決することは許されないとしたうえで，「手形取引の安全を保護するために，手形所持人は，法人および代表者個人のいずれに対しても手形金の請求をすることができ」るが，「請求を受けた者は，その振出が真実いずれの趣旨でなされたかを知っていた直接の相手方に対しては，その旨の人的抗弁を主張しうる」としている。したがって，当該請求を受けた者は，振出人がだれであるかにつき，抗弁を主張しうる。よって，本記述は誤りである。
＊SシリーズⅢ75〜76頁。

2 誤り　判例（最判昭和36年12月12日〔手形小切手百選10事件〕）は，「約束手形が代理人によりその権限を踰越して振出された場合，民法110条によりこれを有効とするには，受取人が右代理人に振出の権限あるものと信ずべき正当の理由あるときに限るものであって，かかる事由のないときは，縦令，その後の手形所持人が，右代理人にかかる権限あるものと信ずべき正当の理由を有して居ったものとしても，同条を適用して，右所持人に対し振出人をして手形上の責任を負担せしめ得ない」としている。したがって，「第三者」は無権代理行為の直接の相手方にかぎられる。よって，本記述は誤りである。＊SシリーズⅢ83〜84頁。

★3 正しい　判例（最判昭和39年9月15日〔手形小切手百選14事件〕）は，「代理人がその権限を踰越して署名代理の方法で本人名義の手形を振り出した場合において，相手方が，本人が真正にこれを振り出したものと信ずるにつき正当の事由があるときは，民法110条の類推適用により，本人がその責に任ずべき」としている。よって，本記述は正しい。＊SシリーズⅢ83頁。

4 誤り　商法504条は，簡易迅速を旨とする商取引においては，相手方が本人のためにすることを知っている場合が多いため，顕名主義の特則を規定したものである。しかし，手形行為は，手形上の記載のみにより判断すべきであるから，504条の適用の基礎を欠く。したがって，手形行為には，504条の適用はない。よって，本記述は誤りである。
なお，民法100条ただし書についても，上記と同様の理由により手形行為には適用がない。
＊弥永・手形小切手79〜80頁。

★5 誤り　判例（最判昭和49年6月28日〔手形小切手百選17事件〕）は，手形法77条2項・8条による無権代理人の責任は，「責任負担のための署名による責任ではなく，名義人本人が手形上の責任を負うかのように表示したことに対する担保責任」であり，手形偽造の場合も，「名義人本人の氏名を使用するについて何らの権限のない者が，あたかも名義人本人が手形上の責任を負うものであるかのように表示する点」で無権代理人の場合と同様であるとして，「代理表示をせずに直接本人の署名を作出した偽造者に対しても，手形法8条の規定を類推適用して無権代理人と同様の手形上の担保責任を負わせて然るべき」としている。よって，本記述は誤りである。＊SシリーズⅢ89頁。

アドバイス

本問は，他人による手形行為に関する知識を問う問題である。2に関して，表見代理の規定により保護される「第三者」の範囲につき，判例はほぼ一貫して直接の第三者にかぎるとしているのに対して，学説における多数説は直接の第三者のみならず，第三取得者も含むとしている。判例と学説の見解が異なることに注意して，知識を整理しておいてもらいたい。

復習用文献

弥永・手形小切手75〜106頁。
試験対策講座・商法6章5節。
条文シリーズ・商—手形法8条。

〔No.142〕
　手形の裏書に関する次のアからオまでの各記述のうち，判例の趣旨に照らし正しいものを組み合わせたものは，後記1から5までのうちどれか。

ア．約束手形の振出人のために受取人との間で手形金債務の支払について手形外の民事保証契約が締結された後，当該約束手形が裏書譲渡された場合，被裏書人は，当該保証債務の履行を求めることができない。

イ．裏書が連続した手形を取得しようとする者には，一定の場合に手形振出の真否につき調査をすべき注意義務が発生し，この調査を怠れば，その者に重過失が認められ，その場合，当該手形取得者は，手形上の権利を善意取得することができない。

ウ．手形法第16条第1項第1文は，裏書の連続する手形の所持人は適法な所持人とみなす旨規定しているため，手形金支払請求訴訟の被告は，当該手形の所持人が真実の権利者でないことを証明することにより，請求棄却を求めることはできない。

エ．裏書の連続を欠く手形の所持人が手形金支払請求訴訟を提起し，当該訴訟においてみずからに実質的権利が存在することを証明した場合において，被告から何らの抗弁の提出がないときは，裁判所は，当該手形金支払請求を認容すべきである。

オ．手形の裏書を抹消する権利を有しない者が，勝手に裏書の連続する手形の裏書を抹消し，裏書の連続が欠けた場合，当該抹消は無効であるため，当該手形の裏書は連続していることになる。

1．アウ　　2．アオ　　3．イウ　　4．イエ　　5．エオ

| No.142 正解 | 4 | 正しいものは，イ，エ | 手形の裏書 |

正答率 60　80

アドバイス

本問は，手形の裏書に関する知識を問う問題である。いずれも基本的な判例知識を問うものであり，確実に正解したい問題といえよう。間違えた場合には，判例集等でしっかりと復習しておいてもらいたい。

復習用文献

弥永・手形小切手 123～142頁。
試験対策講座・商法 6章6節。
条文シリーズ・商―手形法16条。

ア 誤り　判例（最判昭和45年4月21日〔手形小切手百選50事件〕）は，「約束手形の振出人のために受取人との間でその手形金債務の支払について手形外の民事保証契約が締結された後，この約束手形が裏書譲渡された場合，右保証債権は，裏書自体の移転的効力によっては，被裏書人に当然に移転するとはいえない」が，「一般に保証債権は，主たる債権を担保する目的上附従性を有し，主たる債権の移転に随伴する性質をもつものであるから，主たる債権の移転とともに移転し，主たる債権の譲渡について対抗要件が具備された場合には，主たる債権を取得した者は，保証債権の譲渡につき別段の対抗要件たる手続を履践することなく，保証債務の履行を求めることができる」としたうえで，「この理は，主たる債権の種類および債権譲渡の態様によって別異に解すべきではないから，主たる債権が手形債権であり，債権譲渡が裏書による場合であっても同様」としている。よって，本記述は誤りである。

イ 正しい　判例（最判昭和52年6月20日〔手形小切手百選25事件〕）は，本件事例のもとでは，「手形振出名義人又は支払担当銀行に照会するなどなんらかの方法で手形振出の真否につき調査をすべき注意義務があったにも拘らず，なんらの調査をしなかった」場合には重大な過失が認められ，その者は手形上の権利を善意取得することができないとしている。よって，本記述は正しい。

★ウ 誤り　判例（最判昭和36年11月24日）は，手形法16条1項1文の「看做ス」というのは，「推定する」との意味に解すべきであり，したがって，手形金支払請求訴訟の被告は，手形の所持人が真実の権利者でないことを証明すれば，当該所持人の権利の行使を拒みうるとしている。よって，本記述は誤りである。

★エ 正しい　判例（最判昭和33年10月24日）は，「手形所持人は，たとえ手形が裏書の連続を欠くため形式的資格を有しなくても，実質的権利を証明するときは手形上の権利を行使することができる」としている。したがって，手形金支払請求訴訟において，原告がみずからの実質的権利を証明した場合において，被告から何らの抗弁の提出がないときは，裁判所は，当該請求を認容すべきことになる。よって，本記述は正しい。

オ 誤り　判例（最判昭和36年11月10日）は，「手形の裏書が抹消された場合には，これを抹消する権利を有する者がしたかどうかを問わず，手形法16条により，右裏書は記載されなかったものとみなすべきである」としている。すなわち，裏書の連続の有無は，形式的・外形的に判断されるべきものであり，抹消が権限に基づくものかは問題とはならないのである。よって，本記述は誤りである。

| 正誤チェック | | | | | 論点ランクA |

〔No.143〕
手形の善意取得に関する次の1から5までの各記述のうち，誤っているものはどれか。

1．手形の善意取得の要件である，所持人が悪意または重過失でないことの判断は，所持人が手形を取得した時を基準になされ，取得後に所持人が悪意に転じても善意取得の成否に影響を及ぼさない。
2．判例によれば，約束手形が善意取得された後に，受取人の申立てにより当該手形につき除権決定がなされた場合は，善意取得者の振出人に対する手形金請求権は認められない。
3．裏書の連続する手形を所持する譲渡人から，指名債権譲渡の方法により当該手形を取得した者は，当該手形を善意取得することができない。
4．手形の善意取得の要件である悪意または重過失のないことの立証責任は，手形の返還を請求する者または手形債務を負担する者が負う。
5．手形所持人が盗難または紛失により手形の占有を失った場合でも，当該手形を善意取得した者は，当該手形を盗難され，または紛失した手形所持人からの回復請求に応じる必要はない。

| 類題 |

なし

No.143 正解 2　手形の善意取得

正答率 60　80

1 正しい
悪意または重過失（手16条2項ただし書，77条1項1号・16条2項ただし書）の認定は，手形取得時における所持人のおかれた具体的状況に基づいてなされる。よって，本記述は正しい。＊田邊・手形小切手137頁。

★2 誤り
判例（最判平成13年1月25日〔手形小切手百選82事件〕）は，「手形について除権判決〔現：除権決定〕の言渡しがあったとしても，これよりも前に当該手形を善意取得した者は，当該手形に表章された手形上の権利を失わない」としている。判例は，その理由として，①手形に関する除権決定の効果は，当該手形を無効とし，除権決定申立人に当該手形を所持するのと同一の地位を回復させるにとどまるものであって，上記申立人が実質上手形権利者であることを確定するものではないこと，②手形が善意取得されたときは，当該手形の従前の所持人は，その時点で手形上の権利を喪失するから，その後に除権決定がなされても，当該手形を所持するのと同一の地位を回復するにとどまり，手形上の権利までをも回復するものではなく，手形上の権利は善意取得者に帰属すると解するのが相当であること，③手形に関する除権決定の前提となる公示催告手続における公告の現状からすれば，手形の公示催告手続において善意取得者が除権決定がなされる時までに裁判所に対して権利の届出および当該手形の提出をすることは実際上困難な場合が多く，除権決定がなされることによって善意取得者が手形上の権利を失うとするのは手形の流通保護の要請を損なうおそれがあることをあげている。したがって，善意取得者の振出人に対する手形金請求は認められる。よって，本記述は誤りである。＊弥永・手形小切手238～239頁。

★3 正しい
善意取得は，手形法的流通方法によって手形を取得したときにのみ成立する（16条2項本文，77条1項1号・16条2項本文）。これは，善意取得が，手形取引の安全を図るための制度だからである。したがって，指名債権譲渡の方法により手形を取得した者は，当該手形を善意取得することができない。よって，本記述は正しい。

4 正しい
悪意または重過失の立証責任は，手形の返還を請求する者または手形債務の履行を拒む者が負う。判例（最判昭和41年6月21日）も，「手形法16条2項本文による手形上の権利の取得もないこと，すなわち，同条項但書により，手形取得者に右の点に関する悪意または重大な過失があったことをも併せて主張立証しなければならない」としている。よって，本記述は正しい。＊SシリーズⅢ151頁，171～172頁。

5 正しい
手形の善意取得は，「事由ノ何タルヲ問ハズ」手形の占有を失った者がある場合に認められる（16条2項本文，77条1項1号・16条2項本文）。したがって，民法193条とは異なり，盗品または遺失物である手形を善意取得した者も，当該手形を盗難され，または遺失した手形所持人からの回復請求に応じる必要はない。よって，本記述は正しい。＊田邊・手形小切手138～139頁。

アドバイス

本問は，手形の善意取得に関する知識を問う問題である。いずれの記述も基本的な条文・判例知識を問うものであり，確実に正誤の判断ができなければならないといえる。特に，正解となる2の判例は，重要基本判例であるため，間違えた場合にはしっかりと復習してもらいたい。

復習用文献

弥永・手形小切手138～142頁
試験対策講座・商法6章6節①【3】。
条文シリーズ・商―手形法16条。

正誤チェック　　　　　　　　　　　　　　論点ランクB

〔No.144〕
　特殊の裏書に関する次のアからオまでの各記述のうち，正しいものを組み合わせたものは，後記1から5までのうちどれか。

ア．指図禁止手形と同様に，裏書禁止裏書によって指図証券性は失われ，被裏書人は更に譲渡裏書をすることができない。
イ．手形の裏書人は，戻裏書によることなく，自己のなした裏書以降の裏書を抹消した手形の返還を受けることによって，手形上の権利を取得することができる。
ウ．戻裏書の被裏書人は，中間の手形義務者に対しても手形上の権利を行使することができる。
エ．質入裏書の被裏書人は，更に譲渡裏書や質入裏書をすることができる。
オ．裏書が白地式裏書である場合には，手形の単なる交付により譲渡することができる。

1．アウ　　2．アエ　　3．イウ　　4．イオ　　5．エオ

類題
なし

| No.144 正解 | 4 | 正しいものは，イ，オ | 特殊の裏書 |

ア 誤 り	裏書禁止裏書（手15条2項，77条1項1号・15条2項）とは，裏書人が新たな裏書を禁ずる旨の記載をしてなした裏書をいう。裏書禁止裏書は，直接の被裏書人以後の被裏書人に対してはいっさい担保責任を免れると解されている。もっとも，指図禁止手形（11条2項，77条1項1号・11条2項）と異なり，裏書禁止裏書によっては，指図証券性は失われず，被裏書人は更に譲渡裏書をすることができる。よって，本記述は誤りである。
イ 正しい	手形の裏書人は，戻裏書によることなく，自己のなした裏書以降の裏書を抹消した手形の返還を受けることによって，手形上の権利を取得することができる（大判昭和8年11月20日）。なぜなら，抹消による譲渡を認めても，中間裏書人その他の者が不利益を被ることはないからである。よって，本記述は正しい。
ウ 誤 り	戻裏書の被裏書人は，中間の手形義務者に対して手形上の権利を行使することはできない。なぜなら，戻裏書の被裏書人は，手形権利者であると同時に，その中間者に対して手形金支払・遡求義務を負う者であり，中間者に対する権利行使を認めると請求の循環が生じるため，手形上の権利行使を認めても無意味だからである。よって，本記述は誤りである。
エ 誤 り	質入裏書の被裏書人は，手形上に質権を取得し，手形から生ずるいっさいの権利を自己の名で行使することができ，それにより得た金銭を自己の債権に優先的に充当しうる。しかし，質入裏書の被裏書人は，手形の処分権を有しないので，更に譲渡裏書や質入裏書をすることはできず，被裏書人が更にした裏書は取立委任裏書の効力をもつにすぎない（19条1項，77条1項1号・19条1項）。よって，本記述は誤りである。
オ 正しい	裏書も手形行為である以上，要式行為であり，手形上に一定事項を記載して裏書人が署名し，被裏書人にこれを交付して裏書をなすのが原則である（13条1項，77条1項1号・13条1項）。しかし，裏書が白地式裏書である場合には，手形の単なる交付により譲渡することができる（14条2項3号，77条1項1号・14条2項3号）。よって，本記述は正しい。

正答率 60 80

アドバイス

本問は，特殊の裏書に関する知識を問う問題である。勉強が手薄になりがちな分野の問題であるため，知識としておさえていなかったかもしれない。これを機会にしっかりと知識を確認しておくとよいであろう。

復習用文献

弥永・手形小切手142～152頁。
試験対策講座・商法6章6節②。
条文シリーズ・商―手形法13条，15条，19条。

正誤チェック　　　　　　　　　　　　　　　論点ランクA

〔No.145〕
手形抗弁に関する次の1から5までの各記述のうち，判例の趣旨に照らし誤っているものはどれか。

1．融通手形の振出人Aは，被融通者たる受取人Bが手形金の支払を請求してきたときは，当事者間の本件手形が融通手形である旨の合意の趣旨から，いわゆる融通手形の抗弁を主張して，この請求を拒むことができる。
2．手形債務者Aが，手形所持人Cの前者Bに対して悪意の抗弁をもって対抗できる場合，CがBから手形を取得するにつき，Aを害することを知らないことに重過失がある場合には，Aは，Cからの手形金支払請求に対し，Bに対する悪意の抗弁をもって対抗することができる。
3．手形所持人Cの前者Bが善意のため，手形債務者AがBに対し人的抗弁を対抗しえない場合には，裏書譲渡を受けたCが人的抗弁の存在を知って取得したとしても，Aは，Cに対し，Cの悪意を理由とした人的抗弁を主張することは許されない。
4．手形債務者Aから人的抗弁の対抗を受ける手形所持人Bが，その手形を善意の第三者Cに裏書譲渡した後，戻裏書により再び当該手形を取得し，Aに対して，手形金支払請求をした場合，Bは，Aから人的抗弁の対抗を受ける。
5．約束手形の振出人Aと受取人Bの原因関係が消滅し，受取人Bと被裏書人Cの間の原因関係も消滅した場合において，CがBに返還しなければならないにもかかわらず，Aに対し手形金の支払請求をしたときには，Aは，この請求を拒むことができる。

類題

な　し

| No.145 | 正解 | 2 | 手形抗弁 |

| | | 正答率 | 60 | 80 |

1 正しい　判例（最判昭和34年7月14日〔手形小切手百選27事件〕）は，「いわゆる融通手形なるものは，被融通者をして該手形を利用して金銭を得もしくは得たと同一の効果を受けさせるためのものであるから，該手形を振出したものは，被融通者から直接請求のあった場合に当事者間の合意の趣旨にしたがい支払いを拒絶することができる」としている。したがって，振出人Aは，被融通者たる受取人Bからの手形金の支払請求を拒むことができる。よって，本記述は正しい。

★2 誤り　判例（最判昭和35年10月25日〔手形小切手百選33事件〕）は，手形法「17条は債務者を害することを知らないで手形の所持人となった者については，重大な過失があると否とを問わず，その前者に対する人的抗弁をもって対抗し得ないものとした趣旨と解するのが相当」であるとしている。したがって，Cは重過失があるとしても，人的抗弁の対抗を受けない。よって，本記述は誤りである。

★3 正しい　判例（最判昭和37年5月1日〔手形小切手百選29事件〕）は，「手形法17条但書は，手形債務者が手形所持人の前者に対し人的抗弁をもって対抗しえた場合に，手形所持人が害意をもって手形を取得したときは，これに対しても右人的抗弁をもって対抗しうる旨の規定であって，手形所持人の前者が善意であるため，手形債務者がこれに対し人的抗弁を対抗しえない場合においても，その前者の地位を承継した手形所持人に対しその悪意を云為して右人的抗弁の対抗を許すものと解すべきではない」としている。この考え方によれば，一般に善意者介在後の悪意者は，人的抗弁の対抗を受けないと解される。よって，本記述は正しい。

4 正しい　判例（最判昭和40年4月9日〔手形小切手百選28事件〕）は，「手形の振出人が手形所持人に対して直接対し得べき事由を有する以上，その所持人が該手形を善意の第三者に裏書譲渡した後，戻裏書により再び所持人となった場合といえども，その手形取得者は，その裏書譲渡以前にすでに振出人から抗弁の対抗を受ける地位にあったのであるから，当該手形がその後善意者を経て戻裏書により受け戻されたからといって，手形上の権利行使について，自己の裏書譲渡前の法律的地位よりも有利な地位を取得すると解しなければならない理はない」としている。よって，本記述は正しい。

5 正しい　判例（最判昭和45年7月16日〔手形小切手百選36事件〕）は，振出，裏書の原因関係がともに消滅した場合の所持人は「手形の支払を求める何らの経済的利益も有しない」とし，手形振出人は，所持人による手形金の支払請求を拒むことができるとする。よって，本記述は正しい。

アドバイス

本問は，手形抗弁に関する判例知識を問う問題である。いずれも基本的な判例であるため，確実に正解したい問題といえよう。特に，手形法17条については重要基本知識といえ，十分に理解している必要があることから，間違えた場合には判例集等でしっかりと復習しておいてもらいたい。

復習用文献

弥永・手形小切手158～181頁。
試験対策講座・商法6章7節。
条文シリーズ・商―手形法17条。

正誤チェック　論点ランクB

〔No.146〕

甲乙間の売買代金の支払のため，甲を振出人とし，乙を受取人とする約束手形が振り出され，その後，丙に裏書譲渡され，満期後，所持人丙が甲に対する約束手形金請求の手形訴訟を提起した。訴状の請求原因の項には，第1項「被告甲は，別紙手形目録記載の約束手形1通を振り出した」，第2項「原告丙は，前項の手形を所持している」との記載があり，第1回口頭弁論期日において，丙は，これを陳述した。この場合における甲および丙の主張に関する次のアからオまでの各記述のうち，正しいものを組み合わせたものは，後記1から5までのうちどれか。なお，本問では，手形要件の記載に空欄はなく，裏書の連続は立証されているものとする。

ア．丙が，甲に対して手形金の支払を請求する場合も，手形金および手形法所定の満期以後の利息の支払を請求する場合も，訴状記載の請求原因を主張・立証すれば足りる。

イ．甲が支払を拒絶したため，丙が裏書人乙に対する遡求権を行使する場合には，丙は，訴状記載の請求原因を主張・立証するだけでは足りず，裏書人の署名が存在すること，支払呈示期間内に現実に支払呈示をしたことも主張・立証しなければならない。

ウ．判例によれば，乙丙間の裏書の原因関係が弁済により消滅していた場合でも，人的抗弁は個別性しかなく，甲は，乙の有する抗弁を丙に主張することができないから，甲は手形所持人丙からの手形金支払請求を拒むことはできない。

エ．甲が，自分と無関係のAが甲の代理人と称して手形を振り出した旨の抗弁を提出し，当該事実が証明された場合，受取人乙にAが代理権を有すると信ずべき正当な理由がない場合，判例によれば，丙は，訴状記載の請求原因のほかに，みずからに正当な理由があることを基礎づける事実を立証しても，甲に対し手形金支払を請求することはできない。

オ．取締役会設置会社である甲株式会社と同社の取締役乙との間で行われた売買の決済として約束手形が振り出されたが，取締役会の承認は経ていなかった場合，甲は，抗弁として，甲乙間の売買の決済としての約束手形の振出につき，取締役会の承認を経ていない事実を主張・立証すれば，丙に対する手形金支払責任を免れることができる。

1．アウ　　2．アオ　　3．イウ　　4．イエ　　5．エオ

類題
H19-53

| No.146 | 正解 | 4 | 正しいものは，イ，エ | 手形所持人の請求と振出人の抗弁事由 |

正答率 60　80

ア 誤り

丙が手形金を請求する際の要件事実は，①甲が手形を振り出したこと，②裏書の連続が認められること，③丙が同手形を所持していることである。裏書連続手形を所持していれば，適法な手形所持人と推定されるからである（手77条1項1号・16条1項1文）。しかし，手形金および手形法所定の満期以後の利息の支払を請求するには（78条1項，28条2項），①〜③のほかに，支払呈示期間内（77条1項3号・38条1項）に支払呈示をしたことも必要である。28条2項の「支払ナキ場合」とは，支払呈示期間内に支払呈示をしたのに支払がない場合と解されているからである。よって，本記述は誤りである。

イ 正しい

裏書人に対する担保責任を追及するには裏書人の署名が必要である（77条1項1号・13条1項，15条1項）。また，裏書人に対して遡求権（77条1項4号・43条）を行使するには，支払呈示期間内（77条1項3号・38条1項）に現実に支払呈示することが必要であり，支払呈示期間の経過により遡求権は喪失する（77条1項4号・53条1項）。よって，本記述は正しい。

★ウ 誤り

人的抗弁は個別性を有し，甲は，乙が有する抗弁を丙に主張できないのが原則である。しかし，判例（最大判昭和43年12月25日〔手形小切手百選37事件〕）は，本問のような，いわゆる後者の抗弁が問題となった事案で，丙からの手形金支払請求は権利の濫用に該当するとして，17条の趣旨に徴し，甲は丙に対し手形金の支払を拒むことができるとしている。この判例は，本問の丙のような，約束手形の裏書譲渡を受け，その所持人となった者が，その後債権の完済を受け，裏書の原因関係が消滅したときは，特別の事情のないかぎり，以後手形を保持すべき何らの正当の権原を有しないことになり，手形上の権利を行使すべき実質的理由を失ったことを理由としている。よって，本記述は誤りである。

エ 正しい

判例（最判昭和36年12月12日〔手形小切手百選10事件〕）は，民法110条の表見代理規定によって保護される「第三者」を直接の相手方にかぎっている。したがって，直接の相手方ではない丙は，みずからに「正当な理由」があることを基礎づける事実があることを主張・立証しても，甲に対し，手形金請求をすることはできない。よって，本記述は正しい。

オ 誤り

判例（最大判昭和46年10月13日〔判例シリーズ61事件〕）は，会社がその取締役にあてて約束手形を振り出した場合に，第三者に対して利益相反取引（会社356条1項2号，365条1項）に該当して無効であることを主張するには，その手形の振出につき取締役会の承認を受けなかったことのほか，当該手形が会社からその取締役にあてて振り出されたものであり，かつ，その振出につき取締役会の承認がなかったことにつき第三者が悪意であったことを主張，立証しなければならないとしている。判例は，手形が本来不特定多数人の間を転々流通する性質を有することにかんがみ，取引安全の見地より，善意の第三者を保護する必要があることを理由としている。よって，本記述は誤りである。

アドバイス

本問は，手形の所持人が手形金請求をする事例を素材に手形法の知識を幅広く問う問題である。事例問題の形式がとられているため一見複雑に感じるが，問われている知識は基本的なものが多いため，確実に正解したい問題といえよう。また，ア，イについては，要件事実が問われているものの，当該請求をするためにはどのような事実が必要かを考えれば，おのずと正誤の判断はできると思われる。要件事実は暗記ではないということを再確認してもらいたい。

復習用文献

弥永・手形小切手77〜83頁，178〜179頁。試験対策講座・商法6章5節②，7節。判例シリーズ61事件。

正誤チェック 論点ランクB

〔No.147〕
　手形金の支払に関する次のアからオまでの各記述のうち、正しいものを組み合わせたものは、後記1から5までのうちどれか。

ア．支払呈示の効力として付遅滞効が生じるが、支払呈示期間内に支払呈示がなされたにもかかわらず、支払が受けられなかった場合は、所持人は満期日から年6分の割合による遅延損害金を請求することができる。

イ．善意支払の要件として、「悪意又ハ重大ナル過失」がないことを要するが、この「悪意」とは、善意取得と同様、所持人が無権利者であることを知っていることである。

ウ．所持人は一部支払を拒むことはできない。

エ．判例によれば、支払呈示期間経過後は、支払地の記載は無効になるが、支払場所の記載は有効なままである。

オ．手形の書替えとは、振出人が満期に支払ができないことから、支払猶予のために、振出人が満期を引き延ばした新たな手形を発行して所持人に交付することをいうが、手形の書替えのためには、旧手形を回収する必要がある。

1．アウ　　2．アオ　　3．イエ　　4．イオ　　5．ウエ

類題
なし

No.147 正解 1 正しいものは、ア、ウ　手形金の支払

正答率 60　80

ア 正しい
支払呈示をすることで、債務者を遅滞に付することができるという効果が生じ、これを付遅滞効という。そして、支払呈示期間内に支払呈示がなされたにもかかわらず、支払が受けられなかった場合、所持人は満期日から年6分の割合による遅延損害金を請求することができる（手28条2項、48条1項2号、49条2号、78条1項、28条2項、48条1項2号、49条2号）。よって、本記述は正しい。

★イ 誤り
40条3項前段の「悪意」とは、善意取得の場合と異なり、単に所持人が無権利者であることを知っているだけでは足りず、容易に無権利者を証明して支払を拒みうるのにあえて支払った場合を意味する。なぜなら、手形債務者は支払を強制されており、立証手段が十分でないにもかかわらず、単に無権利だと知っているだけで支払を拒絶しなければならないとすると、債務者は勝訴の見込みがない訴訟に引き込まれる危険性を有することになるからである。よって、本記述は誤りである。

ウ 正しい
所持人は一部支払を拒むことはできない（39条2項、77条1項3号・39条2項）。よって、本記述は正しい。

エ 誤り
判例（最大判昭和42年11月8日〔手形小切手百選67事件〕）は、「支払場所の記載はその手形の支払呈示期間内における支払についてのみ効力を有するのであって、支払呈示期間経過後は支払場所の記載のある手形も、本則に立ちかえり、支払地内における手形の主たる債務者の営業所または住所において支払わるべきである」としている。したがって、支払呈示期間経過後は、支払場所の記載が無効となるが、支払地の記載は有効であるとされる。よって、本記述は誤りである。

オ 誤り
手形の書替えとは、支払猶予の方法として、旧手形の満期よりも後の日付を満期とする手形を振り出すことをいう。そして、手形の書替えには、旧手形を回収する場合と旧手形を回収しない場合とがある。よって、本記述は誤りである。
なお、旧手形を回収する場合、判例（大判大正12年6月13日）は、更改の場合と支払延期の手段としてなされた場合とがあり、当事者の意思が不明な場合には、支払延期の手段としてなされたと推定すべきであるとしている。また、旧手形を回収しない場合、旧手形を消滅させずに新手形を振り出しているので、当事者の合理的意思としては、所持人は新旧両手形の権利を有しているということになる。

アドバイス

本問は、手形金の支払に関する知識を問う問題である。いずれも基本的な知識を問うものであり、確実に正解したい問題といえよう。イで問われているように、手形法にかぎらず、民事系の科目においては善意・悪意の内容について具体的におさえることが重要である。

復習用文献

弥永・手形小切手185～198頁、265～268頁。
試験対策講座・商法6章8節。
条文シリーズ・商—手形法28条、39条、40条。

正誤チェック　論点ランクB

〔No.148〕
遡求の要件に関する次の1から5までの各記述のうち，誤っているものはどれか。

1．約束手形の満期において支払拒絶がなされた場合，手形の所持人は，支払拒絶証書作成期間内に支払拒絶証書が作成されなければ，原則として遡求できない。
2．約束手形において，裏書人が支払拒絶証書の作成を免除した場合，免除の効力は，他の遡求義務者に対しても生じる。
3．約束手形において，支払拒絶証書の作成が免除されたとしても，支払呈示は遡求の要件である。
4．為替手形および約束手形において，一覧払手形以外の手形の場合，支払拒絶証書は，支払をなすべき日またはこれに次ぐ2取引日以内に作成されなければならない。
5．為替手形において，引受の一部の拒絶があった場合には，満期前であっても，手形の所持人は，遡求権を行使することができる。

類題
なし

No.148 正解 2　遡求の要件

正答率 60　80

★1 正しい
満期において支払拒絶がなされた場合，約束手形の所持人は，裏書人その他の債務者に対して遡求することができる（手77条1項4号・43条柱書前段）。もっとも，支払拒絶証書作成期間内に支払拒絶証書の作成を怠った場合，作成が免除されているとき（77条1項4号・46条1項）を除き，手形所持人は，遡求権を失う（77条1項4号・53条1項2号）。よって，本記述は正しい。
なお，不可抗力によって作成できなかった場合の救済規定（77条1項4号・54条）がある。

2 誤り
約束手形の裏書人または保証人が支払拒絶証書の作成を免除した場合には，当該裏書人または保証人に対してのみその効力を生じるため（77条1項4号・46条3項2文），他の遡求義務者に対する関係では，支払拒絶証書の作成が必要である。よって，本記述は誤りである。

3 正しい
約束手形において支払拒絶証書の作成を免除しても，支払拒絶の前提となる支払呈示まで免除することはできない（77条1項4号・46条2項前段）。よって，本記述は正しい。

4 正しい
確定日払，日付後定期払または一覧後定期払の手形の支払拒絶証書は，支払をなすべき日またはこれに次ぐ2取引日以内に作成されなければならない（44条3項前段，77条1項4号・44条3項前段）。よって，本記述は正しい。

5 正しい
引受の全部または一部が拒絶された場合には，満期前であっても，為替手形の所持人は，裏書人，振出人その他の債務者に対して遡求権を行使することができる（43条1号）。これは，本来支払をなすべき者が満期に支払う見込みがない場合には，手形の信用証券としての前提がなくなり，手形法律関係をただちに終息させるべきであるからである。よって，本記述は正しい。＊田邊・手形小切手210頁。

アドバイス

本問は，遡求の要件に関する知識を問う問題である。いずれも条文の知識を問うものであり，正誤の判断は難しくないと思われる。間違えた場合には，遡求の要件を実質的要件である支払拒絶と，形式的要件である支払拒絶証書の作成に分けたうえで，それぞれに関連づけて知識を整理しておいてもらいたい。

復習用文献

弥永・手形小切手200～208頁。
試験対策講座・商法6章9節。
条文シリーズ・商─手形法43条，44条，46条，53条。

正誤チェック　　論点ランクB

〔No.149〕
手形法上の消滅時効に関する次の1から5までの各記述のうち，誤っているものはどれか。

1．約束手形の振出人に対する手形上の請求権は，満期の日から3年の消滅時効にかかる。
2．判例によれば，手形の呈示を伴わない催告にも時効中断の効力がある。
3．判例によれば，満期日と他の手形要件とを白地とした約束手形について，その後，満期日の記載がなされた場合であっても，当該手形のその他の手形要件の白地補充権は，振出交付の日から5年の消滅時効にかかる。
4．判例によれば，債務の支払のために手形が授受された当事者間において，債権者のする手形金請求の訴えの提起は，原因債権の消滅時効を中断する効力を有する。
5．判例によれば，約束手形の所持人と裏書人との間において，裏書人の手形上の債務につき支払猶予の特約がされた場合には，所持人の裏書人に対する手形上の請求権の消滅時効は，上記猶予期間が満了した時から進行する。

類題
H22-55

| No.149 正解 | 3 | 手形法上の消滅時効 |

正答率 60 80

★1 正しい
主たる債務者である約束手形の振出人に対する手形上の請求権は満期の日から3年の消滅時効にかかる（手77条1項8号・70条1項）。よって，本記述は正しい。

2 正しい
判例（最大判昭和38年1月30日〔手形小切手百選78事件〕）は，「取引の実情から言っても単に手形の時効中断のための請求にまで常に債務者に手形を現実に呈示しなければならないとすることは必要以上に手形債権者に不便を強いるもの」であるとして，「単に時効中断のための催告については」，「必ずしも手形の呈示を伴う請求であることを必要としない」としている。よって，本記述は正しい。

★3 誤り
判例（最判平成5年7月20日〔手形小切手百選43事件〕）は，「手形が満期及びその他の手形要件を白地として振り出された場合であっても，その後満期が補充されたときは，右手形は満期の記載された手形となるから，右手形のその他の手形要件の白地補充権は，手形上の権利と別個独立に時効によって消滅することなく，手形上の権利が消滅しない限りこれを行使することができる」としている。したがって，満期と他の手形要件が白地の場合において，満期の記載がなされたときは，その他の手形要件は記載された満期の日から3年間権利行使しうることとなる（77条1項8号・70条1項参照）。よって，本記述は誤りである。

4 正しい
判例（最判昭和62年10月16日〔手形小切手百選80事件〕）は，「債務の支払のために手形が授受された当事者間において債権者のする手形金請求の訴えの提起は，原因債権の消滅時効を中断する効力を有する」としている。よって，本記述は正しい。

5 正しい
判例（最判昭和55年5月30日〔手形小切手百選77事件〕）は，「約束手形の所持人と裏書人との間において裏書人の手形上の債務につき支払猶予の特約がされた場合には，所持人は右猶予期間中は裏書人に対して手形上の請求権を行使することができず，右猶予期間が満了した時はじめてこれを行使することができるものとなるから，所持人の裏書人に対する手形上の請求権の消滅時効は，右猶予期間が満了した時から進行するものと解する」としている。よって，本記述は正しい。

アドバイス

本問は，手形法上の消滅時効に関する知識を問う問題である。いずれも基本的な条文・判例知識を問うものであり，確実に正解しなければならない問題といえよう。正解となる3との関係で，満期日が白地である場合の判例（最判昭和44年2月20日〔手形小切手百選42事件〕）をもおさえておく必要がある。この判例は，満期白地の手形の補充権の消滅時効については商法522条が準用され，補充権を行使できるときから5年で消滅時効にかかるとしている。判例集等で確認し，知識を整理しておいてもらいたい。

復習用文献

弥永・手形小切手208～212頁，256～261頁。
試験対策講座・商法6章10節。
条文シリーズ・商—手形法70条。

正誤チェック　　　　　　　　　論点ランクA

〔No.150〕
白地手形に関する次のアからオまでの各記述のうち、正しいものを組み合わせたものは、後記1から5までのうちどれか。

ア．白地手形は、補充を条件とする手形法上の権利が表章されているものであり、補充前であっても手形法上の手形である。

イ．判例によれば、署名者が、外観上客観的に補充が予定されていると認められるような証券に署名して交付すれば、白地手形の補充権が発生する。

ウ．白地手形の不当補充につき、手形所持人に悪意または重過失がある場合、署名者は、補充された文言に従った責任は負わないが、あらかじめなされた補充に関する合意に従った手形上の責任は負う。

エ．白地手形は、商慣習法により、その欠けている要件が補充されなくとも裏書により譲渡することが認められており、また、支払呈示も適法なものとされる。

オ．判例によれば、満期白地の手形の場合、補充権それ自体が消滅時効にかかるのであって、その消滅時効は、補充権を行使しうべき時から5年である。

1．アイ　　2．アエ　　3．イオ　　4．ウエ　　5．ウオ

類題
なし

No.150 正解 5　正しいものは，ウ，オ　　白地手形

ア 誤り　手形は厳格な要式証券であり，法定要件がひとつでも欠けるときは，手形法自体によって救済される場合を除き，手形としての効力を生じない。白地手形には，補充を条件とする手形上の権利が表章されているといわれるが，これは一種の比喩にすぎず，補充前の白地手形は，法定要件を欠く以上，手形としては未完成であり，手形法上の手形と認められるものではない。よって，本記述は誤りである。

★イ 誤り　白地手形と無効な不完全手形との区別については，当事者の意思により区別する主観説と，白地手形であるためには署名者の具体的意思を問わず，約束手形の外観上補充が予定されていれば足りるとする客観説が対立している。判例（大判大正10年10月1日）は，白地手形とは，署名者が，後日他人をして補充させる意思をもって，手形要件の全部または一部をことさらに記載しないで流通においた証券をいうとしており，白地手形と無効な手形との区別につき，主観説に立っている。設問の記述は，客観説の立場である。よって，本記述は誤りである。

ウ 正しい　手形法10条ただし書，77条2項・10条ただし書は，白地手形の不当補充につき，手形所持人が悪意または重過失の場合には，署名者は補充された文言に従った責任を負わないとしている。しかし，この場合にも，署名者は，あらかじめなされた補充に関する合意に従った手形上の責任は負う。なぜなら，その範囲では，手形債務負担の意思が認められるからである。よって，本記述は正しい。

エ 誤り　白地手形は，流通の面では，商慣習法上，手形と同様に扱われ，裏書による譲渡が認められている。しかしながら，白地手形は，手形としては無効であるから，白地手形のままでの支払呈示は適法な呈示とはならない。よって，本記述は誤りである。
なお，白地手形による支払呈示が不適法とされる以上，付遅滞効および遡求権保全効は生じない。ただし，時効中断効は生じる（最大判昭和41年11月2日〔手形小切手百選44事件〕）。

オ 正しい　判例（最判昭和44年2月20日〔手形小切手百選42事件〕）は，満期白地の手形につき，補充権それ自体が消滅時効にかかることを前提に，「満期白地の手形の補充権の消滅時効については，商法522条の規定が準用され，右補充権は，これを行使しうべきときから5年の経過によって，時効により消滅すると解すべき」としている。よって，本記述は正しい。

正答率 60　80

アドバイス
本問は，白地手形に関する知識を問う問題である。いずれも基本的な知識を問うものであり，確実に正解しなければならない問題といえよう。間違えた場合には，基本書や判例集等で知識を確認しておいてもらいたい。

復習用文献
弥永・手形小切手241～263頁。
試験対策講座・商法6章14節。
条文シリーズ・商―手形法10条。

正誤チェック　論点ランクB

〔No.151〕
為替手形と小切手に関する次の1から5までの各記述のうち，誤っているものはどれか。

1．為替手形と小切手は，ともに支払を委託する形式のものであるという点で共通している。
2．為替手形においては，満期の記載は法律上必要であるが，小切手においては，満期の記載は法律上必要ではない。
3．小切手の場合，為替手形の場合と異なり，支払人は金銭を取り扱う専門家である銀行その他の金融機関にかぎられる。
4．為替手形における引受人に対する請求権は，満期から3年で消滅時効にかかるのに対し，小切手における支払保証をした支払人に対する請求権は，呈示期間経過後1年で消滅時効にかかり，為替手形に比べ短期になっている。
5．為替手形と小切手は，ともに支払人による引受が認められている。

類題

プレ-49,
H18-54,
20-53

No.151 正解 5　　為替手形と小切手

正答率　60　80

⭐1 正しい
為替手形は，その発行者（振出人）が，第三者（支払人）にあてて，満期に一定の金額を受取人その他手形の正当な所持人に支払うことを委託する有価証券である（手1条2号）。また，小切手も支払を委託する形式の証券であり（小1条2号），両者は支払を委託する形式のものとして共通する。よって，本記述は正しい。

2 正しい
為替手形においては，満期の記載は，手形を作成する際に必ず記載しなければならない法定の記載事項である（手1条4号）。これに対し，小切手は常に一覧払とされているため（小28条1項），小切手においては，満期の記載は，法律上必要とされていない（1条参照）。よって，本記述は正しい。

3 正しい
小切手は，支払証券であることを明確にし，また信用証券化することを防止しようとしていることから，支払人は金銭を取り扱う専門家である銀行その他の金融機関でなければならないとされている（3条，59条）。これに対し，為替手形の場合には，支払人（手1条3号）に制限はない。よって，本記述は正しい。

4 正しい
為替手形の引受人に対する請求権は，満期の日から3年で時効消滅する（70条1項）が，小切手の支払保証をした支払人に対する小切手上の請求権は，呈示期間経過後1年で時効消滅する（小58条）。よって，本記述は正しい。

⭐5 誤り
為替手形においては，支払人による引受に制限はない。これに対し，小切手においては，引受人の信用によって小切手が長期にわたって流通するのを阻止し，短期間内に決済することによって，小切手の支払証券性を確保するために，支払人による引受は禁止されている（4条）。よって，本記述は誤りである。

アドバイス

本問は，為替手形と小切手に関する知識を問う問題である。両者の比較が問われていることから，横断的な理解が必要といえる。両者の性質および経済的機能をきちんと理解していれば正解を導くことは難しくないと思われる。第14編まとめ図・表03を活用するなどして，知識を整理しておいてもらいたい。

復習用文献

弥永・手形小切手6～7頁，269～286頁。
試験対策講座・商法7章。
条文シリーズ・商―小切手法3条，4条，28条。

正誤チェック　　　　　　　　　　　　　論点ランクB

〔No.152〕
　為替手形，約束手形，小切手に関する次のアからオまでの各記述のうち，正しいものを組み合わせたものは，後記1から5までのうちどれか。
　ア．為替手形，約束手形および小切手のいずれについても，利息の記載が認められている。
　イ．為替手形および約束手形については保証することが認められているが，小切手については認められていない。
　ウ．支払人による裏書は，為替手形については禁じられていないが，小切手については禁じられている。
　エ．すべての為替手形および約束手形の支払呈示期間は，支払をなすべき日およびそれに続く2取引日内であり，すべての小切手の支払呈示期間は，振出日付後10日間である。
　オ．持参人払式の為替手形および約束手形は認められないが，持参人払式の小切手は認められる。

1．アイ　　2．アエ　　3．イウ　　4．ウオ　　5．エオ

類題

プレ-49,
H18-54,
20-53

| No.152 正解 | 4 | 正しいものは，ウ，オ | 為替手形，約束手形，小切手 |

正答率 60 80

アドバイス

本問は，為替手形，約束手形，小切手の異同を問う問題である。それぞれの法的性質や経済的機能の異同に着目しつつ，知識を整理してもらいたい。なお，その際には第14編まとめ図・表03を活用してもらいたい。

復習用文献

弥永・手形小切手5～11頁，269～286頁。試験対策講座・商法5章，7章。条文シリーズ・商―手形法5条，11条，30条，31条，32条，34条，38条，小切手法5条，25条，26条，27条，28条，29条。

ア 誤り　為替手形および約束手形については，一覧払，一覧後定期払の手形にかぎり，利息の記載が認められている（手5条1項，77条2項・5条1項）。これに対し，小切手については，①常に一覧払であり（小28条1項），先日付小切手であっても支払呈示をなしうること（28条2項），②呈示期間は振出日付後10日間とされていること（29条1項）から，利息を認める必要がないので，利息の記載は認められていない（7条）。よって，本記述は誤りである。＊弥永・手形小切手54頁，281頁。Sシリーズ Ⅲ 251頁。

イ 誤り　手形法は，為替手形および約束手形の支払について，保証により担保することを認めている（手30条以下，77条3項・30条以下）。また，小切手についても，信用証券化の防止という引受禁止の趣旨（小4条）を貫くため，支払人による保証は認められないものの，支払人を除く第三者（小切手に署名した者を含む）は保証することができるとされている（25条2項）。よって，本記述は誤りである。＊Sシリーズ Ⅲ 181頁，242頁，249，261頁。

★ウ 正しい　為替手形については，支払人による裏書は禁止されていない。これに対して，支払人による小切手の裏書は無効であり（15条3項），禁止されている。よって，本記述は正しい。＊弥永・手形小切手274頁，281頁。

エ 誤り　為替手形および約束手形の場合，確定日払，日付後定期払または一覧後定期払の手形については，支払をなすべき日またはそれに続く2取引日内が支払呈示期間である（手38条1項，77条1項3号・38条1項）が，一覧払の手形については支払呈示日が満期日とされており，その支払呈示は原則として振出の日付から1年以内になすことが要求されているので，支払呈示期間は原則として振出の日付から1年間となる（34条1項1文，2文，77条1項2号・34条1項1文，2文）。したがって，前段は誤りである。また，小切手の場合，国内で振り出し，かつ，支払う小切手の支払提示期間は振出日付後10日以内とされるが（小29条1項），そうでない小切手については別途規定が設けられている（29条2項，3項）。したがって，後段も誤りである。よって，本記述は誤りである。＊Sシリーズ Ⅲ 187～188頁，242頁，262～263頁。

オ 正しい　為替手形，約束手形および小切手のいずれも法律上当然の指図証券である（手11条1項，77条1項1号・11条1項，小14条1項）。もっとも，小切手は，更に持参人払式も認められている（5条1項3号）。したがって，為替手形および約束手形については持参人払式が認められないが，小切手については認められる。よって，本記述は正しい。＊Sシリーズ Ⅲ 128頁，236頁，259～261頁，303頁，305～306頁。

第14編　手形法・小切手法　★一問一答問題

01 約束手形において，振出地の記載はあるが，支払地の記載を欠く場合，当該手形は無効となる。

02 判例によれば，約束手形の裏書欄の記載事項のうち，被裏書人欄の記載のみ抹消された場合，裏書の連続との関係においては，白地式裏書となる。

03 為替手形においては支払委託文句が，約束手形においては支払約束文句の記載が，それぞれ要求されるが，どちらも単純な文句である必要がある。

04 為替手形においては，手形当事者として，支払人，受取人および振出人の名称の記載が，約束手形においては，手形当事者として，受取人および振出人の名称の記載が，それぞれ要求される。

05 為替手形においては，支払人の引受は単純でなければならず，手形金額の一部の引受は認められない。

06 為替手形において，一覧後定期払手形の一覧とは，約束手形における一覧後定期払手形の一覧と異なり，支払のための呈示ではなく，引受のための呈示を意味する。

07 為替手形においては満期前遡求の制度があるが，約束手形においては満期前遡求の制度は適用されない。

08 為替手形の振出人は，約束手形の振出人と異なり，みずから直接支払義務を負うものではないが，手形の引受および支払を担保する責任を負い，このうち，支払担保責任に関しては，その責任を負わない旨を記載したとしてもその責任を免れることはできない。

第14編　手形法・小切手法　★一問一答問題解答

01 ×　支払地の記載は約束手形の手形要件であり（手75条4号），これを欠く場合，約束手形は原則として無効となる（76条1項本文）。もっとも，振出地の記載があれば，特別の表示がないかぎり，その振出地が支払地かつ振出人の住所地とみなされ，無効となるを免れる（76条3項）。＊弥永・手形小切手44頁。

02 ○　最判昭和61年7月18日（手形小切手百選55事件）。

03 ○　為替手形においては，「一定ノ金額ヲ支払フベキ旨ノ単純ナル委託」が必要的記載事項として要求され（1条2号），約束手形においては，「一定ノ金額ヲ支払フベキ旨ノ単純ナル約束」が必要的記載事項として要求される（75条2号）。

04 ○　為替手形においては，当事者として，支払人（1条3号），受取人（1条6号）および振出人（1条8号）が必要的記載事項となる。約束手形においては，当事者として，受取人（75条5号）および振出人（75条7号）が必要的記載事項となる。

05 ×　為替手形において，引受は単純であることを要する（26条1項本文）。ただし，支払人は，引受を手形金額の一部に制限することができる（26条1項ただし書）。＊弥永・手形小切手274頁。

06 ○　約束手形において，一覧後定期払手形（77条1項2号・33条1項2号）の一覧とは，支払のための呈示を意味するが，為替手形においては，引受の制度があることから，一覧後定期払手形（33条1項2号）の一覧とは，約束手形における一覧後定期払手形の一覧と異なり，引受のための呈示を意味する（23条1項参照）。

07 ×　為替手形においては，43条後段各号に該当する場合には，満期前に遡求をすることができる。これに対して，約束手形においては，77条1項4号が「支払拒絶ニ因ル遡求」として為替手形の遡求に関する規定を準用していることから，約束手形にいても満期前遡求が認められるかが問題となる。通説は，振出人の破産手続・民事再生手続・会社更生手続の開始決定，特別清算の開始または支払停止，振出人に対する強制執行の不奏功の場合には，満期前遡求を認めている。なぜなら，これらの場合にも，満期前に振出人の信用が失墜して，満期における支払の可能性がなくなり，満期前遡求を認める必要があるからである。

08 ○　為替手形は支払委託証券であるから，為替手形の振出人は直接には支払義務を負わないが，引受担保責任と支払担保責任を負う（9条1項）。そして，振出人は，引受を担保しない旨を記載することはできるが，支払を担保しない旨のいっさいの文言は記載したとしても記載しなかったものとみなされ，支払担保責任を免れることはできない（9条2項）。これは，手形の流通確保のための特別の法的責任であると解されている。

第14編　まとめ図・表

01 手形の振出と原因関係の帰趨

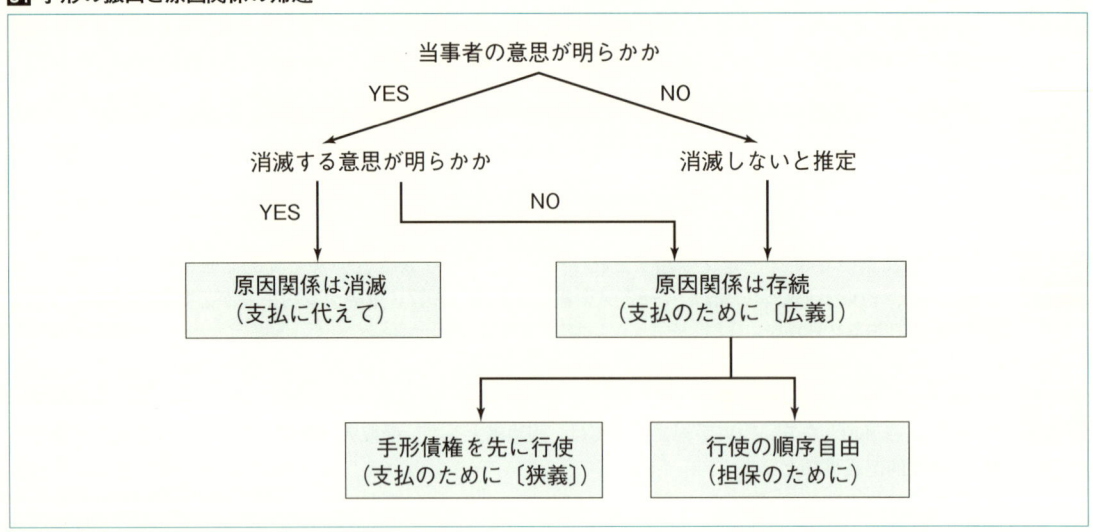

```
                当事者の意思が明らかか
            YES ／        ＼ NO
     消滅する意思が明らかか     消滅しないと推定
    YES ↓      ↘ NO           ↓
  原因関係は消滅          原因関係は存続
  （支払に代えて）        （支払のために〔広義〕）
                         ↙            ↘
              手形債権を先に行使      行使の順序自由
              （支払のために〔狭義〕） （担保のために）
```

02 偽造者の責任

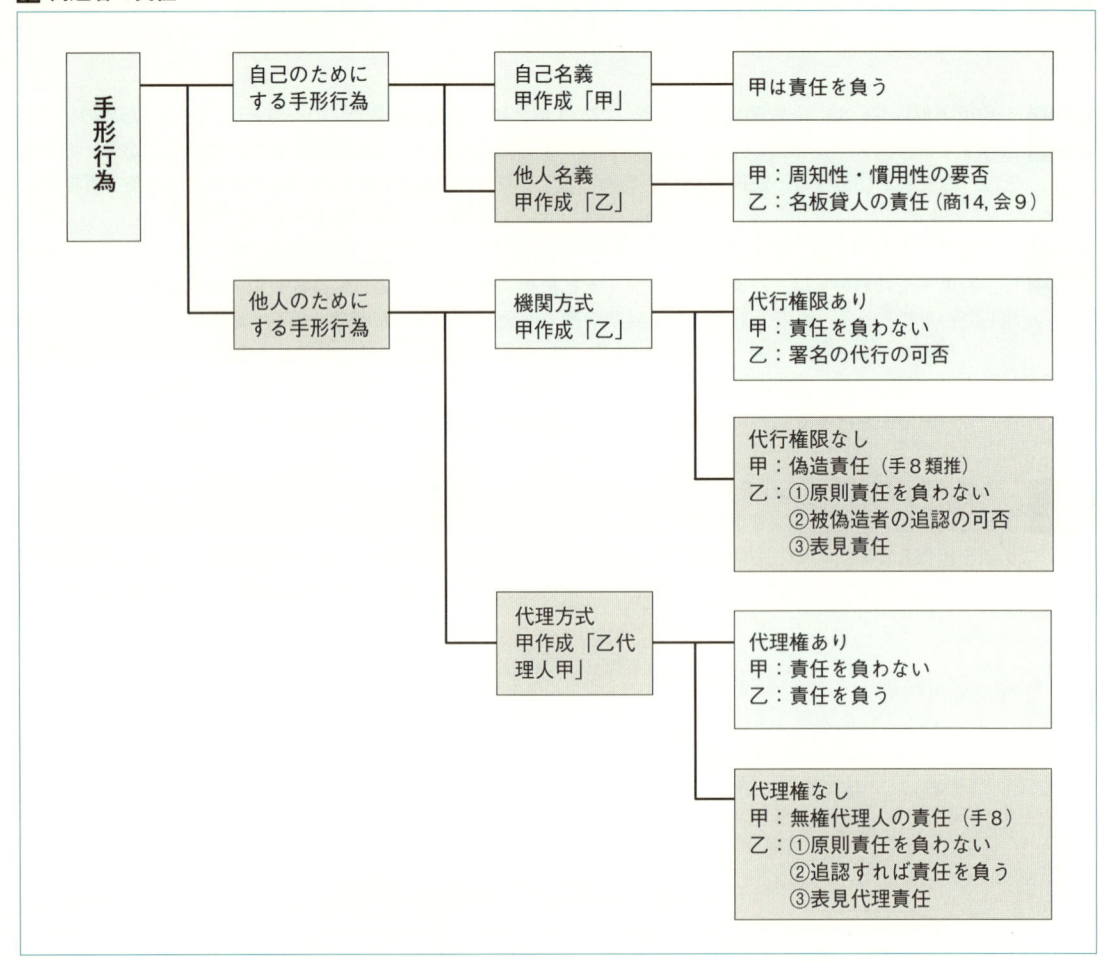

手形行為			
	自己のためにする手形行為	自己名義 甲作成「甲」	甲は責任を負う
		他人名義 甲作成「乙」	甲：周知性・慣用性の要否 乙：名板貸人の責任（商14, 会9）
	他人のためにする手形行為	機関方式 甲作成「乙」	代行権限あり 甲：責任を負わない 乙：署名の代行の可否
			代行権限なし 甲：偽造責任（手8類推） 乙：①原則責任を負わない 　　②被偽造者の追認の可否 　　③表見責任
		代理方式 甲作成「乙代理人甲」	代理権あり 甲：責任を負わない 乙：責任を負う
			代理権なし 甲：無権代理人の責任（手8） 乙：①原則責任を負わない 　　②追認すれば責任を負う 　　③表見代理責任

03 約束手形・為替手形・小切手の比較

	約束手形	為替手形	小切手
法形式	支払約束手形（手75②）	支払委託手形（手1②）	支払委託証券（小1②）
予定される法律関係	振出人と受取人その他の証券の所持人との二当事者間の法律関係	振出人と受取人その他の証券の正当な所持人と支払人との三当事者間の法律関係	同左 受取人—表示は任意的（小5Ⅲ） 支払人—銀行にかぎる（小3）
経済的機能	信用の道具 期限付債務の支払手段	信用の道具 送金・取立て手段	もっぱら支払の道具 現金取引決済手段 （信用証券化防止）
資金関係	なし（ただし第三者方払の場合には準資金関係あり）	準資金関係あり	あり（小3・71）
絶対的義務者	振出人（手78Ⅰ）	引受前：不存在 引受後：支払人（手28Ⅰ）	不存在 ・引受禁止（小4） ・ただし，支払保証制度（小第10章）（支払保証をした支払人も遡求義務に類似した義務を負うのみ）
遡求義務者	裏書人（手77Ⅰ④・43）	振出人 裏書人（手43）	振出人 裏書人（小39）
満期	確定日払，日付後定期払，一覧後定期払，一覧払（手33Ⅰ，77Ⅰ②・33Ⅰ）		一覧払のみ（小28Ⅰ）
消滅時効	振出人に対する請求権は満期から3年（手77Ⅰ⑧・70Ⅰ） 遡求権は拒絶証書の日付（作成が免除されているときは満期）から1年（手70Ⅱ，77Ⅰ⑧） 再遡求権は受戻の日または訴えを受けた日から6か月（手70Ⅲ，77Ⅰ⑧）	引受人に対する請求権は満期から3年（手70Ⅰ）	支払保証をした支払人に対する請求権は呈示期間経過後1年（小58） 遡求権は呈示期間経過後6か月（小51Ⅰ） 再遡求権は受戻の日または訴えを受けた日から6か月（小51Ⅱ）
その他	持参人払式不可（手1⑥，75⑤）		持参人払式可，記名持参人払式も可（小5） 線引小切手制度（小第5章）
指図証券性	手77Ⅰ①・11	手11	小14 ただし，持参人払式（小5）
受戻証券性	手77Ⅰ③・39Ⅰ	手39Ⅰ	小34
善意取得	手77Ⅰ①・16Ⅱ	手16Ⅱ	小21
人的抗弁の主張制限	手77Ⅰ①・17	手17	小22
善意支払	手77Ⅰ③・40Ⅲ	手40Ⅲ	手40Ⅲ類推

04 裏書の種類と効力

			権利移転的効力	資格授与的効力	担保的効力
	通常の記名式裏書		○	○	○
特殊の譲渡裏書	戻裏書		○（通説）	○	前の裏書の前者に対しては○ 中間裏書人に対しては×
	無担保裏書		○	○	×
	裏書禁止裏書		○	○	自己の直後の被裏書人に対しては○ それ以後の被裏書人に対しては×
	期限後裏書		○	○	×
特殊な裏書	取立委任裏書	公然の取立委任裏書	×	△（代理権のみ）	×
		隠れた取立委任裏書	○（判例・信託的譲渡説）	○	○
	質入裏書	公然の質入裏書	△（権利を行使する権限を取得）	△（質権者としての資格授与的効力）	○（多数説）
		隠れた質入裏書	○	○	○

05 抗弁の種類

		定義	主張できる人	抗弁の対抗を受ける人	具体例
物的抗弁		手形上の権利行使を受けた者が，すべての手形所持人に対して主張しうる抗弁	権利行使を受けた者	すべての所持人	・偽造 ・変造 ・無権代理 ・交付欠缺 ・受戻しなき支払
人的抗弁（広義）	人的抗弁（狭義）	特定の者のみが特定の手形所持人に対してのみ主張できる抗弁	特定の者	特定の所持人	・意思表示の瑕疵等* ・同時履行の抗弁 ・原因関係上の抗弁等
	無権利の抗弁	すべての者が特定の手形所持人に対してのみ主張できる抗弁	すべての者		・手形の盗取者 ・無権利者からの譲受人

＊ 手形行為者が手形であることを認識せずに署名した場合には，物的抗弁になる。

06 手形抗弁と第三者保護制度

抗弁	第三者保護の理論	治癒される瑕疵
物的抗弁	権利外観法理	権利の発生面
（狭義の）人的抗弁	人的抗弁の主張制限（17本文）	抗弁の承継
無権利の抗弁	善意取得（16Ⅱ）	権利の帰属面

判例索引

明治
大判明39・5・15民録12-750 352

大正
大判大4・10・9民録21-1624 330
大判大10・10・1民録27-1686 382
大決大11・12・8民集1-714 296
大判大12・6・13民集2-401 376
大決大13・6・13民集3-280 296

昭和元～29年
大判昭2・7・4民集6-428〔判例シリーズ7事件〕 24
大判昭4・9・28民集8-769〔商法（総則・商行為）百選33事件〕 282
大判昭7・11・19民集11-2120 358
大判昭8・11・20民集12-2718 370
大判昭12・11・26民集16-1681 286
大判昭17・6・29新聞4787-13 336
大判昭17・9・8新聞4799-10〔商法（総則・商行為）百選25事件〕 304
最判昭23・10・14民集2-11-376〔手形小切手百選88事件〕 354
最判昭28・12・3民集7-12-1299 18
最判昭29・10・7民集8-10-1795 318

昭和30～39年
最判昭30・9・8民集9-10-1222〔商法（総則・商行為）百選42事件〕 284, 343
最判昭30・9・9民集9-10-1247 343
最判昭30・9・22民集9-10-1313 362
最判昭30・10・20民集9-11-1657 56
最判昭32・1・31民集11-1-161 300, 302
最判昭33・3・20民集12-4-583〔手形小切手百選47事件〕 362
最判昭33・6・19民集12-10-1575〔商法（総則・商行為）百選3事件〕 282
最判昭33・10・3民集12-14-3053 120
最判昭33・10・24民集12-14-3228〔判例シリーズ5事件〕 18, 20
最判昭33・10・24民集12-14-3237 366
最判昭34・7・14民集13-7-978〔手形小切手百選27事件〕 372
最判昭35・5・6民集14-7-1136 343
最判昭35・9・15民集14-11-2146〔判例シリーズ17事件〕 67
最判昭35・10・14民集14-12-2499 138, 186
最判昭35・10・25民集14-12-2720〔手形小切手百選33事件〕 372
最判昭35・12・2民集14-13-2893〔商法（総則・商行為）百選51事件〕 324
最判昭36・3・31民集15-3-645 88
最判昭36・10・13民集15-9-2320〔商法（総則・商行為）百選23事件〕 318
最判昭36・11・10民集15-10-2466 366
最判昭36・11・24民集15-10-2519 366
最判昭36・11・24民集15-10-2536〔手形小切手百選45事件〕 286
最判昭36・12・12民集15-11-2756〔手形小切手百選10事件〕 364, 374
最判昭37・3・2民集16-3-423 20
最判昭37・5・1民集16-5-1013〔手形小切手百選29事件〕 372
最判昭37・5・1民集16-5-1031〔商法（総則・商行為）百選27事件〕 310
最大判昭38・1・30民集17-1-99〔手形小切手百選78事件〕 352, 380
最判昭38・9・5民集17-8-909 140, 186

最判昭38・12・6民集17-12-1633	18, 20
最判昭38・12・6民集17-12-1664	142
最判昭38・12・24民集17-12-1744	18
最判昭39・3・10民集18-3-458	308
最判昭39・9・15民集18-7-1435〔手形小切手百選14事件〕	364
最判昭39・12・11民集18-10-2143〔判例シリーズ65事件〕	179

昭和40～49年

最判昭40・4・9民集19-3-647〔手形小切手百選28事件〕	372
最判昭40・6・29民集19-4-1045	116
最大判昭40・9・22民集19-6-1600〔判例シリーズ81事件〕	316
最判昭40・11・11民集19-8-1953	226
最判昭40・11・16民集19-8-1970〔判例シリーズ34事件〕	44
最判昭41・1・27民集20-1-111〔商法（総則・商行為）百選15事件〕	302
最判昭41・6・21民集20-5-1084	368
最判昭41・10・13民集20-8-1632〔手形小切手百選40事件〕	358
最大判昭41・11・2民集20-9-1674〔手形小切手百選44事件〕	382
最判昭41・12・20民集20-10-2160	122
最判昭42・6・6判時487-56〔手形小切手百選12事件〕	302
最判昭42・9・28民集21-7-1970〔判例シリーズ41事件〕	118
最判昭42・10・6民集21-8-2051〔商法（総則・商行為）百選48事件〕	284
最大判昭42・11・8民集21-9-2300〔手形小切手百選67事件〕	376
最判昭42・11・17民集21-9-2448〔判例シリーズ9事件〕	18
最大判昭43・4・24民集22-4-1043〔商法（総則・商行為）百選37事件〕	288
最判昭43・6・13民集22-6-1171〔商法（総則・商行為）百選16事件〕	300
最判昭43・11・1民集22-12-2402〔判例シリーズ37事件〕	179
最大判昭43・12・25民集22-13-3511〔判例シリーズ62事件〕	142
最大判昭43・12・25民集22-13-3548〔手形小切手百選37事件〕	354, 374
最判昭44・2・20民集23-2-427〔手形小切手百選42事件〕	380, 382
最判昭44・2・27民集23-2-511〔判例シリーズ3事件〕	6, 14
最大判昭44・11・26民集23-11-2150〔判例シリーズ74事件〕	168, 170
最判昭44・12・2民集23-12-2396〔判例シリーズ70事件〕	120, 134
最判昭45・3・31民集24-3-182〔手形小切手百選63事件〕	362
最判昭45・4・2民集24-4-223〔判例シリーズ43事件〕	118
最判昭45・4・21民集24-4-283〔手形小切手百選50事件〕	366
最判昭45・4・21判時593-87〔商法（総則・商行為）百選98事件〕	334
最大判昭45・6・24民集24-6-625〔判例シリーズ2事件〕	4, 6, 132
最判昭45・7・9民集24-7-755	120
最判昭45・7・16民集24-7-1077〔手形小切手百選36事件〕	372
最判昭46・7・16判時641-97〔判例シリーズ26事件〕	88
最大判昭46・10・13民集25-7-900〔判例シリーズ61事件〕	374
最判昭46・11・16民集25-8-1173〔手形小切手百選8事件〕	356
最判昭47・1・25判時662-85〔商法（総則・商行為）百選52事件〕	324
最判昭47・2・10民集26-1-17〔手形小切手百選4事件〕	364
最判昭47・2・24民集26-1-172	290
最判昭47・5・25判時671-83	286
最判昭47・6・15民集26-5-984〔判例シリーズ77事件〕	170
最判昭47・9・21判時684-88	168
最大判昭47・11・8民集26-9-1489〔判例シリーズ18事件〕	48
最判昭48・5・22民集27-5-655〔判例シリーズ76事件〕	181
最判昭48・6・15民集27-6-700〔判例シリーズ20事件〕	48
最判昭48・10・5判時726-92〔商法（総則・商行為）百選4事件〕	290
最判昭49・3・22民集28-2-368〔判例シリーズ90事件〕	292
最判昭49・6・28民集28-5-655〔手形小切手百選17事件〕	364

| 最判昭49・9・26民集28-6-1306〔判例シリーズ60事件〕 | 142, 179 |
| 最判昭49・12・17民集28-10-2059 | 170, 181 |

昭和50～59年

最判昭50・6・27判時785-100〔商法（総則・商行為）百選35事件〕	282
最判昭50・9・25民集29-8-1287〔手形小切手百選96事件〕	354
最判昭51・12・24民集30-11-1076〔判例シリーズ42事件〕	120
最判昭52・6・20判時873-97〔手形小切手百選25事件〕	366
最判昭52・10・14民集31-6-825	186
最判昭52・12・23判時880-78〔商法（総則・商行為）百選8事件〕	294
最判昭53・9・14判時906-88〔判例シリーズ（民事訴訟法）66事件〕	14
最判昭54・5・1判時931-112〔商法（総則・商行為）百選29事件〕	308
最判昭54・9・6民集33-5-630〔手形小切手百選6事件〕	360
最判昭54・11・16民集33-7-709〔判例シリーズ48事件〕	120, 266
最判昭55・3・18判時971-101	168
最判昭55・5・30民集34-3-521〔手形小切手百選77事件〕	380
最判昭55・7・15判時982-144〔商法（総則・商行為）百選14事件〕	300
最判昭58・1・25判時1072-144	300
最判昭59・2・24刑集38-4-1287	218

昭和60～63年

最判昭60・3・26判時1159-150	181
最判昭61・2・18民集40-1-32〔百選75事件〕	148
最判昭61・7・18民集40-5-977〔手形小切手百選55事件〕	389
最判昭62・4・16判時1248-127〔判例シリーズ78事件〕	168, 170
最判昭62・10・16民集41-7-1497〔手形小切手百選80事件〕	354, 380
最判昭63・1・26金法1196-26〔商法（総則・商行為）百選10事件〕	292
最判昭63・3・15判時1273-124〔判例シリーズ20事件【関連】〕	48, 56

平成元～9年

最判平元・9・21判時1334-223	170, 343
最判平2・4・17民集44-3-526〔判例シリーズ47事件〕	116
最判平2・11・8判時1372-131	190
最判平4・12・18民集46-9-3006〔判例シリーズ67事件〕	144
最判平5・3・30民集47-4-3439〔判例シリーズ19事件〕	48
最判平5・7・20民集47-7-4652〔手形小切手百選43事件〕	380
最判平5・12・16民集47-10-5423〔判例シリーズ28事件〕	88
最判平6・7・14判時1512-178〔判例シリーズ30事件〕	88, 91
最判平6・7・18集民172-967	91
最判平7・4・25集民175-91〔判例シリーズ21事件〕	48
最判平7・11・30〔商法（総則・商行為）百選17事件〕	300
最判平8・11・12判時1598-152〔判例シリーズ39事件〕	65
最判平9・1・28民集51-1-71〔判例シリーズ27事件〕	88
最判平9・2・27民集51-2-686〔手形小切手百選21事件〕	358

平成10～19年

最判平13・1・25民集55-1-1〔手形小切手百選82事件〕	368
最判平15・2・21金法1681-31〔判例シリーズ66事件〕	138
最判平15・2・28判時1829-151〔商法（総則・商行為）百選108事件〕	338
最判平15・3・27民集57-3-312	91
最判平16・2・20民集58-2-367〔判例シリーズ89事件〕	316
最判平16・7・1民集58-5-1214〔判例シリーズ80事件〕	190
最判平17・2・15判時1890-143	144
最判平17・7・15民集59-6-1742〔判例シリーズ（民事訴訟法）68事件〕	4, 14

最判平18・4・10民集60-4-1273〔判例シリーズ14事件〕……………………………………… 65
最判平19・3・8民集61-2-479〔百選16事件〕…………………………………………………… 67
最決平19・8・7民集61-5-2215〔判例シリーズ33事件〕……………………………………… 65

平成20年〜
最判平20・2・22民集62-2-576〔判例シリーズ87事件〕………………………………………… 8
最判平20・2・26民集62-2-638〔百選47事件〕…………………………………………………… 179
最決平21・1・15民集63-1-1〔判例シリーズ80事件【関連】〕………………………………… 209
最判平21・3・10民集63-3-361〔判例シリーズ72事件〕……………………………………… 181
最判平21・7・9判時2055-147〔百選54事件〕…………………………………………………… 179
最決平21・11・9刑集63-9-1117〔平22重判・刑法11事件〕…………………………………… 181

♠**伊藤 真**（いとう まこと）

　1958年東京で生まれる。1981年、大学在学中に1年半の受験勉強で司法試験に短期合格。同時に、司法試験受験指導を開始する。1982年、東京大学法学部卒業、司法研修所入所。1984年に弁護士登録。弁護士としての活動とともに、受験指導を続け、法律の体系や全体構造を重視した学習方法を構築する。短期合格者の輩出数、全国ナンバー1の実績を不動のものとする。

　1995年、憲法の理念をできるだけ多くの人々に伝えたいとの思いのもとに、15年間培った受験指導のキャリアを生かし、伊藤メソッドの司法試験塾をスタートする。現在は、予備試験を含む司法試験や法科大学院入試のみならず、法律科目のある資格試験や公務員を目指す人たちの受験指導に専念している。そして、理念のある学校、一人一人がチャンスを創れる塾でありたいと熱意あふれる講義を今日も行っている。

　また、「一人一票実現国民会議」事務局長として一票の価値実現を目指すなど、社会的問題にも積極的に取り組んでいる。

　「伊藤真試験対策講座〔全15巻〕」（弘文堂刊）は、伊藤メソッドを駆使した本格的テキストとして受験生のみならず多くの読者に愛用されている。他に、「伊藤真の条文シリーズ〔全8巻〕」「伊藤真の判例シリーズ〔全7巻〕」「伊藤真新ステップアップシリーズ〔全6巻〕」「伊藤真実務法律基礎講座」など読者のニーズにあわせたシリーズを刊行中である。

（一人一票実現国民会議 URL：http://www.ippyo.org/index.html）

伊藤塾
〒150-0031　東京都渋谷区桜丘町17-5　03(3780)1717
http://www.itojuku.co.jp

商法【伊藤塾試験対策問題集：短答④】

平成24年10月15日　初版1刷発行

監修者　伊藤　真

発行者　鯉渕友南

発行所　株式会社 弘文堂　101-0062　東京都千代田区神田駿河台1の7
　　　　　　　　　　　　TEL 03(3294)4801　振替 00120-6-53909
　　　　　　　　　　　　http://www.koubundou.co.jp

装　丁　笠井亞子
印　刷　三美印刷
製　本　井上製本所

©2012 Makoto Ito. Printed in Japan
JCOPY〈(社)出版者著作権管理機構　委託出版物〉
本書の無断複写は著作権法上での例外を除き禁じられています。複写される場合は、そのつど事前に、(社)出版者著作権管理機構（電話03-3513-6969、FAX 03-3513-6979、e-mail: info@jcopy.or.jp）の許諾を得てください。
また本書を代行業者等の第三者に依頼してスキャンやデジタル化することは、たとえ個人や家庭内での利用であっても一切認められておりません。

ISBN978-4-335-30544-3

伊藤真試験対策講座

論点ブロックカード・フローチャートなど司法試験受験界を一新する勉強法を次々と考案し、導入した伊藤真が、全国の受験生・法学部生・法科大学院生に贈る、初めての本格的な書き下ろしテキスト。伊藤メソッドによる「現代版基本書」!
- 論点ブロックカードで、答案の書き方が学べる。
- フローチャートで、論理の流れがつかめる。
- 図表・2色刷りによるビジュアル化。
- 試験に必要な重要論点をすべて網羅。
- 短期集中学習のための効率的な勉強法を満載。
- 司法試験をはじめ公務員試験、公認会計士試験、司法書士試験に、そして、大学の期末試験対策にも最適。

憲法[第3版]	4200円
行政法[第3版]	3100円
刑法総論[第3版]	3800円
刑法各論[第4版]	3900円
民法総則[第3版]	2600円
物権法[第4版]	2800円
債権総論[第3版]	2500円
債権各論[第3版]	2700円
親族・相続[第2版]	2800円
商法〔総則・商行為〕・手形法小切手法[第2版]	3800円
会社法[第2版]	3800円
刑事訴訟法[第3版]	4000円
民事訴訟法[第3版]	3900円
労働法[第2版]	3000円
倒産法	2900円

弘文堂

＊価格（税別）は2012年9月現在

伊藤真の判例シリーズ

厳選された重要判例の読み方・学び方を、伊藤メソッドを駆使して伝授！
各判例は、論点と結論、事実、裁判の経緯、判決の流れ、学習のポイント、判決要旨、伊藤真のワンポイント・レッスン、等の順にわかりやすく解説。
試験に役立つ学習書に徹した伊藤真による初めての判例ガイド、誕生！

憲法［第2版］	3800円
民法［第2版］	3500円
刑法［第2版］	3500円
行政法［第2版］	3800円
刑事訴訟法	3800円
民事訴訟法	3500円
商法	3500円

伊藤真の条文シリーズ

法律の学習は、条文に始まり条文に終わる！　基本六法を条文ごとにわかりやすく説明する逐条解説シリーズ。条文の意味・趣旨、解釈上の重要論点、要旨付きの関連判例をコンパクトに整理。「事項索引」「判例索引」の他に、「条文用語索引」で検索機能も充実。基礎的な勉強に、受験に、そして実務でも役立つ伊藤メソッドによるスーパー六法。

民法Ⅰ【総則・物権】	3200円
民法Ⅱ【債権・親族・相続】	3200円
会社法［第2版］	4800円
商法・手形法小切手法	2700円
憲法	3000円
刑法	3300円
民事訴訟法	2800円
刑事訴訟法	3100円

弘文堂

＊価格（税別）は2012年9月現在

伊藤塾試験対策問題集

●論文 ［全7巻］

新司法試験対策に最適のあてはめ練習ができる初めての問題集！
どんな試験においても、合格に要求される能力に変わりはありません。問題を把握し、条文を出発点として、趣旨から規範を導き、具体的事実に基づいてあてはめをし、問題の解決を図ること。
司法試験をはじめ法科大学院入試、司法書士試験、公務員試験、公認会計士試験、そして、学年末試験などすべての論述形式の答案作成に完全対応。
「伊藤真試験対策講座」の実践篇として、より効率よく自習で力がつく論文問題集です。

1	刑事訴訟法	3200円
2	刑法	3000円
3	民法	3200円
4	憲法	3200円
5	民事訴訟法	3200円
6	商法	3200円
7	行政法	

●短答 ［全5〜7巻］

短答式試験合格に必須の基本的知識がこの1冊で体系的に修得できる！
伊藤塾オリジナル問題から厳選した正答率の高い良問を繰り返し解き、完璧にマスターすれば、知識の穴がなくせるシケタイの実践篇問題集。
司法試験をはじめ法科大学院入試、公務員試験、司法書士試験、公認会計士試験、そして、学年末試験などすべての短答式試験に対応。
本試験の問題形式に慣れ、あわせて解答のリズムを作る訓練にも最適、全範囲の正確で確実な知識が身につく択一問題集です。

1	憲法	2800円
2	民法	3000円
3	刑法	2900円
4	商法	3000円
5〜	民事訴訟法、刑事訴訟法、行政法	

弘文堂

＊価格（税別）は2012年9月現在